Rechtsschutz

Festschrift zum 70. Geburtstag
von Guido von Castelberg

Rechtsschutz

Festschrift

zum 70. Geburtstag von

GUIDO VON CASTELBERG

Herausgegeben von

Viktor Lieber
Jörg Rehberg
Hans Ulrich Walder
Paul Wegmann

Schulthess Polygraphischer Verlag 1997

© Schulthess Polygraphischer Verlag AG, Zürich 1997
ISBN 3 7255 3648 1

Vorwort

Das prägende Wirken von Dr. GUIDO VON CASTELBERG, des Präsidenten unseres zürcherischen Kassationsgerichts, liess bei dessen Mitgliedern den Wunsch entstehen, ihn auf seinen den Rücktritt vom Amt auslösenden 70. Geburtstag mit einer wissenschaftlichen Festgabe zu ehren. Deren Überschrift will die Tendenz hingebungsvoller Tätigkeit des Jubilars zum Ausdruck bringen, wie sie in den einleitenden Betrachtungen von WALTHER J. HABSCHEID nachfolgend im einzelnen gewürdigt wird.

Besonderen Dank verdienen alle ausserhalb des Gerichts stehenden, der Materie verbundenen Autoren, die wir für Beiträge gewinnen konnten. Ebensosehr danken wir für die finanzielle Unterstützung seitens der Mitglieder und Generalsekretäre des Gerichts sowie verschiedener Institutionen. Bei diesen handelt es sich um die Schweizerische Lebensversicherungs- und Rentenanstalt, das Institut für zivilgerichtliches Verfahren in Zürich, die Stiftung für juristische Lehre und Forschung sowie die Immobiliengesellschaft Helwa AG. Schliesslich richtet sich der Dank der Herausgeber an den Schulthess Polygraphischen Verlag, der durch Herrn Bénon Eugster mit gewohnter Umsicht und viel Verständnis für rechtzeitiges Erscheinen der Festschrift besorgt war. Möge sie einer weiteren Leserschaft Freude und Anregung bringen, dem Geehrten jedoch auch Erinnerung und Zeichen unserer Verbundenheit sein.

Zürich, 6. September 1997   VIKTOR LIEBER
                                 JÖRG REHBERG
                                 HANS ULRICH WALDER
                                 PAUL WEGMANN

Inhaltsverzeichnis

Präsident des Kassationsgerichts und Rechtsanwalt   11

LUCAS DAVID
Dr. iur., Rechtsanwalt

Rechtsschutz bei superprovisorischen Verfügungen   19

ANDREAS DONATSCH
Prof. Dr. iur., Kassationsrichter

Zur Unabhängigkeit und Unbefangenheit des Sachverständigen
(auf der Grundlage der StPO ZH)   37

SYLVIA FREI
lic. iur., Kassationsrichterin

Prozesskostenvorschuss: eheliche Beistands- oder Unterhaltspflicht?   51

WALTHER J. HABSCHEID
Prof. Dr. iur., Dr. h.c., Rechtsanwalt

Wahrheitspflicht, persönliches Erscheinen, Rechtsgespräch   59

HERBERT HEEB
lic. iur., Kassationsrichter

Problematik der Beweisbeschränkung im summarischen Verfahren in Ehesachen   75

MARCO JAGMETTI
Dr. iur., Kassationsrichter

Zur Anwendung des ausländischen Rechts von Amtes wegen
ein «Tour d'horizon»   95

INHALTSVERZEICHNIS

ROBERT KARRER
Dr. iur., Kassationsrichter

Zur Verfahrensgestaltung in Schiedsgerichten — 135

ALFRED KELLER
lic. iur., Kassationsrichter

Nachzahlungspflicht im Armenrecht (§ 92 ZPO) und
Sicherungsmassnahmen — 141

VIKTOR LIEBER
Dr. iur., stellv. Generalsekretär des Kassationsgerichts

Zur richterlichen Fragepflicht gemäss § 55 der zürcherischen
Zivilprozessordnung
unter besonderer Berücksichtigung der Rechtsprechung
des Kassationsgerichts — 161

ADOLF LÜCHINGER
Dr. iur., Dr. h.c., ehem. Bundesrichter

Zur Schliessung einer Lücke im Rechtsmittelsystem: Die
Zulassung eines Rechtsmittels der siegreichen Partei für
den Fall, dass die andere Partei an das Bundesgericht gelangt — 187

JÖRG REHBERG
Prof. Dr. iur., Vizepräsident des Kassationsgerichts

Georg Sulzer
Kassationsgerichtspräsident 1896–1905 — 199

HANS MICHAEL RIEMER
Prof. Dr. iur., Kassationsrichter

Schiedsfähigkeit von Klagen des ZGB bei internationalen
Schiedsgerichten (Art. 177 Abs. 1 IPRG) — 213

INHALTSVERZEICHNIS

NIKLAUS SCHMID
Prof. Dr. iur., ehem. Oberrichter

Verfahrensfragen bei der Verwendung von Bussen,
eingezogenen Vermögenswerten usw. zugunsten des
Geschädigten nach StGB Art. 60   223

KARL SPÜHLER
Prof. Dr. iur., Kassationsrichter

Das Zürcher Kassationsgericht und eine bundesgerichtliche
Einheitsbeschwerde   237

ALFRED TEMPERLI
Dr. iur., Kassationsrichter

Vom Verbot des Berichtens   245

OSCAR VOGEL
Prof. Dr. iur., ehem. Obergerichtspräsident

Zivilprozessrecht quo vadis?   259

HANS ULRICH WALDER
Prof. Dr. iur., Kassationsrichter

Rechtsschutz im Schuldbetreibungs- und Konkursrecht   273

PAUL WEGMANN
Dr. iur., Generalsekretär des Kassationsgerichts

Gedanken zur Bedeutung der aufschiebenden Wirkung
in Zivilsachen   281

DIETER ZOBL
Prof. Dr. iur., Kassationsrichter

Zum Verhältnis Besitzesschutz und Rechtsschutz   303

Präsident des Kassationsgerichts und Rechtsanwalt

Wir feiern heute den 70. Geburtstag von GUIDO VON CASTELBERG: geboren am 6. September 1927, Studium der Rechte in Zürich mit Abschluss als Dr. rer. oec. publ. und Dr. iur., Anwaltspatent im Jahre 1955, Mitglied des Zürcherischen Kassationsgerichts seit 1970 und dessen Präsident von 1987 bis Mitte 1997.

Es ist ein helvetisches Spezifikum, dass jedenfalls in den kantonalen Kassationsgerichten Rechtsanwälte, aber auch Professoren, auf der Richterbank sitzen. Dafür, dass erfahrene Anwälte Richter werden sollten – so wie es in England ist –, hatte der Vater der deutschen Reichsjustizgesetze, EDUARD LASKER im Deutschen Reichstag gekämpft[1]. Er hatte sich nicht durchgesetzt. Der preussische Beamten-Richter ist es, der noch heute die deutsche Justizlandschaft bestimmt. Nach zwei Staatsexamen nimmt er, etwa dreissigjährig, seinen Weg. Kontakt mit dem rechtsuchenden Bürger hat er nicht gehabt. Und als «Magistrat de siège»[2] sieht er dann auch während seiner Karriere die Welt von oben. In den Hansestädten gab es lange Widerstand gegen diese preussische Tradition, die übrigens auch – und zwar besonders prononciert – von Bayern übernommen wurde (hier steht das gleichgerichtete französische Vorbild Pate)[3].

Ich erinnere mich noch gut an den Oberlandesgerichtspräsidenten RUSCHEWEYH, der aus dem Anwaltsstand hervorgegangen war. Der Oberlandesgerichtspräsident war damals auch Präsident des Oberverwaltungsgerichts. RUSCHEWEYH, mit dem ich Ende der 50er Jahre in der Reformkommission für einen Umbau der ZPO sass, gehört für mich zu den herausragenden deutschen Richterpersönlichkeiten dieses Jahrhunderts.

---

[1] Vgl. hierzu LAUFS in: HEINRICHS/FRANZKI/SCHMALZ/STOLLEIS, Deutsche Juristen jüdischer Herkunft, 1993, 270 ff.
[2] «Magistrat de siège»: Der Richter sitzt (erhöht), der Anwalt steht, so sichtbar gleichberechtigt an der Rechtsfindung, vor Gericht.
[3] Bayern folgt auch in seinem Justizsystem seit den *Montgelas'*schen Reformen dem französischen Vorbild.

EINLEITENDE BETRACHTUNGEN

I. Rechtsanwalt und Richter

Man sieht: Anwalt und Richter zu sein, schliesst sich nicht aus. In England führt der Weg zum Richteramt über den Barrister. Und selbst in Frankreich ist es so, dass der dienstälteste im Gerichtsgebäude anwesende Avocat auf die Richterbank gerufen werden kann, wenn ein Magistrat ausfällt.

Das führt dazu – in England auch, dass Richter wie Barrister in einem Inn of Court ihre Mahlzeiten einnehmen und auch sonst die Geselligkeit pflegen – dass Anwälte wie Richter sich als ihresgleichen betrachten, dass Richter nicht – und sie drücken das jedenfalls in Deutschland auch durch ihr Benehmen aus – manchmal[4], wie «gottähnliche Wesen»[5] sich über allem anderen stehend wähnen und in der mündlichen Verhandlung inquirieren statt zu verhandeln[6] oder die Parteien verhandeln lassen.

Wer Anwalt ist oder war, wird sich dazu nicht verleiten lassen, auch deshalb, weil er erlebt, was PIERO CALAMANDREI in seinem *Elogio dei giudici scritto da un avvocato* berichtet: Mit der Rolle von Richtern und Anwälten sei es so, wie mit jenem Bild in der Londoner National Gallery, das Kardinal Richelieu im Gespräch mit zwei anderen Kardinälen darstellt, Richelieu *«en face»*, die beiden anderen Mitglieder des Heiligen Kollegiums *«en profil»*. Bei scharfem Zusehen aber sieht man, dass diese beiden ebenfalls Richelieu darstellen, einmal im Links-, einmal im Rechtsprofil. So sei es, sagt CALAMANDREI, auch im Prozess. Beide Anwälte sehen die Sache und das Recht aus der Sicht ihrer Parteien, der Richter soll es *«en face»* sehen. Er soll es voll erfassen. Das aber geht nicht, wenn er nicht die Profile und Profilierungen zur Kenntnis nimmt – wobei ihm immer gewärtig bleibt, dass seine Sicht nicht stets die richtige, objektive sein muss.

Der Richter, der so sein Amt versieht, legt Wert auf eine Kooperation bei der gemeinsamen Rechtssuche mit den Anwälten. Der Beamtenrichter aber erliegt nur zu leicht der Versuchung wie MAX ALSBERG[7] es formuliert hat, sich

---

[4] Das musste ich, seit meiner Emeritierung in Zürich, jedenfalls in den neuen Ländern auch persönlich erfahren.
[5] Der Ausdruck stammt – mir gegenüber – von Dr. BLEIBTREU, einem aufrechten Anwalt während des sog. Dritten Reichs, der nach 1945 als Staatssekretär die Justiz in Nordrhein-Westfalen aufbaute.
[6] So habe ich es erlebt: OLG Dresden, Verhandlung vom 26.6.1997 in 7 U 860/97.
[7] MAIER-REIMER (wie Fn. 1), 654 ff.; 657: Der Richter habe zwar den Willen zur Objektivität, er sei aber ... aufgrund der weitreichenden Befugnisse während der Verhandlung der Fähigkeit zur Objektivität beraubt. Das gelte insbesondere für Richter, deren Urteile nicht mehr rechtsmittelfähig seien.

über die Prozessbeteiligten hinwegzusetzen und zum Diktator, zum Rechtsdiktator zu werden, zumal dann, wenn er letztinstanzlich judiziert.

Und daher ist die Zürcher Lösung «Rechtsanwalt und Kassationsgerichtspräsident» eine gute Lösung. Ich stimme ihr zu, zumal da ich jetzt – als Rechtsanwalt in München[8] und als Vizepräsident des Verwaltungsgerichts der Bank für Internationalen Zahlungsausgleich – auch in meiner Person beide Funktionen, Rechtsanwalt und Richter, vereine.

In Deutschland hat man gegen diese Lösung ihre Inkompatibilität eingewandt: Der Richter müsse unabhängig sein, der Anwalt aber sei Parteivertreter. Dabei steht es in § 1 BRAO: «Der Rechtsanwalt ist ein unabhängiges Organ der Rechtspflege»[9]. Die Unabhängigkeit soll die Unparteiischkeit sichern. Interessenkollision gibt es beim Richter wie beim Anwalt. Liegen sie vor, so muss sich der Richter, muss sich der Anwalt seiner Tätigkeit enthalten.

Die Leitmuster sind also gleich. Nur so ist Rechtsprechung im Rechtsstaat möglich.

II. Der Kassationsgerichtspräsident von Castelberg

In den Urteilen, welche die Handschrift GUIDO VON CASTELBERGS tragen, fehlt jede Richterüberheblichkeit, die oft die Lektüre einer gerichtlichen Entscheidung unerträglich macht. Statt des apodiktischen: «so ist es», das meist eine schlechte oder gar fehlende Begründung kaschiert, wird der Sach- und Streitstand dargestellt und das Recht, geduldig erklärend, «in Erwägung gezogen». Es scheint mir typisch zu sein, dass das Wort «Erwägung» in deutschen Urteilen keine Rolle spielt, jedenfalls bei den unteren Instanzen.

1. Das Kassationsgericht beurteilt «Nichtigkeitsbeschwerden gegen Entscheidungen des Obergerichts, des Geschworenengerichts, des Handelsgerichts sowie des obergerichtlichen und handelsgerichtlichen Einzelrichters» (§ 69a GVG). «Es besteht aus mindestens 7 Mitgliedern» (§ 66 I GVG). Der Präsident, der Vizepräsident, die Richter und Ersatzrichter werden vom Kantonsrat gewählt (§ 66 II GVG). Es entscheidet in der Besetzung von 5 Richtern (§ 67 GVG).

---

[8] Und zugleich gem. Art. 29 II OG Parteivertreter am BG.
[9] Dazu: HABSCHEID NJW 1962, 1985 ff.

In *Zivilsachen* ist die Nichtigkeitsbeschwerde gegeben, «wenn geltend gemacht wird, der angefochtene Entscheid beruhe zum Nachteil des Nichtigkeitsklägers:

1. auf der Verletzung eines wesentlichen Verfahrensgrundsatzes,
2. auf einer aktenwidrigen oder willkürlichen tatsächlichen Annahme,
3. auf einer Verletzung klaren materiellen Rechts» (§ 281 ZPO)[10].

Für den Strafprozess bestimmt § 430 StPO:
«Die Nichtigkeitsbeschwerde ist zulässig:

1. wenn das erkennende Gericht zur Beurteilung der Sache nicht zuständig war;
2. wegen ungehöriger Besetzung des Gerichts;
3. wegen Mitwirkung eines unfähigen oder abgelehnten Gerichtsbeamten oder Geschworenen;
4. wegen Verletzung gesetzlicher Prozessformen zum Nachteil des Nichtigkeitsklägers, insbesondere Unterlassung der Fürsorge für gehörige Verteidigung eines handlungsunfähigen Angeklagten und wesentliche Beeinträchtigung der Parteirechte, und zwar auch dann, wenn der Mangel in der Untersuchung eingetreten ist und im spätern Verfahren nicht aufgehoben werden konnte;
5. wenn das Gericht seinen Entscheid auf aktenwidrige tatsächliche Annahmen gestützt hat;
6. wegen Verletzung materieller Gesetzesvorschriften.

«In der Beschwerdeschrift ist jeder Nichtigkeitsgrund genau zu bezeichnen».

Es geht also im Zivilprozess vor allem um Verfahrensfehler. Daneben tritt die Verletzung klaren Rechts. Die Kassation in Strafsachen ist – so Ziff. 6 – auch wegen Verletzung materieller Vorschriften gegeben. Aber auch hier stehen Verfahrensverstösse im Vordergrund. Hier sei vor allem die «Beeinträchtigung der Parteirechte» genannt.

Man sieht, das Zürcher Recht nimmt Verfahrensverstösse sehr ernst. Der due process of law soll gesichert bleiben. *Die Form* ist wichtig: «It is not only important that justice is done. It must be seen to be done» (Lord Denning).

2. *Fünf Urteile seien herausgegriffen*, «hinter» denen GUIDO VON CASTELBERG steht. Sie betreffen den Zivil- und den Strafprozess. Sie betreffen durchweg «kleine Leute» und doch sind sie *«grands arrêts»*. Grands arrêts sind in meinen Augen eben nicht *«Causes célèbres»*, sondern Urteile auf dem Wege um

---

[10] Vgl. HABSCHEID, Schweiz. Zivilprozess- und Gerichtsorganisationsrecht, 2. Aufl. N. 760 ff.
[11] Zur Zulässigkeit siehe auch §§ 428, 428 a, 429, 430 b StPO; siehe auch HAUSER/SCHWERI, Schweiz. Strafprozessrecht, 3. Aufl. S. 420 ff.

mehr Gerechtigkeit in dieser unvollkommenen Welt. Auch hier gilt Goethes Wort: «Wer immer strebend sich bemüht, den können wir erlösen». Der Weg zu mehr Gerechtigkeit, auch «pour une justice plus humaine»[12], setzt eben viele Schritte voraus, oft kleine Schritte, die einen grossen Fortschritt bedeuten.

a) *Der erste Entscheid,* dem ich mich zuwende, betrifft die Nichtigkeitsbeschwerde gegen einen Beschluss der I. Ziv. K. des Obergerichts Zürich vom 8.2.1996 (Kass. Nr. 96/161 Z vom 3.3.1997). Es ging, so scheint es, nur um Fragen des Eintretens auf die Klage sowie Kosten- und Entschädigungsfolgen.

Der Beschwerdeführer hatte beim Bezirksgericht Zürich seinen Bruder auf Zahlung von Fr. 250'000.– mit Zins verklagt, kam aber mit den ihm vom Gericht gesetzten Fristen nicht zurecht, auch nicht vor dem Obergericht, das den Rekurs des Beschwerdeführers zurückwies, nachdem es ein Fristenerstreckungsgesuch abgelehnt hatte. Dagegen rief der Beschwerdeführer das Kassationsgericht an, das ihm einen Rechtsanwalt als Vertreter i.S. von § 29 II ZPO beiordnete. Dieser erreichte die Wiederherstellung der Frist zur Ergänzung der Beschwerde und die Zurückweisung an die Vorinstanz, das Obergericht. «Kleine Münze», so möchte man meinen.

Aber der Beschwerdeführer war ein kranker Mann, nicht urteilsunfähig und damit prozessunfähig, aber er befand sich – so ein ärztliches Gutachten – in einer psychischen Ausnahmesituation[13], die ihm nicht gestattete, seinen Prozess – was er aber tat, bis das Kassationsgericht ihm einen Rechtsanwalt beiordnete – selbst zu führen.

§ 29 II ZPO spricht nun davon, wenn «eine Partei offensichtlich unfähig sei, ihre Sache selbst gehörig zu vertreten», könne es (das Gericht) «aus zureichenden Gründen»... selbst den Vertreter bestimmen. Hier setzt der Entscheid ein: Hier gehe es nicht um den Vertreter für einen Prozessunfähigen, sondern darum, dass eine Partei im Rekursverfahren ihre Sache selbst gehörig führen könne (Erw. III, 4a). Sei die Partei, wie hier, offensichtlich dazu unfähig, so fehle ihr die *Postulationsfähigkeit* – so lese ich den Entscheid (vgl. Erw. III 3), und es sei Sache des Gerichts, sie herzustellen. Hier habe das Gericht, um das klarzustellen, ggf. seiner Fragepflicht nachzukommen (Erw. III, 2). Ich füge hinzu: Zur Vertreter-Bestellung ist es aufgrund seiner Prozessfürsorgepflicht – der Prozess ist ein Rechtsverhältnis, aus dem sich auch Pflichten des Gerichts ergeben – verpflichtet.

So ist § 29 II ZPO zu lesen, als Regel, die *Postulationsfähigkeit* einer Partei zu gewährleisten, wenn die Partei offensichtlich nicht in der Lage ist, ihre Sache gehörig zu vertreten.

---

[12] So der Titel des Int. Kongresses für Zivilprozessrecht Gent 1978: «Towards a justice with a Human Face».
[13] Das ärztliche Gutachten spricht von «nicht prozessierfähig».

Eine kluge, differenzierende, zutiefst humane Entscheidung, die sich wohltuend von vielen mechanisch-subsumierenden Urteilen abhebt.

b) *Die zweite Entscheidung* betrifft die Nichtigkeitsbeschwerde gegen ein Urteil des Handelsgerichts vom 24. April 1996 (Kass Nr. 96/228 Z vom 19.3.1997). Es geht um Fristen, oder: wieder um Fristen, die das Handelsgericht dem Beschwerdeführer gesetzt und die der Beschwerdeführer «verpasst» hatte. Die Klage auf Zahlung von Fr. 83'260.25 hatte es daher gutgeheissen.

Im Mittelpunkt steht eine Telefax-Eingabe, die, wäre sie nicht zu beanstanden, fristenwahrend gewirkt hätte. Das Handelsgericht hielt sich an die Rechtsprechung des Bundesgerichts, die Telekopien nicht als fristwahrende, mit eigenhändiger Unterschrift versehene Eingaben bewertet (Art. 30 OG, Pra 81 (1992) Nr. 26 m.H.w.).

Aber: das Handelsgericht Zürich ist im offiziellen Telefonverzeichnis auch mit seiner *FAX-Nummer ohne Einschränkung* verzeichnet. Hier setzt der Entscheid ein (Erw. II, d):

«Damit hat die Vorinstanz ... für diese geschäftserfahrene aber prozessunerfahrene Partei einen Anschein geschaffen, welcher bei der Beschwerdeführerin das Vertrauen erweckte, dass ihre Eingabe ... zulässig und wirksam sei». Damit sei § 50 I ZPO gefragt, der den Grundsatz von Treu und Glauben für alle am Prozess Beteiligten aufstellt. Nach Treu und Glauben sei daher die Eingabe als wirksam zu beachten und der Entscheid der Vorinstanz zu kassieren.

Wiederum seien die Sensibilität, das Abstellen auf den Fall und die zutiefst humane Gesinnung betont, die aus dem Urteil sprechen.

c) Von Castelberg *ist ein Richter, der der Mehrheit seiner Kammer* auch einmal in einem *Dissenting Vote* widerspricht, so zum *Entscheid vom 3. März 1986* (ZR 1986 Nr. 71). Es ging um die Frage der Bindung des Obergerichts an die Erwägungen des Kassationsgerichts nach erfolgter Rückverweisung. Nach § 104 II GVG ist die Vorinstanz bei der Beurteilung des Falles an die der Rückweisung zugrundeliegende Rechtsauffassung gebunden. Mit Entschiedenheit betont v. Castelberg, dass die Bindungswirkung nur Bindung an die Erwägungen bedeutet, die die Rückweisung *tragen,* nicht aber eine Bindung an weitere Erwägungen, mit denen eine Rückweisung abgelehnt wurde.

Ich halte diese Meinung für zutreffend. Wird die Rückweisung aus bestimmtem Grunde angeordnet, so bindet nur dieser. Nur diese Auffassung ist der Entscheidung des Instanzgerichts zugrundezulegen. Das ist auch die, soweit ich sehe, unwidersprochene Auffassung zu § 565 II dZPO[14]. Wenn das Kassationsgericht daneben noch andere Nichtigkeitsgründe geprüft und abgelehnt

---

[14] Vgl. hierzu etwa Thomas/Putzo, ZPO 19. Aufl. § 565 Rn. 5: es muss Kausalität bestehen.

hat, so sind das *Obiter Dicta.* Sie sollten besser nicht im Entscheid auftauchen[15].

d) Das Kassationsgericht entscheidet auch in *Strafsachen.* Hierzu zwei Urteile aus jüngerer Zeit.

Das erste Kass. Nr. 317/88 vom 26.6.1989) befasst sich mit der Aussagekraft von Gutachten. Ich zitiere (Erw. II 1 b):

«Ist ein Gutachten unvollständig, ungenau oder undeutlich, weichen die Sachverständigen in ihren Ansichten voneinander ab oder ergeben sich erhebliche Zweifel in die Richtigkeit des Gutachtens, so kann ein neuer oder verbesserter Bericht eingeholt werden (§ 127 StPO). Der Anspruch auf Vollständigkeit, Genauigkeit und Deutlichkeit der Expertise stellt ein *Parteirecht* dar, dessen Beeinträchtigung als Verletzung gesetzlicher Prozessformen im Sinne von § 430 Ziff. 4 StPO vom Kassationsgericht frei zu prüfen ist».

Es ging *in casu* um einen Mordfall. Aber das Kassationsgericht macht deutlich: Die *Parteirechte* sind zu achten – skrupulös. Um Lord Denning zu wiederholen: es ist notwendig, *that justice is seen to be done.*

e) *Der letzte Entscheid* auf den ich eingehe, trägt das Datum vom 4. Juli 1996 (Kass. Nr. 96/071 S.). Es ging in der Sache um Fahren in angetrunkenem Zustande. Der Angeklagte war vom Bezirksgericht verurteilt worden, das Obergericht hatte den Entscheid im wesentlichen bestätigt, eine Nichtigkeitsbeschwerde führte zur Kassation und zur Rückweisung an das Obergericht im Sinne der Erwägungen. Das Obergericht verurteilte den Angeklagten erneut, schob aber die Freiheitsstrafe auf. Dagegen richtete sich die staatsanwaltschaftliche Nichtigkeitsbeschwerde.

Sie hatte keinen Erfolg. Es ging letztenendes um die Beurteilungskompetenz des Obergerichts nach erfolgter Kassation (Erw. II 3,2). Und hier wird der Entscheid deutlich:

Die Bindung an die der Entscheidung des Kassationsgerichts zugrundeliegende Rechtsauffassung bedeutet nur «eine Bindung an die Erwägungen des Kassationsgerichts, die der Rückweisung *zugrundeliegen,* nicht aber eine Bindung an andere Erwägungen..., mit denen eine Rückweisung abgelehnt wurde». Und dann:

(insoweit) «ist das Verfahren... für alle Verfahrensbeteiligten wieder offen» und «neue Anträge und Vorbringen» müssen vom Sachrichter gehört werden.

Man sieht: Aus dem *Dissenting Vote* vom 3. März 1986 wurde so die Meinung des Gerichts. Von Castelberg hatte sich – jedenfalls in Strafsachen – durchgesetzt.

---

[15] Zur Urteilslehre: Bei einem abweisenden Entscheid müssen alle «actiones» geprüft werden, bei einem zusprechenden ist der Gesichtspunkt zu nennen, der die Verurteilung trägt.

Schlussbemerkung

Eigentlich sollten die unteren Instanzen bürgernah sein. Leider aber haften sie oft an Formalien bis hin zu überspitztem Formalismus[16]. Für die Zürcherische Rechtskultur ist es ein Segen, dass es ein Kassationsgericht gibt, das Fehlentscheidungen korrigieren kann.

Von dem Sachsen-Weimarischen Staatsminister J.W.v. Goethe stammt der Satz, dem Staate könne es gleich sein, *wie* geurteilt wird; entscheidend sei, *dass* ein Urteil ergehe[17] und, so setze ich hinzu, damit der Rechtsfriede wiederhergestellt, notfalls erzwungen werde. Ganz anders ein Zeitgenosse Goethes, Wilhelm v. Humboldt: «Es hört ganz und gar auf, heilsam zu sein, wenn der Mensch dem Bürger geopfert wird»[18].

In die moderne Sprache übersetzt: Der Mensch, das ist der Rechtsgenosse, um dessen Willen der Staat da ist. Das Bonner Grundgesetz betont daher zu Recht, dass seine Würde unantastbar ist. Der «Bürger» in der Sprache des beginnenden 19. Jahrhunderts, das ist der Gerichtsunterworfene, der das Urteil des Gerichts hinzunehmen hat.

Dieses Urteil aber, so verlangt es heute ein Jeder, muss in einem due process of law ergehen. Es *soll* ein gerechtes, richtiges Urteil sein. Dass dieses Ziel nicht immer zu erreichen ist, wissen wir. Aber Maxime muss für das Gericht die *Suche nach dem Recht* sein. Hier gilt es, die Parteirechte zu achten und zu beachten, die Rechtsprechung einfühlsam und geduldig zu einer «ars aequi et boni» zu machen.

Guido von Castelberg hat sich darum bemüht.

Walther J. Habscheid

---

[16] Dazu Habscheid, Das Recht auf ein faires Verfahren, FS Vogel (1991), 3 ff.; ders., Zwei Fragen zum Recht auf einen fairen Prozess aus Schweizer Sicht: Verbot des überspitzten Formalismus und Recht auf den Beweis, FS Benda 1995, 105 ff.
[17] Die Fundstelle ist mir «entfallen». Für die sinngemässe Authentizität verbürge ich mich.
[18] Über die Grenze der Wirksamkeit des Staates, Neudruck Nürnberg 1946 S. 228.

LUCAS DAVID

Rechtsschutz bei superprovisorischen Verfügungen

Inhalt

I. Problemstellung
II. Die Voraussetzungen für den Erlass einer superprovisorischen Verfügung
   A. Vorbemerkungen
   B. Zeitliche Dringlichkeit
   C. Vereitelungsgefahr
III. Prozessuales
   A. Das Verfahren
   B. Der Entscheid
   C. Eröffnung
IV. Rechtsmittel
   A. Vorbemerkungen
   B. Rechtsmittel des Gesuchstellers
   C. Rechtsmittel des Gesuchsgegners
V. Zusammenfassung

I. Problemstellung

Der Traum eines jeden Klägers ist es, dass ihm sein geltend gemachter Anspruch möglichst umgehend zugesprochen wird. Dies mag anlässlich der Sprechstunden der morgenländischen Kalifen noch der Fall gewesen sein, in einem ordentlichen Prozessverfahren ist dies jedoch nicht mehr möglich. Denn nicht nur der Grundsatz des rechtlichen Gehörs, sondern auch die Abnahme der Beweise bringen vielfältige Verzögerungen mit sich. Der Jubilar als langjähriger Präsident des Kassationsgerichts des Kantons Zürich weiss denn auch aus eigener Erfahrung, wie lange die Rechtsmittelverfahren dauern können und wie sehr sie von Parteien ausgenützt zu werden pflegen, die sich nicht mit einem unliebsamen Urteil abzufinden vermögen.

Oft ist ein längeres Zuwarten jedoch nicht tunlich oder – wie etwa im Eheschutz – auch gar nicht zumutbar. Ebenso gibt es Situationen, wo damit zu rechnen ist, dass Vollstreckungsmassnahmen im Anschluss an ein Endurteil ins Leere stossen könnten, da der Beklagte in Vorahnung eines ungünstigen Urteils das Vollstreckungssubstrat beiseite schaffen wird. Gesetzgebung und Praxis haben daher seit je nach Möglichkeiten gesucht, dem Kläger seinen Anspruch schon vor Erlass eines Endurteiles zuzusprechen oder doch wenigstens zu sichern.

Das ordentliche Prozessverfahren ist nicht um seiner selbst Willen konzipiert worden, sondern es soll die Voraussetzungen für ein möglichst gerechtes Urteil schaffen. Jeder Eingriff in das ordentliche Verfahren zieht daher in aller Regel eine Einbusse an Urteilsqualität mit sich. Dennoch gibt es viele Situationen, wo strittige Ansprüche schon vor Prozessende vollstreckt oder wenigstens sichergestellt werden müssen. Verbreitet ist der einstweilige Rechtsschutz namentlich im Eheschutz, im Besitzesschutz, im Immaterialgüterrecht und zum Schutz gefährdeter Gläubigerrechte.

Ein besonderes Kapitel des einstweiligen Rechtsschutzes bilden die sogenannten superprovisorischen Verfügungen, die zwar in einem streitigen Verfahren, jedoch auf Vorbringen nur einer Partei (ex parte) erlassen werden. Die Terminologie ist zwar nicht einheitlich, wird doch beispielsweise vom Bundesgesetzgeber statt des Ausdruckes «vorsorgliche Massnahmen» der Terminus «vorsorgliche Verfügungen» verwendet, während die «einstweilige Verfügung» des zürcherischen Zivilprozesses der «vorläufigen Massnahme» des Bundeszivilprozesses entspricht[1]. In der Folge werden unter «vorsorglichen Massnahmen» alle materiellen richterlichen Anordnungen verstanden, die vor Abschluss eines Endurteils ergehen, während unter «einstweiligen Verfügungen» jene Anordnungen subsumiert werden, die superprovisorisch auf einseitiges Vorbringen erlassen werden.

Bereits das Schuldbetreibungs- und Konkursgesetz aus dem Jahre 1889 befasste sich eingehend mit der Arrestbewilligung, die ohne Anhörung des Schuldners nach blosser Glaubhaftmachung der dem Gläubiger zustehenden Forderung erteilt wurde[2], und auch das 1943 verabschiedete Bundesgesetz über den unlauteren Wettbewerb ermächtigte den Richter zum Erlass vorsorglicher Massnahmen schon vor Anhören der Gegenpartei, falls Gefahr im Verzuge war[3]. Dieses Institut wurde dann im Rahmen der Neukodifizierung des Persönlich-

---

[1] Art. 58 OG 1943, Art. 79, 81 Abs. 3 BZP 1947.
[2] Art. 271–281 SchKG.
[3] Art. 9 Abs. 3 altUWG 1943.

keitsschutzes ins Zivilgesetzbuch übernommen[4]. Die superprovisorische Verfügung gehört heute zum Instrumentarium eines jeden gewieften Prozessrechtlers.

Es ist nicht immer einfach, beim Erlass superprovisorischer Verfügungen die Interessen aller Parteien unter einen Hut zu bringen. Der Interessengegensatz ist dabei ein doppelter. Der Kläger, der aus bestimmten Gründen um einen Entscheid ohne Anhörung der Gegenpartei nachsucht und möglicherweise sogar darauf angewiesen ist, ist daran interessiert, einen ablehnenden Entscheid des Richters durch eine obere Instanz überprüfen können zu lassen, ohne dass der Beklagte hiervon etwas erfährt. Anderseits ist der Beklagte daran interessiert, dass sein Gehörsanspruch so gut als möglich ebenfalls berücksichtigt wird und eine superprovisorische Verfügung, die auf ungenügender Grundlage beruht, möglichst rasch korrigiert wird. Der vorliegende Beitrag soll Möglichkeiten aufzeigen, wie diese Interessengegensätze gelöst werden können.

II. Die Voraussetzungen für den Erlass einer superprovisorischen Verfügung

A. Vorbemerkungen

Einzelne Gesetzestexte knüpfen den Erlass einer superprovisorischen Verfügung an die Voraussetzung der Gefahr[5] oder gar der dringenden Gefahr[6]. Lehre und Rechtsprechung zogen daraus teilweise den Schluss, dass ein gerichtliches Eingreifen dringlich sein müsste, weil sich durch die Tätigkeit des Beklagten die Rechtsstellung des Klägers laufend verschlechtert, so dass ein schlagartiges Eingreifen notwendig werden könnte.

Die Dringlichkeit des Eingreifens mag im Persönlichkeitsschutz an erster Stelle stehen, weil ein wirksamer Schutz der Persönlichkeit ein rasches Beheben irgendwelcher Störungen erfordert. Indessen wäre es unrichtig zu meinen, superprovisorische Verfügungen dürften nur bei besonderer Dringlichkeit angeordnet werden. Insbesondere im gewerblichen Rechtsschutz ist die Abwendung einer allfälligen Vereitelungsgefahr mindestens so wichtig. Denn oft ist damit zu rechnen, dass eine gerichtliche Beschlagnahmung verletzender Waren dadurch verhindert wird, dass solche Waren in letzter Minute verscho-

---

[4] Art. 28d Abs. 2 ZGB, eingefügt durch BG vom 16. Dezember 1983, AS 1984 II 778.
[5] Art. 77 Abs. 3 PatG.
[6] Art. 28d Abs. 2 ZGB.

ben und dem Arm der Justiz entzogen werden. Gerade die im Handelsregister nicht eingetragenen Kleinfirmen zeigen sich beim Verstecken von heisser Ware äusserst listig und scheuen nicht davor zurück, diese in Nacht- und Nebelaktionen an befreundete Unternehmen weiterzugeben, sobald ruchbar wird, dass eine Beschlagnahmung droht.

Zu Recht spricht daher der Gesetzgeber nicht von einer zeitlichen Dringlichkeit, sondern generell von «Gefahr» oder neuerdings von «dringender Gefahr»[7] und ermöglicht daher dem Richter, superprovisorische Verfügungen trotz allenfalls fehlender zeitlicher Dringlichkeit auch bei bestehender Vereitelungsgefahr anzuordnen. Dem Richter muss es aber – aus welchen Gründen auch immer – (absolut) unmöglich sein, die andere Partei anzuhören, bevor er seinen Entscheid fällt[8].

B. Zeitliche Dringlichkeit

Gefahr ist dann im Verzuge, wenn der Schaden täglich grösser wird und dem Verletzten nicht zugemutet werden kann, diesen Schaden während längerer Zeit, d.h. bis zur Rechtskraft eines Massnahmeentscheides, zu erdulden. Massgebend für diese Beurteilung ist einerseits die Schwere der vorliegenden Verletzung und andererseits die wahrscheinliche Dauer des Verfahrens. Während dem Kläger möglicherweise noch zugemutet werden kann, die Verletzung eines Nebenpatentes oder einer Zweitmarke während einigen Monaten hinzunehmen, ist dies bei schwerwiegenden Angriffen auf die Persönlichkeit des Klägers, beispielsweise in einer herabsetzenden Werbekampagne oder bei Benutzung einer leicht verwechselbaren Firma und damit verbundenen Fehlbestellungen und Fehlzahlungen wohl kaum mehr der Fall. Auch muss das aktuelle Verfahren berücksichtigt werden. In vielen Kantonen ist es üblich, dass Massnahmeverfahren – im Gegensatz zu bestimmten ordentlichen Prozessen, namentlich jenen, die von Bundesrechts wegen vor eine einzige kantonale Instanz zu bringen sind – stets bei der unteren Instanz angehoben werden müssen. Ein Massnahmeverfahren dürfte, wenn es im mündlichen Verfahren durchgeführt wird, 1–3 Monate dauern, im schriftlichen Verfahren, das namentlich bei Rekursen Anwendung findet, jedoch 6–9 Monate. Diese Erledigungsfristen werden mit einer superprovisorischen Verfügung umgangen. Entsprechend pflegen viele Gerichte, so beispielsweise auch das Handelsgericht

---

[7] Vgl. FN 5 und 6.
[8] Vgl. Botschaft über die Änderung des Schweiz. Zivilgesetzbuches v. 5. Mai 1982, S. 34 = BBl 1982 II 669.

des Kantons Zürich, ein Begehren um Anordnung einer superprovisorischen Verfügung dann als verwirkt anzusehen, wenn der Gesuchsteller mit der Stellung des Begehrens so lange zugewartet hat, als die Anhörung des Gesuchsgegners im schlimmsten Fall gedauert hätte. Sie gehen daher davon aus, der Gesuchsteller habe sein Gesuch im Sinne von Art. 28d Abs. 2 ZGB immer schon dann offensichtlich hinausgezögert, wenn er sein Begehren um Anordnung einer superprovisorischen Massnahme erst zu einem Zeitpunkt stellt, in welchem bei sofortiger Klageanhebung bereits mit einem Massnahmeentscheid zu rechnen gewesen wäre.

Gegen die Annahme einer solchen prozessualen Verwirkung ist nichts einzuwenden, solange sie nicht als einziges Kriterium für die Ablehnung einer superprovisorischen Massnahme zählt. Stets ist indessen den Gründen nachzugehen, die den Gesuchsteller zum Zuwarten bewogen haben. So wäre es falsch, eine Verwirkung deshalb anzunehmen, weil der Kläger zuerst das Gespräch mit der Gegenpartei gesucht, von dieser aber hingehalten worden ist. Von einer Hinauszögerung im Sinne des Art. 28d Abs. 2 ZGB kann jedenfalls nur dann die Rede sein, wenn für das Zögern des Gesuchstellers kein vernünftiger Grund ausgemacht werden kann.

C. Vereitelungsgefahr

Unabhängig von der zeitlichen Dringlichkeit sind superprovisorische Massnahmen jedenfalls dann anzuordnen, wenn sonst zu befürchten wäre, dass der Gesuchsgegner den Erfolg der gegen ihn gerichteten Massnahmen vereiteln könnte. Namentlich bei kleinen, im Handelsregister nicht eingetragenen Unternehmen, muss befürchtet werden, dass sie sich einer Beschlagnahmung von Geschäftsunterlagen und Waren widersetzen könnten und versuchen, diese im voraus aus ihrem Gewahrsam zu entfernen. Würde einem solchen Beklagten ein Beschlagnahmungsbegehren angekündigt, so braucht es nicht viel Phantasie um sich auszurechnen, dass der Gesuchsgegner alles tun wird, um seine Dokumente und Waren der Beschlagnahme zu entziehen.

Bei Begehren, bestimmte Aktiven eines Schuldners mit Arrest zu belegen, geht der Gesetzgeber ohne weiteres davon aus, dass bei der Beurteilung eines solchen Begehrens der Schuldner aus naheliegenden Gründen nicht angehört werden darf. Arreste werden jedoch nicht nur dann gewährt, wenn der Gläubiger sein Arrestgesuch ohne Verzögerung gestellt hat; sie sind vielmehr auch dann zu bewilligen, wenn der Gläubiger schon lange Anlass gehabt hätte, sich um die Sicherstellung eines Guthabens zu bemühen. Genau gleich ist aber die Interessenlage ausserhalb des Schuldbetreibungs- und Konkursrechtes.

Gerade auch im Immaterialgüterrecht oder im Eheschutz kann es angebracht sein, ein Beschlagnahmungsbegehren erst nach Monaten einzureichen, nachdem der Kläger von der Verletzung oder Gefährdung der eigenen Ansprüche Kenntnis erhalten hat. Beschlagnahmungsbegehren sind daher auch dann ohne Anhören der Gegenpartei anzuordnen, wenn sie schon Monate zuvor hätten eingereicht werden können.

III. Prozessuales

A. Das Verfahren

Begehren um Erlass superprovisorischer Massnahmen können im Kanton Zürich entweder schriftlich oder mündlich gestellt werden; sie sind kurz zu begründen[9]. Zwischen den zürcherischen Gerichten besteht keine Einigkeit, welchen Einfluss eine blosse Kurzbegründung auf das weitere Verfahren haben soll. Der Richter im Summarverfahren hat entweder die Möglichkeit, eine mündliche Verhandlung anzuordnen, oder auch bloss dem Beklagten Gelegenheit zur Einreichung einer schriftlichen Gesuchsantwort zu geben[10]. Ordnet er das mündliche Verfahren an, so stehen jedenfalls beiden Parteien zwei Vorträge zu[11]. Entschliesst sich jedoch der Richter für das schriftliche Verfahren, so besteht nach zürcherischer Praxis keine Pflicht, den Parteien Möglichkeit zur mündlichen oder schriftlichen Replik und Duplik einzuräumen[12]. Natürlich muss dem Kläger dennoch Gelegenheit gegeben werden, sich zu massgeblichen Noven vernehmen zu lassen. Aber auch dann besteht keine Verpflichtung zum Einholen einer eigentlichen Replik, es wäre denn, der Kläger hätte sich nach dem Rezept des Kassationsgerichts in seiner ersten Eingabe ausdrücklich nur kurz im Sinne von § 205 ZPO gefasst und sich weitere Ausführungen vorbehalten[13]. Demgegenüber erwartet das Handelsgericht auf alle Fälle eine ausführliche und definitive Begründung des Begehrens und lässt sich durch eine Kurzbegründung nicht dazu zwingen, statt des bevorzugten schriftlichen Verfahrens ein mündliches Verfahren durchzuführen[14]. Die gesetzliche Aufforderung, ein

---

[9] § 205 ZH ZPO.
[10] § 206 ZH ZPO.
[11] KassGer in ZR 77/1978 Nr. 138 E.3; STRÄULI/MESSMER, Kommentar ZH ZPO, N.3b zu § 56 und N.3 zu § 206 ZH ZPO.
[12] STRÄULI/MESSMER, a.a.O., N.5 zu § 206 ZH ZPO.
[13] KassGer ZH in ZR 78/1979 Nr. 84 E.2b.
[14] ER am HGer ZH in HE9500019 v. 19.9.1995.

Massnahmebegehren und insbesondere auch ein Begehren um superprovisorische Anordnungen nur kurz zu begründen, kann daher für den Anwalt zur Fallgrube werden, wenn er meint, die Kurzbegründung in einem späteren Verfahrensschritt noch ergänzen zu können.

Im Gegensatz zum deutschen Zivilprozessrecht gibt es in der Schweiz kein für sich abgeschlossenes Verfahren um Erlass einer superprovisorischen Verfügung; ein Begehren um Erlass superprovisorischer Anordnungen ist immer Teil eines Massnahmeverfahrens, das der superprovisorischen Verfügung folgt[15]. Die einstweilige Verfügung leitet das Massnahmeverfahren ein, und dieses findet seinen Abschluss damit, dass die vorsorgliche Massnahme gewährt und dem Gesuchsteller Frist zur Einreichung der Bestätigungsklage angesetzt wird, oder dass das Massnahmebegehren abgelehnt wird.

Der Entscheid über Gutheissung oder Ablehnung einer superprovisorischen Anordnung ist ein Teilentscheid, der das Gesuch um Anordnung superprovisorischer Massnahmen erledigt. Der Endentscheid, der sich mit der Anordnung vorsorglicher Massnahmen während des nachfolgenden Bestätigungsprozesses befasst, hat nur indirekten Einfluss auf das Superprovisorium, indem die Ablehnung vorsorglicher Massnahmen auch das Superprovisorium aufhebt; das Verhältnis ist somit gleich wie zwischen vorsorglicher Massnahme und Endurteil im ordentlichen Prozess: weist dieses die klägerischen Ansprüche ab, fallen auch die vorsorglichen Massnahmen dahin, während sie sonst in ein Definitivum übergeführt werden.

Es liegt im Wesen des superprovisorischen Entscheides, dass der Gesuchsgegner hierzu nicht angehört wird. Entsprechend kurz ist denn auch das diesbezügliche Verfahren. Ein Einzelrichter sollte in der Lage sein, eine superprovisorische Anordnung inner 24 Stunden zu fällen und innert 2–4 Tagen zu begründen und zuzustellen.

Es hat sich die Frage gestellt, ob der Richter, dem die Vorbringen in einem Massnahmegesuch nicht völlig klar sind, berechtigt sein soll, beim Gesuchsteller schriftlich oder telefonisch um zusätzliche Ausführungen zu bitten. Das Kassationsgericht des Kantons Zürich hat dies mit der Begründung verneint, jedes unter Ausschluss der anderen Seite geführte Gespräch erwecke den Anschein von Befangenheit; gerade in Fällen, in denen der Anspruch auf das rechtliche Gehör des Gesuchsgegners ohnehin eingeschränkt sei, müsse der Richter jede Handlung vermeiden, welche ihn dem Anschein der Befangenheit aussetzen könnte[16]. Diese Begründung erscheint indessen nicht zwingend. Das

---

[15] Gl.M. Martin Ziegler, «sofort und ohne Anhörung der Gegenpartei ...» (Aspekte des Superprovisoriums, unter besonderer Berücksichtigung des schwyzerischen Zivilprozesses), SJZ 86/1990 320.

[16] Kass. Nr. 95/166 vom 11.9.1995.

Fragerecht und insbesondere die Fragepflicht des Richters[17] ist nicht nur auf das kontradiktorische Verfahren beschränkt, sondern hat auch im Verfahren ohne (einstweilige) Anhörung der Gegenpartei seinen Platz. Zudem ist zu berücksichtigen, dass den Massnahmeverfügungen, und erst recht auch den superprovisorischen, keine materielle Rechtskraft zukommt, so dass abgelehnte Massnahmebegehren jederzeit mit ergänzter Begründung erneuert werden können[18]; entsprechend kann denn auch ein Richter, dem nachträglich ernsthafte Zweifel an der Richtigkeit einer superprovisorisch angeordneten Verfügung aufsteigen, diese sofort und schon vor dem Entscheid über deren Aufrechterhaltung als vorsorgliche Massnahme wieder aufheben[19]. Die Annahme, einem Richter (der immerhin auch befugt ist, ein abgelehntes Rechtsbegehren erneut entgegenzunehmen und materiell zu behandeln) sei es nicht gestattet, seine Bedenken gegen den verlangten Entscheid im voraus bekanntzugeben, erscheint damit als überspitzter Formalismus. Freilich darf der Richter bei einer allfälligen Rückfrage keine Zusicherungen machen oder Hinweise auf das einzuschlagende Verfahren erteilen. Genau so wie ein Richter aber bei der mündlichen Darlegung eines Gesuches seine Bitte anbringen kann, der Gesuchsteller möge noch diesen oder jenen Punkt beleuchten, so muss er auch im schriftlichen Verfahren Rückfragen stellen und zusätzliche Auskünfte einholen können. Selbstverständlich ist ein solcher Vorgang aktenkundig zu machen[20], und zum Zwecke der Transparenz empfiehlt es sich, sich hierzu nicht des Telefons, sondern des Telefax zu bedienen.

B. Der Entscheid

Gross sind die Unterschiede, die sich bei der Ausfertigung des Entscheides über superprovisorische Massnahmen ergeben. Erstaunlicherweise bestehen aber die Unterschiede nicht nur von Kanton zu Kanton, sondern auch innerhalb des gleichen Kantons. Während beispielsweise die Einzelrichter an den Handelsgerichten der Kantone Aargau und St. Gallen ihre superprovisorischen Anordnungen sehr einlässlich und sorgfältig zu begründen pflegen, pflegt eine solche in den Kantonen Solothurn und Schwyz gänzlich zu fehlen. Im Kanton

---

[17] § 55 ZH ZPO.
[18] § 229 ZH ZPO; vgl. EUGÈNE BRUNNER, Voraussetzungen für den Erlass vorsorglicher Massnahmen im gewerblichen Rechtsschutz, SMI 1989 S. 9–25, insb. S. 23, LUCAS DAVID, Der Rechtsschutz im IGR, SIWR I/2 S. 187, oder HGer ZH in Mitt. 1984 65: Nylondübel und OGer BL in BJM 1971 238: Markenverletzung.
[19] Gl.M. FRANZ NYFFELER, Die Schutzschrift, SMI 1995, S. 83–93, N. 10.
[20] KassGer ZH in SJZ 82/1986 Nr. 63 S. 392.

Zürich wird in der Regel nur eine Kurzbegründung für den Entscheid gegeben; beim Audienzrichter am Bezirksgericht Zürich hat sogar die Praxis geherrscht, Entscheide über die Abweisung superprovisorischer Anordnungen überhaupt nicht zu begründen und sie nur telefonisch zu eröffnen; teilweise wurde dem abgewiesenen Gesuchsteller auch in einem Standardbrief die nichtssagende Begründung mitgeteilt, die gesetzlichen Voraussetzungen für die Anordnung einer superprovisorischen Verfügung seien nicht gegeben. Demgegenüber pflegen die Einzelrichter anderer Bezirksgerichte des Kantons Zürich ihre Entscheide zum Erlass vorsorglicher Verfügungen mit sofortiger Wirkung vor Anhörung des Gesuchsgegners immerhin so zu begründen, dass die Parteien wissen, warum das klägerische Begehren gutgeheissen oder abgewiesen worden ist.

Eine ausdrückliche Pflicht zur Begründung des Entscheides zur Anordnung superprovisorischer Massnahmen findet sich zwar in der zürcherischen Zivilprozessordnung nicht; sie verlangt indessen, dass prozessleitende Entscheide, die mittels Rekurs anfechtbar sind, begründet werden müssen[21]. Doch ergibt sich die Begründungspflicht ohnehin schon aus dem Willkürverbot[22], da anders der Betroffene die Tragweite des Entscheides und die Aussichten seiner Anfechtung nicht zu beurteilen vermag[23].

Insbesondere der Gesuchsteller hat einen Anspruch darauf, dass die Abweisung seines Gesuchs um Erlass einer superprovisorischen Verfügung motiviert wird, genau so gut wie der Gesuchsgegner wissen muss und darf, warum ein solches Gesuch ohne seine Anhörung gutgeheissen worden ist. Die Begründung dieses Entscheides ist nicht nur für das weitere Verfahren von Bedeutung, sondern sie orientiert die Parteien auch über die Praxis des entscheidenden Richters, was ihnen hilft, auf die speziellen Anforderungen des Gerichts zu reagieren. Es ist eine saloppe Unhöflichkeit gegenüber den prozessführenden Parteien und ihren Anwälten, wenn derartig wichtige Entscheidungen wie der Erlass oder die Abweisung superprovisorischer Anordnungen nicht motiviert werden.

Die Länge der Begründung wird stark von der Komplexität des Falles abhängen. Keinesfalls ist in jedem Falle eine ausführliche Begründung notwendig; vielmehr wird eine blosse Kurzbegründung in den meisten Fällen ausreichen. Freilich genügt die blosse Mitteilung, die gesetzlichen Voraussetzungen zum Erlass einer superprovisorischen Verfügung seien erfüllt oder auch nicht erfüllt, den Anforderungen an eine akzeptable Begründung nicht. Denn zu beantworten ist in einer Begründung des Entscheides nicht die Frage, ob die gesetzli-

---

[21] § 159 ZH GVG.
[22] Art. 4 BV.
[23] BGE 101/1975 Ia 305, 102/1976 Ia 6, 104/1978 Ia 222.

chen Voraussetzungen erfüllt sind oder nicht, sondern warum dies so oder eben nicht so ist. Eine kurze Begründung des Entscheides lässt sich in wenigen Stunden aufsetzen und ausfertigen; es ist unverständlich, wenn einzelne Richter meinen, die sachliche Begründung einer superprovisorischen Verfügung würde sie oder ihre Kanzlei überfordern.

C. Eröffnung

Wird das Begehren um Erlass einer superprovisorischen Verfügung gutgeheissen, ist es dem Gesuchsgegner zu eröffnen. Dies kann beispielsweise durch die postalische Zustellung des Entscheides als Gerichtsurkunde erfolgen. Steht eine Beschlagnahme in Frage, wird die superprovisorische Verfügung dem Gerichtsvollzieher (Gemeindeammann) übergeben mit dem Auftrag, sie anlässlich der Beschlagnahme dem Gesuchsgegner auszuhändigen. Statt dessen kann sie auch dem Gesuchsteller zur Zustellung übergeben werden, namentlich dann, wenn verschiedene Gerichtsvollzieher tätig werden müssen, deren Koordination gerne dem Gesuchsteller überlassen wird. Es ist dann seine Sache, die einzelnen Gerichtsvollzieher zu einem gleichzeitigen Eingreifen zu veranlassen und bei dieser Gelegenheit die Zustellung des Entscheides zu vollziehen.

Wird jedoch ein Begehren um Anordnung superprovisorischer Massnahmen abgewiesen, so ist es nach Ansicht des Verfassers ein Unding, diese Verfügung sogleich auch dem Gesuchsgegner zuzustellen, namentlich dann, wenn der Richter im Gegensatz zum Gesuchsteller eine Vereitelungsgefahr verneint. Es gehört zum Rechtsschutz des Klägers, dass er sein Anliegen vor einer höheren Instanz überprüfen lassen kann. Nun macht es aber wenig Sinn, die Frage der Vereitelungsgefahr von einer Rekursinstanz überprüfen zu lassen, wenn der Rekursgegner bereits um das Massnahmegesuch weiss und danach seine Vorkehren treffen kann. Will man das Rechtsmittel nicht zur Farce werden lassen, gibt es keine andere Möglichkeit, als auch im Rechtsmittelverfahren die (bisher obsiegende) Gegenpartei nicht anzuhören. Nur so ist es möglich, die Frage der Vereitelungsgefahr gerichtlich zu überprüfen und allenfalls die ablehnende Verfügung der Vorinstanz zu korrigieren. Daher darf eine Verfügung, mit welcher der Erlass eines superprovisorischen Befehls verweigert wird, zum mindesten bei abgelehnter Vereitelungsgefahr der nicht angehörten Partei erst dann zugestellt werden, wenn die Rechtsmittelfristen unbenützt abgelaufen sind, bzw. wenn der Entscheid formell rechtskräftig geworden ist.

Ein solches Vorgehen verletzt keine wesentlichen Interessen des Gesuchsgegners. Denn durch die erstinstanzliche Ablehnung einer superprovisorischen Anordnung sind die Rechte des Gesuchsgegners bereits bestens gewahrt und bedürfen keiner Verstärkung mehr[24]. Im Verfahren vor der zweiten Instanz steht der bisher nicht angehörte Gesuchsgegner nicht anders da als vor der ersten Instanz. Seinen Anhörungs- und Verteidigungsrechten wird in einem späteren Stadium Rechnung getragen, nämlich im unmittelbar nachfolgenden Massnahmeverfahren. Der Umstand, dass der Gesetzgeber die Anordnung bestimmter Massnahmen auch ohne Anhören des Gesuchsgegners zulässt, bringt es mit sich, dass der Gesuchsgegner eben nicht nur vor der ersten, sondern auch vor einer Rechtsmittelinstanz nicht angehört werden kann und angehört werden muss. Die Interessen des Gesuchsgegners können auch dadurch berücksichtigt werden, dass der Richter den Erlass eines superprovisorischen Befehls von der Leistung einer Kaution abhängig macht (wozu zwar wiederum eine vorgängige Kontaktnahme mit dem Gesuchsteller notwendig wird). Eine solche Sicherstellung ist zwar kantonal nur auf Begehren des Beklagten zu leisten[25]; dagegen sieht das Bundesrecht eine Sicherheitsleistung von Amtes wegen vor[26]. Treffend hat dies schon VON BÜREN formuliert: «Wer vorsorglich verfügt haben will, hat vorsorglich Schadenersatz zu garantieren, auch wenn er finanziell kräftig ist»[27]. Auch der Gesuchsgegner kann sofort nach Empfang der superprovisorischen Anordnung ein Sicherstellungsbegehren einreichen, falls der Richter nicht schon in der ersten Verfügung eine Kaution auferlegt hat oder sich diese in den Augen des Gesuchsgegners als ungenügend erweisen sollte; darüber hinaus hat er die Möglichkeit, seinerseits zugunsten des Gesuchstellers Sicherheit zu leisten und damit die freie Verfügung über sein Vermögen zurückzuerlangen[28].

Das hier vorgeschlagene Verfahren wird bereits beim Arrestbefehl befolgt. Wird ein Arrestbegehren abgewiesen, so wird dies nach zürcherischer Praxis dem Arrestschuldner nicht mitgeteilt, und dem Arrestgläubiger steht so die Möglichkeit offen, gegen den ablehnenden Entscheid ein Rechtsmittel zu ergreifen. Es ist nicht einzusehen, warum in anderen ex parte-Verfahren andere Massstäbe gelten sollten.

Die hier postulierte Nichtzustellung einer abweisenden Verfügung gibt dem unterlegenen Gesuchsteller auch die Möglichkeit, auf die Weiterverfolgung seiner zivilrechtlichen Ansprüche einstweilen zu verzichten und statt dessen eine Strafanzeige zu erstatten. Damit wird es ins Ermessen des Untersuchungs-

---

[24] Analog werden etwa auch im Strafprozess Einstellungsverfügungen dem Angeschuldigten in der Regel nicht mitgeteilt, wenn gegen ihn noch keine Untersuchungshandlungen vorgenommen wurden (§ 40 ZH StPO); der Anzeigeerstatter erhält so Gelegenheit, die Gesetzmässigkeit der Sistierung gerichtlich überprüfen zu lassen, ohne dass ein fait accompli geschaffen wird.
[25] § 227 Abs. 1 ZH ZPO.
[26] Art. 28d Abs. 3 ZGB.
[27] BRUNO V. BÜREN, Kommentar z. Wettbewerbsgesetz, Zürich 1957, S. 206.
[28] § 227 Abs. 2 ZH ZPO, Art. 277 SchKG.

richters gestellt, ob er allenfalls eine Hausdurchsuchung und die Beschlagnahmung von Dokumenten vornehmen will. Dem Untersuchungsrichter wären aber die Hände gebunden, wenn der Angeschuldigte bereits durch eine Verfügung des Zivilrichters vorgewarnt worden wäre.

IV. Rechtsmittel

A. Vorbemerkungen

Die Meinung, es sei sachlich nicht gerechtfertigt, den Parteien eines Zivilprozesses nicht die gleichen Rechtsmittel zur Verfügung zu stellen[29], erscheint zwar auf den ersten Blick als plausibel, sollen doch im Prozess die Parteien über gleich lange Spiesse verfügen. Indessen ist immer auch das Verfahren zu beachten und zu fragen, welches Rechtsmittel zum gegebenen Zeitpunkt und unter Berücksichtigung der beidseitigen Interessen den optimalen Schutz der Prozessparteien gewährleistet.

So drängt es sich nicht auf, einer Partei, die ihren Rechtsstandpunkt bereits vortragen konnte, das gleiche Rechtsmittel zur Verfügung zu stellen wie einer Partei, die noch gar nicht angehört worden ist. Nachdem das Institut der Wiedererwägung im Zivilprozess nur mit äusserster Zurückhaltung eingesetzt werden soll, ist der bereits angehörten, aber nicht erhörten Partei ein devolutives Rechtsmittel an eine höhere Instanz zur Verfügung zu stellen. Eines solchen Rechtsmittels bedarf jedoch die noch nicht angehörte Partei nicht; ein devolutives Rechtsmittel würde sie vielmehr einer Instanz berauben. Daher ist es sinnvoll, wenn die nicht angehörte Partei ihren Rechtsstandpunkt zuerst beim Richter, der sie nicht angehört hat, einbringen kann, und ihr erst in einem späteren Zeitpunkt ein Rechtsmittel an eine höhere Instanz eröffnet wird. Von diesen Überlegungen liess sich offensichtlich auch der Bundesgesetzgeber bei der Ausgestaltung des Arrestes leiten. Gegen den Arrestbefehl gibt es von Bundesrechts wegen weder Berufung noch Beschwerde[30]. Gegen die Verweigerung des Arrestbefehls gibt es jedoch im Kanton Zürich – ohne dass dies bundesrechtlich verlangt wäre – den Rekurs, ebenso gegen die Auflage einer übermässigen Arrestkaution[31]. Demgegenüber steht gegen die Zulassung eines Arrestbefehles nicht einmal die Nichtigkeitsbeschwerde an das Obergericht zur

---

[29] OGer ZH in ZR 87/1988 Nr. 93 a.E.
[30] Art. 279 Abs. 1 altSchKG.
[31] STRÄULI/MESSMER, Kommentar ZH ZPO, N.13 zu § 272.

Verfügung[32]. Will der Arrestschuldner den Arrestgrund bestreiten, so kann er dies mit der Arrestaufhebungsklage im beschleunigten Verfahren, bez. nunmehr mit der Einsprache gegen den Arrestbefehl tun[33]. Erachtet er die Leistung einer Kaution als notwendig oder die geleistete Kaution als ungenügend, so kann er auch noch nach Erlass des Arrestbefehls bei der Arrestbehörde ein Sicherstellungsbegehren stellen[34]. Schliesslich steht dem Schuldner auch die Beschwerde gegen den Arrestvollzug wegen ungenügender Bezeichnung der Arrestgegenstände zu. Die Besonderheit des Arrestes verlangt daher für Gläubiger und Schuldner völlig verschiedene Rechtsmittel.

Es besteht nun m.E. auch ausserhalb des Arrestrechtes kein sachlicher Grund, dass gegen einen Entscheid über die Anordnung superprovisorischer Massnahmen dem Gesuchsteller und dem Gesuchsgegner die gleichen Rechtsmittel zur Verfügung zu stellen wären. In diesem Verfahren sind die Spiesse der beiden Parteien aus sachlichen Gründen ohnehin ungleich lang, so dass auch die Rechtsmittel verschieden sein können, ja sogar müssen.

B. Rechtsmittel des Gesuchstellers

Vorsorgliche Massnahmen und insbesondere auch superprovisorische Verfügungen ergehen vor Rechtshängigkeit des Hauptprozesses im summarischen Verfahren. Entsprechend ist zu überlegen, ob superprovisorische Verfügungen im Rahmen von § 272 ZPO dem Rekurs unterliegen. Sedes materiae ist m.E. § 272 Abs. 2 Ziff. 1 ZPO, wonach solche Erledigungsverfügungen nicht mit Rekurs anfechtbar sind, die im summarischen Verfahren ergangen sind und in denen provisorische Befehle und Verbote nach § 224 ZPO angeordnet wurden.

Bei der Lektüre dieser Bestimmung fällt vorerst auf, dass sie auf ein bestimmtes Ergebnis des Verfahrens um Anordnung superprovisorischer Verfügungen abstellt. Der Rekurs wird nur gegen solche Erledigungsverfügungen verweigert, mit welchen ein superprovisorischer Befehl oder ein superprovosorisches Verbot angeordnet wurde, nicht aber gegen Verfügungen, die sich mit solchen Befehlen und Verboten befassen. Der Gesetzgeber hätte, ähnlich wie er dies in §§ 271 Abs. 1 Ziff. 4 und 272 Abs. 2 Ziff. 3 ZPO getan hat, den Rekurs gegen solche Erledigungsverfügungen ausschliessen können, die vorsorgliche Massnahmen oder einen provisorischen Befehl nach § 224 ZPO «betreffen» oder die sich mit einem solchen Befehl «befassen». Die Formulierung, die einen Rekurs gegen erteilte Befehle ausschliesst, wurde offensicht-

---

[32] OGer ZH in ZR 81/1982 Nr. 12.
[33] Art. 279 Abs. 2 altSchKG, Art. 278 revSchKG.
[34] STRÄULI/MESSMER, a.a.O. (FN 31), N.40 zu § 213 ZH ZPO.

lich bewusst gewählt, wobei man sich anscheinend überlegte, gegen die Erteilung eines provisorischen Befehls brauche es keinen Rekurs, da ja das vollkommene Rechtsmittel der Einsprache bestehe. Es liegt daher nahe, aus dieser Formulierung den e contrario-Schluss zu ziehen, Verfügungen, mit denen ein provisorischer Befehl abgelehnt werde, seien mit Rekurs anfechtbar.

Man mag dagegen einwenden, dass die Ablehnung einer superprovisorischen Anordnung keine Erledigungsverfügung sei, da das Verfahren weiterhin pendent bleibe und der Kläger sein Begehren immer noch zugesprochen erhalten könne, wenn auch nicht ohne Anhörung der Gegenpartei. Diese Argumentation übersieht jedoch, dass mit der Weiterführung des Verfahrens und der Anhörung des Gesuchsgegners das Begehren um Anordnung superprovisorischer Massnahmen definitiv vom Tisch ist; es ist ein für allemal erledigt. Wenn schon die Erteilung eines provisorischen Befehls in § 272 Abs. 2 ZPO als «Erledigungsverfügung» bezeichnet wird, obschon dieser im nachfolgenden Massnahmeverfahren wieder aufgehoben werden kann, so ist die Abweisung eines Gesuches um Erlass eines superprovisorischen Befehls noch viel mehr als Erledigungsverfügung zu betrachten, denn diese ist wirklich definitiv.

Der Rekurs gegen die Ablehnung einstweiliger Anordnungen verträgt sich im übrigen bestens mit dem zürcherischen Zivilprozess. So sind Rekurse zulässig gegen die Verweigerung von Arresten[35] oder gegen die Ablehnung von vorsorglichen Beweisabnahmen[36]. Sinnvoll und vernünftig ist es daher, dem Kläger auch eine Rekursmöglichkeit gegen die Verweigerung eines superprovisorischen Befehls oder Verbotes einzuräumen.

Ist bereits ein Hauptprozess hängig, werden superprovisorische Verfügungen in der Regel durch den Referenten erlassen[37]. Gegen dessen Anordnungen können beide Parteien kurz begründete Einsprachen an das Kollegialgericht erheben[38]. Der Kommentar zur Zürcherischen Zivilprozessordnung bejaht insbesondere auch die Einsprachemöglichkeit gegen die Verweigerung einer anbegehrten superprovisorischen Anordnung[39]. Die Einsprache hat keine aufschiebende Wirkung[40].

Ist der Prozess dagegen beim Einzelrichter im ordentlichen Verfahren hängig, so käme eine Einsprache des Gesuchstellers einem Wiederwägungsgesuch gleich. Der Gesuchsteller hat die Begründung für sein Gesuch ja bereits vorgetragen und der Richter hat sie als ungenügend angesehen. Bei dieser Situation wäre die Einsprache an den gleichen Richter systemwidrig. Eine Ein-

---

[35] STRÄULI/MESSMER, a.a.O. (FN 31), N. 13 zu § 272
[36] NIKLAUS SCHMID, Prozessgesetze des Kantons Zürich, N.1 zu § 233 ZH ZPO.
[37] § 110 ZH ZPO i.V.m. §§ 123 und 125 Abs. 1 ZH GVG.
[38] § 122 Abs. 4 ZH GVG.
[39] STRÄULI/MESSMER, a.a.O. (FN 31), N. 35 und 38 zu § 110 sowie N. 31 zu § 271 ZH ZPO.
[40] STRÄULI/MESSMER, a.a.O. (FN 31), N. 35 zu § 110 ZH ZPO.

sprache ist nur dann sinnvoll, wenn entweder der Richter ad quem mit dem Richter a quo nicht identisch ist[41], oder wenn der Einsprecher noch gar nicht gehört worden ist[42]. Gegen die Verweigerung superprovisorischer Anordnungen durch den Einzelrichter im ordentlichen Verahren kann daher höchstens im Rahmen von § 271 Abs. 1 Ziff. 4 ZPO rekurriert werden.

C. Rechtsmittel des Gesuchsgegners

Das Verfahren über den Erlass von Massnahmen ohne Anhörung des Beklagten wird in der Zivilprozessordnung des Kantons Zürich an zwei verschiedenen Stellen beschrieben, nämlich einerseits für superprovisorische Anordnungen, die während eines hängigen Prozesses erlassen werden[43], und andererseits solchen vor Anhängigmachung eines Prozesses[44]. Auffallend ist nun, dass die diesbezüglichen Bestimmungen nicht völlig übereinstimmen.

Bei vorprozessualen Massnahmen ist der Richter gehalten, dem Beklagten eine Einsprachefrist von 7–20 Tagen anzusetzen[45]. Demgegenüber steht es dem Referenten im ordentlichen Prozess frei, ob er eine solche Frist ansetzen will oder nicht; wird sie angesetzt, darf sie in Anlehnung an § 122 Abs. 4 GVG höchstens 10 Tage betragen[46]. Wird im ordentlichen Verfahren keine Einsprachefrist angesetzt, ist die Gegenpartei mündlich oder schriftlich anzuhören und die superprovisorische Anordnung vom Kollegialgericht zu bestätigen. Die Einsprache des Gesuchgegners im summarischen Verfahren scheint im Gegensatz zu jener im ordentlichen Verfahren[47] in der Regel aufschiebende Wirkung zu haben[48], doch kann der Richter – was in aller Regel zu empfehlen ist – auch anordnen, dass die Einsprache die provisorische Verfügung nicht dahinfallen lasse oder dass im Säumnisfall die vorläufige Anordnung beibehalten werde. Im vorprozessualen Massnahmeverfahren wird sodann in jedem Falle zur mündlichen Verhandlung vorgeladen, während bei Rechtshängigkeit des Prozesses die Anhörung des Beklagten auch schriftlich erfolgen kann.

Der Richter hat es angesichts dieser verwirrenden Vielzahl von Möglichkeiten nicht immer leicht, das geeignete Prozedere anzuordnen. In aller Regel

---

[41] Was z.B. bei der Einsprache gegen die Verfügung des Instruktionsrichters an das Kollegialgericht der Fall ist; vgl. z.B. § 122 Abs. 4 und 123 ZH GVG.
[42] Was im besonderen bei Einsprachen gemäss § 110 Abs. 2 und § 224 Abs. 2 ZH ZPO der Fall ist.
[43] § 110 Abs. 2 ZH ZPO.
[44] § 224 ZH ZPO.
[45] § 224 Abs. 2 ZH ZPO in Verbindung mit § 190 ZH GVG.
[46] § 110 Abs. 2 ZH ZPO.
[47] Vgl. oben bei FN 40.
[48] § 224 Abs. 3 ZH ZPO.

wird es sich rechtfertigen, der Einsprache keine aufschiebende Wirkung zuzubilligen. Der Massnahmerichter ist ohnehin frei, die angeordnete superprovisorische Massnahme aufzuheben oder abzuändern, wenn er sich von der Einsprache des Beklagten überzeugen lässt[49]. Die Aufhebung oder Änderung der superprovisorischen Massnahme im Falle veränderter Umstände[50] ist dem automatischen Dahinfallen der superprovisorischen Anordnung bei Erhebung einer Einsprache jedenfalls vorzuziehen.

Der Beklagte soll die Einsprache kurz begründen[51]. Die Begründung der Einsprache ist somit eine blosse Ordnungsvorschrift, deren Missachtung keine Rechtsnachteile nach sich zieht, weshalb statt von Einsprache auch von Rechtsvorschlag gesprochen werden könnte. Das volle rechtliche Gehör ist dem Beklagten anschliessend in einer mündlichen Verhandlung zu gewähren, es wäre denn, der Beklagte habe seine Einsprache nicht nur kurz, sondern einlässlich begründet und auf eine weitere Anhörung verzichtet. Die Einsprachemöglichkeit des Gesuchstellers schliesst im übrigen jegliches devolutive Rechtsmittel von Gesetzes wegen aus[52].

Ein äusserst wichtiges Rechtsmittel des Beklagten, das schon vor dem Erlass einer superprovisorischen Verfügung ansetzt, bildet im übrigen die Schutzschrift. Diese wird zwar in vielen Kantonen skeptisch angesehen[53], und auch das Bundesgericht betrachtet die Nichtentgegennahme einer Schutzschrift nicht als willkürlich[54]. Demgegenüber wird das Institut der Schutzschrift nicht nur von einer ganzen Anzahl von Kantonen[55], sondern auch von der Lehre einhellig als zulässig und sinnvoll beurteilt[56]. Nicht zuletzt hat auch der heutige Bundesrichter und frühere Präsident des Aargauer Handelsgerichtes F. NYFFELER[57] mit

---

[49] § 229 ZH ZPO, vgl. vorn bei FN 18.
[50] Vgl. § 229 ZH ZPO bez. vorsorglicher Massnahmen, der selbstverständlich auch auf superprovisorische Verfügungen Anwendung findet.
[51] § 110 Abs. 2 a.E., § 224 Abs. 2 a.E. ZH ZPO.
[52] § 271 Abs. 2 und 285 Abs. 1 ZH ZH ZPO.
[53] Vgl. MARCEL LUSTENBERGER/MICHAEL RITSCHER, Die Schutzschrift – zulässiges Verteidigungsmittel oder verpönte Einflussnahme?, AJP 5/1997, S. 515–518; für TI vgl. SPARTACO CHIESA, Die vorsorgliche Massnahme im gewerblichen Rechtsschutz gemäss der Tessiner Prozessordnung, SMI 1989, S. 27–34, insbes. S. 31.
[54] BGE 119/1993 Ia 53 = AJP 2/1993 S. 734, mit kritischer Anmerkung von L. DAVID.
[55] HGer SG in SMI 1989 104: Schutzschrift III,
[56] URS SCHENKER, Die vorsorgliche Massnahme im Lauterkeits- und Kartellrecht, Diss. ZH 1985, S. 150 ff., RENÉ ERNST, Die vorsorgliche Massnahme im Wettbewerbs- und Immaterialgüterrecht, Diss. ZH 1992, S. 159 ff., PATRICK TROLLER, Die einstweilige Verfügung im Immaterialgüterrrecht, ZBJV 127bis/1991, S. 321, LUCAS DAVID, Der Rechtsschutz im Immaterialgüterrecht, SIWR I/2, Basel 1992, S. 171 f., sowie in Mitt. 1984 267 ff. und AJP 2/1993 736 f., DANIEL ALDER, Der einstweilige Rechtsschutz im Immaterialgüterrecht, Diss. ZH 1993, S. 160, LUSTENBERGER/RITSCHER (FN 53), S. 517.
[57] FRANZ NYFFELER, Die Schutzschrift, SMI 1995, S. 83–93.

Eloquenz nachgewiesen, dass die Entgegennahme und Berücksichtigung einer Schutzschrift geeignet ist, den Nachteil des fehlenden rechtlichen Gehörs bei Erlass einer superprovisorischen Verfügung weitgehend wettzumachen; er erachtet deren ungelesene Rücksendung geradezu ebenfalls als Gehörsverweigerung. Dieser Ansicht ist bedingungslos zuzustimmen, und es bleibt abzuwarten, wie die zürcherischen Gerichte und auch das Bundesgericht auf diese begründete Lehrmeinung reagieren werden. Zu Recht wird denn auch darauf hingewiesen, dass die Entgegennahme und das Lesen einer Schutzschrift den raschen und möglichst sachgerechten Erlass einer superprovisorischen Verfügung nicht zu beeinträchtigen vermag, sondern im Gegenteil Gewähr für eine möglichst ausgewogene Beurteilung des klägerischen Begehrens bietet. Offen bleibt höchstens noch die Frage, ob die Schutzschrift bei ihrem Eintreffen auch der Gegenpartei und präsumtiven Gesuchstellerin zuzustellen ist, wie lange sie beim Gericht aufzubewahren ist[58] oder welche Kosten- und Entschädigungsfolgen sie auslöst. Bezüglich letzterer bemerkt NYFFELER zu Recht, dass die Einreichung einer Schutzschrift, ohne dass in der Folge ein Massnahmeverfahren angehoben wird, kostenpflichtig machen könne, und dass dem Schutzschriftverfasser eine Prozessentschädigung für das Einreichen der Schutzschrift zuzusprechen sei, falls das Massnahmegesuch schliesslich abgewiesen werde[59].

V. Zusammenfassung

Die hier umschriebenen Thesen können wie folgt zusammengefasst werden:

1. Schutzschriften bilden das beste Rechtsmittel für den präsumtiven Gesuchsgegner.

2. Sowohl zeitliche Dringlichkeit wie Vereitelungsgefahr sind voneinander unabhängige, je für sich genügende Voraussetzungen für superprovisorische Anordnungen.

3. Verfügungen eines Richters, mit welchen er superprovisorische Anordnungen trifft oder ablehnt, sind mindestens summarisch zu begründen.

---

[58] In der Literatur werden 2–3 Monate postuliert, vgl. die Übersicht bei NYFFELER, SMI 1995 92, N 45; das HGer SG ging in einem Einzelfall (SMI 1989 104) sogar auf 6 Monate.
[59] NYFFELER, SMI 1995 S. 92.

4. Ist eine anbegehrte superprovisorische Anordnung wegen fehlender Vereitelungsgefahr abgewiesen worden, so ist die abweisende Verfügung dem Gesuchsgegner erst nach Ablauf der Rechtsmittelfrist zuzustellen.

5. Gegen Verfügungen der zürcherischen Bezirksgerichtspräsidenten, die superprovisorische Anordnungen abweisen, ist das Rechtsmittel des Rekurses gegeben; gegenüber solchen des Einzelrichters am Handelsgericht dasjenige der Nichtigkeitsbeschwerde.

ANDREAS DONATSCH

Zur Unabhängigkeit und Unbefangenheit des Sachverständigen[1]

(auf der Grundlage der StPO ZH)

Inhalt

I. Bedeutung der Unabhängigkeit und Unbefangenheit des Sachverständigen
II. Rechtliche Grundlagen des Anspruchs auf Unabhängigkeit und Unbefangenheit
III. Umfang des Anspruchs auf Unabhängigkeit und Unparteilichkeit
   1. Institutionelle Aspekte und organisatorische Gegebenheiten genereller Natur
   2. Gesetzlich erfasste Anwendungsfälle von Befangenheit bzw. Parteilichkeit
      2.1 Vorbefassung
      2.2 Weitere Gründe generell fehlender Unabhängigkeit bzw. Unparteilichkeit nach § 95 f. GVG
   3. Zur Generalklausel i.S. von § 96 Ziff. 4 GVG
      3.1 Grundsatz
      3.2 Anwendungsfälle
          a) Abschätzige bzw. beleidigende Äusserungen des Experten
          b) Äusserungen des Experten bzw. aus dessen Umkreis führen zur Aufnahme oder Weiterführung des Strafverfahrens
          c) Angriffe oder Strafanzeige von Prozessbeteiligten gegen den Sachverständigen
          d) Zugehörigkeit zum Kreis der potentiell Verletzten i.w.S. bzw. Interessierten
          e) Geschäftliche Beziehungen bzw. Konkurrenzverhältnis
          f) Besonderheiten im Falle mehrerer Gutachter
          g) Beurteilung von Mitangeklagten durch denselben Experten

---

[1] Meinem Assistenten, lic. iur. Mark Cummins, danke ich für die Unterstützung beim Verfassen dieses Beitrages.

I. Bedeutung der Unabhängigkeit und Unbefangenheit des Sachverständigen

Die Bedeutung eines Gutachtens, mithin des Ergebnisses der Tätigkeit des vom Richter beigezogenen Sachverständigen, bei der Erarbeitung der Beweisgrundlage – und damit dessen direkter Einfluss auf den Ausgang des Strafverfahrens –, kann kaum unterschätzt werden[2]. Zu erklären ist dies damit, dass der Sachverständige als Entscheidungsgehilfe des Richters tätig wird. In dieser Funktion teilt er aus seinem Sachgebiet Erfahrungs- bzw. Wissenssätze mit, erforscht er gestützt auf seine Spezialkenntnisse den prozessrelevanten Sachverhalt oder zieht er aus feststehenden Tatsachen Schlussfolgerungen[3]. Schon der Umstand, dass die an der Feststellung der tatsächlichen Entscheidgrundlagen Interessierten auf die Spezialkenntnisse des Gutachters angewiesen sind, mithin in gewissem Umfang – der Richter hat das Gutachten auf seine Überzeugungskraft hin selbständig zu überprüfen – auf dessen Expertenwissen abstellen *müssen,* rechtfertigt das Prinzip, dass der Sachverständige seine Feststellungen allein gestützt auf sein Fachwissen, mithin völlig unabhängig von den im Verfahren involvierten Interessen und beteiligten Personen zu treffen hat. Da der Experte in dem Sinne im Auftrag des Richters tätig wird, dass er mit seinem Spezialwissen gewissermassen als Hilfsperson[4] das eigene Wissen des Richters ergänzt, ist seine Unabhängigkeit nicht weniger wichtig als diejenige des Richters. Entsprechend rechtfertigt es sich, den Gutachter grundsätzlich denselben Bestimmungen über die Unabhängigkeit zu unterstellen, wie sie für den Richter Geltung haben.

Darüber hinaus ist zu berücksichtigen, dass die Möglichkeit einer Einflussnahme der Prozessbeteiligten auf die Auswahl des Sachverständigen nach zürcherischem Strafverfahrensrecht im Zusammenhang mit der Bestellung desselben nicht notwendigerweise vorgesehen ist[5]. Auch aus diesem Grunde ist es unerlässlich, dass der bestellte Experte eine unabhängige und unbefangene Begutachtung zu garantieren vermag[6].

---

[2] GÉRARD PIQUEREZ, Précis de procédure pénale suisse, 2. Aufl., Lausanne 1994, N 1308; BGE 118 Ia 146 m.Nw.; NIKLAUS SCHMID, Strafprozessrecht, Eine Einführung auf der Grundlage des Strafprozessrechtes des Kantons Zürich und des Bundes, 2. Aufl., Zürich 1993, N 664. Vgl. auch HARALD KAMMER, Die «Allmacht» des Sachverständigen – Überlegungen zur Unabhängigkeit und Kontrolle der Sachverständigentätigkeit, Schriftenreihe Niederösterreichische Juristische Gesellschaft, Heft 54, Wien 1990, 9 ff.
[3] Vgl. MARC HELFENSTEIN, Der Sachverständigenbeweis im schweizerischen Strafprozess, Diss. Zürich 1978, 1 ff.; PIQUEREZ (Fn. 2) N 1322; SCHMID (Fn. 2) N 661; BGE 118 Ia 145 m.Nw.
[4] BGE 100 Ia 31.
[5] Vgl. dazu nachstehend bei Fn. 18.
[6] HELFENSTEIN (Fn. 3) 108.

Somit sind Regelungen wie diejenige der zürcherischen StPO in § 111, wonach niemand als Sachverständiger zugezogen werden darf, «der als Richter abgelehnt werden könnte» an sich durchaus folgerichtig[7].

II. Rechtliche Grundlagen des Anspruchs auf Unabhängigkeit und Unbefangenheit

Grundsätzlich ist die Organisation der Rechtspflege und des gerichtlichen Verfahrens Sache des kantonalen Prozess- und Gerichtsverfassungsrechts[8]. Dazu gehört unter anderem die Regelung der Ausstands- und Ablehnungsgründe[9] für Sachverständige. Solche lassen sich indes auch aus dem Verfassungsrecht ableiten, wobei allerdings aufgrund der bisherigen Rechtsprechung unklar geblieben ist, welches die einschlägige verfassungsrechtliche Norm sein soll. So ist zunächst festgehalten worden, in bezug auf einen Sachverständigen könne nicht Art. 58 Abs. 1 BV angerufen, sondern ausschliesslich die willkürliche Anwendung einer Norm des kantonalen Rechts sowie die Missachtung der aus Art. 4 BV fliessenden Minimalgarantie betreffend Unabhängigkeit und Unvoreingenommenheit gerügt werden[10]. Diese Praxis hat in der Folge inhaltlich insofern eine Modifikation erfahren, als im Ergebnis nunmehr für Sachverständige jedenfalls die gleichen Ausstands- und Ablehnungsgründe gelten wie sie für Richter gestützt auf Art. 58 Abs. 1 BV entwickelt worden sind[11]. Vorläufig geht das Bundesgericht somit von einem verfassungsmässigen Anspruch auf einen unabhängigen und unparteilichen Sachverständigen aus, ohne die genaue verfassungsrechtliche Grundlage dieses Rechts zu bezeichnen[12]. Nur am Rande sei erwähnt, dass die Bezugnahme einzig auf Art. 4 Abs. 1 BV, welcher – anders als Art. 58 Abs. 1 BV – die Unvoreingenommenheit von Verwaltungsbehörden garantiert, an sich nicht folgerichtig wäre, da für Sachverständige eben – wie vorstehend ausgeführt – richtigerweise dieselben Ablehnungsgründe gelten müssen wie für Richter. Neben dem Verfassungs- gewährt das Konventions-

---

[7] Vgl. z.B. auch § 74 Abs. 1 DStPO: «Ein Sachverständiger kann aus denselben Gründen, die zur Ablehnung eines Richters berechtigen, abgelehnt werden (...)».
[8] Art. 64 Abs. 3 und Art. 64bis Abs. 2 BV.
[9] BGE 105 Ia 159.
[10] BGE 116 Ia 137 f.
[11] BGE 120 V 364 f.; 120 Ib 341.
[12] BGer vom 25.3.1996, 1P.587/1995.

recht, nämlich Art. 6 Ziff. 1 EMRK und Art. 14 Ziff. 1 IPBPR, gewisse Minimalansprüche mit Bezug auf die Unabhängigkeit von Experten[13].

Da die verfassungsmässige Garantie der Unabhängigkeit und Unparteilichkeit des Richters im Ergebnis auch für Gutachter Geltung hat, kann aus der Rechtsprechung zu Art. 58 Abs. 1 BV auf den diesbezüglichen grundrechtlichen Mindestanspruch geschlossen werden. Im Bereich des kantonalen Strafverfahrens ist § 111 StPO massgebend. Weil Verfassungsrecht kantonalem Verfahrensrecht vorgeht und das Bundesgericht frei prüft, ob das Ergebnis einer willkürfreien Auslegung des kantonalen Rechts den Anforderungen von Art. 58 Abs. 1 BV entspricht[14], muss immerhin abgeklärt werden, ob die kantonale Norm die grundrechtlichen Minimalansprüche abzudecken vermag. Sollte dies in einem einzelnen Teilbereich nicht der Fall sein, ist vom verfassungsrechtlichen Mindeststandard auszugehen.

Nach § 111 StPO sind die Regeln betreffend die Ablehnung von Richtern auch bei Sachverständigen anwendbar. Die Bestimmung verweist somit auf den III. Abschnitt des GVG unter dem Titel «Ausstand von Justizbeamten». Dort regelt § 96 GVG die Konstellationen, in denen Richter abgelehnt werden oder selbst den Ausstand verlangen können. Dabei bleibt es den Beteiligten überlassen, ob der Justizbeamte nicht trotz des Ablehnungsgrundes am Verfahren mitwirken soll. Demgegenüber handelt § 95 GVG ausschliesslich vom Ausstand, dem Fall also, in welchem der Justizbeamte absolut von der Ausübung seines Amtes ausgeschlossen ist[15]. Obschon nun in § 111 StPO ausschliesslich von «Ablehnung» die Rede ist, mithin auf § 96 GVG Bezug genommen wird, wird in Lehre und Rechtsprechung doch ohne weiteres die Auffassung vertreten, § 111 StPO (bzw. eine vergleichbare Norm) beziehe sich nicht nur auf die Ablehnungs-, sondern auch auf die Ausstandsgründe[16].

Anders als beim Justizbeamten macht es § 111 StPO im Falle von Ablehnungsgründen i.S.v. § 96 GVG nicht von den Beteiligten abhängig, ob eine bestimmte Person als Gutachter ausgeschlossen werden soll. Vielmehr darf der Experte sowohl im Falle eines Ausstandsgrundes gemäss § 95 GVG wie auch eines Ablehnungsgrundes nach § 96 GVG von Amtes wegen nicht bestellt werden. Auch nach der bundesgerichtlichen Rechtsprechung verletzt es das Fairnessgebot und den Grundsatz der Waffengleichheit i.S. von Art. 4 Abs. 1

---

[13] BGE 118 Ia 146; 105 Ia 159; EGMR vom 28.8.1991, Brandstetter c. Österreich, Série A Nr. 211, Ziff. 42 ff.
[14] BGE 108 Ia 50; 105 Ia 159 f.; 100 Ia 31.
[15] Vgl. dazu ROBERT HAUSER/ERHARD SCHWERI, Schweizerisches Strafprozessrecht, 3. Aufl., Basel 1997, 97.
[16] SCHMID (Fn. 2) N 666; HAUSER/SCHWERI (Fn. 15) 257; HELFENSTEIN (Fn. 3) 109 f.; Kass.-Ger. ZH vom 7.9.1995, Nr. 94/475 m.Nw.

BV und Art. 6 Ziff. 1 EMRK – ebenso übrigens nach Art. 14 Ziff. 1 IPBPR –, wenn «die Regeln über die Unparteilichkeit von Sachverständigen vom Gericht nicht beachtet bzw. (...) die Parteilichkeit eines Experten vom Gericht nicht wahrgenommen» wird[17]. Dem entspricht, dass die Wahl des Sachverständigen nach § 110 Abs. 1 StPO dem Justizbeamten zusteht, wobei den Prozessbeteiligten – anders als gestützt auf § 172 Abs. 2 ZPO – vor der Bestellung desselben nicht notwendigerweise Gelegenheit zur Stellungnahme einzuräumen ist[18]. Da das zuständige Justizorgan die Frage allfälliger Ausstands- und Ablehnungsgründe in aller Regel höchstens teilweise, mithin nicht in allen Punkten abschliessend beurteilen kann, empfiehlt es sich immerhin, den Beteiligten Gelegenheit zu geben, zur Person des Gutachters Stellung zu nehmen[19]. Dieser kann zwar nicht abgelehnt, wohl aber kann der Justizbeamte auf eine allfällig bestehende Befangenheit hingewiesen werden[20]. Es stünde regelmässig im Widerspruch zum Grundsatz prozessökonomischen Verhaltens, ein Gutachten einzuholen, welches schliesslich unverwertbar ist[21], weil – was der Justizbeamte ohne Anhörung des Betroffenen unter Umständen gar nicht wissen konnte – zwischen diesem und dem Experten beispielsweise ein Feindschafts- oder Freundschaftsverhältnis besteht. Wird dem Betroffenen vorgängig keine Gelegenheit zur Stellungnahme eingeräumt, so besteht gestützt auf Art. 4 Abs. 1 BV das Recht, zumindest nachträglich Einwände zur Person des Gutachters zu erheben[22].

Da die Unabhängigkeit des Experten im Verfahren von zentraler Bedeutung ist, steht die Nichtersetzbarkeit des Sachverständigen im konkreten Einzelfall (z.B. weil die Untersuchung aus tatsächlichen oder rechtlichen Gründen nicht wiederholt werden kann) dem Ausschluss zufolge Befangenheit grundsätzlich nicht entgegen[23].

---

[17] BGE 120 V 364, m.Nw., welche Zitate sich allerdings, entgegen dem Anschein, nicht durchwegs auf die erwähnte Wahrnehmungspflicht des Richters, sondern teilweise ausschliesslich auf die Voraussetzungen der Unabhängigkeit und Unbefangenheit i.S. von Art. 4 Abs. 1 BV sowie Art. 6 Ziff. 1 EMRK beziehen.
[18] SCHMID (Fn. 2) N 666; Kass.-Ger. ZH vom 29.6.1991, Nr. 90/319.
[19] SCHMID (Fn. 2) N 666; RO 1976 Nr. 36.
[20] JÜRG AESCHLIMANN, Einführung in das Strafprozessrecht, Die neuen bernischen Gesetze, Bern/Stuttgart/Wien 1996, N 925.
[21] Vgl. NIKLAUS SCHMID, Kommentar zur Strafprozessordnung des Kantons Zürich, hrsg. von ANDREAS DONATSCH und NIKLAUS SCHMID, Zürich 1996, § 430 N 9 m.Nw.; a.M. noch ZR 34 (1935) Nr. 98.
[22] BGE 120 V 362.
[23] Vgl. für das deutsche Recht: ULRICH EISENBERG, Beweisrecht der StPO, Spezialkommentar, München 1996, N 1549.

III. Umfang des Anspruchs auf Unabhängigkeit und Unparteilichkeit

1. Institutionelle Aspekte und organisatorische Gegebenheiten genereller Natur

Wie erwähnt, wendet die Rechtsprechung die Verfahrensgarantie von Art. 58 Abs. 1 BV betreffend Unabhängigkeit des Richters sinngemäss auch beim Sachverständigen an[24]. Geht man vom institutionellen Aspekt der Unabhängigkeit aus, so können die für Gerichte bzw. Richter diesbezüglich entwickelten Kriterien nur in beschränktem Umfang bei Sachverständigen zur Anwendung gelangen.

Schon im Ansatzpunkt sind die formellen Garantien, welche den Richter einerseits und den Sachverständigen andrerseits gegen Einflussnahme von aussen schützen sollen[25], völlig verschieden. Beim ersteren sind es institutionelle Garantien und die Gerichtsorganisation, beim gerichtlichen Experten demgegenüber in erster Linie die Strafdrohung nach Art. 307 StGB. So wird in diesem Zusammenhang richtigerweise nicht verlangt, dass Sachverständige – wie Richter[26] – generell im voraus als solche bestimmt sind. Sie müssen auch nicht für eine genau festgelegte Amtszeit bestellt und während dieser von Gesetzes wegen oder faktisch unabsetzbar sein, wie dies die richterliche Unabhängigkeit gebietet[27]. Experten können ad hoc bestellt werden[28], und zwar durch eine Verwaltungsbehörde, beispielsweise den Bezirksanwalt, was beim Richter unzweifelhaft verfassungs-[29] und konventionswidrig[30] wäre. Sodann setzt die Tätigkeit als Sachverständiger, anders als diejenige des Richters[31], keineswegs

---

[24] BGE 120 V 364 f.
[25] Vgl. z.B. EGMR vom 28.6.1984, Campbell und Fell c. Vereinigtes Königreich, Série A Nr. 80, Ziff. 78 m.Nw.; EGMR vom 1.10.1982, Piersack c. Belgien, Série A Nr. 53, Ziff. 27.
[26] Z.B. ALFRED KÖLZ, in: Kommentar zur Bundesverfassung der Schweizerischen Eidgenossenschaft vom 29. Mai 1874, hrsg. von JEAN-FRANÇOIS AUBERT u.a., Basel/Zürich/Bern 1987 ff., Art. 58 N 67 ff.; BGE 105 Ia 161 m.Nw.
[27] Für den Richter: JOCHEN ABR. FROWEIN/WOLFGANG PEUKERT, Europäische MenschenRechtsKonvention, EMRK-Kommentar, 2. Aufl., Kehl/Strassburg/Arlington 1996, Art. 6 N 126; EGMR vom 22.10.1984, Sramek c. Österreich, Serie A Nr. 84 Ziff. 38; EGMR vom 28.6.1984, Campbell und Fell c. Vereinigtes Königreich, Série A Nr. 80, Ziff. 80.
[28] Zu den Ausnahmen § 110 StPO; vgl. auch SCHMID (Fn. 2) N 666.
[29] BGE 105 Ia 161.
[30] MARK E. VILLIGER, Handbuch der Europäischen Menschenrechtskonvention (EMRK), Zürich 1993, N 409.
[31] FROWEIN/PEUKERT (Fn. 27) Art. 6 N 124; KÖLZ (Fn. 26) Art. 58 N 47; VILLIGER (Fn. 30) N 413; EGMR vom 22.10.1984, Sramek c. Österreich, Série A Nr. 84 Ziff. 42; EGMR vom 28.6.1984, Campbell und Fell c. Vereinigtes Königreich, Série A Nr. 80, Ziff. 79.

eine im Sinne des Gewaltenteilungsprinzips verstandene Unabhängigkeit im Verhältnis zu den Staatsorganen, namentlich der Verwaltung, voraus. Dies ergibt sich beispielsweise für die ärztlichen Direktoren und Oberärzte der kantonalen Spitäler und psychiatrischen Kliniken sowie des Instituts für Rechtsmedizin, welche den Direktionen des Gesundheits- und des Erziehungswesens unterstehen, denn auch ausdrücklich aus § 110 Abs. 1 StPO[32]. Nach Lehre und Praxis ist es sodann grundsätzlich möglich, Polizeibeamte als Sachverständige zu bestellen[33]. In Anwendung von § 111 StPO i.V.m. § 96 Ziff. 1 GVG könnten Sachverständigengutachten im Prinzip sogar von Beamten und Angestellten desjenigen Gemeinwesens eingeholt werden, welches am Verfahren beteiligt ist. Entsprechend kann die Tatsache, dass ein Sachverständiger für dieselbe Anstalt oder dasselbe Laboratorium arbeitet, wie ein Kollege, dessen Gutachten die Grundlage der Anklage bildet, zwar Bedenken auslösen, jedoch berechtigt dieser Umstand für sich allein nicht zur Annahme, er sei deshalb unfähig, mit der notwendigen Neutralität zu handeln[34].

Demgegenüber muss der Sachverständige m.E. insoweit im Sinne der Verfahrensgarantie von Art. 58 Abs. 1 BV unabhängig sein, als er für seine spezifische Sachverständigentätigkeit weder weisungsgebunden sein darf noch einer übergeordneten Instanz Rechenschaft abzulegen hat[35]. Das entspricht der hierarchischen Unabhängigkeit des Richters innerhalb der Gerichtsbarkeit.

2. Gesetzlich erfasste Anwendungsfälle von Befangenheit bzw. Parteilichkeit

2.1. Vorbefassung

Nach der bundesgerichtlichen Praxis zu Art. 58 Abs. 1 BV kann eine «gewisse Besorgnis der Voreingenommenheit (...) dann entstehen, wenn der Richter sich bereits in einem frühern Zeitpunkt mit der Angelegenheit befasste (...)»[36]. Strenger ist das kantonale Recht. In Anwendung von § 95 Abs. 1 Ziff. 3 sowie § 95 Abs. 2 GVG, auf welche Bestimmungen § 111 StPO verweist, darf u.a. nicht

---

[32] Vgl. auch ZR 49 (1950) Nr. 155.
[33] HELFENSTEIN (Fn. 3) 126; OGZ I. StrK vom 3.2.1993, unter Hinweis auf ZR 60 (1961) Nr. 38; RO 1979 Nr. 34. In ähnlichem Sinne ist in BGHSt 18, 214, entschieden worden, wenn als Gutachter in Staatsschutzsachen ein Beamter des BKA berufen werde, sei die Besorgnis der Befangenheit unbegründet; vgl. auch bei Fn. 37.
[34] EGMR vom 28.8.1991, Brandstetter c. Österreich, Série A, Nr. 211, Ziff. 44; vgl. auch OGZ I. StrK vom 3.2.1993.
[35] Vgl. für den Richter: FROWEIN/PEUKERT (Fn. 27) Art. 6 N 124, 126.
[36] BGE 120 Ia 187; 119 Ia 226.

als Experte bestellt bzw. tätig werden, «wer in der Sache selbst an einem Entscheid unterer Instanzen teilgenommen hat». Unvereinbar ist auch die Mitwirkung am Entscheid des Geschworenen- und Obergerichts nach vorgängiger Tätigkeit in der Anklagekammer in gleicher Angelegenheit. Derartige Konstellationen sind zwar theoretisch vorstellbar (der Laienrichter, der als solcher am erstinstanzlichen Verfahren mitgewirkt hat, soll im Auftrag des Obergerichts ein Gutachten erstellen), dürften jedoch kaum von praktischer Relevanz sein. Ebenso ist von Befangenheit auszugehen, wenn ein Polizeibeamter als Sachverständiger bestellt werden soll, welcher zuvor an den Ermittlungshandlungen teilgenommen hat[37].

Als Selbstverständlichkeit gilt im Übrigen, dass der Sachverständige, welcher im erstinstanzlichen Verfahren bestellt worden ist, auch im Rechtsmittelverfahren als Experte tätig werden[38], beispielsweise sein Gutachten ergänzen kann. Er hat weder am Entscheid der unteren Instanz mitgewirkt noch i.S. von § 95 Abs. 1 Ziff. 3 GVG als Bevollmächtigter gehandelt oder zu gerichtlichen Handlungen Auftrag gegeben. Ebenso verhält es sich im Übrigen beim Experten, der im Auftrag der Untersuchungsbehörde tätig geworden ist und nunmehr im erstinstanzlichen Verfahren als Sachverständiger bestellt werden soll[39].

Befangenheit kann sodann nicht allein aus dem Umstand abgeleitet werden, dass der Sachverständige schon in einem früheren Verfahren gegen denselben Beschuldigten als Experte tätig war[40].

Wird ein Sachverständiger vom Geschädigten beigezogen und nachträglich durch das Gericht zum Gutachter bestellt, bestehen gewichtige Gründe für die Annahme von Befangenheit[41], jedoch muss diese nicht notwendigerweise in jeder derartigen Konstellation tatsächlich auch bejaht werden[42].

Nicht als vorbefasst gelten Sachverständige, welche sich – selbstverständlich ohne Bezugnahme auf den konkret zu beurteilenden Fall – beispielsweise in wissenschaftlichen Publikationen oder Diskussionen für eine wissenschaftliche Methode ausgesprochen oder zu Lehrmeinungen in bestimmter Weise Stellung genommen haben, selbst wenn die in diesen Aussagen enthaltenen Ansichten bei der Begutachtung des konkreten Falles von Bedeutung sein können. Wäre man in diesem Punkte anderer Auffassung, könnten Wissenschaftler zur Beantwortung solcher Fragen nicht als Experten beigezogen werden, zu welchen sie Forschungen betreiben und gegebenenfalls Publikationen veröf-

---

[37] Ähnlich BGHSt 18, 214.
[38] HELFENSTEIN (Fn. 2) 132 f.
[39] HELFENSTEIN (Fn. 2) 124, 131; OGZ I. StrK vom 3.2.1993.
[40] BGHSt 8, 235. Für den Richter vgl. WILLY HAUSER/ROBERT HAUSER, Gerichtsverfassungsgesetz vom 29. Januar 1911 mit den seitherigen Änderungen, 3. Aufl., Zürich 1978, § 113 N 7.
[41] Vgl. BGHSt 20, 245.
[42] HELFENSTEIN (Fn. 3) 122 f.

fentlicht haben. Somit bewirkt richtigerweise keine Befangenheit, dass der Experte als Anhänger einer umstrittenen wissenschaftlichen Theorie[43] oder als «therapeutischer Pessimist» gilt[44]. Auf derartige Gesichtspunkte – wie auch mangelnde Sachkunde ganz allgemein[45] – kann de lege lata einzig bei der Stellungnahme zum Ergebnis des Gutachtens hingewiesen werden. Angesichts der bereits erwähnten Bedeutung von Gutachten für den Ausgang des Prozesses wäre diesbezüglich de lege ferenda die Möglichkeit einer vermehrten Mitwirkung der Prozessbeteiligten bei der *Auswahl* des Experten zu prüfen.

2.2. Weitere Gründe generell fehlender Unabhängigkeit bzw. Unparteilichkeit nach § 95 f. GVG

Generell ist als Gutachter ausgeschlossen, wer in eigener Sache[46] oder in Angelegenheiten von Verwandten im Einzelnen umschriebener Grade (§ 95 Abs. 1 Ziff. 1 GVG), in Sachen seines Mündels, Verbeiständeten oder Pflegekindes (§ 95 Abs. 1 Ziff. 2 GVG) oder in Angelegenheiten einer juristischen Person als Experte tätig wird, deren Mitglied er ist (§ 96 Ziff. 1 GVG). Im Weiteren begründen die Annahme oder das Sich-Versprechenlassen von Geschenken bzw. Vorteilen im Zusammenhang mit dem betreffenden Verfahren (§ 95 Abs. 1 Ziff. 4 GVG) sowie Feindschaft und Freundschaft (§ 96 Ziff. 3 GVG) Ausschlussgründe für Sachverständige. Als Experte darf sodann nicht bestellt werden, wer in der zu beurteilenden Angelegenheit Rat erteilt sowie als Vermittler oder Zeuge[47] gehandelt hat oder noch wird handeln müssen (§ 96 Ziff. 2 GVG).

---

[43] HELFENSTEIN (Fn. 3) 120; RO 1976 Nr. 36.
[44] Kass.-Ger. ZH vom 29.6.1991, Nr. 90/319.
[45] HELFENSTEIN (Fn. 3) 120.
[46] Vgl. BGE 94 I 424 f.
[47] Aufgrund des Wortlautes von § 111 StPO i.V.m. § 96 Ziff. 2 GVG ist somit als Sachverständiger ausgeschlossen, wer als «Zeuge gehandelt hat oder noch zu handeln hat». Diese Regelung ist für Justizbeamte sinnvoll, weil es in jedem Fall den Anschein von Befangenheit erwecken müsste, wenn diese ihre eigene Zeugenaussage kritisch zu würdigen hätten. Beim Gutachter, der vor oder nach seiner Expertentätigkeit als Zeuge einvernommen wird bzw. einvernommen werden soll, ist die Sachlage diesbezüglich eine andere. Er beantwortet einerseits die ihm gestellten Fragen aufgrund seines Fachwissens und teilt dem Gericht andrerseits seine tatbestandsrelevanten Wahrnehmungen mit. Beide Beweise werden durch den Richter einer kritischen Würdigung unterzogen. Richtigerweise lassen sich Zeugen- und Sachverständigenfunktion durchaus miteinander vereinbaren. Im Falle des Experten, der gleichzeitig sachverständiger Zeuge ist, erweist sich die Trennung zwischen Gutachter- und Zeugenaussage nicht selten als schwierig, so beispielsweise im Falle eines gerichtsmedizinischen Gutachtens betreffend eine Obduktion. Hier kann auf diese spezielle Problematik nicht weiter eingegangen werden. Hingewiesen sei immerhin auf die Regelung gemäss § 74 Abs. 1 DStPO, wonach zwar ein Sachverständiger aus denselben Gründen abgelehnt werden kann wie ein Richter. Unmittelbar im Anschluss daran wird aber ausdrücklich festgehalten: «Ein Ablehnungsgrund kann jedoch nicht daraus entnommen werden, dass der Sachverständige als Zeuge vernommen worden ist.»

Schliesslich gilt i.S. von § 96 Ziff. 3 GVG als befangen, wer sich sowohl im Hinblick auf seine Pflichten als auch auf die Organisation seines Amtes bzw. Betriebes zu einer der Parteien in einer untergeordneten Stellung befindet[48]. Beispielsweise dürfte aus diesem Grund ein Polizeibeamter nicht als Sachverständiger in einem Verfahren bestellt werden, welches gegen einen seiner Vorgesetzten aus dem Korps geführt wird. Im Folgenden soll nun nicht auf diese im Einzelnen konkret umschriebenen Ausschlussgründe, sondern auf die Generalklausel gemäss § 96 Ziff. 4 GVG etwas näher eingegangen werden.

3. Zur Generalklausel i.S. von § 96 Ziff. 4 GVG

3.1 Grundsatz

Nach § 96 Ziff. 4 GVG ist die Bestellung eines Sachverständigen nicht nur in den gesetzlich im Einzelnen geregelten Anwendungsfällen ausgeschlossen. Ein Ausschlussgrund kann nach § 96 Ziff. 4 GVG auch dann vorliegen, wenn andere als die gesetzlich geregelten «Umstände vorliegen, die ihn als befangen erscheinen lassen». Wie vorstehend erwähnt ist aufgrund der derogatorischen Wirkung des Bundesrechts im Rahmen dieser Generalklausel minimal den Anforderungen Rechnung zu tragen, wie sie durch die Rechtsprechung zu Art. 58 Abs. 1 BV und Art. 6 EMRK entwickelt worden sind. Danach besteht ein Anspruch auf eine unparteiische und unvoreingenommene Entscheidung bzw. Beurteilung ohne Einwirkung sachfremder Umstände[49]. Von solchen ist nach der § 96 Ziff. 4 GVG sehr ähnlichen Formel des Bundesgerichts auszugehen, «wenn Umstände vorliegen, die geeignet sind, Misstrauen in die Unparteilichkeit eines Richters zu erwecken»[50]. Das Bestehen von Befangenheit kann auf zweierlei Weise festgestellt werden. Zum einen kann von einem subjektiven Ansatz ausgehend abgeklärt werden, wie die betreffende Person über die fragliche Angelegenheit denkt. Die zweite Möglichkeit besteht darin, aufgrund objektiver Gesichtspunkte zu untersuchen, ob diese Person hinreichend Gewähr dafür bietet, um jeden berechtigten Zweifel an ihrer Unparteilichkeit auszuschliessen[51]. Somit setzt die erfolgreiche Ablehnung eines Sachverständigen nicht den Nachweis tatsächlicher Befangenheit voraus, sondern es reicht, wenn

---

[48] Mutatis mutandis EGMR vom 22.10.1984, Sramek c. Österreich, Série A Nr. 84, Ziff. 42.
[49] BGE 120 Ia 187; 119 Ia 226 m.w.Nw.
[50] BGE 120 V 365; vgl. auch BGE 119 Ia 226.
[51] EGMR vom 24.2.1993, Fey c. Österreich, Série A Nr. 255-A, Ziff. 28; EGMR vom 22.6.1989, Langborger c. Schweden, Série A Nr. 155, Ziff. 32; EGMR vom 26.10.1984, De Cubber c. Belgien, Série A Nr. 86, Ziff. 24; EGMR vom 1.10.1982, Piersack c. Belgien, Série A Nr. 53, Ziff. 30 m.Nw.

Anhaltspunkte vorliegen, welche den Anschein der Befangenheit und die Gefahr von Voreingenommenheit begründen[52]. Entsprechend einem englischen Sprichwort «muss Recht nicht nur gesprochen werden, es muss auch sichtbar sein, dass es gesprochen wird» («justice must not only be done; it must also be seen to be done»)[53]. Massgebend ist allerdings nicht das subjektive Empfinden des Betroffenen, sondern ein in objektiver Weise nachvollziehbares Misstrauen gegenüber der jeweiligen Person[54]. Wann Befangenheit vorliegt, lässt sich somit nicht in generell-abstrakter Weise ausdrücken.

3.2. Anwendungsfälle

a) Abschätzige bzw. beleidigende Äusserungen des Experten

Ein Sachverständiger kann durch den Inhalt bzw. die Art seiner Äusserungen den Anschein der Befangenheit erwecken. Das ist beispielsweise der Fall, wenn er einem Prozessbeteiligten in seiner Expertise nach einer einmaligen Untersuchung ohne nähere Begründung und ohne konkrete Anhaltspunkte «reduzierte Wahrheitsliebe» vorwirft und diese Bewertung zu einer entscheidenden Grundlage der Beurteilung macht, nicht aber, wenn er den zu Begutachtenden deshalb rügt, weil dieser zur verabredeten Untersuchungshandlung unentschuldigt zu spät erschienen ist[55]. Anders verhält es sich, wenn sich der Experte über die Verspätung derart ärgert, dass dies in seiner Gutachtertätigkeit zum Ausdruck kommt[56]. Auch auffälliges Minenspiel und Gesten, welche das Missfallen des Gutachters über das Verhalten einer Partei erkennbar werden lassen, oder unsachliche Randbemerkungen auf Akten können den Anschein der Befangenheit erwecken.

b) Äusserungen des Experten bzw. aus dessen Umkreis führen
   zur Aufnahme oder Weiterführung des Strafverfahrens

Grundsätzlich ist davon auszugehen, dass ein Gutachter, auf dessen Betreiben bzw. Anzeige das Strafverfahren eingeleitet worden ist[57] oder der die Ergreifung eines Rechtsmittels empfiehlt[58], zwar deshalb tatsächlich keineswegs not-

---

[52] BGE 120 Ia 187; 120 V 365; 105 Ia 160.
[53] EGMR vom 26.10.1984, De Cubber c. Belgien, Série A Nr. 86, Ziff. 26.
[54] BGE 120 Ia 187; 120 V 365; 115 V 263; 114 Ia 55 m.Nw.; EGMR vom 28.8.1991, Brandstetter c. Österreich, Série A Nr. 211, Ziff. 44 m.Nw.
[55] BGE 120 V 365 ff.
[56] BGE 120 V 367.
[57] Vgl. dazu EGMR vom 6.5.1985, Bönisch c. Österreich, Série A Nr. 92, Ziff. 31 ff.
[58] Vgl. RO 1990 Nr. 31.

wendigerweise befangen sein muss, aus der objektiv nachvollziehbaren Sicht des betroffenen Prozessbeteiligten aber grundsätzlich trotzdem nicht als unbefangen gelten kann[59]. Davon zu unterscheiden ist die Sachlage, in der das Gutachten ohne weiteres Zutun des Experten Anlass zur Einleitung der Strafverfolgung gegeben hat.

Demgegenüber vermag die Zugehörigkeit eines Sachverständigen zu einer Behörde, einer Verwaltungseinheit, einem Institut oder einer Gesellschaft etc., welche(s) durch eine andere Person die Strafverfolgung eingeleitet oder gefördert hat, für sich allein den Anschein der Befangenheit nicht zu erwecken. Dem entspricht die Praxis des EGMR zu Art. 6 EMRK. Wie bereits vorstehend erwähnt, kann nach dessen Rechtsprechung die Tatsache, dass ein Sachverständiger für dieselbe Anstalt oder dasselbe Laboratorium arbeitet, wie ein Kollege, dessen Gutachten die Grundlage der Anklage bildet, zwar Bedenken auslösen. Dieser Umstand berechtigt jedoch für sich allein nicht zur Annahme, er sei deshalb unfähig, mit der notwendigen Neutralität zu handeln. Massgebend ist in einer derartigen Fallkonstellation ausschliesslich, ob die auf dem Anschein beruhenden Befürchtungen auch objektiv begründet sind[60]. Im Fall Brandstetter kam der EGMR zum Schluss, ein Experte sei in einer derartigen Sachlage ohne weiteres in der Lage, mit der nötigen Unparteilichkeit zu handeln. Gestützt wird die Ablehnung der Befangenheit in diesem Entscheid interessanterweise darüber hinaus mit der Überlegung, eine andere Beurteilung würde die Möglichkeit der Gerichte, Sachverständigengutachten einzuholen, in unannehmbarer Weise einschränken[61].

c) Angriffe oder Strafanzeige von Prozessbeteiligten gegen den Sachverständigen

Übt ein Prozessbeteiligter scharfe Kritik an der Gutachtertätigkeit oder greift er mit seinen Äusserungen gar den Sachverständigen persönlich an, so kann allein aus diesem Verhalten nicht auf Befangenheit des Experten geschlossen werden. Eine solche könnte dann angenommen werden, wenn sich der Experte dadurch zu unsachlicher Polemik gegen den Angreifer verleiten lässt. Aus ähnlichen Gründen spricht der Umstand, dass ein Prozessbeteiligter gegen den Experten eine Strafanzeige erstattet, für sich allein nicht für die Annahme von Befangenheit. Wäre man diesbezüglich anderer Auffassung, würde es dem Prozessbeteiligten dadurch generell und ohne Berücksichtigung der konkreten

---

[59] Diesbezüglich unklar BGE 118 Ia 146.
[60] EGMR vom 28.8.1991, Brandstetter c. Österreich, Série A, Nr. 211, Ziff. 44.
[61] A.a.O.

Umstände des Einzelfalles faktisch ermöglicht, nicht genehme Gutachter zu ersetzen, ohne dass einer der gesetzlichen Ausschlussgründe vorliegen würde[62].

d) Zugehörigkeit zum Kreis der potentiell Verletzten i.w.S. bzw. Interessierten

Soll der Experte das Verhalten bzw. die Zurechnungsfähigkeit eines Tatverdächtigen beurteilen, welcher einen Dritten in einer Schmähschrift als rechtsextrem dargestellt hat, und gehören sowohl der tatverdächtige Autor wie auch der Sachverständige zum aktiven Kern derselben politisch linksstehenden Partei, so können berechtigte Zweifel an der Unbefangenheit entstehen[63]. Ebenso wäre der Anschein der Befangenheit zu bejahen, wenn ein Experte, der sich selbst als Rassisten bezeichnet, ein Gutachten über eine Person verfassen soll, welche einer anderen Ethnie angehört[64]. Ob der Anschein der Befangenheit bei einem Polizeibeamten besteht, der in einem Verfahren als Experte bestellt wird, in welchem Angehörige seines Korps beteiligt sind, hängt von den konkreten Umständen ab[65]. Massgebend kann in einer derartigen Sachlage etwa sein, ob der als Gutachter bestellte Experte gegenüber seinem verfahrensbeteiligten Kollegen tatsächlich in einem Unterordnungsverhältnis steht oder ob die Gefahr sachfremder Erwägungen zufolge seiner beruflichen Stellung als Polizeibeamter nicht auszuschliessen ist. Letzteres ist in einem Verfahren wegen Hinderung einer Amtshandlung angenommen worden[66].

e) Geschäftliche Beziehungen bzw. Konkurrenzverhältnis

Es ist denkbar, dass der Experte oder eine diesem nahestehende Person, beispielsweise dessen Sohn[67], mit dem Tatverdächtigen oder dem Geschädigten in enger geschäftlicher Beziehung oder in einem Konkurrenzverhältnis steht. In derartigen Konstellationen ist aufgrund einer gesamthaften Analyse von Art und Intensität dieses Geschäfts- bzw. Konkurrenzverhältnisses und unter Berücksichtigung des Verfahrensgegenstands zu prüfen, ob der Anschein der Befangenheit objektiv tatsächlich bewirkt wird[68].

---

[62] Vgl. Kass.-Ger. ZH vom 29.6.1991, Nr. 90/319.
[63] Vgl. mutatis mutandis EGMR vom 25.11.1993, Holm c. Schweden, Série A Nr. 279-A, Ziff. 32.
[64] Mutatis mutandis EGMR vom 23.4.1996, Remli c. Frankreich.
[65] RO 1982 Nr. 10.
[66] RO 1970 Nr. 42.
[67] BGE 119 V 466.
[68] HELFENSTEIN (Fn. 3) 122 m.Nw.; vgl. auch BGE 97 I 4 f., in welchem Entscheid der Anspruch auf einen Ausschluss allerdings allzu leichthin verneint worden ist.

f) Besonderheiten im Falle mehrerer Gutachter

Erscheint ein bestellter Experte als befangen und bespricht der neu ernannte Sachverständige die zu beantwortenden Fragen mit diesem oder stützt er sich auf die Expertise seines befangenen Kollegen, so vermag dies den Anschein der Befangenheit zu erwecken[69]. Gleiches gilt, wenn der Sachverständige sich mit einem befangenen Kollegen über die Gutachteraufgabe nicht nur ganz allgemein, sondern fallbezogen und bis ins Detail unterhält[70]. Demgegenüber ist es selbstverständlich unproblematisch, wenn sich ein Experte auf Befunde eines verwertbaren gerichtlichen Gutachtens oder eines Privatgutachtens[71] bezieht, welche zu einem früheren Zeitpunkt erstellt worden sind[72].

g) Beurteilung von Mitangeklagten durch denselben Experten

Problematisch erscheint die Konstellation, in der zwei Mitangeklagte durch einen einzigen Gutachter psychiatrisch beurteilt werden. Richtigerweise muss nämlich dann der Anschein der Befangenheit entstehen, wenn aufgrund der Fragestellung an den Experten die Wahrscheinlichkeit besteht, dass sich dieser im Hinblick auf die Beziehung zwischen den beiden Angeklagten nicht frei, sondern nur unter Mitberücksichtigung des anderen Exploranden äussern könnte[73].

---

[69] OGZ I. StrK vom 3.2.1993; vgl. auch ZR 34 (1935) Nr. 98.
[70] BGE 97 I 328.
[71] BGE 97 I 325.
[72] Vgl. dazu BGer. vom 25.3.1996, 1P.587/1995; vgl. auch ZR 40 (1941) Nr. 8.
[73] Kass.-Ger. ZH vom 7.9.1995, Nr. 94/475.

SYLVIA FREI

Prozesskostenvorschuss: eheliche Beistands- oder Unterhaltspflicht?

1. Bereits vor Geltung des Schweizerischen Zivilgesetzbuches war unbestritten, dass der leistungsfähige Ehegatte verpflichtet werden konnte, dem unbemittelten anderen Ehegatten auf dessen Begehren hin die finanziellen Mittel zur Führung eines Scheidungs- oder Trennungsprozesses vorzuschiessen. Dieselbe Verpflichtung wurde dem Grundsatze nach – wenngleich mit einer gewissen Zurückhaltung – auch bezüglich der Finanzierung vermögensrechtlicher Prozesse mit einem Dritten bejaht. Diese Pflicht des Ehegatten, Kosten vorzuschiessen, war eine bundesrechtliche und diente dem anderen Ehegatten zur Ermöglichung der Wahrung seiner Interessen in einem Prozess. Mit der Einführung des Schweizerischen Zivilgesetzbuches wurde als vorsorgliche Massregel im Sinne von Art. 145 ZGB das Institut des Prozesskostenvorschusses klar verankert. Die Institution des Prozesskostenvorschusses an sich war nie in Frage gestellt, doch erfuhr diese in Lehre und Rechtsprechung unterschiedliche dogmatische Begründungen, was dazu führte, dass der praktische Anwendungsbereich nicht einheitlich aufgefasst wurde.

Im folgenden seien die unterschiedlichen dogmatischen Begründungen chronologisch beleuchtet:

2. Das Bundesgericht hat in einem Entscheid (BGE 66 II 71) festgehalten, die Pflicht des Ehemannes, der Ehefrau die Kosten des Scheidungsprozesses vorzuschiessen, um ihr die Wahrung ihrer Interessen im Prozess zu ermöglichen, sei eine bundesrechtliche; diese sei Ausfluss der Verpflichtung des Ehemannes zu Beistand und Unterhalt (Art. 159 Abs. 3 und 160 Abs. 2 aZGB). Betont wurde vom Bundesgericht in diesem Entscheid, es handle sich schliesslich, trotz der Herleitung aus der Unterhalts- bzw. Beistandspflicht, doch lediglich um einen *Vorschuss*. Ähnlich entschied das Bundesgericht in BGE 67 I 69, indem es festhielt, es sei anerkannt, dass diese Pflicht (zu Beistand und Unterhalt, Art. 159 und 160 aZGB) im Verhältnis des Ehemannes zur Ehefrau nicht nur den eigentlichen Lebensunterhalt umfasse, sondern auch darüber hinaus-

gehende, ideelle Bedürfnisse, insbesondere den Rechtsschutz. Auch in diesem Entscheid wurde die Verpflichtung zur Leistung eines Prozesskostenvorschusses klar auf die Beistands- und Unterhaltspflicht der Eheleute untereinander abgestützt. Zum gleichen Ergebnis kam das Bundesgericht in einem weiteren Entscheid BGE 72 I 149, wo darauf hingewiesen wurde, Rechtsprechung und Lehre hätten anerkannt, dass die dem Ehemann nach Art. 159 und 160 aZGB obliegende Beistands- und Unterhaltspflicht nicht nur den eigentlichen Lebensunterhalt der Frau umfasse, sondern auch ideelle Bedürfnisse, insbesondere den Rechtsschutz. Von ehelicher Beitragspflicht spricht das Bundesgericht in BGE 85 I 4/5, wo entschieden wurde, es sei anerkannt, dass die eheliche Beitragspflicht nicht bloss den Lebensunterhalt des anderen Gatten, sondern darüber hinaus auch andere Bedürfnisse, insbesondere den Rechtsschutz, umfasse.

In den eben zitierten Bundesgerichtsentscheiden wurde einmal von «Unterhalts- bzw. Beistandspflicht», wie aber auch von «Beistands- und Beitragspflicht» gesprochen. Eines war aber allen diesen Entscheiden gemein, indem stets der *Vorschusscharakter der Leistung* hervorgehoben wurde. Konsequenz dieser einhelligen Meinung hinsichtlich des Vorschusscharakters war, dass im Scheidungs- oder Trennungsurteil nach definitiver Regelung der Kostenfolgen nach Massgabe des kantonalen Prozessrechtes auch über eine allfällige Rückerstattung des Prozesskostenvorschusses zu befinden war. Wurde somit dem unbemittelten Ehegatten ein Prozesskostenvorschuss zugesprochen, ihm im Endentscheid jedoch die Verpflichtung zur Tragung der Anwaltskosten des anderen Ehegatten, wie auch zur Tragung der gesamten Gerichtskosten auferlegt, so war er grundsätzlich zur Rückerstattung des Prozesskostenvorschusses verpflichtet.

An dieser Stelle sei bereits darauf hingewiesen, dass die dogmatische Begründung dieser Leistungspflicht als Ausfluss der Unterhaltspflicht mit Vorschusscharakter in Frage zu stellen ist. Wäre diese Pflicht Ausfluss aus einer auf Art. 160 aZGB gründenden Unterhaltsverpflichtung, könnte sie keinen Vorschusscharakter haben, ist doch Unterhalt regelmässig gerade nicht rückerstattungspflichtig.

3. Die beiden Autoren +Dr. WALTER BÜHLER und Dr. KARL SPÜHLER weisen im Berner Kommentar zu Art. 145 ZGB darauf hin, dass nach damaliger vorherrschender Auffassung die Pflicht zur Leistung eines Prozesskostenvorschusses aus der gegenseitigen Beistandspflicht der Ehegatten abzuleiten sei (vgl. BÜHLER / SPÜHLER, Berner Kommentar zum ZGB, Art. 137-158, N. 260 zu Art. 145 ZGB). Die beiden Autoren hielten fest, dass seinem Zwecke nach der Vorschuss dem Vorschussberechtigten die künftige Wahrnehmung seiner Interessen im Prozess ermöglichen solle (vgl. BÜHLER / SPÜHLER, a.a.O., N. 287 zu Art. 145 ZGB). Auch hier wird die Auffassung vertreten, der Prozesskostenvor-

schuss sei nach Namen und Begriff eine vorläufige Leistung, über die im Endentscheid des Scheidungsprozesses abzurechnen sei, gleichgültig, ob die Verpflichtung zur Leistung seinerzeit mit einem entsprechenden Vorbehalt verbunden worden sei oder nicht. Mit der Regelung der Vorschussfrage sei nicht präjudiziert, welcher Ehegatte die Gerichts- und Anwaltskosten endgültig zu tragen habe (hierzu BGE 79 II 343). Diese Frage werde durch die gemäss kantonalem Recht (in der Regel) nach Obliegen und Unterliegen im Prozess zu treffenden Kosten- und Entschädigungsregelungen im Endentscheid des Scheidungsrichters beantwortet. Der Ehegatte, der den Vorschuss geleistet habe, besitze grundsätzlich, unabhängig vom Ausgang des Prozesses in der Sache selber, einen mit dem Endentscheid fälligen persönlichen Anspruch auf Rückerstattung des Geleisteten oder Anrechnung auf güterrechtliche und/oder zivilprozessuale Gegenforderungen des anderen Teils (vgl. BÜHLER / SPÜHLER, a.a.O., N. 300 zu Art. 145 ZGB).

Diese damals wiedergegebene herrschende Lehrmeinung hat sich somit insofern der früheren bundesgerichtlichen Praxis angeschlossen, als der Prozesskostenvorschuss als vorläufige Leistung betrachtet wurde und der Scheidungsrichter im Endentscheid über deren Rückerstattung zu befinden hatte. Dogmatisch richtig hielt die damalige herrschende Lehrmeinung fest, dass die Pflicht zur Leistung dieses Prozesskostenvorschusses letztlich Ausfluss aus der ehelichen Beistandspflicht – und nicht aus der ehelichen Unterhaltspflicht – war.

4.   In jüngerer Zeit, d.h. nach Inkrafttreten des neuen Eherechtes per 1.1.1988, wird die dogmatische Begründung der Verpflichtung zur Leistung des Prozesskostenvorschusses, wie sie früher vorherrschend war (nämlich Ausfluss aus der ehelichen Beistandspflicht) von einigen Autoren in Zweifel gezogen.

Ein Grund hierfür könnte darin liegen, dass in der Botschaft zum neuen Eherecht vom 5. Oktober 1984 davon ausgegangen wurde, die dem unbemittelten Ehegatten zu gewährende finanzielle Unterstützung im Prozess müsse als ein zum Unterhalt gehörendes persönliches Bedürfnis eines Ehegatten qualifiziert werden (Botschaft 214.121. Anm. 155). Tatsächlich wurde denn diese Meinung von KARL SPÜHLER und der Schreibenden im Berner Kommentar (Bd. II, Familienrecht, Art. 137 – 158 ZGB, Ergänzungsband, Bern 1991, N. 260 zu Art. 145 ZGB) so übernommen. Bei näherer Betrachtung vermag diese Begründung, wie sich zeigen wird, jedoch nicht zu überzeugen.

5.   Nach wie vor bejaht Verena Bräm im Zürcher Kommentar zum Schweizerischen Zivilgesetzbuch die Verpflichtung zur Leistung eines Prozesskostenvorschusses als Ausfluss aus der ehelichen Beistandspflicht (vgl. VERENA BRÄM, Zürcher Kommentar, Das Familienrecht, N. 135 zu Art. 159 nZGB). Frau BRÄM begründet dies u.a. damit, dass es der Situation nicht angemessen sei, die Mit-

tel, die der Ehegatte – Ehefrau oder Ehemann – für die Vorschussleistung von Gerichts- und Anwaltskosten benötige, in monatliche Betreffnisse umzurechnen. Die auf den Vorschuss angewiesene Partei müsse ihrerseits einen Vorschuss an ihre Anwältin oder ihren Anwalt leisten. Mit laufenden Beiträgen, die sich über mehrere Monate erstrecken würden, sei ihr nicht gedient. Der Umfang und die Häufigkeit der Vorschusszahlungen würden von der Art der Prozessführung und der Prozessdauer abhängen. Sei ein neuer Vorschuss notwendig, so sei es weniger aufwendig, auf Ausrichtung eines weiteren Vorschusses als auf Abänderung der Unterhaltsbeiträge zu klagen. Der Grundsatz der Gleichbehandlung von Ehefrau und Ehemann verlange, dass auch beim anderen Ehegatten, nicht nur bei demjenigen, der einen aufwendigen und kostspieligen Prozess führe, regelmässige Betreffnisse für Prozesskosten im Bedarf zu berücksichtigen wären. Die objektive Beurteilung der Angemessenheit von Prozess- und Anwaltskosten, die wesentlich von der Art und Weise abhängen würden, mit welchem Aufwand ein Prozess geführt werde, sei kaum möglich. Die von der Rechtsprechung für die Konkretisierung des «gebührenden Unterhaltes» entwickelten Kriterien, die zum Ziele hätten, einen Entscheid nach Recht und Billigkeit zu treffen, würden sich nicht ohne weiteres auf die Frage der Angemessenheit von Prozesskosten übertragen lassen. Weiter hält Frau BRÄM fest, es sei fraglich, ob es richtig wäre, den besonderen Rechtsschutz, der Unterhaltsbeiträgen zukomme, [...] auch auf die Beiträge auszudehnen, die für die Bezahlung von Anwaltskosten und Prozesskostenvorschüssen bestimmt seien. Der Begriff der Vorschussleistung impliziere eine Pflicht zur Rückerstattung oder Verrechnung; dies widerspreche dem Zweck des Unterhaltsanspruches, der auf die Deckung der Lebenshaltungskosten, d.h. auf den Verbrauch ausgerichtet sei. Wegen der Besonderheiten des Scheidungsprozesses sei daher der Prozesskostenvorschuss als eine auf der Beistandspflicht beruhende Leistung aufzufassen. Über deren Rückerstattung oder Verrechnung mit anderen, z.B. güterrechtlichen oder prozessrechtlichen Ansprüchen (Prozessentschädigung) sei im Scheidungsurteil zu befinden (vgl. VERENA BRÄM, a.a.O., N. 135 zu Art. 159 nZGB).

6. Der nämlichen Auffassung wie VERENA BRÄM ist auch der Autor und Oberrichter am Obergericht des Kantons Zürich, Dr. DANIEL STECK in «Das schweizerische Ehescheidungsrecht». Würde die Vorschusspflicht zum Unterhalt im Sinne von Art. 163 nZGB gehören, begründet Dr. DANIEL STECK, würde dies dazu führen, dass die Beschränkung dieses Anspruches auf eine blosse Vorschussleistung fallengelassen und Prozessführungskosten generell als Bestandteil des gebührenden Unterhaltes aufgefasst würden, die im Umfang der effektiven Aufwendungen nicht zurückgefordert werden könnten. Diese Auffassung sei abzulehnen. Sie erscheine, wie VERENA BRÄM überzeugend darlege, nicht

als sachgerecht, denn eine objektive Beurteilung der Angemessenheit von (künftigen) Prozess- und Anwaltskosten sei kaum möglich und die Kriterien der Rechtsprechung, die ermöglichen sollten, einen Entscheid über den gebührenden Unterhalt nach Recht und Billigkeit zu treffen, seien nicht ohne weiteres auf die Frage der Angemessenheit von Prozesskosten zu übertragen. Zudem impliziere der Begriff der Vorschussleistung nach bundesgerichtlicher Rechtsprechung grundsätzlich eine Pflicht zur Rückerstattung, was dem Zweck des Unterhaltsanspruches, der auf Deckung der Lebenshaltungskosten ausgerichtet sei, widerspreche (vgl. HINDERLING/STECK, Das schweizerische Ehescheidungsrecht, 4. Auflage, 1995, S. 540 und 541).

7. Anderer Meinung als die beiden eben erwähnten Autoren hinsichtlich der dogmatischen Begründung zur Leistung des Prozesskostenvorschusses sind HAUSHEER/REUSSER/GEISER. Sie führen aus, die Verpflichtung zur Leistung eines Prozesskostenvorschusses seitens des leistungsfähigen Ehegatten an den unbemittelten Ehegatten ergebe sich aus Art. 163 nZGB, aus der Unterhaltspflicht. Die Bedeutung der Beistandspflicht nach Art. 159 Abs. 3 aZGB sei im neuen Recht insofern eine andere als im alten, als das neue Eherecht beiden Ehegatten im Rahmen ihrer Kräfte die gleiche Unterhaltspflicht auferlege. Gewisse Verpflichtungen der Ehefrau, die sich im alten Recht nur aus der Beistandspflicht ergeben hätten (z.B. Prozesskostenvorschüsse), könnten im neuen Recht wegen der geschlechtsneutralen Beschreibung der Unterhaltspflicht auf diese abgestützt werden. Ein Rückgriff auf die Beistandspflicht sei diesfalls nicht mehr nötig (vgl. HAUSHEER/REUSSER/GEISER, Kommentar zum Eherecht, Band I, Art. 159–180 ZGB und zu Art. 8a und 8b SchlT, Bern 1988, N. 29 zu Art. 159 ZGB). Die Autoren halten weiter fest, wie im alten Recht könnten die Kosten für die Durchsetzung oder die Abwehr von Ansprüchen, namentlich Prozesskostenvorschüsse, aufgrund der Beistandspflicht geschuldet sein. Das Bundesgericht habe nie entschieden, ob sich diese Verpflichtung aus der Beistands- oder aus der Unterhaltspflicht ergebe [...]. Mit guten Gründen sei aber in der Lehre für das alte Recht ausschliesslich die Beistandspflicht herangezogen worden. Argumentationsgrundlage sei die geschlechtsspezifische Ausgestaltung des Unterhaltsanspruches gewesen und könne daher für das neue Recht keine Gültigkeit mehr beanspruchen. Soweit sich der Rechtsstreit auf einen Gegenstand beziehe, der die eheliche Gemeinschaft oder die Person eines Ehegatten betreffe und die Kosten des Rechtsstreites verglichen mit der allgemeinen Lebenshaltung des Ehegatten angemessen erscheinen, bestehe kein Grund mehr, die Kostenübernahme durch den anderen Ehegatten auf die Beistandspflicht abzustützen. Diese Kosten seien vielmehr Teil des gebührenden Unterhaltes [...] (vgl. HAUSHEER/REUSSER/GEISER, a.a.O. N. 38 zu Art. 159 ZGB). Weiter wird festgehalten, es sei fraglich, ob die Kosten für die Durchsetzung oder

Abwehr von Ansprüchen, namentlich Prozesskostenvorschüsse, zum Unterhalt gehören würden oder nicht. Betreffe der Rechtsstreit den gemeinsamen ehelichen Bereich (z.B. Kosten für Streitigkeiten über das Mietverhältnis betreffend die gemeinsame Wohnung) würden die entsprechenden Kosten ohne weiteres als Unterhalt erscheinen [...]. Zum Unterhalt würden deshalb die Kosten für ein Eheschutzverfahren und die Prozesskostenvorschüsse in einem Scheidungsprozess zählen, wo der Prozess nicht von vorne herein als aussichtslos oder die Prozessführung als mutwillig angesehen werden müsse. Diese Leistungen würden sich im Gegensatz zum alten Recht [...] im neuen Recht direkt auf die Unterhaltspflicht stützen, ohne dass dafür auf die Beistandspficht zurückgegriffen werden müsse. Weil im Gegensatz zum alten Recht für die Kosten des Unterhaltes nicht mehr in erster Linie der Mann, sondern beide Ehegatten nach ihren Kräften aufzukommen hätten, müsse nicht mehr in jedem Fall der Mann den Prozesskostenvorschuss leisten [...]. Prozesskostenvorschüsse seien vielmehr wie die übrigen Unterhaltskosten zwischen den Ehegatten aufzuteilen (vgl. HAUSHEER/REUSSER/GEISER, a.a.O. N. 15 zu Art. 163 ZGB). Dass Prozesskostenvorschüsse als Familienbedarf, resp. als Bestandteil des Familienbedarfes, aufgefasst werden müssen, demnach zur Unterhaltspflicht gemäss Art. 163 nZGB gehören, vertreten auch die Autoren HONSELL, VOGT UND GEISER. Sie halten dafür, Prozesskostenvorschüsse seien, insoweit dass das Verfahren, für das sie zu leisten seien, den gemeinsamen ehelichen Bereich beschlagen würden, zum Familienbedarf und dessen Bestandteil zu zählen (vgl. HONSELL/VOGT/GEISER, Kommentar zum Schweizerischen Privatrecht, Schweizerisches Zivilgesetzbuch I, Art. 1–359 ZGB, N. 14 zu Art. 163 ZGB). Betreffe der Prozess zwar nicht direkt die gemeinschaftlichen Angelegenheiten, wohl aber die in die eheliche Gemeinschaft integrierte Persönlichkeit eines Ehegatten und nicht bloss dessen Individualsphäre, würden die entsprechenden Verfahrenskosten ebenfalls zum Familienbedarf gerechnet, wobei aber die Angemessenheit der Unterhaltspflicht zu beachten sei [...]. Im Unterschied zum früheren Recht, wo der primär unterhaltspflichtige Ehemann den Kostenvorschuss zu leisten gehabt habe, seien neurechtliche Prozesskostenvorschüsse als Unterhaltskosten unter den Ehegatten aufzuteilen (vgl. HONSELL/VOGT/GEISER, a.a.O., N. 14 zu Art. 163 nZGB).

8. Die Rechtsprechung, insbesondere im Kanton Zürich, hat hierzu wie folgt entschieden:

a) Das Zürcherische Obergericht hat in einem Entscheid vom 25. Januar 1996 festgehalten, Gerichts- und Anwaltskosten eines Ehegatten im Scheidungsprozess würden nicht zum Unterhalt im Sinne von Art. 163 nZGB gehören, da eine Berücksichtigung dieser Kosten im Unterhaltsbeitrag zur Folge hätte, dass der Unterhaltsverpflichtete auch im Falles seines Obsiegens im Prozess die Gerichtskosten und sogar die Anwaltskosten der Gegenpartei bezahlen müsste. Bei seinem Unterliegen würden ihm die Gerichtskosten zudem auch auferlegt, obschon er sie indirekt über die Unterhaltsbeiträge bereits an den anderen Ehegatten entrichtet habe; zudem würde er trotz der Anrechnung der Kosten bei den Unterhaltsbeiträgen zur Bezahlung einer Prozessentschädigung an die obsiegende Partei verpflichtet. Somit folgte das Zürcherische Obergericht im erwähnten Entscheid klar der früheren, vor dem Inkrafttreten des neuen Eherechtes, vorherrschenden Auffassung, wonach die Pflicht zur Leistung eines Prozesskostenvorschusses aus der gegenseitigen Beistandspflicht der Ehegatten abzuleiten ist. Demnach ist die Zusprechung eines Prozesskostenvorschusses eine vorläufige Leistung und muss unter Umständen, je nach der sich nach kantonalem Prozessrecht beurteilenden Kosten- und Entschädigungsfolgen, verrechnet oder zurückerstattet werden.

b) Das Zürcherische Kassationsgericht teilt dagegen die Auffassung des Obergerichtes des Kantons Zürich nicht und änderte seine früher gehandhabte Praxis zu dieser Frage im Jahre 1991. Das Gericht entschied, vor der Pflicht des Staates zur Gewährung der unentgeltlichen Prozessführung und Rechtsvertretung sei u.a. die Möglichkeit zu berücksichtigen, vom Ehegatten aufgrund der ehelichen Unterhaltspflicht (Art. 163 nZGB) – nicht mehr wie bisher aufgrund der ehelichen Beistandspflicht (Art. 159 aZGB) – einen angemessenen «Prozesskostenvorschuss» zu erhalten. Die angemessenen Prozesskosten seien dabei – jedenfalls für das Eheschutzverfahren und den Scheidungsprozess – in erster Linie in der (erweiterten) Bedarfsrechnung zu berücksichtigen (vgl. ZR 1991, 90. Band, Nr. 82).

9. Meiner Meinung nach kann nicht zur Diskussion stehen, dass der leistungsfähige Ehegatte dem unbemittelten Ehegatten zur Prozessführung in einem Scheidungs- oder Trennungsprozess finanzielle Unterstützung leisten muss. Dies ist ein Gebot des Rechtsschutzes, nämlich der Gleichstellung beider Ehegatten hinsichtlich prozessualer Wahrung ihrer Interessen. Ich nehme vorweg, dass ich u.a. den Überlegungen von Verena Bräm und Daniel Steck folge. Diese sind überzeugend und werden der Sache, der Institution des Prozesskostenvorschusses, jedenfalls gerecht. Dagegen kann mich die Argumentation von HAUSHEER/REUSSER/GEISER wie auch von HONSELL/VOGT/GEISER nicht überzeugen, soweit sie festhalten, die Kosten für einen Scheidungs- oder Trennungsprozess müssten zum Familienbedarf gerechnet werden, seien somit Bestandteil desselben. Eine solche Auffassung wird dem Sinn und Zweck des sogenannten Familienbedarfes keinesfalls gerecht, können doch unter diesem Titel lediglich Kosten anfallen, welche Lebenshaltungskosten darstellen, wie. z.B. Kosten

für Essen, Krankenkassenprämien, etc. Dabei muss es sich allesamt um Verbrauchskosten handeln, um der Familie den Unterhalt zu sichern.

Ebensowenig kann ich mich mit der Argumentation einverstanden erklären, wonach es heute nicht mehr geboten sein soll, die Pflicht zur Leistung eines Prozesskostenvorschusses aus der ehelichen Beistandspflicht nach Art. 159 aZGB abzuleiten, da seit der Geltung des neuen Eherechtes beide Ehegatten im Rahmen ihrer Kräfte die gleiche Unterhaltspflicht treffe, somit geschlechtsneutral sei. Allein die heute tatsächlich geschlechtsneutral gehaltene Umschreibung der Unterhaltspflicht gemäss Art. 163 nZGB vermag keine Abkehr der früheren dogmatischen Begründung zur Leistung eines Prozesskostenvorschusses zu rechtfertigen. Niemals darf eine geänderte dogmatische Begründung eines Rechtsinstitutes dazu führen, dessen Sinn und Zweck zu verändern. Beim Prozesskostenvorschuss erschöpft sich dessen Sinn und Zweck darin, dem unbemittelten Ehegatten mittels einer *vorläufigen* finanziellen Unterstützung die Führung eines Scheidungs- oder Trennungsprozesses zu ermöglichen und so seine Interessen wahren zu können.

Keinesfalls darf aber die Verpflichtung zur finanziellen Unterstützung des unbemittelten Ehegatten seitens des Leistungsfähigen dazu führen, dass schliesslich in jedem Falle der leistungsfähige Ehegatte sämtliche Kosten zu tragen hätte. Dies würde nicht nur eine Umgehung der kantonalen Normen betreffend Auferlegung von Prozesskosten und -entschädigungen bedeuten, sondern würde auch eine Ungleichbehandlung der Ehegatten darstellen. Soll weiterhin eine Kostenregelung nach kantonalem Prozessrecht in der Regel nach Obsiegen oder Unterliegen einer Partei erreicht werden, darf die finanzielle Unterstützungspflicht des leistungsfähigen Ehegatten lediglich Vorschusscharakter haben und muss sich aus der ehelichen Beistandspflicht gemäss Art. 159 nZGB ableiten. Bleibt die Prozesskostenvorschussleistung nach wie vor Ausfluss aus der ehelichen Beistandspflicht und hat weiterhin eindeutig Vorschusscharakter, so muss im Endentscheid eines Scheidungs- oder Trennungsurteiles über eine Rückerstattung des Prozesskostenvorschusses oder eine Verrechnung mit güterrechtlichen oder verfahrensrechtlichen Ansprüchen erfolgen. Führt die Verpflichtung zur Rückerstattung eines Prozesskostenvorschusses zu einem «Härtefall», so verbleibt dem Richter – wie vor dem Inkrafttreten des neuen Eherechtes – die Möglichkeit, über die Rückerstattungspflicht nach Billigkeit zu entscheiden.

Zusammenfassend ergibt sich, dass die dogmatische Begründung der Institution des Prozesskostenvorschusses der Sache nur gerecht wird, indem diese Verpflichtung aus der ehelichen Beistandspflicht abgeleitet wird. Nur so kann der effektive Sinn und Zweck dieses Instituts – vorläufige finanzielle Unterstützung des unbemittelten Ehegatten, um ihm die Führung eines Scheidungs- oder Trennungsprozesses zu ermöglichen – aufrechterhalten werden.

WALTHER J. HABSCHEID

Wahrheitspflicht, persönliches Erscheinen, Rechtsgespräch*

Inhalt

I. Die Wahrheitspflicht
   1. Die Grundlagen
   2. Das Verbot der Prozesslüge
   3. Der Streitgegenstand als Grenze der Wahrheitspflicht
   4. Der Fall des Geständnisses und des Nichtbestreitens
   5. Sanktionen
II. Die Anordnung des persönlichen Erscheinens der Parteien
   1. Die gesetzliche Regelung im deutschen Recht
      Die Regel des § 141 ZPO
      §§ 273, 279, 613 ZPO
      Die Praxis
   2. Anhörung nur einer Partei?
      Der Wortlaut des Gesetzes
      Die Praxis
      «Das Gesetz kann eben klüger sein als seine Väter»
   3. Der Aufklärungsbeschluss
III. Das Rechtsgespräch
   1. Die Ausgangsproblematik
   2. Die gesetzliche Regelung
   3. Die Praxis
   4. Die Schweiz
IV. Schlussbemerkungen

Wer – wie ich – nach einer vollen wissenschaftlichen Karriere wieder als Anwalt und als Richter in die Praxis zurückkehrt und nun selbst erfährt, wie das durch Rechtsprechung und Lehre konturierte Recht von den Gerichten – und

---

* Dr. iur. et oec. publ. GUIDO VON CASTELBERG aus Anlass, seines 70. Geburtstages und der Vollendung seiner Richterkarriere als Präsident des Kassationsgerichts des Kantons Zürich in Verbundenheit gewidmet.

hier denke ich an die – freilich überlasteten Gerichte 1. und 2. Instanz – angewendet wird, der kommt aus ärgerlichem Staunen nicht heraus. Mir scheint, als begnügten sich unsere Richter auf eine, mehr oder weniger saubere handwerkliche Subsumtion, wobei sie, wiederum mehr oder weniger, den Tatbestand zwar sauber in unstreitige und bestrittene Tatsachen einteilen, sich aber hüten, diese näher in Erfahrung zu bringen, d.h. auch einmal «hinter den Spiegel» zu schauen. Natürlich hat man da gleich mehrere Grundsätze zur Rechtfertigung parat: Verhandlungsmaxime, da mihi facta, dabo tibi ius, richterliche Neutralität...

Dabei will unser Recht den aktiven Richter, der als Ziel das auch materiell richtige Urteil vor sich hat. Um dieses zu erreichen, taugt das den Parteien eingeräumte «laissez faire, laissez aller» nicht, muss der Richter auch einmal die Initiative ergreifen können – wobei ich meine, dass dies sowohl im Partei- als auch im Anwaltsprozess gilt.

Der Richter des zwanzigsten Jahrhunderts ist eben kein «entrückter» Rechtsheiliger. Er trägt die Mitverantwortung dafür, dass der soziale Konflikt, der sich im Rechtsstreit offenbart, auch gelöst wird. Und da genügt es eben nicht, dass man sagt – so ähnlich habe ich es irgendwo gelesen – dem Staate müsse es gleich sein, *wie* entschieden werde. Es komme darauf an, dass das Urteil mit Rechtskraft ergehe und den Streit beende, Rechtsfrieden schaffe. Das mag einem formalen Rechtsstaatsbegriff entsprechen. Aber der moderne Staat ist mehr: er ist Gerechtigkeitsstaat. Gewiss, der Bürger muss das rechtskräftige Urteil hinnehmen, weil es nicht menschenmöglich ist, ein allseitig gerechtes Recht zu schaffen. Aber der Prozess muss so beschaffen sein, dass er Ergebnisse ermöglicht, die der Wahrheit möglichst nahe kommen. Ob all dem Streben nach Rechtsfrieden darf, so formulierte es bereits Wilhelm v. HUMBOLDT[1] zu Beginn des vorigen Jahrhunderts, der «Mensch nicht dem Bürger» geopfert werden.

I. Die Wahrheitspflicht

1. Die Grundlagen

Es war wohl die österreichische ZPO, die in ihrem § 178[2] den Parteien *die Rechtspflicht* auferlegt, die den Streitfall begründenden Tatsachen wahr und

---

[1] Über die Grenzen der Wirksamkeit des Staates, Neudruck 1946, S. 81.
[2] Vgl. FASCHING, Zivilprozessrecht, 2. Aufl. 1990 (Lb) insbes. Rdn. 653.

vollständig anzugeben, und zwar die ihnen günstigen wie die ihnen ungünstigen. Das bedeutet, dass sie sich nicht die günstigen Fakten heraussuchen und im übrigen alles – von der Gegenseite vorgebrachte Ungünstige ohne Rücksicht auf eine eigene Kenntnis bestreiten dürfen. Sie dürfen sich also nicht darauf verlassen, dass die Beweislastverteilung sie von jeder Verantwortlichkeit für das Gegenvorbringen freispricht.

Die deutsche ZPO stellt in § 138 ZPO die Pflicht beider Parteien auf:
- ihre Erklärungen über tatsächliche Umstände vollständig und der Wahrheit entsprechend abzugeben und
- sich über die vom Gegner behaupteten Tatsachen zu erklären.

Und es heisst in den Absätzen 3 und 4 weiter:
- Tatsachen, die nicht ausdrücklich bestritten werden, sind als zugestanden anzusehen, wenn nicht die Absicht, sie bestreiten zu wollen, aus den übrigen Erklärungen der Partei hervorgeht;
- eine Erklärung mit Nichtwissen ist nur über Tatsachen zulässig, die weder eigene Handlungen der Partei noch Gegenstand ihrer eigenen Wahrnehmung gewesen sind[3].

Die Rechtslage in der Schweiz ist ähnlich[4].

Ausgangspunkt ist hier Art. 2 I ZGB, der lautet: «Jedermann hat in der Ausübung seiner Rechte und in der Erfüllung seiner Pflichten nach Treu und Glauben zu handeln». Die Zivilprozessgesetze der Kantone haben (z.B. § 50 II ZPO/ZH), entsprechend der Feststellung des Bundesgerichts, dass die Wahrheits- und Vollständigkeitspflicht aus Art. 2 ZGB folge, sie dann auch expressis verbis festgeschrieben, wobei die Umschreibungen variieren. Was entscheidend ist, ist der Pflichtcharakter: Nicht nur die Parteien, auch ihre Vertreter haben sich entsprechend zu verhalten.

2. Das Verbot der Prozesslüge

Wahrheits- und Vollständigkeitspflicht bedeuten nicht, dass die Parteien objektiv wahr vortragen müssen. Das wäre wirklich ein unmögliches Ansinnen. Aber sie sind zu subjektiv wahrhaftigem Vorbringen verpflichtet. Die Prozesslüge ist untersagt.

Und da man auch durch Verschweigen bekannter Fakten lügen kann – eben weil man zur Offenbarung verpflichtet ist – kann auch im Schweigen ein Verstoss gegen die Wahrheitspflicht liegen.

---

[3] Im einzelnen ROSENBERG/SCHWAB/GOTTWALD, Zivilprozessrecht (Lb) 15. Aufl. S. 363 ff.
[4] Vgl. HABSCHEID, Schweiz. Zivilprozess- und Gerichtsorganisationsrecht, 2. Aufl. 1990, N. 549/550 (Lb).

Das bedeutet allerdings nicht, dass die Partei gleich «alle Karten auf den Tisch» legen muss, dass sie den Prozess ohne Rücksicht auf die Behauptungs- und Beweislast zu führen hat. Der Prozess – ein *procedere* – schreitet auch hier fort:

Der Kläger wird zur Begründung seiner Klage die relevanten Tatsachen vorbringen. Der Beklagte muss dazu Stellung nehmen. . . . Punkt für Punkt. Und wenn er mehr weiss als der Kläger, darf er es nicht verschweigen, auch wenn es für ihn günstig wäre.

Es mag aber sein, dass der Klage eine Einrede entgegenstehen könnte, etwa die Einrede der Verjährung oder der Stundung. Dies sind *Gegenrechte* des Beklagten. Er muss sie geltend machen und tatsächlich begründen. Tut er das nicht, ist es sein Risiko. Erhebt er die Einrede, muss der Kläger in vollem Umfange zu den einredebegründenden Fakten Stellung beziehen – auch, wenn seine Stellungnahme der Einrede zum Erfolg verhilft.

Bei Einwendungen (etwa Einwendung der Zahlung oder der Leistung an Erfüllungs Statt) liegt die Behauptungs- und Beweislast ebenfalls beim Beklagten. Aber die Einwendung ist kein Gegen-Recht. Sie ist eine rechtsvernichtende (etwa Zahlung oder Leistung an Erfüllungs Statt) oder rechtsverneinende (etwa Geschäftsunfähigkeit, bei Börsengeschäften Börsengeschäftsunfähigkeit) Tatsache.

Die herrschende Auffassung meint, der Kläger brauche Tatsachen, die eine Einwendung ausfüllen, nicht vorzutragen. Er könne warten, bis der Beklagte sich darauf «berufe», müsse sich dann aber wahrheitsgemäss erklären[4a].

3. Der Streitgegenstand als Grenze der Wahrheitspflicht

Die Wahrheitspflicht wird hier also eine Stufe «zurückgenommen». Bei der *Einrede* ist dies richtig; denn sie ist ein Recht, das geltend gemacht werden muss. Die *Einwendungstatsache* aber gehört von vornherein zum Streitgegenstand. Wenn man aber nach einer objektiven Grenze für die Wahrheitspflicht fragt, *so kann das nur der Streitgegenstand sein*. Mit anderen Worten: Einwendungstatsachen gehören vornherein «auf den Tisch». Das bedeutet nicht, dass etwa – bei einer angeblichen Zahlung etwa – der Kläger sie zu akzeptieren habe. Er wird daher vortragen, dass der Beklagte Zahlung einwende, das aber etwa deshalb unrichtig sei, weil sich die Zahlung auf eine andere Schuld beziehe. Dann aber mag der Beklagte Stellung beziehen.

[4a] Vgl. THOMAS/PUTZO ZPO 19. Aufl. 1995 § 138 Rdn. 4 unter Verweis auf Vorbem. 253, Rdn. 48, 49.

Die Begrenzung der Wahrheitspflicht durch den Streitgegenstand hat aber andererseits zur Folge, dass der Kläger dem Beklagten (und umgekehrt) keinen Stoff für eine Widerklage bzw. eine andere Klage zu liefern braucht.

4. Der Fall des Geständnisses und des Nichtbestreitens

§ 138 III dZPO bestimmt, dass Tatsachen, die nicht ausdrücklich bestritten werden, grundsätzlich als zugestanden gelten – mit der Folge, dass das Gericht sie ungeprüft seiner Entscheidung zugrundelegt. Dies gilt für das Nicht-Bestreiten, gilt aber auch für das Geständnis.

Nun ist folgendes denkbar: Die Partei, nehmen wir an der Kläger, trägt subjektiv unwahrhaftig vor. Die Gegenpartei bestreitet nicht. Diese unstreitig gewordene Tatsache, kann sich zugunsten des Klägers auswirken. Es kann aber auch sein, dass der Kläger hinterher als der betrogene Betrüger dasteht. Muss das Gericht hier die «Elle» der Wahrheitspflicht anlegen, die besagt, dass der unwahre Sachvortrag nicht Grundlage der Entscheidung sein darf?

Nun sollte man hier unterscheiden:

Ein echtes Geständnis (§ 288 dZPO) liegt nur dann vor, wenn eine Tatsache *zugestanden* ist. Die zugestehende Partei darf sich also nicht nur «im Schweigen üben». Ein Geständnis ist nach § 290 dZPO nur widerrufbar, wenn die widerrufende Partei beweist, dass das Geständnis der Wahrheit nicht entspreche und durch einen Irrtum veranlasst ist. Die zweite Voraussetzung spricht dagegen, ein Geständnis allein wegen Verstosses gegen § 138 dZPO zu eliminieren. So lautet auch die Rechtsprechung[5]. Dabei ist allerdings die Einschränkung zu machen: Unwirksam ist das bewusst unwahre Geständnis, das der Beklagte arglistig im Einvernehmen mit dem Kläger abgibt, um einen Dritten zu schädigen[6].

Beim Nichtbestreiten – Fall des § 138 III dZPO – tritt eine Geständnis*fiktion* ein. Aber die Partei kann jederzeit vom Nichtbestreiten zum Bestreiten übergehen. Tut sie das, so gelten die allgemeinen Regeln. Tut sie es nicht, ist aber das Gericht von einem Nicht-Bestreiten in Unwahrhaftigkeit überzeugt, so fragt sich, ob es die Konsequenzen ziehen und das Nicht-Bestreiten ignorieren muss.

Ich würde diese Frage bejahen, da die Fiktionswirkung des § 138 III dZPO schwächer ist als die Geständniswirkung der §§ 288, 290.

---

[5] BGHZ 37, 154; a.A. – für eine Anwendung des § 138 ZPO, Olzen, ZZP 98, 403 (416 ff)
[6] BGH Vers.R. 1970, 826.

Für das Schweizer Recht habe ich – doch man muss die kantonalen Prozessordnungen im einzelnen befragen – den entsprechenden Standpunkt vertreten[7].

5. Sanktionen

Die prozessuale Wahrheitspflicht ist das Musterbeispiel einer *lex imperfecta*. Das Gesetz sagt nichts über die Folgen einer Verletzung aus.

Einigkeit herrscht allerdings darüber, dass das Gericht unwahres Vorbringen nicht zur Entscheidungsgrundlage machen darf. Dass eine Partei, die das Gericht belügt, damit auch sonst ihre Glaubwürdigkeit gefährdet, liegt auf der Hand. Allerdings kann das Gericht diese Konsequenzen nur ziehen, wenn es die Verletzung der Wahrheitspflicht feststellt.

Wenn es – etwa bei THOMAS/PUTZO[8] – heisst, aufgrund des Verhandlungsgrundsatzes ergebe sich, dass die Verletzung der Wahrheitspflicht nur nachzuprüfen sei, wenn die Tatsache bestritten werde, so halte ich dies für unrichtig. Anders als beim Geständnis[9] muss sich auch hier der Richter bei Zweifeln Gewissheit zu verschaffen suchen. Denn nur das subjektiv wahre Vorbringen ist prozessordnungsgemässes Vorbringen. Damit wird keineswegs die Untersuchungsmaxime eingeführt. Denn sie verlangt vom Gericht uneingeschränkt die amtswegige Tatsachenermittlung. Wohl aber kann man sagen, dass die Wahrheitspflicht die Verhandlungsmaxime in ihrer puren Ausformung einschränke – eben weil sie verlangt, dass der Richterspruch sich nicht auf unwahres Vorbringen stützen darf.

Die – insbesondere bei der Einführung der Wahrheitspflicht – viel diskutierte Frage ist, ob die Wahrheitspflicht im öffentlichen oder privaten Interesse aufgestellt ist[10]. Sie wurde s.Zt. im ersten Sinne beantwortet. Ich vertrete demgegenüber den Standpunkt des sowohl als auch. Sie soll im öffentlichen Interesse zu einem richtigen – vom Gesetz so gewollten – Urteil führen. Sie soll aber auch das private Interesse an der Rechtsdurchsetzung oder der Rechtsverteidigung schützen. Beiden Interessen gilt es gerecht zu werden. Die Frage ob, wie es THOMAS/PUTZO meinen, bei Nichtbestreiten die Problematik der Wahrheitspflicht nicht auftauche, liesse sich nur bei einer rein auf das Parteiinteresse verengten Sichtweise bejahen.

---

[7] ZPR N. 550.
[8] § 138 Rdn. 9.
[9] A.o. zu 4.
[10] Dazu: HABSCHEID Lb N. 550.

Ist der Prozess infolge einer Verletzung der Wahrheits- und Vollständigkeitspflicht falsch entschieden, so ergeben zunächst die Regeln des Deliktsrechts, dass Schadenersatz geschuldet ist. Nach deutschem Recht folgt dies aus § 826 BGB (sittenwidrige Schädigung) – so THOMAS/PUTZO[11] aber auch aus § 823 II BGB i.V. 1 138 ZPO, da das Wahrheitsgebot Schutzgesetz i.S. dieser Vorschrift des § 823 II ist[12], denn die Wahrheitspflicht dient auch dem privaten Interesse. Unbestritten ist, dass im Falle des Prozessverlustes Betrug (§ 263 StGB) vorliegen kann, der nach § 580 Nr. 4 ZPO einen Restitutionsgrund abgibt.

Nach Schweizer Recht ist hingegen die Rechtsfigur des Prozessbetrugs von der Judikatur nicht anerkannt worden, obwohl die Literatur dafür eintritt[13]. So bleibt nur die Revision (Wiederaufnahme des Verfahrens) nach den allgemeinen Regeln[14], ferner die allgemeine Deliktshaftung nach Art. 41 OR.

Man sieht also: Die prozessuale Wahrheitspflicht ist kein Gebot, das ohne Folgen verletzt werden kann. Nur muss das Gericht – und müssen insbesondere die tatrichterlichen Instanzen – darüber wachen, dass sie auch erfüllt wird.

II. Die Anordnung des persönlichen Erscheinens der Parteien

Der deutsche Zivilprozess wird – wenn man vom amtsgerichtlichen Verfahren absieht, von Anwälten geführt (§ 78 ZPO). Sie sind es, die den Parteivortrag «filtrieren», die «Spreu vom Weizen trennen». Das dient natürlich dem Prozess. Auf der anderen Seite kann bei diesem «Filterprozess», Wahres unterdrückt werden. Daher sieht die dZPO vor, dass das Gericht das persönliche Erscheinen der Parteien anordnen kann.

Der schweizerische Prozess ist hingegen kein Anwaltsprozess. Hier kann die Partei jederzeit in das Prozessgeschehen eingreifen. Einer besonderen gerichtlichen Anordnung bedarf es nicht. Da die Partei jederzeit eingreifen kann, wird ihr Vorbringen auch ohne weiteres Prozessstoff, und es ist selbstverständlich, dass das Gericht bei anwaltlicher Vertretung die Partei zum Termin einbe-

---

[11] § 138 Rn. 10.
[12] So mit Recht ROSENBERG/SCHWAB/GOTTWALD Lb. S. 366 m.Nw.
[13] BGE 78 IV 84 ff., dagegen H. WALDER SJZ 50 (1954), 105 ff.
[14] Die in der Schweiz allgemeiner und damit weiter gefasst sind als in Deutschland; vgl. z.B. § 293 ZPO zu: «Die Revision kann verlangen, wer nach Fällung des rechtskräftigen Entscheide Tatsachen und Beweismittel entdeckt, welche den Entscheid für ihn günstiger gestaltet hätten...».

stellen kann, wann immer es dies für erforderlich hält. Das Vorbringen der Partei ist dann ebenso Prozessstoff wie der anwaltliche Vortrag[15].

Mithin kennt das schweizerische Recht keine besondere Regelung für ein persönliches Erscheinen. Im deutschen Zivilprozess jedoch dient die Anordnung des persönlichen Erscheinens der Sachaufklärung und mithin auch der Erfüllung – durch Parteien wie Anwälte – der Wahrheits- und Vollständigkeitspflicht.

1. Die gesetzliche Regelung im deutschen Recht

Die Regel des § 141 ZPO

Es geht um die *Aufklärung des Sachverhalts*. Zu diesem Zwecke soll das Gericht das persönliche Erscheinen *beider Parteien* anordnen. Ist einer Partei wegen grosser Entfernung oder aus sonstigem wichtigen Grunde die persönliche Wahrnehmung des Termins nicht zuzumuten, so sieht das Gericht von der Anordnung *ihres* Erscheinens ab (§ 141 I ZPO).

Hieraus folgt zunächst, jedenfalls nach dem eindeutigen *Wortlaut des Gesetzes,* dass das Erscheinen *beider* Parteien anzuordnen ist, wenn Aufklärungsbedarf besteht.

Die Partei genügt ihrer Verpflichtung zum persönlichen Erscheinen, wenn sie einen Vertreter entsendet, der zur Aufklärung des Tatbestands in der Lage und zum Vergleichsabschluss ermächtigt ist (§ 141 III, 2 ZPO). Auch der Prozessbevollmächtigte kann Vertreter sein, wenn er von der Partei besondere Informationen erhalten hat[16].

Die Angaben der Parteien werden Streitstoff[17]. Sie unterliegen der freien richterlichen Beweiswürdigung (§ 286 ZPO).

Die Regelung des § 141 ZPO wie der weiteren Vorschriften über Anordnung des persönlichen Erscheinens ist Ausfluss der richterlichen Aufklärungspflicht nach § 139 ZPO. Hier ist der Ort, Zweifelsfragen zur Wahrheitspflichterfüllung nachzugehen.

---

[15] Befragt das Gericht die Partei, spricht man von «Parteibefragung». Ihr Resultat wird Prozessstoff. Ein Beweismittel ist diese «Befragung» nicht. Dies ist erst die Parteiaussage bzw. das Parteiverhör; vgl. dazu HABSCHEID, Lb N. 691 ff.
[16] So OLG Köln MDR 1972, 787, OLG Stuttgart JZ 1978, 689.
[17] ROSENBERG/SCHWAB/GOTTWALD Lb § 73 III, 2.

§§ 273, 279, 613 ZPO

Vorschriften bezüglich des persönlichen Erscheinens finden sich noch in weiteren Vorschriften: In § 273 II Nr. 3 bezüglich der Vorbereitung des Verhandlungstermins, in § 279 hinsichtlich eines Sühneversuchs, in § 613 im Eheprozess. Immer ist vom persönlichen Erscheinen beider Parteien die Rede, auch wenn es in § 273 II, Nr. 4 «Erscheinen *der* Parteien», in § 279 I «*die* Parteien» oder in II «*der* Parteien» und in § 613 «*der* Ehegatten» heisst.

Dabei ist man sich einig, dass – jedenfalls für den Normalprozess – § 141 ZPO die Grundnorm ist. Wo – wie in § 273 ZPO-Vorschriften über die Unzumutbarkeit eines Erscheinens fehlen, gilt § 141 ZPO analog, ebenfalls, was die Frage der Vertretung betrifft.

Die Praxis

Obwohl das Gesetz vom Erscheinen *beider* Parteien oder *der* Parteien spricht, ist es im Normalprozess, wenn nicht die Regel so doch kein Ausnahmefall, dass nur das Erscheinen des Klägers oder des Beklagten angeordnet wird. Nur im Eheprozess ist dies anders. Allerdings kann es auch hier vorkommen, dass einer Partei das Erscheinen nicht zugemutet werden kann. Hier sieht jedoch § 613 I, 2 ZPO vor, dass die verhinderte Partei durch einen ersuchten Richter angehört werden kann.

2. Anhörung nur einer Partei?

Der Wortlaut des Gesetzes

Er spricht gegen eine Bejahung dieser Frage. Denn stets ist nur von *den* Parteien die Rede. Das entspricht – auch wenn die Parteien durch Anwälte vertreten werden – dem kontradiktorischen Prinzip (es geht um Sachverhaltsfragen) des Zivilprozesses. Es entspricht auch der raison *d'être* der Anhörungsregeln: Sie sollen einer Beschleunigung des Prozesses dienen. Nur wenn *beide Seiten* zu offenen Tatfragen «präsent» sind, lässt sich dieses Anliegen des Gesetzes erfüllen. Denn der Gegenpartei muss Gelegenheit gegeben werden, *hic et nunc* zur Äusserung Stellung zu nehmen. Nur so lassen sich auch Zweifel über die Erfüllung der Wahrheits- und Vollständigkeitspflicht ausräumen.

Das Anhörungsrecht ist durch die Vereinfachungsnovelle vom 3.11.1976 (BGBl. 1976 I 3281) geändert worden. Vorher hiess es in der alten Fassung des § 141 ZPO, dass das Erscheinen *«einer Partei»* angeordnet werden konnte.

Diese Version gab, grammatikalisch genommen, dem Gericht die Möglichkeit, eine oder beide Parteien «zu zitieren». Die Praxis des alten Rechts hatte jedoch diese Regel so angewandt, dass regelmässig nur die Partei vorgeladen wurde, von deren Seite man sich Aufklärung versprach.

Das neue Recht wollte dem aus Konzentrations- und Beschleunigungserwägungen entgegentreten und durch die beidseitige Anhörung den entscheidungserheblichen Streitstoff *schnell* beschaffen.

Diese Tendenz entspricht der Grundmaxime, dass *beide Parteien* trotz Verhandlungsmaxime und Beweislast – das wird *in praxi* oft übersehen – die prozessuale Wahrheits- und Vollständigkeitspflicht des § 138 ZPO trifft. Dass trotzdem in Zivilprozessen Tatsachen häufig unterdrückt und gegen besseres Wissen bestritten werden, ist ein Missstand, dem die Gerichte – auch durch die beiderseitige Parteianhörung – zu steuern haben, den sie aber unterstützen, wenn sie etwa nur den beweislastpflichtigen Kläger zur Anhörung laden.

Die Praxis

Die Praxis hat sich indessen seit der Vereinfachungsnovelle 1976 nicht geändert. Sie fährt fort, auch nur eine Partei anzuhören. Sie kann sich hierzu auf STEIN/JONAS/LEIPOLD[18] berufen, der zwar davon spricht, dass «meist» beide Parteien zu laden seien; doch sei auch die Ladung nur einer Partei zulässig, wenn *nur* in ihrem Sachvortrag Unklarheiten bestünden. Der Wortlaut des Abs. 1 des § 141 wolle das nicht ausschliessen, zumal sich aus dem Abs. 1 S. 2 ergebe, dass nur die Ladung *einer Partei* angemessen sein könne.

Ich kann mich dieser Auslegung nicht anschliessen. § 141 I, 2 ZPO der von der Anordnung des Erscheinens beider Parteien ausgeht, sieht nur vor, dass die Partei, der das Erscheinen unzumutbar ist, von ihrer Verpflichtung, zu erscheinen, dispensiert werden kann. Abgesehen davon, dass sie einen Vertreter entsenden und so doch «präsent» sein kann, wäre allenfalls aus § 141 I, 2 ZPO zu schliessen, dass *nur in diesem Falle* die andere Partei zu laden, also eine «einseitige Anhörung» zulässig sei.

Dass die Begründung zur Vereinfachungsnovelle davon ausgeht, dass sich wegen der Möglichkeit der Ladung nur einer Partei am alten Rechtszustande nichts geändert habe – hierauf beruft sich LEIPOLD[19] – ist irrelevant. Was gilt, ist das Gesetz, nicht die von Ministerialbeamten verfassten Motive.

---

[18] § 141 Rdn. 8.
[19] Auf BT Drs. 7/2729, 56.

«Das Gesetz kann eben klüger sein als seine Väter[20]»

Wenn man einmal die Verfasser der BT Drucksache, also die Begründung der Vereinfachungsnovelle, als «Gesetzesväter» bezeichnen will, so gilt der obengenannte Ausspruch des Bundesverfassungsgerichts auch in unserem Falle. Dabei braucht man, wie dargelegt, das Gesetz nur «beim Wort zu nehmen».

Der Grundsatz: «beide Parteien sind zu laden» kann bereits interpretatorisch nur eine Ausnahme erleiden, wo einer Partei das Erscheinen nicht zumutbar ist.

Die Waffengleichheit im Prozess und der Grundsatz des *beiderseitigen* rechtlichen Gehörs[21] erfordern das. Beides sind Verfassungsregeln, die im gegebenen Falle den Wortlaut des Gesetzes gegen die Auslegung durch die Praxis absichern.

Es trifft zwar zu, dass eine der Parteien – i.d.R. den Kläger – die Darlegungs- und Beweislast trifft. Aber das bedeutet nicht, dass die andere Seite nur aufs Bestreiten setzen darf. Aus § 138 ZPO ergibt sich auch für sie die Verpflichtung, sich über tatsächliche Umstände der Wahrheit gemäss und vollständig zu erklären. Es fällt aber auf, dass Gerichte gerade in solchen Fällen nur den Kläger vorladen, in denen der nicht beweisbelastete Beklagte nur wenig zugibt – nur das, was er nicht abstreiten kann, nachdem der Kläger Dokumente vorgelegt hatte – im übrigen aber alles bestreitet. Es mag sein, dass das Gericht hier dem Kläger «helfen» will. Aber das ist nicht seines Amtes. Es kann den Sachverhalt nur feststellen, wenn auch der Beklagte persönlich Rede und Antwort steht.

Nur die beidseitige Anhörung schützt das Gericht vor dem Vorwurf, nur einer Partei «helfen» zu wollen.

Es kann sich aber auch bei dem Kläger, der alleine vorgeladen wird, der Argwohn einschleichen, das Gericht sei dem Beklagten gewogen – besonders in Fällen, in denen der Anwalt des Klägers auf die fehlende Kooperation i.S. des § 138 ZPO hingewiesen hatte.

Und dann noch folgendes: Da die Erklärung der Partei unmittelbarer Prozessstoff wird, muss die andere Seite die Möglichkeit haben, dazu Stellung zu nehmen. Deshalb müsste nach der Anhörung nur einer Partei die Sache vertagt werden – oder ein Schriftsatz wäre nachzulassen – um diese Stellungnahme herbeizuführen. Nur so wäre der Grundsatz *beiderseitigen* rechtlichen Gehörs erfüllt. Das aber wäre gerade das Gegenteil von Verfahrensbeschleunigung.

Gegen diese Feststellung hilft das Argument nicht, im Anwaltsprozess habe ja der Anwalt die Möglichkeit, Stellung zu nehmen; denn seine Stellungnahme

---

[20] BVerfGE 36, 342, 362.
[21] Zur Waffengleichheit EDUARD BÖTTICHER, Hamburger Universitätsreden Heft 16, 1954.

ist ein *Aliud*. Will das Gericht zu bestimmten Tatsachen etwas von der *Partei* hören, so muss es im Sinne der Gleichbehandlung auch der anderen Partei das «*audiatur*» gewähren.

Nicht verfangen würde auch die Einwendung, wenn nur eine Partei geladen werde, könne die andere ja freiwillig erscheinen. Natürlich *kann* sie das. Aber auch die andere Seite hat ein Anrecht darauf, dass ihre Gegnerin «zitiert» wird, also erscheinen *muss*. Abgesehen davon wird sich die nicht geladene Partei, hinterher beschweren, wenn sie gerade mit Rücksicht auf die Aussage ihrer Gegnerin den Prozess verloren hat.

Dass beide Seiten grundsätzlich erscheinen, liegt also in beider Interesse. Es liegt auch im Interesse einer Verfahrensbeschleunigung und damit der Rechtspflege.

3. Der Aufklärungsbeschluss

Das persönliche Erscheinen beider Seiten ist nicht das einzige Mittel zur Aufklärung des Sachverhalts. Nach § 273 ZPO hat das Gericht in jeder Lage des Verfahrens darauf hinzuwirken, dass die Parteien sich «rechtzeitig und vollständig erklären». Hierin ist die Pflicht zum wahrhaftigen Vorbringen eingeschlossen. Es kann zu diesem Zwecke einen *Aufklärungsbeschluss* erlassen.

Es scheint, als werde diese Möglichkeit in der Praxis mehr und mehr verpönt. Dennoch bietet eine solche Entscheidung die grössere Rechtssicherheit. Sie könnte auch Gelegenheit geben, den Beteiligten ihre Vollständigkeits- und Wahrheitspflicht einzuschärfen.

Da Tat- und Rechtsfrage sich nicht selten vermischen, kann in einem solchen Beschluss auch dem Anliegen des § 278 III ZPO entsprochen werden, die Parteien auf einen erkennbar übersehenen oder für unerheblich gehaltenen rechtlichen Gesichtspunkt hinzuweisen.

III. Das Rechtsgespräch

1. Die Ausgangsproblematik

Damit sind wir beim Rechtsgespräch angelangt. Betrifft die Pflicht zu wahrem und vollständigem Vortrag die Sachfrage, so geht es hier um die zu entscheidende rechtliche Frage. Falsche Entscheidungen ergehen nämlich nicht nur bei einer Verfälschung der Urteilsgrundlage sondern auch dann, wenn die Parteien rechtlich «aneinander vorbei» reden oder es sich erst im geschriebenen Urteil herausstellt, dass das Gericht seine Entscheidung auf rechtliche Gesichtspunkte stützt, an die sie erkennbar nicht dachten. Rechtliche Gesichtspunkte können hier Gesetze, aber auch eine Rechtsprechung sein, die den Anwälten nicht bekannt war oder die gar das erkennende Gericht in seinem Urteil erst kreiert.

Hier mit der Adage *«iura novit curia»* aufzuwarten, ist eine ebenso billige Ausflucht wie die Berufung auf *«da mihi facta, dabo tibi ius»* zur Rechtfertigung einer Einengung der Wahrheits- und Vollständigkeitspflicht. Denn Gericht und Parteien haben in tatsächlicher (hier abgestuft im Bereich von Verhandlungs- und Untersuchungsgrundsatz) wie in rechtlicher Hinsicht zur Rechtsfindung zusammenzuwirken. Es gilt die *Kooperationsmaxime,* die in den Prozessen besonders augenscheinlich wird, in denen sich Gericht und Anwälte als Organe der Rechtspflege[22] gegenüber stehen.

So richtet sich die Forderung nach einem Rechtsgespräch denn auch zunächst an die Rechtspflegeorgane.

2. Die gesetzliche Regelung

Die Rollenverteilung im Zivilprozess – Tatsachen = Parteiangelegenheit, Rechtsfragen = Sache des Richters – ist viel zu tradiert, als dass sie rein theoretisch auch praktisch aus den Angeln gehoben werden könnte. Allerdings kann die wissenschaftliche Diskussion für ein Aufbrechen verkrusteter Denkschemata sorgen.

Und so war es die Diskussion in Deutschland nach dem zweiten Weltkrieg[23], die auf das Miteinander Richter – Anwalt aufmerksam machte, die sich dagegen wandte, im Richter nur den – mehr oder weniger – stummen, unbeteiligten «Rechtsheiligen» zu sehen, der zudem seine Hand viel «Unheiligem» – nämlich falschen Urteilen böte, würde man es bei dem Trennungsdenken lassen[24].

Heute ist aufgrund folgender, von der höchstrichterlichen Rechtsprechung weiterentwickelten gesetzlichen Grundlagen die Verpflichtung zu einem Rechtsgespräch – auch als Verwirklichung des Grundsatzes des rechtlichen Gehörs[25] anerkannt:

---

[22] § 1 BRAO erklärt den Rechtsanwalt zum «unabhängigen Organ der Rechtspflege». Vgl. HABSCHEID, Die Unabhängigkeit des Rechtsanwalts, NJW 1962, 1985 ff.
[23] Vgl. etwa die Nachweise bei ROSENBERG/SCHWAB/GOTTWALD, S. 427, 428.
[24] Somit wende ich mich gegen eine prinzipielle Verteilung der «Verantwortlichkeiten auf Parteien und Gericht». So aber FASCHING Lb 344.
[25] Dazu ROSENBERG/SCHWAB/GOTTWALD, S. 458 ff.

– Der Vorsitzende muss (§ 139 dZPO) und jeder Beisitzer darf (§ 139 III) das Sach- und Streitverhältnis mit den Parteien nach der tatsächlichen, wie der rechtlichen Seite erörtern.
– Diese richterliche Hinweis- und Aufklärungspflicht ist auszuüben. Ihre Erfüllung verletzt nicht das Gebot zur richterlichen Neutralität[26].
– Die Hinweispflicht besteht bereits bei der Vorbereitung der mündlichen Verhandlung (§§ 273, 275, 276 ZPO). Ihre Verletzung ist Revisionsgrund[27].
– Die Hinweispflicht schliesst für jedes Gericht die Verpflichtung ein, auf die Stellung sachdienlicher Anträge zu wirken.

Besonders wichtig ist der 1978 eingeführte § 278 III ZPO. Hier wird das Streben nach dem richtigen Urteil evident. Denn das Gericht ist verpflichtet, die Parteien auf einen «rechtlichen Gesichtspunkt hinzuweisen», der von einer Partei oder von beiden erkennbar übersehen oder für unerheblich gehalten wird. Und es hat dann Gelegenheit zur Äusserung zu geben.

Mit Recht betont etwa THOMAS/PUTZO, dass § 278 III ZPO zeige, dass Offenlegung der rechtlichen Beurteilung einerseits und Pflicht zur Unvoreingenommenheit sich durchaus vertragen[28].

Man mag darüber streiten, ob der Richter, der sich gesetzeskonform verhält, also der Pflicht aus § 278 III ZPO genügt, in ein echtes Rechtsgespräch[29] eintritt. Jedenfalls beugt er Überraschungsentscheidungen vor. Verboten ist ein Rechtsgespräch jedenfalls nicht. Eine starke Richterpersönlichkeit wird es auch verstehen, hierbei nicht auch den Schein einer Voreingenommenheit aufkommen zu lassen.

3. Die Praxis

Leider hat sich selbst das limitierte Rechtsgespräch i.S. des § 278 III dZPO in der Praxis bisher nicht befriedigend durchgesetzt. Um frank und frei zu sprechen: Gerade bei unteren Gerichten dürfte hierbei eine Rolle spielen, dass der Richter sich selbst nicht sicher ist, dass er sich die Möglichkeit vorbehalten will, bei der Urteilsfindung «freier» zu sein. An die Stelle klarer Hinweise zur Rechtsfrage treten dann oft nebulöse Formulierungen, mit denen die Parteien oder die betroffene Seite nichts rechtes anzufangen wissen. Solche «Hinweise» sind nicht die Erfüllung der gesetzlich in § 278 III ZPO verordneten Pflicht.

---

[26] So mit Recht ROSENBERG/SCHWAB/GOTTWALD, S. 428. Die Entscheidung KG FamRZ 1990, 1006 beweist aber, dass sich diese Einsicht noch nicht durchgesetzt hat.
[27] BGH NJW-RR 1988, 208.
[28] § 278 Rdn. 4.
[29] Vgl. ROSENBERG/SCHWAB/GOTTWALD, S. 430 n.Nw.

Und eines dürfte noch klar sein: «Entdeckt» das Gericht nach der Verhandlung in der Beratung neue rechtliche Gesichtspunkte, gibt es nur die Wiedereröffnung der mündlichen Verhandlung.

4. Die Schweiz

Die Zivilprozessordnungen der Schweiz kennen – ähnlich wie das deutsche Recht – die richterliche Aufklärungspflicht. Sie sind allerdings weniger explizit als das deutsche Recht[30]. Dennoch wird man sagen können, dass ähnliche, vergleichbare Regeln gelten, auch bezüglich des Rechtsgesprächs[31]. Jedenfalls zeigt die Praxis, dass auch in unteren Gerichten Rechtsfragen angesprochen, ja diskutiert werden – vielleicht mehr als in Deutschland mit seiner ausgefeilten gesetzlichen Regelung.

IV. Schlussbemerkungen

Umstürzend Neues hat unsere Untersuchung nicht ergeben. Aber sie hat die gesetzlichen Anforderungen der Rechtswirklichkeit gegenübergestellt. Wozu sie aber einen Beitrag leisten wollte: Zur Etablierung einer neuen Prozessmaxime – des Kooperationsprinzips, das Gericht und Anwälte (Parteien) zur Rechtsfindung zusammenwirken lässt. Innerhalb dieser Kooperation sind dann Wahrheits- und Vollständigkeitspflicht, persönliches Erscheinen der Parteien und Rechtsgespräch (im hier verstandenen Sinne) anzusiedeln.

---

[30] HABSCHEID, Lb N. 540, 555.
[31] Hier würde ich jetzt dezidierter formulieren als im Lb N. 548.

Herbert Heeb

Problematik der Beweisbeschränkung im summarischen Verfahren in Ehesachen

Inhalt

1. Summarisches Verfahren in Ehesachen
2. Das summarische Verfahren
3. Beweisbeschränkung
4. Beweisbeschränkung in Ehesachen
5. Vergleich zwischen einstweiligem Rechtsschutz i.A. und vorsorglichen Massnahmen im Scheidungsprozess
6. Der angeblich vorläufige Charakter der Eheschutzmassnahmen
7. Materielle Bedeutung der Entscheide im summarischen Verfahren in Ehesachen
8. Verfahrensbeschleunigung und ihre Grenzen
9. Massnahmen gegen die Auswirkungen von Verzögerungen

1. Summarisches Verfahren in Ehesachen

Ist ein Ehegatte gemäss Art. 175 ZGB berechtigt, getrennt zu leben, trifft der (Eheschutz-) Richter auf sein Verlangen betreffend unmündiger Kinder die notwendigen Massnahmen, regelt Benützung von Wohnung und Hausrat und die finanziellen Beziehungen zwischen den Ehegatten (Art. 176 ZGB). Gestützt auf Art. 145 ZGB hat der (Scheidungs-)Richter bei hängigem Scheidungsprozess weitgehend dieselben Regelungsaufgaben und -befugnisse. Die sich aus dem materiellen Recht ergebenden Unterschiede zwischen den beiden Verfahren, insbesondere bezüglich des Katalogs möglicher Anordnungen, interessieren für das vorliegende Thema nicht.

Im Kanton Zürich werden vorsorgliche Massnahmen im Scheidungsprozess wie auch die Eheschutzmassnahmen im summarischen Verfahren angeordnet. Für die Eheschutzmassnahmen ergibt sich dies ausdrücklich aus § 215 lit. b Ziff. 7 ZPO. Für die vorsorglichen Massnahmen existiert eine ausdrückliche Norm in der Zivilprozessordnung nicht. Hingegen ist es ständige und unangefochtene Praxis der Zürcher Gerichte, dass das Verfahren über vorsorgliche Massnahmen gemäss § 110 ZPO, zu dem auch die vorsorglichen Massnahmen im Ehescheidungsprozessen gezählt werden, ein summarisches Verfahren ist[1].

Es wird auch die Meinung geäussert, das Verfahren über die vorsorglichen Massnahmen im Scheidungsprozess sei *seinem Wesen nach* summarischer Natur, da der Zweck der vorsorglichen Massnahmen im Scheidungsprozess ein schnelles und wirksames Eingreifen des Massnahmenrichters erfordere[2], was zur Auffassung führt, dass das Verfahren über die vorsorglichen Massnahmen im Scheidungsprozess von Bundesrechts wegen summarischer Natur sei[3]. Ähnlich wird auch zu den Eheschutzmassnahmen gesagt, dass das summarische Verfahren für den Bundesgesetzgeber unter neuem Recht weiterhin im Vordergrund stehe, ja von ihm geradezu vorausgesetzt werde. Es entspreche regelmässig am besten den Anforderungen an ein rasches und parteinahes Verfahren in Ehesachen[4].

2. Das summarische Verfahren

Der grosse Duden definiert «summarisch» als «Mehreres gerafft zusammenfassend» und «dabei wichtige Einzelheiten ausser Acht lassend». Im Wahrig steht unter «summarisch»: «kurz zusammengefasst, bündig; (auch) oberflächlich».

Seine Bezeichnung trifft den Charakter des summarischen Verfahrens recht treffend. Guldener definiert: «Seinem Wesen nach ist das summarische Verfahren ein abgekürztes Verfahren, in welchem den Parteien nicht alle Angriffs- und Verteidigungsmittel zu Gebote stehen wie in einem ordentlichen Prozess. Sie sind insofern beschränkt, als in der Regel Beweise nur zu erheben sind, falls das Verfahren durch die Beweisabnahme keine Verzögerung erfährt[5]». WALDER sagt, im summarischen Verfahren könnten nicht alle Abklärungen durch

---

[1] STRÄULI/MESSMER, Kommentar zur Zürcherischen Zivilprozessordnung N 34 zu § 110 und dortige Verweise auf die Praxis.
[2] BÜHLER, Berner Kommentar, Note 419 zu Art. 145 ZGB.
[3] VOGEL, Grundriss des Zivilprozessrechtes, Bern 1995, S. 318 Rz 158.
[4] HAUSHEER/REUSSER/GEISER, Kommentar zum Eherecht, Bern 1988, Ziff. 15 zu Art. 180 ZGB; VOGEL, Der Richter im neuen Eherecht, SJZ 1983 S. 131.
[5] GULDENER, Schweizerisches Zivilprozessrecht, Zurich 1979, S. 584.

die an sich möglichen Beweismittel getroffen werden[6], und gemäss VOGEL ist das summarische Verfahren ein «Verfahren mit Beweisbeschränkung», während die Schnelligkeit des Verfahrens – wenn auch anzustreben – nicht begriffswesentlich sei[7]. Während also diese Autoren für das summarische Verfahren in verschiedener Umschreibung die Einschränkung der Verfahrensrechte der Parteien (Angriffs-, Verteidigungs-, Beweisführungsrechte) charakteristisch halten, kommt HABSCHEID von einer anderen Seite zur Charakterisierung des summarischen Verfahrens: Das Verfahren sei dort verkürzt, wo der Sachverhalt leicht festzustellen sei, so dass das Verfahren gegenüber dem Regelprozess insbesondere bezüglich der Beweisaufnahme abgekürzt werden könne[8]. Der Gegensatz zwischen den beiden Positionen wird jedenfalls bei GULDENER im Grunde bereits relativiert, wenn er an der oben zitierten Stelle weiter sagt: «Alle Beweismittel sind zuzulassen, wenn der Tatbestand illiquid ist, der Kläger aber nicht in das ordentliche Verfahren verwiesen werden kann und das Bundesrecht nicht den Urkundenbeweis fordert[9]». Andererseits kommen in dieser unterschiedlichen Umschreibung des summarischen Verfahrens auch zwei Erscheinungsformen zum Ausdruck: STRÄULI/MESSMER nennt ausdrücklich als Gegenstand des summarischen Verfahrens «bestimmte Streitsachen, deren Sachverhalt sich leicht feststellen lässt oder deren Beurteilung dringlich ist, weshalb sich ein vereinfachtes Verfahren vor einem Einzelrichter rechtfertigt[10]».

KUMMER umschreibt das Wesen des summarischen Verfahrens als Beschränkung des Prozessstoffes oder des Verfahrens. Die Klage sei nur mit den nächsten und unerlässlichsten Voraussetzungen zu begründen, die Verteidigung nur mit liquiden Einwänden zu führen[11]. Er betont die Auswirkungen auf die Prozessmaximen: grössere Bedeutung der richterlichen Prozessleitung; grössere Bedeutung der Eventualmaxime (sofortige Darlegung des ganzen Prozessstoffes durch die Parteien mit unverzüglicher Beweisführung); erhöhte Bedeutung der Verhandlungsmaxime, insbesondere des Grundsatzes der formellen Wahrheit, indem der Richter sofort entscheiden soll und nicht in lange Beweisführungen eintreten soll[12].

Im Kanton Zürich ist das summarische Verfahren in den §§ 204–237 ZPO geregelt. Dieser III. Teil der Zivilprozessordnung ist in 5 Abschnitte gegliedert, von denen der erste allgemeine Vorschriften für das summarische Verfah-

---

[6] WALDER, Zivilprozessrecht, Zürich 1996, S. 413.
[7] VOGEL, Grundriss, S. 317, Rz 149 und 155.
[8] HABSCHEID, Schweizerisches Zivilprozess- und Gerichtsorganisationsrecht, Basel 1986, S. 304 Rz 837.
[9] GULDENER, ZPR, Zürich 1979, S. 584.
[10] STRÄULI/MESSMER, N. 1 der Vorbemerkungen vor § 204.
[11] KUMMER, Grundriss des Zivilprozessrechtes, Bern 1984, S. 257.
[12] KUMMER, Grundriss, S. 263 f.

ren enthält. Die folgenden Abschnitte 2. und 3. zählen auf, in welchen Fällen das summarische Verfahren in SchKG-Sachen (2. Abschnitt) bzw. in Geschäften des ZGB und OR (3. Abschnitt) zur Anwendung kommt. Im 4. Abschnitt ist das Befehlsverfahren (wozu die vorsorglichen Massnahmen vor Prozesshängigkeit gehören; § 222 Ziff. 3 ZPO), im 5. Abschnitt die Beweissicherung geregelt.

In §§ 207 und 208 ZPO werden die Säumnisfolgen in einer der Beschleunigung dienenden Art speziell geregelt. § 209 ZPO beschränkt die Beweismittel für das summarische Verfahren ausdrücklich, indem es abschliessend die persönliche Befragung der Parteien, schriftliche Auskünfte, Augenschein und Urkunden als zulässig erklärt. Andere Beweismittel, also insbesondere Zeugeneinvernahmen und Expertisen, sind gemäss dieser Bestimmung nur zulässig, wenn das Verfahren nicht ins ordentliche Verfahren verwiesen werden kann oder wenn sie das Verfahren nicht wesentlich verzögern. Die Beweismittel sind im Gegensatz zum ordentlichen Verfahren gemäss § 210 ZPO sofort mit dem Begehren oder der Antwort einzureichen oder mindestens zu bezeichnen, sodass das aufwendige und zeitraubende Verfahren mit Beweisauflage, Beweisantretung, Beweiseinwendungen und Beweisabnahme(beschluss) gemäss den §§ 136 bis 140 ZPO entfällt.

Die Entscheide, die im summarischen Verfahren ergehen, erwachsen gemäss § 212 ZPO in dieselbe Rechtskraft wie die Entscheide des ordentlichen Verfahrens. Gerade im hier interessierenden Zusammenhang gilt dies allerdings nur für die formelle Rechtskraft, da in den Fällen, in denen «die Berechtigung des Begehrens lediglich glaubhaft zu machen» ist (wie dies gemäss Lehre und Praxis für die summarischen Verfahren in Ehesachen gilt; vgl dazu unten), das ordentliche Gericht an den Entscheid im summarischen Verfahrens nicht gebunden ist. Für die vorsorglichen Massnahmen ist die Abänderbarkeit speziell in § 229 ZPO geregelt: Auch daraus ergibt sich eine Beschränkung der materiellen Rechtskraft.

3. Beweisbeschränkung

Gemäss der bundesgerichtlichen Rechtssprechung ergibt sich aus Art. 4 BV der Anspruch auf rechtliches Gehör, der das Recht der Parteien (auch) in Zivilverfahren auf den Beweis beinhaltet. Laut Bundesgericht dient das rechtliche Gehör «einerseits der Sachaufklärung, anderseits stellt es ein persönlichkeitsbezogenes Mitwirkungsrecht beim Erlass eines Entscheides dar, welcher in die Rechtsstellung des Einzelnen eingreift. Dazu gehört insbesondere das Recht des Betroffenen, sich vor Erlass eines in seine Rechtsstellung eingreifenden Entscheids zur Sache zu äussern, erhebliche Beweise beizubringen, Einsicht in die Akten zu nehmen, mit erheblichen Beweisanträgen gehört zu werden und an der Erhebung wesentlicher Beweise entweder mitzuwirken oder sich zumindest zum Beweisergebnis zu äussern[13]».

Indem im summarischen Verfahren bestimmte Beweismittel nicht zugelassen werden, wie dies in in Zürich § 209 ZPO vorgesehen ist, oder wie dies vom Bundesrecht z.B. für das Rechtsöffnungsverfahren[14] vorgesehen ist, wird dieser verfassungsmässige Anspruch eingeschränkt. Dies ist nach der herrschenden Lehre, die sich allerdings insbesondere zur Frage der Mitwirkung am Beweis zu äussern scheint, zulässig, wenn der Gewährung des Gehörs (also auch dem Recht auf Beweis) überwiegende Interessen entgegenstehen, etwa, dass die Verfügung dringlich ist oder dass durch Gewährung des vollen Anspruchs auf Gehör der Zweck der Massnahme vereitelt wird[15]. In jüngerer Zeit wurde darüber hinausgehend für eine Einschränkung des Rechtes auf Beweis analog der Einschränkung der Freiheitsrechte eine gesetzliche Grundlage und die Wahrung der Verhältnismässigkeit gefordert[16]. Auch diese letzte Voraussetzung an die Verfassungsmässigkeit der Regel in § 209 ZPO wäre wohl gerade im Hinblick auf die starke Relativierung in Abs. 2 erfüllt.

Daneben gilt im summarischen Verfahren teilweise eine andere Einschränkung, indem statt des vollen Beweises lediglich die Glaubhaftmachung der anspruchsbegründenden und anspruchshindernden Tatsachen verlangt wird. Laut Guldener braucht für die Glaubhaftmachung nicht die volle Überzeugung des Gerichtes begründet zu werden, sondern genügt es, wenn für das Vorhandensein der behaupteten Tatsache eine gewisse Wahrscheinlichkeit spricht, auch wenn das Gericht damit rechnet, dass sie sich nicht verwirklicht haben könnte[17]. VOGEL fordert, dass der Richter die Behauptung «überwiegend für wahr hält, obwohl nicht alle Zweifel beseitigt sind[18]». Die Formulierung von Guldener («eine gewisse Wahrscheinlichkeit») ist wohl als «überwiegende Wahrscheinlichkeit» zu verstehen, da die blosse «Wahrscheinlichkeit» an sich den statistischen Begriff evoziert, der so verwendet nichtssagend ist. Unzweideutiger wäre es, von einer Tatsache zu sagen, sie sei glaubhaft, wenn sie sich wahrscheinlich verwirklicht hat. In diese Richtung geht auch die Mehrzahl der bei

---

[13] BGE 116 Ia 99.
[14] Art. 80 bis 84 SchKG; auch das Rechtsöffnungsverfahren gehört ins summarische Verfahren; ZH § 213 Ziff. 2 ZPO.
[15] G. MÜLLER, Kommentar zur Bundesverfassung, Rz 102 und 107 zu Art. 4 BV.
[16] SABINE KOFMEL, Das Recht auf Beweis im Zivilverfahren, Bern 1992, S. 138.
[17] GULDENER, ZPR, S. 323 Note 27; ebenso und unter Hinweis auf GULDENER: BGE 120 II 398.
[18] VOGEL, Grundriss, S. 240, Rz 26; eine Zusammenstellung weiterer Definitionen der Glaubhaftmachung findet sich bei MARTIN KAUFMANN, Einstweiliger Rechtsschutz, Bern 1993, S. 57.

Kaufmann zitierten Umschreibungen; allerdings ist auch zu beachten, dass an die Glaubhaftmachung je nach Interessen, die auf dem Spiel stehen, verschiedene Anforderungen zu stellen sind[19].

Diese Reduktion der Anforderungen an den Beweis, von VOGEL Beweisstrengebeschränkung im Gegensatz zur Beweismittelbeschränkung genannt[20], ergibt sich für das Verfahren über die vorsorglichen Massnahmen ausdrücklich aus § 110 ZPO. Bei den SchKG-Sachen und den Geschäften aufgrund des ZGB oder OR ergibt sich die Art des geforderten Beweises aus dem Bundesrecht, wie bei der erwähnten Rechtsöffnung (Urkundenbeweis) oder bei der Arrestbewilligung (Art. 272 SchKG; Glaubhaftmachung), und nicht aus der Zivilprozessordnung. Verlangt das Bundesrecht nicht ausdrücklich bloss Glaubhaftmachung, ist voller Beweis verlangt (z.B. dafür, dass die Frau nicht schwanger ist, Art. 103 Abs. 3 ZGB). Glaubhaftmachung genügt definitionsgemäss auch nicht im Verfahren gemäss § 222 Ziff. 1 (Vollstreckung rechtskräftiger gerichtlicher Entscheide) bzw. Ziff. 2 ZPO (schnelle Handhabung klaren Rechts bei unbestrittenen oder sofort beweisbaren Verhältnissen). Hingegen gilt für die vorsorglichen Massnahmen vor Hängigkeit des Prozesses (§ 222 Ziff. 3 ZPO) gemäss ausdrücklicher Bestimmung im Gesetz die gleiche Beweisstrengebeschränkung wie in § 110 ZPO. Die Beweisstrengebeschränkung ist weniger für das summarische Verfahren insgesamt charakteristisch, als für die Untergruppe der vorsorglichen Massnahmen.

Im Bundeszivilrecht ist die Beschränkung der Anforderungen an den Beweis, also blosses Glaubhaftmachen, an den verschiedensten Orten vorgesehen. Gemeinsam erscheint diesen Fällen, dass die Beweisstrengebeschränkung überall im Interesse des erleichterten, schnellen und – in seiner Wirkung – vorläufigen Rechtsschutzes einer Partei, meist des Anspechers, vorgesehen wird, sei es bei vorsorglichen Massnahmen (wie in Art. 28 c, 282, 961 ZGB; in Art. 565 OR; Art. 65 URG; Art. 59 Markenschutzgesetz; Art. 37 und 77 Patentgesetz), sei es bei der Umschreibung der Voraussetzungen an einen Interessen «nachweis» (wie in Art. 970 ZGB; Art. 359a, 697 c, 716 b OR) oder in andern Zusammenhängen (z.B. Beweislastumkehr in Art. 256 b oder 260 b ZGB; Kraftloserklärungen in Art. 981 und 983 sowie 1074 OR). Dasselbe gilt für das Schuldbetreibungs- und Konkursrecht, wenn, geradezu prototypisch, der Arrest ohne Anhörung der Gegenpartei gewährt wird, falls die Voraussetzungen glaubhaft gemacht sind (Art. 272 SchKG), oder wenn bei sofortiger Glaubhaftmachung von Einwendungen die provisorische Rechtsöffnung verwehrt wird (Art. 82 SchKG). Dieselbe Idee steht auch hinter den vorsorglichen Massnahmen bzw.

---

[19] STRÄULI/MESSMER, N 34 zu § 110 ZPO; CZITRON, Die vorsorglichen Massnahmen während des Scheidungsprozesses, St. Gallen 1995, S. 35).
[20] VOGEL, Grundriss, S. 317.

dem einstweiligen Rechtsschutz. Der ansprechenden Partei soll mit reduzierten Anforderungen einstweiliger Rechtsschutz für die Dauer des Verfahrens gewährt werden, um nicht leicht wiedergutzumachende Nachteile zu verhindern (ZPO ZH § 110 Abs. 1 oder Bundeszivilprozess Art. 79).

Die Beweisstrengebeschränkung steht damit in einem deutlichen Gegensatz zur Beweismittelbeschränkung, welche den Rechtsschutz innerhalb das betreffenden Verfahrens erschwert, indem sie nur ganz bestimmte Beweismittel zulässt (z.B. Urkundenbeweis in der Rechtsöffnung) oder z.B. Zeugenbeweise oder Expertisen im Rahmen des summarischen Verfahrens ausschliesst. Es werden mit der Beweismittelbeschränkung einerseits und Beweisstrengebeschränkung andererseits grundsätzlich verschiedene Probleme gelöst: Im einen Fall wird der ansprechenden Partei der Rechtsschutz im Interesse der Beschleunigung durch Reduktion der Beweisanforderungen erleichtert, wobei das Risiko falscher Entscheide wegen deren bloss vorläufigen Geltung in Kauf genommen wird. Im andern Fall wird ein Verfahren mit restriktiven Beweisvorschriften zur Verfügung gestellt, um klare Fälle schnell entscheiden zu können. Hier wird das Risiko der falschen Entscheidung nicht eingegangen. Erweist sich der Fall als nicht klar genug (nicht 'liquid') für das Verfahren, erfolgt seine Überweisung ins ordentliche Verfahren.

4. Beweisbeschränkung in Ehesachen

Für den Eheschutz ist die Möglichkeit der Verweisung ins ordentliche Verfahren durch § 226 ausdrücklich ausgeschlossen, so dass die gesetzliche Beschränkung der Beweismittel von § 209 ZPO gerade nicht gilt.

Auch im Verfahren über die vorsorglichen Massnahmen gemäss § 110 ZPO ist der Ausschluss bestimmter Arten von Beweismitteln nicht vorgesehen; wird angenommen, die Bestimmungen über das summarische Verfahren seien analog anwendbar[21], steht der Beweismittelbeschränkung im Sinne von § 209 Abs. 1 ZPO wiederum die Unmöglichkeit der Verweisung des Verfahrens über die vorsorglichen Massnahmen ins ordentliche Verfahren im Wege[22].

Die Beweisstrengebeschränkung gilt für die vorsorglichen Massnahmen im Scheidungsprozess aufgrund der Annahme, es handle sich dabei um einstweiligen Rechtsschutz im Sinne von § 110 ZPO, für das Eheschutzverfahren gemäss

---

[21] STRÄULI/MESSMER, N 34 zu § 110 ZPO.
[22] STRÄULI/MESSMER, N. 3 zu § 209 ZPO.

Lehre und Rechtssprechung auch ohne ausdrückliche Norm bzw. gar entgegen dem gesetzlichen Wortlaut[23].

5. Vergleich zwischen einstweiligem Rechtsschutz und vorsorglichen Massnahmen im Scheidungsprozess

Vorsorgliche Massnahmen, in diesem Sinne in der Literatur oft einstweilige Verfügungen oder Massnahmen genannt, z.B. GULDENER, ZPR, 574, dienen dem vorläufigen Rechtsschutz vor dem oder während des ordentlichen Prozesses, VOGEL, Grundriss, S. 324, Rz 190. ISAAK MEIER definiert: «Der einstweilige Rechtsschutz ist provisorischer, umfassender oder beschränkter, richterlicher Schutz der Rechtspositionen von Kläger und/oder Beklagten, zur Abwehr der Nachteile, die den Parteien aus der Dauer des Verfahrens bis zum definitiven Rechtsschutz entstehen können», ISAAK MEIER, Grundlagen des einstweiligen Rechtschutzes, Zürich 1983, S. 7.

Voraussetzung der Anordnung vorsorglicher Massnahmen ist im allgemeinen, dass ein drohender, nicht leicht wiedergutzumachender Nachteil und die wahrscheinliche Begründetheit des Hauptbegehrens glaubhaft gemacht sind, VOGEL, Grundriss, S. 330 f.; WALDER, ZPR, S. 365 Rz 26. Die vorsorgliche Massnahme kann gemäss § 110 in Verbindung mit § 227 ZPO von einer Sicherstellung abhängig gemacht werden, wenn sie dem Beklagten Schaden zufügen kann. In Verbindung mit § 230 ZPO kann sie zur Schadenersatzpflicht führen, wenn der Anspruch, auf den die vorsorgliche Massnahme gründete, nicht bestand oder nicht fällig ist.

In verschiedener Hinsicht unterscheiden sich die vorsorglichen Massnahmen im Scheidungsprozess von den typischen, gemäss § 110 ZPO anzuordnenden, vorsorglichen Massnahmen:

Die Prozesseinleitung ist Anlass und Voraussetzung des einstweiligen Rechtsschutzes (oder die nachfolgende Klageeinleitung Voraussetzung der Aufrechterhaltung des Rechtsschutzes). Im Scheidungsprozess trifft dies nur vordergründig auch zu. Dieselben zentralen Massnahmen wie im Scheidungsprozess (Regelung der Elternrechte, Wohnungszuteilung, Unterhalt) muss der Richter auf Begehren einer Partei auch ohne Scheidungsprozess anordnen – als Eheschutzmassnahmen. In beiden Fällen ist Anlass der Massnahmen die Aufhe-

---

[23] VOGEL, Der Richter im neuen Eherecht, SJZ 83, S. 130, N 20 und S. 132; VOGEL, Grundriss, S. 320 Rz 166; HAUSHEER/REUSSER/GEISER, Kommentar zum Ehrecht, Ziff. 15 zu Art. 180; LEMP, Berner Kommentar, N 13 zu Art. 169 aZGB.

bung des gemeinsamen Haushaltes. Die Hängigkeit des Scheidungsprozesses ist im Grunde ein Spezialfall von Art. 175 ZGB, wonach die Ehegatten berechtigt sind, den gemeinsamen Haushalt unter bestimmten Umständen aufzuheben. Die wichtigsten vom Scheidungsrichter für die Dauer des Getrenntlebens zu treffenden Anordnungen stützen sich gerade nicht auf Scheidungsrecht, sondern auf Eherecht oder Kindesrecht. Die Verpflichtung des einen Ehegatten zu Unterhaltsleistungen an den andern während des Scheidungsprozesses stützt sich nicht auf die Art. 151 und 152 ZGB, was allein vorsorglichen Rechtsschutz bedeuten würde, nämlich Rechtsschutz für Ansprüche vor deren definitiver Klärung im Hauptprozess. Die Unterhaltsansprüche werden hingegen auf die eheliche Beistandspflicht gestützt, deren Bestand als unzweifelhaft feststehende Folge der blossen Tatsache der Ehe vorausgesetzt wird.

Unmittelbare Folge dieser besonderen Situation ist der Umstand, dass bei Unterhaltsbeiträgen für die Dauer des Scheidungsprozessen die Frage des Schadenersatzes bzw. vorher der Sicherstellung nicht gestellt wird. Bei Massnahmen des einstweiligen Rechtsschutzes wird ein vorläufiger Entscheid über den Anspruch gefällt, dessen mögliche Fehlerhaftigkeit wegen des raschen Verfahrens ohne vollen Rechtsschutz ausdrücklich eingeräumt wird, WALDER, ZPR, S. 365, Rz 27. Über die Unterhaltsbeiträge im Scheidungsprozess wird ein definitiver Entscheid über einen andern Rechtsanspruch gefällt, als er im Hauptprozess im Streit liegt. Darin liegt auch der Grund dafür, dass im Verfahren über die vorsorglichen Massnahmen im Scheidungsprozess der Hauptanspruch, nämlich der Scheidungsanspruch, im Gegensatz zur Normalsituation im Verfahren über vorsorgliche Massnahmen nicht wahrscheinlich sein muss bzw. glaubhaft gemacht werden muss[24], ebensowenig wie vom Ansprecher eine der Voraussetzungen von Art. 151 oder 152 ZGB glaubhaft zu machen ist.

Zu einer ähnlichen Unterscheidung kommt offenbar auch Isaak Meier, wenn er, u.a. im Scheidungsprozess, eine Konkurrenz des einstweiligen Rechtsschutzes und des definitiven materiellen Schutzes von Rechten sieht: er nimmt für den unterhaltsberechtigten Ehegatten ein Wahlrecht an zwischen Ansprüchen gemäss Art. 151 und 152 ZGB, die als Massnahmen des einstweiligen Rechtsschutzes schon während des Scheidungsprozesses zuzusprechen wären, einerseits, und den definitiven materiellen Ansprüchen aus der ehelichen Beistandspflicht andererseits; er geht dabei davon aus, dass der anspruchsberechtigte Ehegatte keine diesbezügliche explizite (Wahl-)Erklärung abgeben müsse, sondern dass davon auszugehen sei, dass stets der weitergehende (im Unterhaltsrecht somit der definitive materielle) Anspruch geltend gemacht werde, was im Ergebnis zur Übereinstimmung mit der herrschenden Lehre und Praxis füh-

---

[24] VOGEL, Grundriss, S. 329.

re[25]. ISAAK MEIER kommt zur Auffassung, dass die Zuteilung der Gesamtheit der vorsorglichen Massnahmen im Scheidungsprozess zum einstweiligen Rechtsschutz unter gleichzeitiger Anwendung der materiellrechtlichen Grundlagen (also z.B. der ehelichen Beistandspflicht) inkonsequent sei[26].

Im Scheidungsprozess kommt es zwar, im Falle, dass die Ehe geschieden wird, zu einem Entscheid über einen Teil derselben Fragen, die schon im summarischen Verfahren entschieden wurden; die im summarischen Verfahren getroffenen Entscheide bleiben aber teilweise unberührt. Dies gilt insbesondere für die Unterhaltsbeiträge. Im summarischen Verfahren zugesprochene Unterhaltsbeiträge, die nicht bezahlt sind, bleiben auch nach Gutheissung oder Abweisung der Scheidungsklage vollstreckbar; auf Grund eines im summarischen Verfahren ergangenen Entscheides bezahlte Unterhaltsbeiträge können nicht zurückverlangt werden, wenn sich im Scheidungsprozess auf Grund des Beweisverfahrens die Unrichtigkeit des Entscheides über die vorsorglichen Massnahmen ergibt. Ebensowenig ist eine nachträgliche und rückwirkende Erhöhung der aus dem summarischen Verfahren stammenden Unterhaltsbeiträge nach der Durchführung des ordentlichen Verfahrens möglich. Die Scheidungsklage geht nicht auf Zusprechung von Unterhaltsbeiträgen ab Klageeinleitung, sondern ab Rechtskraft des Scheidungsurteils – erst nach rechtskräftiger Scheidung gilt für den Unterhalt Scheidungs- statt Eherecht[27]. Es wird somit im Scheidungsprozess nicht wie typischerweise im Bereich des einstweiligen Rechtsschutzes zuerst ein vorläufiger und dann ein endgültiger Entscheid über denselben Rechtsanspruch gefällt, sondern zwei endgültige Entscheide über zwei rechtlich verschiedene Ansprüche mit verschiedenen Voraussetzungen.

Der Unterschied zu vorsorglichen Massnahmen im Sinne eigentlichen einstweiligen Rechtsschutzes wird deutlich im Vergleich zur Regelung im Unterhaltsprozess des Kindes gegen die Eltern, insbesondere gegen den Vater gemäss Art. 281 ff. ZGB: Unter bestimmten Voraussetzungen kann der Beklagte verpflichtet werden, Unterhaltsbeiträge zu hinterlegen oder vorläufig zu bezahlen. Die Unterhaltsbeiträge, die vorläufig bezahlt wurden, sind bei Abweisung der Klage zurückzuerstatten[28].

Der Entscheid über die vorsorglichen Massnahmen unterscheidet sich in seinen Wirkungen nicht vom Entscheid des Eheschutzrichters. Deshalb kann auch von der Weitergeltung der vor Einleitung des Scheidungsprozesses angeordneten Eheschutzmassnahmen ausgegangen werden[29].

---

[25] ISAAK MEIER, Grundlagen, S. 68 f. und 72.
[26] ISAAK MEIER, Grundlagen, S. 69.
[27] Deshalb scheint fraglich, ob das zuvor erwähnte «Wahlrecht» im Sinne von ISAAK MEIER auch bloss «virtuell» existiere.
[28] Vgl. HEGNAUER, Berner Kommentar, N 42 ff. zu Art. 281 bis 284 ZGB.
[29] HAUSHEER/GEISER/REUSSER, Kommentar zum Eherecht, Ziff. 17 zu Art. 179 ZGB.

6. Der angeblich vorläufige Charakter der Eheschutzmassnahmen

GULDENER sagt im Zusammenhang mit der Frage der Berufung ans Bundesgericht[30], dass nicht richtig sei, dass Eheschutzmassnahmen ihrem Wesen nach nur vorübergehenden Charakter hätten[31]. VOGEL schliesst sich dieser Meinung an («der im Eheschutzverfahren ergehende Entscheid hat ungleich dem Entscheid über vorsorgliche Massnahmen nicht nur vorübergehenden, provisorischen Charakter») und begründet dies damit, dass die Regelung des Getrenntlebens durch den Eheschutzrichter regelmässig nicht befristet ist[32].

Damit wird jedoch ein Kriterium eingeführt, das mit der Frage der Endgültigkeit eines Entscheides nichts zu tun hat. Der Entscheid über die Erstreckung eines Mietverhältnisses für zwei Jahre ist ebenso ein endgültiger Entscheid wie die Zusprechung von Unterhaltsbeiträgen für die Dauer von zwei Jahren nach Eintritt der Rechtskraft des Scheidungsurteils oder die Zusprechung von Unterhaltsbeiträgen an ein 15-jähriges Kind bis zur Mündigkeit bzw. bis zum Eintritt der vollen Erwebsfähigkeit. In allen diesen Fällen ist die Berufung ans Bundesgericht gegeben[33]. Nicht durch begrenzte Dauer und nicht durch die Unbestimmtheit der Dauer unterscheiden sich die übrigen Entscheide des einstweiligen Rechtsschutzes von endgültigen Entscheiden, sondern die typische Vorläufigkeit der Massnahmen des einstweiligen Rechtsschutzes liegt allein darin, dass ihre Wirkung mit dem Hauptentscheid überhaupt, von Anfang an, dahinfallen kann und sie selbst, oder, wo dies nicht möglich ist, ihre (z.B. vermögensrechtlichen) Auswirkungen rückgängig zu machen sind (indem z.B. Schadenersatz zu zahlen ist, wofür die allenfalls geleistete Sicherheit herbeigezogen wird). Gerade dies findet jedoch weder bei den vorsorglichen Massnahmen noch bei den Eheschutzmassnahmen statt.

Daran ändert auch der stete Abänderungsvorbehalt bei den Eheschutzmassnahmen nichts, mit dem VOGEL begründet, dass Eheschutzmassnahmen, auch wenn sie nicht befristet seien[34], keine endgültigen Entscheide seien. Denn die

---

[30] Vgl. dazu MESSMER/IMBODEN, Die eidgenössischen Rechtsmittel in Zivilsachen, Zürich 1992, S. 93, N 17.
[31] GULDENER, ZPR, S. 542, N 11.
[32] VOGEL, Der Richter im neuen Eherecht, SJZ 83, S. 132.
[33] Vgl. zur Erstreckung des Mietverhältnisses MESSMER/IMBODEN, Die eidgenössischen Rechtsmittel in Zivilsachen, S. 91, N 11.
[34] VOGEL, Der Richter im neuen Eherecht, SJZ 83, S. 132.

Abänderung wirkt regelmässig erst ab Stellung des neuen Begehrens[35]. Abgesehen von Unterschieden bei den materiellen Abänderungsvoraussetzungen und -möglichkeiten (wobei vor allem ins Gewicht fällt, dass die Abänderungsmöglichkeiten im Eheschutz auch bei den Unterhaltsbeiträgen an den andern Ehegatten symmetrisch sind, also nicht nur eine Herabsetzung, sondern auch eine Erhöhung der Unterhaltsbeiträge möglich ist) verhält es sich bei der Abänderung von Eheschutz- oder vorsorglichen Massnahmen diesbezüglich nicht anders als bei der Abänderung von im Scheidungsurteil 'definitiv' festgesetzten Unterhaltsbeiträgen. Es bliebe dann der Unterschied, dass bei den im summarischen Verfahren getroffenen Anordnungen die Abänderbarkeit auch mit der Begründung möglich ist, dass dem Richter die Voraussetzungen nicht richtig bekannt waren[36]. Entscheide, die im ordentlichen Verfahren gefällt wurden, können allerdings grundsätzlich unter dieser Voraussetzung auch abgeändert werden, allerdings nur auf dem Wege der Revision (ZH § 293 ff. ZPO). Praktisch ist zu beachten, dass die Partei, die im Verfahren keinen Zugang zu Kenntnissen und Belegen z.B. über die finanziellen Verhältnisse der Gegenpartei erhält, wenig Aussicht hat, diesen Zugang später zu erlangen.

Zusammenfassend ergibt sich, dass in Ehesachen im summarischen Verfahren, d.h. mit Beweisbeschränkung, jedenfalls über Unterhaltsforderungen endgültig entschieden wird. Dies gilt ebenso für Unterhaltsansprüche der Ehegatten wie der Kinder und es gilt ebenso für den Eheschutz wie für die vorsorglichen Massnahmen im Scheidungsprozess.

7. Materielle Bedeutung der Entscheide im summarischen Verfahren in Ehesachen

Andere Geldforderungen geniessen den uneingeschränkten Rechtsschutz des ordentlichen Verfahrens mit vollem Beweis. Ab einem Streitwert von Fr. 8'000.– steht die Berufung ans Bundesgericht zur Verfügung. Wird im Eheschutz oder im Verfahren über die vorsorglichen Massnahmen im Scheidungsprozess über Unterhaltsbeiträge gestritten, wird dieser Streitwert bei einer Differenz in den Anträgen der Parteien von Fr. 700.–/Monat während eines Jahres überschrit-

---

[35] Für den Eheschutz: HAUSHEER/REUSSER/GEISER, Kommentar zum Eherecht, Ziff 14 zu Art. 179 ZGB; für die vorsorglichen Massnahmen im Scheidungsprozess: BÜHLER, Berner Kommentar, N 445 zu Art. 145.
[36] VOGEL, Der Richter im neuen Eherecht, SJZ 83 S. 132; LEMP, Berner Kommentar, N 10 zu Art. 172 aZGB; ebenso für das neue Recht: HAUSHEER/REUSSER/GEISER, Kommentar zum Eherecht, Ziff. 8 zu Art. 179 ZGB.

ten. Dies ist in zeitlicher Hinsicht nicht lang: Eheschutzmassnahmen haben häufig jahrelang Bestand; Scheidungsprozesse dauern, wenn sie strittig sind, oft länger als ein Jahr: 1995 dauerten an den Bezirksgerichten des Kantons Zürich 193 Scheidungsprozesse ein bis zwei Jahre, 47 zwei bis drei Jahre und 27 länger als drei Jahre. 29 Berufungsverfahren in Scheidungen dauerten länger als ein Jahr[37]. Die Beträge, um die in summarischen Verfahren in Ehesachen gestritten wird, sind sehr oft beträchtlich höher als Fr. 700.– pro Monat.

Wenn wegen der Beweisbeschränkung wesentlich zu tiefe oder zu hohe Unterhaltsbeiträge zugesprochen werden, hat dies oft nicht nur vorübergehende Konsequenzen: Die Ehefrau, die mit ihren Kleinkindern nicht genügend Unterhaltsbeiträge erhält, muss den eigenen und den Lebensstandard der Kinder u.U. ungerechtfertigterweise einschränken, z.B. eine billigere Wohnung mieten, Auslagen für die Ausbildung, für musische und sportliche Aktivitäten der Kinder reduzieren, was oft nicht leicht rückgängig zu machen bzw. wiederaufzuholen ist. Sie muss vielleicht (vermehrt) einer Erwerbstätigkeit nachgehen, obwohl die Kinder klein sind und dies an sich (für diesen Zeitpunkt) nicht beabsichtigt war. Allenfalls muss sie sich von der Fürsorge unterstützen lassen, was meist als demütigend erlebt wird und im übrigen auch langdauernde finanzielle Konsequenzen im Hinblick auf die Rückerstattungspflicht hat[38]. Familienrechtliche Unterstützungspflichten haben in unserer Rechtsordnung zu Recht einen besonderen Stellenwert. Neben ihrem strafrechtlichen Schutz (Art. 217 StGB) sind sie in vielfacher Weise im Zwangsvollstreckungsrecht (SchKG Art. 43 Ziff. 2, 57 Abs. 3, 93 Abs. 1, 219 Abs. 4 lit. c, 334 Abs. 3), aber auch im Obligationenrecht (z.B. Art. 125, 325 OR) und schliesslich im Familienrecht selbst z.B. durch die Möglichkeit der Anweisung an die Schuldner (Art. 177 ZGB) privilegiert, was nicht dafür spricht, solchen Forderungen im Verfahren nicht den bestmöglichen Rechtsschutz zu gewähren. Aber auch der unterhaltspflichtige Ehegatte, der auf Grund der Beweisbeschränkung zu objektiv zu hohen Unterhaltsbeiträgen verpflichtet wird, hat unter Umständen Nachteile in Kauf zu nehmen, die über die unmittelbaren pekuniären hinausgehen: Er riskiert die Verschuldung, gerade wegen der vielfachen Privilegierung der solchermassen im summarischen Verfahren auferlegten Schulden u. U. den Verlust der wirtschaftlichen Existenz, und selbstverständlich ebenfalls die Einschränkung des Lebensstandards über das objektiv gebotene Mass hinaus. Es kann somit keineswegs gesagt werden, dass die in summarische Verfahren in Ehesachen endgültig zugesprochenen Unterhaltsbeiträge von minderer Wichtigkeit seien als andere Forderungen ähnlicher Grössenordnungen, über die im

---

[37] Rechenschaftsbericht des Obergerichtes 1995, S. 113 und 128.
[38] ZH Sozialhilfegesetz § 25 ff.

ordentlichen Verfahren entschieden wird – viel eher trifft tendenziell das Gegenteil zu.

Die Zuteilung der Obhut über die Kinder ist heute häufiger umstritten und die Zuteilung an die Mutter etwas weniger selbstverständlich als früher. Dass Entscheide in diesem Bereich für die betroffenen Kinder (neben den Eltern, für die solche Entscheide, gerade wenn sie umstritten sind, von allerhöchster Bedeutung sind) eine die weitere Existenz prägende Bedeutung haben können, braucht nicht begründet zu werden.

Gerade bei dieser Frage der Obhutszuteilung zeigt sich eine weitere Eigenheit der vorsorglichen Massnahmen im Scheidungsprozess, welche die Problematik der Beweisbeschränkung verstärkt, besonders deutlich: vorsorgliche Massnahmen im Scheidungsprozess (und Eheschutzmassnahmen mit einem allenfalls nachfolgenden Scheidungsprozess) haben eine sehr ausgeprägte Tendenz, den Endentscheid zu präjudizieren. Wo sich die selben Fragen stellen, wird häufig die Antwort aus dem summarischen Verfahren ins Hauptverfahren übernommen, ohne nachträglich das tatsächliche Fundament noch zu erweitern. Dies hat auch mit der gerade in Scheidungsverfahren starken und von den Gerichten (zu Recht) unterstützten Neigung zu tun, das Verfahren durch eine einvernehmliche Lösung zu erledigen und abzukürzen. Oft bleibt der Entscheid des Gerichtes über die vorsorglichen Massnahmen auch in anfänglich strittigen Scheidungsverfahren der einzige eigentliche Sachentscheid (der Entscheid über die Scheidung und die Genehmigung der Scheidungskonvention ist recht selten auf beweismässig erhobene eigene Erkenntnisse des Gerichtes abgestützt). Bei der Zuteilung der elterlichen Gewalt ist die Präjudizierung besonders stark, da (wiederum zurecht), wenn immer möglich, im Interesse der Kinder vermieden wird, sie nach kurzem wieder in andere Lebensumstände zu zwingen. Aber diese faktische Präjudizierung gibt es auch bei den Unterhaltsbeiträgen. Die finanziellen Grundlagen des im summarischen Verfahren getroffenen Entscheides über die vorsorglichen Massnahmen finden sich in gerichtlichen Konventionsvorschlägen und damit mittelbar in Scheidungsurteilen wieder. Unterhaltsbeiträge werden mit der Scheidung gegenüber jenen unter dem Regime der vorsorglichen Massnahmen in der Praxis nie erhöht, so dass der Entscheid über die vorsorglichen Massnahmen die obere Grenze festlegt. Der im summarischen Verfahren getroffene Entscheid gewinnt durch diese auch in weniger wichtigen Fragen (z.B. Wohnungs- und Hausratzuteilung) bestehende Tendenz der Präjudizierung des Endentscheides im Scheidungsprozess zusätzlich an Bedeutung.

8. Verfahrensbeschleunigung und ihre Grenzen

Die Beweisbeschränkung kann also weder damit begründet werden, dass die Entscheide im Eheschutz oder über die vorsorglichen Massnahmen vorläufige Entscheide seien, noch dass sie aus anderen Gründen mindere Wichtigkeit hätten als Entscheide, die gemäss Zivilprozessordnung im ordentlichen Verfahren mit vollem Rechtsschutz gefunden werden. Die Rechtfertigung für die Anwendung eines summarischen Verfahrens mit Beweisbeschränkung bei vorsorglichen Massnahmen im Scheidungsprozess wie im Eheschutz liegt allein in der Wünschbarkeit eines schnellen und wirksamen Eingreifens des Richters. Dafür sprechen wirtschaftliche Gründe, wenn ein Teil der Familie ohne (genügendes) Auskommen ist und auf die Unterhaltsbeiträge des andern Ehegatten angewiesen ist. Daneben und ebenso gewichtig gibt es persönliche Gründe, schnell zu entscheiden und schnell eine Friedensordnung zu erreichen: Das Interesse der Kinder gebietet eine schnelle, verbindliche Regelung der Elternrechte. Ein streitiges Gerichtsverfahren zwischen Eheleuten belastet erfahrungsgemäss die Beziehung zwischen den Ehegatten zusätzlich, was nicht nur im Eheschutz wesentlich ist. Dieses Interesse der Beteiligten an einer schnellen Entscheidung ist sodann umso grösser, je schwächer die Beteiligten sind. Wer keine wirtschaftlichen Reserven hat, ist (oder wäre) auf die sofortige Regelung der Unterhaltsbeiträge angewiesen; die Kinder, die eine möglichst baldige Entscheidung über die Elternrechte benötigen, sind ohne Einfluss auf den Streit der Eltern und das Verfahren. Gleichzeitig sind diese Schwächsten aber auch auf eine richtige Entscheidung angewiesen, worin das Dilemma zwischen diesen beiden Anforderungen an ein Gerichtsverfahren zum Ausdruck kommt[39].

Daraus ergibt sich die Forderung, dass jede Möglichkeit der Beschleunigung auszunützen ist, solange sie nicht die Gefahr eines in erheblicher Weise falschen Entscheides enthält. Es kann Kummer zitiert werden, der zum summarischen Verfahren generell sagt: «Er (der Richter) muss nicht nur, wie Unverzüglichkeit des Schutzes es gebietet, das Verfahren beförderlich zu Ende bringen, sondern es auch so perfekt auf den konkreten Einzelfall abstimmen, dass es auf kürzestem Weg zu hinreichend befriedigendem Ergebnis führt, was von ihm hohes Können und Spürsinn verlangt[40]». Bezüglich der Beweise müsste dies bedeuten, dass der Richter weder mit dem Hinweis auf den summarischen Charakter des Verfahrens die Abnahme aller nicht sofort zugänglichen Beweise verweigert, noch einfach alle von den Parteien angebotenen Beweise abnimmt.

---

[39] Ebenso MARKUS ROTH, Das summarische Verfahren in der Zivilprozessordnung des Kt. Aargau, Aarau 1993, S. 11.
[40] KUMMER, Grundriss, Bern 1984, S. 263.

Stattdessen sollte er jene Beweise abnehmen, die versprechen, die erheblichen Widersprüche in den Standpunkten der Parteien am schnellsten zu klären.

Häufig kann die Unterlassung der Abnahme eines Beweises damit begründet werden, dass die behauptete Tatsache ohne Bedeutung für den Entscheid sei. Im Bereich der Unterhaltsbeiträge kann es auf geringfügige Differenzen bei der Einkommens- oder Bedarfsberechnung nicht ankommen, wenn andererseits bei der Zuteilung der Freibeträge, aber im Grunde auch schon durch die Anwendung des Kreisschreibens der Verwaltungskommission des Obergerichtes in einem erheblichen Ausmasse Ermessen zum Zuge kommt[41]. Unterhaltsbeiträge lassen sich nicht mit Präzision berechnen.

Hingegen haben die Parteien Anspruch auch auf eine Zeugeneinvernahme oder gar Expertise[42], wenn nur diese zu einer für den Entscheid wesentlichen Frage Aufklärung zu bringen verspricht. Es erscheint daher sehr problematisch, bei wesentlichen Widersprüchen in den Darstellungen der Parteien auf die dem Richter 'glaubhafter' scheinende Darstellung abzustellen, statt die Widersprüche auszuräumen[43]. Diese Methode muss in allen Fällen, in denen nicht eine der Parteidarstellungen zum vorneherein ganz unglaubwürdig erscheint und die andere glaubhaft ist, zu zufälligen und damit willkürlichen Ergebnissen führen. In vielen Fällen sind die Parteidarstellungen jede für sich glaubhaft und entstehen die Zweifel ja erst gerade aus dem Widerspruch (analog zum vollen Beweis, wo ja nicht nur der Beweis des Beweispflichtigen abzunehmen ist, sondern auch der Gegenbeweis). Glaubhaft gemacht ist eine Behauptung nicht dann, wenn sie 'etwas wahrscheinlicher oder naheliegender' erscheint als die Gegenposition, sondern nur, wenn der Richter sagen kann, sie sei, auch unter Beachtung der widersprechenden Behauptung der Gegenpartei, wahrscheinlich wahr (statt «nach seiner Überzeugung wahr» beim vollen Beweis). Solange dies nicht gesagt werden kann, ist nicht glaubhaft gemacht und es sind Beweise abzunehmen. Andernfalls wird die Beweisstrengebeschränkung in eine Beweismittelbeschränkung uminterpretiert, die im Gesetz nicht vorgesehen ist und für den Eheschutz sogar ausdrücklich ausgeschlossen wird.

Die Praxis scheint diese Interpretation der Beweisstrengebeschränkung als Beweismittelbeschränkung auch im umgekehrten Sinne vorzunehmen. Wenn zuvor gesagt wurde, die Beweisstrengebeschränkung diene dem leichteren Rechtsschutz des Ansprechers, so trifft dies jedenfalls für die Unterhaltsbeiträ-

---

[41] Diese Überlegung sollte auch dazu führen, den Anschein der mathematischen Präzision, der durch frankengenaue Unterhaltsbeträge erweckt wird, zu vermeiden.
[42] Vgl. STRÄULI/MESSMER, N 34 zu § 110 ZPO: in Patentsachen hat sich die Einholung eines kurzen Gutachtens auch im Rahmen der vorsorglichen Massnahmen in der Zürcher Praxis durchgesetzt.
[43] ZR 79 Nr. 64.

ge im Rahmen der vorsorglichen Massnahmen im Scheidungsprozess nicht zu. Wenn blosse Glaubhaftmachung verlangt ist, heisst dies nicht, dass nicht der Ansprecher die Grundlagen seines Anspruches belegen muss, nämlich seinen Bedarf und die Leistungsfähigkeit des Gegners. Er hat dies wenn möglich durch Urkundenbeweis zu tun oder durch Edition durch den Gesuchsgegner. Dasselbe gilt umgekehrt auch für den Anspruchsgegner. Können einzelne, nicht ganz übliche Posten seines Bedarfes nicht belegt werden, oder kann der Unterhaltspflichtige z.B. Einkommen des Unterhaltsberechtigten nicht belegen, wird oft auf Grund der Beweislast (bzw. der Glaubhaftmachungslast) entschieden[44]. D.h., dass nicht Beweis abgenommen wird, obwohl nicht gesagt wird, der andere Standpunkt sei glaubhaft. Dies bedeutet im Ergebnis ebenfalls eine Beweismittelbeschränkung.

Wie beim vollen Beweis hat der Richter die Möglichkeit, angebotene Beweise antizipiert zu würdigen. Nach der Praxis des Zürcher Kassationsgerichtes darf im ordentlichen Verfahren eine Beweisabnahme nur unterbleiben, wenn die (willkürfreie) antizipierte Beweiswürdigung ergibt, dass die Abnahme des Beweises an der richterlichen Einschätzung mit Sicherheit nichts ändert. Wo nur glaubhaft zu machen ist, genügt dafür bereits eine hohe Wahrscheinlichkeit[45].

Das Obergericht hat für den Bereich des Eheschutzes entschieden, Zeugeneinvernahmen seien dann nicht durchzuführen, wenn die Partei den bescheidenen Anforderungen an die Glaubhaftmachung einer Tatsache auch anders genügen könnte, z.B. durch Beibringung einer schriftlichen Bestätigung über die fragliche Tatsache[46]. Zu Recht weist WALDER zu diesem Entscheid darauf hin, dass keineswegs feststeht, dass jeder potentielle Zeuge auch bereit ist, eine schriftliche Bestätigung zu liefern[47]. Abgesehen von mangelnder Bereitschaft kann ihn auch eine Verschwiegenheitspflicht (z.B. Datenschutz) daran hindern, einer Partei, also einem Privaten gegenüber Auskunft zu geben, während er eine solche Auskunft dem Gericht direkt (als Zeuge oder in schriftlicher Form) geben darf. An solchen Zufälligkeiten darf ein Rechtsanspruch aber nicht (im Falle der Unterhaltsbeiträge definitiv) scheitern und es lässt sich mit Hinweis auf die eintretende Verzögerung oder gar die Unverhältnismässigkeit des Auf-

---

[44] Im Verfahren mit Beweisstrengebeschränkung gilt analog der Beweislast eine Glaubhaftmachungslast; ISAAC MEIER, Grundlagen, S. 148 Note 112; Rechenschaftsbericht Kassationsgericht des Kantons Zürich 1995 Nr. 27.
[45] Rechenschaftsberichte des Obergerichtes und Kassationsgerichtes des Kantons Zürich, 1990 S. 346 Nr. 59 und 1994 S. 347 Nr. 70.
[46] ZR 79 Nr. 88.
[47] WALDER, ZPR, S. 413, N 1.

wandes⁴⁸ nicht rechtfertigen, auf eine wesentliche Zeugeneinvernahme zu verzichten. Ohne förmliches Beweisverfahren mit Beweisauflage- und Beweisabnahmebeschluss ist auch nicht zu befürchten, dass es wegen Zeugeneinvernahmen zu grossen Verzögerungen komme.

Es ist in der Praxis der Zürcher Gerichte, insbesondere der II. Zivilkammer des Obergerichtes in Rekursverfahren, die Tendenz erkennbar, eher schriftliche Berichte beizuziehen, als Zeugen einzuvernehmen. Die Meinung, der damit verbundene Aufwand und Zeitverlust sei geringer, als derjenige bei einer Zeugeneinvernahme, darf bezweifelt werden. Oft beantworten schriftliche Berichte die Fragen nur teilweise und unklar und die Nachfrage nimmt viel Zeit in Anspruch. Nach Eingang eines schriftlichen Berichtes ist den Parteien zur Wahrung des rechtlichen Gehörs Gelegenheit zur Stellungnahme zu geben. Oft werden in diesen Stellungnahmen Noven vorgebracht, die erst durch den Inhalt der schriftlichen Auskunft veranlasst sind und zu denen die Gegenpartei wiederum zur Stellungnahme einzuladen ist. Es scheinen keineswegs nur Ausnahmefälle zu sein, in denen dieses Verfahren zu monatelangem Hin und Her führt. Der Vorteil der Einvernahme eines Zeugen ist dagegen, dass die Parteien sofort, noch in der gleichen Verhandlung, zur Stellungnahme gelangen und auch unmittelbar auf neue Vorbringen reagieren können und müssen. Im Interesse der Verfahrensbeschleunigung wäre der möglicherweise mit der mündlichen Verhandlung für das Gericht verbundene (momentane) Mehraufwand in Kauf zu nehmen. Dasselbe gilt auch für die erste Instanz, indem dort zwar vielleicht eine zweite mündliche Verhandlung mit Zeugeneinvernahme anzusetzen wäre, aber mindestens ein Schriftenwechsel und durch die herbeigeführte Klärung vielleicht sogar ein Rekursverfahren vermieden werden könnte.

Wo Selbständigerwerbende Unterhaltspflichten zu erfüllen haben, ist das Einkommen vielfach besonders schwierig festzustellen. Oft ist die Aussagekraft der Jahresabschlüsse bzw. Steuererklärungen (oft noch ohne Einschätzung) heftig umstritten (insbesondere, wenn die Erträge stark sinken) und eine wirksame Kontrolle in diesem Bereich ist, wenn überhaupt, oft nur mit der Vorlage der ganzen Buchhaltung oder gar mit einer Buchhaltungsexpertise zu erreichen. Davon wird unter Hinweis auf den Charakter des summarischen Verfahrens regelmässig abgesehen. Das Kassationsgericht hat hingegen entschieden, dass z.B. die Buchhaltung anderer Jahre zu edieren sei, wenn sich für ein Jahr ergeben habe, dass Privataufwand über das Geschäft verbucht worden sei⁴⁹.

---

[48] ZR 79 Nr. 88.
[49] Kassationgericht i.S. der Eheleute H.F., 13.9.94.

9. Massnahmen gegen die Auswirkungen von Verzögerungen

Es ist nicht zu bestreiten, dass eine genauere Klärung jedenfalls pro Instanz zu einer Verzögerung führen kann, und auch Missbrauch ist nicht auszuschliessen. Befindet sich das Verfahren vor zweiter Instanz, können die dadurch unmittelbar verursachten Nachteile in Grenzen gehalten werden durch den (ev. teilweisen) Entzug der aufschiebenden Wirkung des Rekurses (ev. schon durch den erstinstanzlichen Richter, § 275 Abs. 2 ZPO). In erster Instanz bestünde die Möglichkeit, nach erster Anhörung der Parteien, bei der es nicht zu einer Einigung kommt, eine superprovisorische Verfügung im Sinne einer wirklich vorläufigen Regelung zu treffen, bis die Verhältnisse erstinstanzlich genügend geklärt sind. Damit könnte insbesondere dem immer häufiger werdenden vorläufigen Gang des Unterhaltsberechtigten zum Sozialamt und der Gefahr vorgebeugt werden, dass der Unterhaltspflichtige nach monatelangem Verfahren in erster Instanz (wie sie heute selbst ohne Beweisabnahmen vorkommen) nicht mehr über genügende Mittel verfügt, um seinen Verpflichtungen rückwirkend nachzukommen und somit auch eine Zwangsvollstreckung nicht mehr hilft. Durch zurückhaltende (vorläufige) Festsetzung der Unterhaltsbeiträge könnte der Gefahr weitgehend begegnet werden, dass dasselbe umgekehrt geschieht und der unterhaltsberechtigte Ehegatte zuviel Erhaltenes nicht zurückzahlen kann, wobei zu beachten ist, dass in diesem Falle zudem die Möglichkeit der Verrechnung mit späteren Unterhaltsbeiträgen besteht, soweit die schliesslich zu bezahlenden Unterhaltsbeiträge den Notbedarf übersteigen (Art. 125 Ziff. 2 OR in Verbindung mit Art. Art. 93 Abs. 1 SchKG). Die rechtliche Begründung für dieses Vorgehen ergäbe sich aus § 110 Abs. 2 ZPO in Verbindung mit der Überlegung, dass es sich bei der Anordnung von Unterhaltsbeiträgen im vorsorglichen Massnahmeverfahren (oder im Eheschutz) gerade nicht um vorläufige Anordnungen handelt, sondern um die Festsetzung definitiver Geldleistungen.

MARCO JAGMETTI

Zur Anwendung des ausländischen Rechts von Amtes wegen

ein «Tour d'horizon»

Inhalt

Einleitung
Zum IPRG
Im kantonalen Verfahren
    Anwendung der Kollisionsnormen von Amtes wegen
    Rechtswahl im Prozess
    Anspruch der Parteien auf Mitwirkung
    Hilfsmittel zur Ermittlung
    Keine Einschränkung bezüglich Stadium des Verfahrens
    Rechtliches Gehör
    Keine Verhandlungs- oder Dispositionsmaxime
    Kantonale Berufung und Rekurs
    Kantonale Nichtigkeitsbeschwerde
Die Überprüfung durch das Bundesgericht
    Rückblick
    Praxis vor dem IPRG
    Die mit dem IPRG verbundene Revision des OG
Rechtsprechung
    Auswahl von Entscheiden vor Inkrafttreten des IPRG
    Entscheide nach Inkrafttreten des IPRG
Literaturauswahl

Einleitung

Wenn das internationale Privatrecht auf ausländisches Recht verweist, stellt sich für den Richter die Frage, wie er dieses fremde Recht ermitteln und anwenden soll. Muss er es von Amtes wegen erforschen und zur Anwendung bringen, oder kann er, selbst passiv, es den Parteien überlassen, das anwendbare ausländische Recht darzulegen und nachzuweisen? Die Auffassungen und die gesetzlichen Bestimmungen zu diesen Fragen haben sich im Laufe der Zeit gewandelt.

Unterstellen die inländischen Kollisionsnormen eine Rechtsbeziehung dem ausländischen Recht, so kommen die entsprechenden fremden Rechtssätze als Sollens-Normen als solche direkt zur Anwendung (und nicht etwa Kraft einer Fiktion, wonach diese durch die Verweisung zum inländischen Recht werden). Im Hinblick auf die territoriale Wirkung des Landesrechts hat das ausländische Recht als solches im Inland zwar keine unmittelbare Geltung, doch wird es durch die Verweisung als Recht anwendbar, zur Anwendung berufen.

Der Richter hat im Syllogismus diese Sollens-Normen auf den gegebenen Sachverhalt anzuwenden und die für die konkrete Situation sich daraus ergebenden Schlüsse zu ziehen. *Da mihi facta, tibi dabo ius*. Dieser intellektuelle Vorgang setzt voraus, dass ein Ist und ein Soll vorliegen, und daraus wird klar, dass das ausländische Recht als Recht gelten muss und nicht Tatsache sein kann. Recht ist aber, wenigstens in unserem Rechtskreis, nach alt hergebrachter Regel als ein für den Richter verbindlicher Befehl von Amtes wegen anzuwenden – *iura novit curia*. Und dies muss nach der Logik auch für die zur Anwendung berufenen Sätze des ausländischen Rechts gelten[1].

Die Auffassungen und Lösungen bezüglich der Anwendung und des Nachweises des ausländischen Rechts gehen in den verschiedenen Ländern und gingen vor dem IPRG in den Kantonen auseinander. Im angelsächsischen Rechtskreis, vor allem den USA und England, wird das ausländische Recht auch heute noch wie eine Tatsache behandelt, es ist von den Parteien vorzutragen und auch zu beweisen. Andernorts gelten die ausländischen Normen zwar als Recht, müssen jedoch, um Beachtung zu finden, von den Parteien geltend gemacht und im eigentlichen Sinne bewiesen werden (mit entsprechendem Rechtsverlust bei Scheitern des Beweises). Andere Ordnungen überbürden aus praktischen Gründen nicht einen *Beweis*, aber den *Nachweis* den Parteien, und in neueren Ordnungen wurde schliesslich der konsequente Schritt getan, den Richter zur Anwendung des ausländischen Rechtes von Amtes wegen zu verpflichten. Insbesondere im kontinentaleuropäischen Rechtskreis hat dieser Grundsatz, der schon lange von der Doktrin postuliert wurde, in den letzten Jahrzehnten immer mehr Anerkennung gefunden.

---

[1] Vgl. SCHWANDER IVO, Einführung in das internationale Privatrecht, 2. Aufl., St. Gallen 1990, S. 190 f.; VOLKEN, PAUL, Die internationale Rechtshilfe in Zivilsachen, Zürich 1996, S. 139–143.

Die Anwendung des ausländischen Rechts *ex officio* gilt heute in unseren Nachbarländern Deutschland, Österreich und Italien sowie überwiegend in den skandinavischen und mitteleuropäischen Staaten[2, 3, 4, 5].

Als historische Reminiszenz mag auf die Zivilprozessordnung des Bundes von 1850 verwiesen werden. Diese bestimmte, dass das Bundesrecht von Amtes wegen anzuwenden sei, dass es aber Sache der Parteien sei, ausländische, kantonale oder örtliche Rechtsgrundsätze, auf die sie sich berufen wollen, nachzuweisen. In BGE 36 (1910) II 30 ff., 36 stellte das Bundesgericht noch fest: *«En procédure civile fédérale, le juge n'a donc à faire application du droit étranger que lorsque les parties l'invoquent et justifient de sa teneur ou de son contenu».* Bei Erlass der Zivilprozessordnung des Bundes von 1947 wurde dann bewusst auf eine konkrete Normierung des Grundsatzes der Rechtsanwendung von Amtes wegen verzichtet, weil die Maxime als selbstverständlich gelte. In der Botschaft wurde darauf hingewiesen, es sei ein anerkannter Grundsatz neuerer Verfahrensordnungen, dass das Recht von Amtes wegen anzuwenden sei. Ferner wurde ausgeführt, eine besondere Bestimmung wäre nur notwendig gewesen, wenn man diesen Grundsatz bezüglich des ausländischen Rechtes hätte ausschliessen wollen, was aber keinesfalls angängig sei. Vielmehr habe der Richter auch das ausländische Recht von sich aus, allenfalls unter Beizug der Hilfe der Parteien, zu ermitteln und anzuwenden[6].

---

[2] Zu den in den verschiedenen Ländern geltenden Regeln vgl. KELLER, MAX/SIEHR, KURT, Allgemeine Lehren des internationalen Privatrechts, Zürich 1986, S. 495–498, und neuer VOLKEN, PAUL, (Anm. 1), S. 141 f.

[3] Für Deutschland bes. KEGEL, GERHARD, Internationales Privatrecht, 7. Aufl., München 1995, § 15, S. 360 ff.

[4] Zu den kantonalen Regelungen vor dem IPRG (Stand 1963) VOUILLOZ, BENOIT, Le rôle du juge civil à l'égard du droit étranger, Diss. Freiburg 1964, S. 8–36.

[5] Zu Frankreich: MAYER, PIERRE, Le juge et la loi étrangère, (Points de similitude du droit français avec le droit suisse), in: Schweiz. Zeitschrift für internationales und europäisches Recht – SZIER – 1991, S. 481 ff.

[6] BBl. 1947 S. 889 ff., bes. 1017 «Dass der Richter das Recht von Amtes wegen anzuwenden hat, ist ein selbstverständlicher Satz des modernen Prozessrechts und braucht deshalb im Gesetz nicht ausgesprochen zu werden. Eine Vorschrift wäre nötig, wenn man diesen Satz auf einheimisches Recht einschränken wollte. Art. 3 des alten BZP steht noch auf dem Standpunkt, dass ausländische und sogar kantonale oder örtliche Rechtsgrundsätze von der Partei, die sich auf sie stützen will, angeführt und im Falle Widerspruchs nachgewiesen werden sollen. An diesem Standpunkt kann im neuen Gesetz nicht festgehalten werden. Der Entwurf hat keine Bestimmung über die Anwendung ausländischen Rechts durch den Richter aufgenommen. Daher wird es Sache des Richters sein, nach pflichtmässigem Ermessen sich Kenntnis vom Inhalt des anzuwendenden fremden Rechts zu verschaffen; es bleibt ihm unbenommen, die Parteien aufzufordern, ihm bei der Ermittlung der ausländischen Bestimmungen behilflich zu sein. Das Gericht kann auch amtliche Rechtsauskunft einholen». Franz. Text auch bei VOUILLOZ, BENOIT, (Anm. 4), S. 7 f.

In der alten Zivilprozessordnung des Kantons Zürich vor 1976 war in § 100 bereits statuiert, der Richter habe die in Betracht kommenden Rechtsgrundsätze (einheimisches und fremdes Recht) von Amtes wegen zur Anwendung zu bringen. Handle es sich indessen um fremdes Recht, von dessen Inhalt der Richter keine sichere Kenntnis habe, so dürfe die Übereinstimmung mit dem hiesigen Rechte angenommen werden, sofern nicht von einer Partei Abweichungen behauptet und nachgewiesen worden seien. In der Zürcher ZPO von 1976 wurde in § 57 die Regel dem Grundsatze nach übernommen und lediglich in der Formulierung gestrafft.

Von der Doktrin wurde die Verpflichtung zur Anwendung des ausländischen Rechtes von Amtes wegen schon vor längerer Zeit und zu Recht aus dem verpflichtenden Charakter der Kollisionsnormen des internationalen Privatrechtes abgeleitet[7]. Insoweit die Kollisionsregel auf ausländisches Recht verweise, bedeute dies eine verpflichtende Anweisung an den inländischen Richter, die Rechtsfolgen aus den ausländischen Rechtssätzen zu entnehmen; die Anwendung der ausländischen Normen von Amtes wegen beruhe damit letztlich auf einem Rechtsanwendungsbefehl des nationalen Gesetzgebers[8]. Schon früher leiteten einige Autoren eine Verpflichtung der Anwendung von Amtes wegen konkret auch aus dem NAG von 1891 ab, und zwar aus dessen Art. 2 Abs. 2, der dem Richter vorschrieb, das Zivilrecht eines anderen Kantons von Amtes wegen anzuwenden, in Verbindung mit Art. 32, welcher die Geltung von Regeln des Gesetzes auch auf internationale Verhältnisse ausdehnte[9].

Dass die vom inländischen Kollisionsrecht zur Anwendung berufenen und vom inländischen Richter anzuwendenden Normen des ausländischen Rechts Sollens-Sätze, und damit Rechtsnormen sind, erscheint als evident. Tatsache kann nur die Existenz dieser Normen sein, die Normen selbst aber als Tatsache zu werten und zu behandeln, erscheint als Widerspruch zu ihrer Natur[10].

---

[7] Überzeugend für andere WURZBURGER, ALAIN, La violation du droit fédéral dans le recours en réforme, in: Zeitschrift für schweizerisches Recht – ZSR NF Bd. 94 (1975) II S. 122 f.; VISCHER, FRANK, Das Problem der Kodifikation des schweizerischen internationalen Privatrechts, in: Zeitschrift für schweizerisches Recht – ZSR NF Bd. 90 (1971) II S. 102 ff., bes. S. 104 f.

[8] SCHWANDER, IVO, (Anm. 1), S. 190 f.; VOLKEN, PAUL, (Anm. 1), S. 140 f.

[9] VON OVERBECK, ALFRED, Die Ermittlung, Anwendung und Überprüfung der richtigen Anwendung des anwendbaren Rechts, in: Die allgemeinen Bestimmungen des Bundesgesetzes über das internationale Privatrecht, Referate und Unterlagen der Tagung vom 22. Oktober 1987 in Luzern, Hrsg. HANGARTNER, YVO, St. Gallen 1987, S. 99, mit weiteren Verweisen; Basler Komm. zum IPRG, (vgl. Anm. 13), zu Art. 16, MÄCHLER-ERNE, MONICA, N. 3; Skeptisch STAUFFER, WILHELM, Praxis zum NAG, Zürich 1973, S. 7.

[10] Die Abgrenzung zwischen Tatsache und Recht wird relativiert bei MAYER, PIERRE, (Anm. 5), S. 481 ff., bes. S. 482.

Es gibt aber auch heute noch Stimmen, welche den Zwang zur Anwendung von ausländischem Recht von Amtes wegen als praktisch unerfüllbares, und damit widersinniges Postulat ablehnen, nicht aus rechtstheoretischen Überlegungen, sondern wegen der Praktikabilität. Sie meinen, der inländische Richter sei durch die Anwendung des ausländischen Rechtes völlig überfordert, womit nur eine scheinbare, von Unsicherheit geprägte Rechtsanwendung das Resultat sei. Gewiss ist die Anwendung ausländischen Rechts eine Kunst, bei der man sich von der Befangenheit in den Grundprinzipien der eigenen Rechtsordnung lösen muss[11]. Der mit der Ermittlung des ausländischen Rechts verbundene Aufwand, sprachliche Schwierigkeiten und verbleibende Unsicherheiten dürfen aber nicht den Grundsatz als solchen in Frage stellen, welcher in Fällen mit internationalem Konnex der bestmöglichen Rechtsverwirklichung dient.

Zum IPRG

Im Vorschlag der Expertenkommission zum IPRG und im Antrag des Bundesrates war der Grundsatz der Anwendung des ausländischen Rechts von Amtes wegen integral postuliert, so wie es schon am Juristentag im Jahre 1971 von den Hauptreferenten Frank Vischer und Gerardo Broggini gefordert worden war[12]. Die entsprechende Bestimmung, in der endgültigen Fassung Art. 16 des Gesetzes, unterlag bei den Vorarbeiten und in der parlamentarischen Beratung intensiver Debatte. In der Vernehmlassung und im Parlament bestanden Differenzen insbesondere über die Fragen, ob das ausländische Recht in allen Fällen, oder nur bei nicht vermögensrechtlichen Ansprüchen, von Amtes wegen anzuwenden sei, und welches Recht zur Anwendung gelangen solle, wenn das ausländische Recht nicht mit genügender Gewissheit ermittelt werden könne. Bezüglich der vermögensrechtlichen Ansprüche kam es zu einem Kompromiss. So wurde das Gebot, das ausländische Recht von Amtes wegen anzuwenden, auch bei vermögensrechtlichen Ansprüchen grundsätzlich aufrechterhalten, aber die Möglichkeit vorgesehen, den Nachweis des ausländischen Rechts den Parteien zu überbinden.

---

[11] KELLER, MAX/SIEHR, KURT, (Anm. 2), S. 503.
[12] Vgl. Botschaft des Bundesrates zum Bundesgesetz über das internationale Privatrecht (IPR-Gesetz) vom 10. November 1982 – 82.072 – N. 122 (S. 10).

IV. Feststellung ausländischen Rechts

Art. 16

[1] Der Inhalt des anzuwendenden ausländischen Rechts ist von Amtes wegen festzustellen. Dazu kann die Mitwirkung der Parteien verlangt werden. Bei vermögensrechtlichen Ansprüchen kann der Nachweis den Parteien überbunden werden.

[2] Ist der Inhalt des anzuwendenden ausländischen Rechts nicht feststellbar, so ist schweizerisches Recht anzuwenden.

Diese Bestimmung ist im Zusammenhang mit den weiteren Bestimmungen des dritten Abschnittes des IPRG zu sehen, so insbesondere mit Art. 13 IPRG, welcher den Umfang der Verweisung auf das ausländische Recht definiert und auch die Anwendung ausländischen öffentlichen Rechts nicht ausschliesst, und Art. 14 IPRG, welcher das noch immer überaus heikle Thema der Rück- und Weiterverweisung durch das fremde Kollisionsrecht anspricht.

Zum Art. 16 IPRG seien, obwohl er in den Kommentaren schon eingehend behandelt ist[13], doch noch einzelne Bemerkungen angefügt.

Zunächst ist zu bemerken, dass der Ausdruck, das ausländische Recht sei *«festzustellen»*, eigentlich unglücklich ist, da das Wort feststellen im Prozessrecht in der Regel im Zusammenhang mit der Feststellung eines Sachverhaltes verwendet wird, und das ausländische Recht eben gerade nicht eine Tatsache im prozessualen Sinn ist.

Die Differenzierung des Vorgehens für die Beurteilung von nicht vermögensrechtlichen und vermögensrechtlichen Ansprüchen darf nicht zum falschen Schluss verleiten, bei vermögensrechtlichen Ansprüchen sei das ausländische Recht nicht von Amtes wegen anzuwenden. Der Gesetzgeber hat, im Sinne jahrzehntealter Postulate der Doktrin, entsprechend der bei der Revision der Zivilprozessordnung des Bundes im Jahre 1947 zum Ausdruck gebrachten Auffassung und auch gemäss der sukzessiven Anerkennung des Grundsatzes in den kantonalen Zivilprozessordnungen, klar das ausländische Recht als Recht aufgefasst wissen wollen, mit dem sich daraus ergebenden Postulat, dass dieses auch von Amtes wegen ermittelt und angewendet werden muss.

---

[13] Zum IPRG vgl. vor allem SCHNYDER, ANTON K., Das neue IPR-Gesetz, 2. Aufl., Zürich 1990; IPRG Kommentar, Herausgeber HEINI, ANTON/KELLER, MAX/SIEHR, KURT/FISCHER, FRANK/VOLKEN, PAUL, Zürich 1993 («IPRG Komm. Zürich»); Kommentar zum schweizerischen Privatrecht, Internationales Privatrecht, Herausgeber HONSELL, HEINRICH/VOGT, NEDIM PETER/SCHNYDER ANTON K., Basel 1996 («Basler Komm. zum IPRG»); DUTOIT, BERNARD, Droit international privé suisse, Commentaire de la loi fédérale du 18 décembre 1987, Bâle 1996.

Der mancherorts in der Literatur[14] und auch in einem der Kommentare[15] geäusserten Auffassung, aus Art. 16 Abs. 1 Satz 3 IPRG gehe hervor, dass die Pflicht zur Anwendung des ausländischen Rechtes von Amtes wegen nur bezüglich nicht vermögensrechtlicher Ansprüche gelte, muss im Interesse einer dem ausländischen Recht gegenüber offenen Rechtsprechung widersprochen werden.

Die restriktive Auffassung hat zwar das vereinfachende Votum von Gadient im Ständerat für sich[16], findet im Protokoll über die Debatte im Nationalrat aber keine unmittelbare Stütze[17]. Sie folgt auch aus dem Aufbau und dem Wortlaut von Art. 16 IPRG keinesfalls als zwingend. Aus der Formulierung, wonach der Richter bei vermögensrechtlichen Ansprüchen den Nachweis den Parteien überbinden kann, lässt sie sich nicht schlüssig ableiten. Wie meistens, wenn in einer Gesetzesbestimmung die Kann-Formel aufscheint, ist der Entscheid nicht einfach dem freien Gutdünken des Gerichtes überlassen, sondern muss dieses den Entscheid nach gewissen allgemeinen Kriterien treffen. Sicher ist jedenfalls, dass der Richter das fremde Recht von Amtes wegen anwenden darf[18], und aus dem richtig verstandenen Wort «kann» scheint sich klar zu ergeben, dass der Nachweis den Parteien nur überbunden werden soll, wenn es die Umstände rechtfertigen.

Die Autoren, die die restriktive Auffassung vertreten, setzen diese denn zum Teil auch eher voraus als dass sie sie begründen. Sie verweisen dabei auf Art. 43a Abs. 2 OG, der die Überprüfung der Anwendung des ausländischen Rechts durch das Bundesgericht bei vermögensrechtlichen Ansprüchen nicht vorsieht. Hier wird übersehen, dass die Anwendung von Amtes wegen und die Überprüfung durch das Bundesgericht grundsätzlich verschiedene Themen sind. Das Gebot der Ermittlung und Anwendung *ex officio* richtet sich ja in erster Linie an die Gerichte und Instanzen, die das ausländische Recht unmittelbar erst- oder zweitinstanzlich, anzuwenden haben, wogegen Art. 43a OG nur die Berufung gegen kantonale Entscheide, und damit die Überprüfung durch das Bundesgericht, zum Gegenstand hat. Es ist gedanklich und auch rechtspolitisch durchaus vertretbar, die Anwendung des Rechts durch die unteren Instanzen

---

[14] SCHNYDER, ANTON K., (Anm. 13), S. 32, betont zunächst, Art. 16 IPRG verpflichte *grundsätzlich* das anwendbare ausländische Recht ex officio zu ermitteln und anzuwenden, meint dann aber ohne weitere Begründung, bei vermögensrechtlichen Ansprüchen «sehe Art. 16 Abs. 1 Satz 3 sodann die Möglichkeit vor, überhaupt auf eine Ermittlung von Amtes wegen zu verzichten und statt dessen den Parteien den Nachweis fremden Rechts zu überbinden».
[15] IPRG Komm. Zürich, (Anm. 13), zu Art. 16 KELLER, MAX/GIRSBERGER, DANIEL, N. 24.
[16] Amtl. Bull. (SR) 12. März 1985, S. 132 f.
[17] Amtl. Bull. (NR) 2. Okt. 1986, S. 1303–1306.
[18] Vgl. KNOEPFLER, FRANÇOIS/SCHWEIZER, PHILIPPE, in: Schweiz. Juristische Kartothek, Nr. 241, Das Bundesgesetz über das internationale Privatrecht (IPRG) vom 18. Dezember 1987, Allgemeiner Teil des IPRG, Stand 1.1.92, S. 5, mit Hinweis auf zwei kantonale Entscheide, in denen die Gerichte das ausl. Recht von Amtes wegen anwandten; VON OVERBECK, ALFRED, (Anm. 9), S. 104.

und die höchstrichterliche Überprüfung dieser Rechtsanwendung unterschiedlich zu behandeln. Die fehlende Überprüfbarkeit der Anwendung des ausländischen Rechts durch das Bundesgericht schliesst nicht aus, dass die Vorinstanzen das ausländische Recht dennoch von Amtes wegen anwenden sollen. Einer der Gründe, weshalb dem Bundesgericht die Überprüfung der Anwendung des ausländischen Rechts nicht aufgebürdet werden sollte, war denn auch, neben der Vermeidung der Überlastung, dass unsere höchstrichterliche Instanz einer allfälligen Kritik wegen mangelnder Kenntnis des ausländischen Rechts – für dessen einheitliche Anwendung es ja auch keine Verantwortung tragen soll – ausgesetzt werden könnte. Ähnliche Erwägungen haben aber bezüglich der unteren Instanzen kaum eine Berechtigung.

Richtig erscheint die Auffassung, die auch andernorts vertreten wird[19], wonach der Richter auch bei vermögensrechtlichen Ansprüchen trotz der Mitwirkung der Parteien bei der Ermittlung der ausländischen Rechts nach wie vor an die Maxime *iura novit curia* gebunden ist, was bedeutet, dass er in einem der Verhältnismässigkeit und Zumutbarkeit entsprechenden Ausmass versuchen muss, das anwendbare ausländische Recht auch selbst zu ermitteln[20]. Dies ergibt sich zwanglos aus dem Wortlaut des Art. 16 IPRG, der im ersten Satz im Grundsatz die Anwendung von Amtes wegen fordert, aus der klaren internationalistischen Zielsetzung des internationalen Privatrechts und dem zwingenden Charakter der Kollisionsnormen. Würde man die Anwendung des ausländischen Rechts ins Belieben des Richters und der Parteien stellen, so würde dies einer unvertretbaren Relativierung der Bedeutung der Kollisionsnormen gleichkommen[21].

Die Auffassung, wonach das ausländische Recht auch bei vermögensrechtlichen Ansprüchen dem Grundsatze nach von Amtes wegen anzuwenden ist, scheint auch in den neueren Entscheiden des Bundesgerichtes und des Zürcher Kassationsgerichtes bestätigt zu werden[22].

Die Unterscheidung im Verfahren betreffend nicht vermögensrechtliche und vermögensrechtliche Ansprüche bezüglich der Ermittlung des anwendbaren Rechts ist damit nicht ein grundsätzlicher, sondern lediglich ein gradueller.

---

[19] Basler Komm. zum IPRG, (Anm. 13), zu Art. 16, MÄCHLER-ERNE, MONICA, N. 16; tendenziell auch VON OVERBECK, ALFRED, (Anm. 9), S. 101.

[20] Basler Komm. zum IPRG, (Anm. 13), zu Art.16, MÄCHLER-ERNE, MONICA, N.16; VON OVERBECK, ALFRED, (Anm. 9), S. 104; STAEHELIN, ADRIAN, Das neue Bundesgesetz über das internationale Privatrecht in der praktischen Anwendung: ZPO/Vollstreckung, in: Basler Juristische Mitteilungen (BJM) 1989 S. 172.

[21] Vgl. VISCHER, FRANK, La loi fédérale de droit international privé, in: Le nouveau droit international privé suisse, Hrsg. DESSEMONTET, FRANÇOIS, 2. Aufl., Lausanne 1989, S. 18.

[22] Siehe die hinten angegebenen Entscheide BGE 119 (1993) II 93 ff.; BGE 121 (1995) III 436 ff.; Kass. Ger. ZH 4.9.1995 in ZR 95 (1996) Nr. 2; Kass. Ger. ZH 5.2.1996 in ZR 95 (1996) Nr. 101.

Auch bei vermögensrechtlichen Ansprüchen ist das ausländische Recht von Amtes wegen zu ermitteln, doch braucht der Richter hier in seinen eigenen Bemühungen weniger weit zu gehen. Weil die Parteien über vermögensrechtliche Ansprüche in der Regel frei verfügen können, soll Ihnen bei der Rechtsdurchsetzung auch ein Teil der Bemühungen und des Risikos der Beschaffung der notwendigen Informationen und Unterlagen aufgebürdet werden dürfen. Weil die Frage, wie intensiv die Bemühungen des Richters bei der selbständigen Nachforschung zu gehen haben, nicht nach absoluten, sondern letztlich gemäss Kriterien des Masses zu beantworten ist, wird sich die Rechtsprechung hier an vernünftige Richtlinien herantasten müssen.

Mit der Berufung an das Bundesgericht kann gemäss Art. 43a OG geltend gemacht werden, der angefochtene Entscheid habe zu Unrecht festgestellt, die Ermittlung des ausländischen Rechts sei nicht möglich, und gemäss Art. 68 OG kann bei der Nichtigkeitsbeschwerde an das Bundesgericht als Nichtigkeitsgrund geltend gemacht werden, das ausländische Recht sei nicht oder nicht genügend sorgfältig ermittelt worden. Aus dem Aufbau von Art. 43a OG ergibt sich eindeutig, dass ungenügende Bemühungen des Richters zur Ermittlung des ausländischen Rechts auch bei vermögensrechtlichen Zivilrechtsstreitigkeiten geltend gemacht werden können, und dasselbe gilt gemäss Art. 68 OG für die Nichtigkeitsbeschwerde. Das unterstützt die These, dass es auch bei vermögensrechtlichen Ansprüchen nicht ins völlige Belieben des Richters gestellt ist, wie weit er in der Ermittlung des ausländischen Rechts gehen will. Die Abgrenzung wird sich, wie bereits erwähnt, nach den Kriterien der Verhältnismässigkeit, der praktischen Schwierigkeiten im gegebenen Fall, der Zumutbarkeit für die Parteien und auch des Gebots der beförderlichen Erledigung zu richten haben.

Durch die Differenzierung der Regeln für vermögensrechtliche und nicht vermögensrechtliche Ansprüche in Art. 16 IPRG erhält die Abgrenzung dieser Begriffe erhebliche Bedeutung. In der Doktrin herrscht dazu keine einheitliche Meinung. Autoren, die eher vom prozessrechtlichen Standpunkt ausgehen[23], befürworten eine Auslegung, die sich an der Rechtsprechung zu Art. 44 und 45 OG orientiert, welche für die Zulässigkeit der Berufung zwischen vermögensrechtlichen und nicht vermögensrechtlichen Zivilsachen unterscheiden. Die nicht leicht fassbare Praxis zu diesen Artikeln scheint zur Abgrenzung darauf abzustellen, ob sich der Rechtsgrund des streitigen Anspruches aus dem Ver-

---

[23] POUDRET, JEAN-FRANÇOIS/SANDOZ-MONOD, SUZETTE, Commentaire de la loi fédérale d'organisation judiciaire, Volume II, Articles 41–82, Bern 1990, («Komm. OG»), zu OG Art. 43a N. 5; eher in diesem Sinne auch Basler Komm. zum IPRG, (Anm. 13), am Schluss, MÄCHLER-ERNE, MONICA, S. 1826 N. 11; MESSMER GEORG/IMBODEN HERMANN, Die eidgenössischen Rechtsmittel in Zivilsachen, Zürich 1992, N. 79 S. 110.

mögensrecht ableitet oder nicht[23a]. Andere, eher internationalistisch ausgerichtete Autoren gehen bei der Unterscheidung in Art. 16 IPRG von funktionalen Kriterien aus, die dem Schutzbedürfnis der Parteien Rechnung trägt. Sie wollen deshalb als vermögensrechtlich diejenigen Ansprüche verstanden wissen, über welche die Parteien frei verfügen können[24].

Es erscheint auch keineswegs als zwingend, die im OG und im IPRG verwendeten Begriffe unbedingt in gleichem Sinn zu verstehen und auszulegen. Immerhin kann darauf hingewiesen werden, dass Art. 16 IPRG den Begriff des vermögensrechtlichen *Anspruches* verwendet, während in den relevanten Artikeln des OG von vermögensrechtlichen Zivilrechtsstreitigkeiten, vermögensrechtlichen Zivilstreitigkeiten und vermögensrechtlichen Zivilsachen die Rede ist, und also sogar im OG selbst nicht durchwegs identische Begriffe verwendet wurden. Dabei ist ferner zu bedenken, dass der Begriff des vermögensrechtlichen Anspruches auch andernorts im IPRG verwendet wird, wie in Art. 5 und 26 lit. b IPRG mit Bezug auf Gerichtsstandvereinbarungen, in Art. 6 und 26 lit. c IPRG betreffend Einlassung und in Art. 177 Abs. 1 IPRG betreffend Zulässigkeit einer Schiedsabrede[25]. Bei diesen Bestimmungen scheint es ziemlich evident, dass das Kriterium der Abgrenzung dasjenige der Dispositionsfreiheit der Parteien sein muss, da ja insbesondere Schiedsabreden nur bezüglich von Ansprüchen, über die die Parteien frei verfügen können, zulässig sind. Die Rechtsprechung wird also zum Begriff des vermögensrechtlichen Anspruchs bei Art. 16 IPRG eine sinnvolle Abgrenzung noch finden müssen.

Dass der Nachweis des ausländischen Rechts, der den Parteien überbunden werden kann, nicht ein Beweis im beweisrechtlichen Sinne ist, ist heute durchwegs anerkannt. Dass der Vorschlag der Expertenkommission von 1978 noch die Formulierung verwendete, die von den Parteien angebotenen Beweismittel seien durch den Richter frei zu würdigen, ist im Rückblick kaum mehr verständlich. Auch dass der Richter die Unterlagen zum ausländischen Recht unabhängig und nach bestem eigenen Können zu prüfen, zu verstehen, zu interpretieren und anzuwenden hat, ist unbestritten. Dies ergibt sich jedoch nicht aus dem Grundsatz der freien Beweiswürdigung, der, weil es nicht um Sachverhalt geht, hier gar nicht zur Debatte steht, sondern aus dem imperativen Gebot der Anwendung der Rechtsnormen und der richtigen Subsumtion des gegebenen Sachverhaltes unter dieselben.

[23a] Ausführliche Darstellung der Praxis bei POUDRET, JEAN-FRANÇOIS/SANDOZ-MONOD, SUZETTE, Komm. OG, (Anm. 23), zu OG Art. 44 N. 1.2. und 1.3.

[24] Ausführlich zum Problem MEIER, ISAAK, «Vermögensrechtliche Ansprüche» gemäss IPRG und OG – Vorschlag für eine funktionale Auslegung, in: Schweiz. Jahrbuch für internationales Recht – SJIR – Zürich 1989, S. 119 ff.; VON OVERBECK, ALFRED, (Anm. 9), S. 103.; Komm. IPRG Zürich, (Anm. 13), zu Art. 16, KELLER, MAX/GIRSBERGER, DANIEL, N. 31–36.

[25] Vgl. dazu MEIER ISAAK, (Anm. 24), S. 123 ff.

Wenn gemäss Art. 16 Abs. 2 IPRG das schweizerische Recht zum Zuge kommt, so ist dieses anstelle des ausländischen Rechts als schweizerisches Recht vollumfänglich und ausschliesslich anzuwenden. Es geht dann nicht an, dennoch von der ausländischen Rechtsordnung auszugehen und nur hilfsweise einzelne Sätze aus dem schweizerischen Recht zu berücksichtigen. Die Fiktion, die gewissen früheren Prozessordnungen zugrunde lag, wonach in einem solchen Falle Übereinstimmung des nicht feststellbaren ausländischen Rechtes mit dem schweizerischen Recht anzunehmen sei, muss als definitiv überholt gelten.

Im kantonalen Verfahren

Anwendung der Kollisionsnormen von Amtes wegen

Zunächst ist an die elementare Regel zu erinnern, dass die Normen des schweizerischen internationalen Privatrechtes vom schweizerischen Richter von Amtes wegen anzuwenden sind. Die Regel wird in der Schweiz heute durchwegs von Lehre und Rechtsprechung anerkannt[26]. Die in der deutschen Doktrin zum Teil postulierte Auffassung eines sogenannten *«fakultativen Kollisionsrechtes»*, wonach die Kollisionsnormen des eigenen Rechts und das fremde Recht, auf welches sie verweisen, nur dann zu beachten seien, wenn die Parteien dies geltend machen, hat bei uns keinerlei Legitimationsgrundlage[27].

Das Gebot der Beachtung der Kollisionsnormen von Amtes wegen bedeutet, dass das Gericht einen internationalen Konnex auch ohne entsprechende Anträge oder Behauptungen der Parteien erkennen und daraus die kollisionsrechtlich gebotenen Folgerungen zu treffen hat. Dies gilt klarerweise auch im Zusammenhang mit der Geltendmachung von vermögensrechtlichen Ansprüchen[28]. Ein Gericht darf die Frage, welches Recht anwendbar ist, nicht offen lassen[29].

---

[26] Für andere BGE 77 (1951) II 272 ff. bes. 275, hinten zusammengefasst.
[27] Ausführlich VON OVERBECK, ALFRED, La théorie des «règles de conflit facultatives» et l'autonomie de la volonté, in: Festschrift für Frank Vischer, Zürich 1983, S. 257 ff.; VON OVERBECK, ALFRED, (Anm. 9), S. 95 f.; SCHWANDER, IVO, (Anm. 1), S. 189.
[28] Schon vor dem IPRG, für andere BGE 107 (1981) II 484 ff.; nach dem IPRG BGE 121 (1995) III 436 ff., hinten wiedergegeben.
[29] Vgl. BGE 100 (1974) II 34 ff., bes. 41 E. 5; IPRG Komm. Zürich, (Anm. 13), nach Art. 16, KELLER, MAX/GIRSBERGER, DANIEL, N. 8, mit weiteren Hinweisen.

Rechtswahl im Prozess

Dass mit Bezug auf Rechtsverhältnisse, die der Disposition der Parteien zugänglich sind, eine Rechtswahl auch nachträglich, auch noch im Prozess, möglich und zulässig ist, war schon vor dem IPRG in Rechtsprechung und Doktrin unbestritten. Das IPRG hat mit Art. 116 den Grundsatz ausdrücklich sanktioniert, indem in Abs. 2 festgehalten wird, dass eine Rechtswahl jederzeit getroffen und geändert werden kann und bei Vereinbarung nach Vertragsabschluss auf den Zeitpunkt des Vertragsabschlusses zurückwirkt.

Eine nachträgliche Rechtswahl ist zunächst selbstverständlich durch ausdrückliche gegenseitige Erklärungen der Parteien möglich. Diesbezüglich ist zu Recht darauf hingewiesen worden, dass Parteierklärungen in einem Prozess zunächst nicht an die Gegenpartei, sondern an das Gericht gerichtet sind, und schon unter diesem Gesichtspunkt vor allem bei Stillschweigen der Parteien grösste Zurückhaltung in der Annahme einer Rechtswahl geboten sei[30]. Es ist zweifellos richtig, dass nur Erklärungen, die von den Parteien gegenseitig an sich selbst abgegeben werden, vertragliche Verpflichtungen begründen können; jedoch ist es andererseits auch durchaus denkbar, dass eine Parteierklärung im Prozess auch als an die andere Partei gerichtet gemeint sein kann, indem die erklärende Partei sich ja des Umstandes bewusst ist, dass ihre Rechtsschrift der anderen Partei zur Kenntnis gebracht wird. Es wird also darum gehen, die Parteierklärungen in dieser Hinsicht und auch bezüglich Übereinstimmung zu prüfen und zu beurteilen.

Eine Rechtswahl im Prozess kann sodann auch stillschweigend getroffen werden. Eine stillschweigende Rechtswahl setzt aber einen entsprechenden Willen der Parteien voraus, und einen diesbezüglich rechtlich relevanten Willen können sie nur haben, wenn sie vorher erkannt haben, dass sich die Frage des anwendbaren Rechts überhaupt stellt. Mit Recht wird in der Literatur betont, dass es unzulässig sei, bei fehlendem Bewusstsein der Parteien über das Problem des anwendbaren Rechts eine stillschweigende Rechtswahl anzunehmen. Das Bundesgericht hat zwar bejaht, dass auch im Prozess ein normativer Konsens der Parteien für den Abschluss eines Verweisungsvertrages ausreicht. Dazu hat es aber hinreichend schlüssige ausdrückliche oder konkludente Willenserklärungen, welche vom Empfänger nach dem Vertrauensgrundsatz unzweideutig als Offerte bzw. als Annahme eines Verweisungsantrages verstanden werden dürfen und müssen, gefordert. Es hat betont, dass ein entspre-

---

[30] Skeptisch bezüglich der Annahme einer Rechtswahl im Prozess WALDER, HANS ULRICH, Passivität = lex fori?, in: SJZ 71 (1975) S. 105 ff.

chender Rechtsfolgewille nicht allein aus einer übereinstimmenden Bezugnahme der Parteien auf ein bestimmtes Recht abgeleitet werden darf[31].

Es ist auch denkbar, dass die Parteien das Problem zwar erkannt haben, aber aus Bequemlichkeit den Fall einstweilen ohne Bezugnahme auf das ausländische Recht plädieren in der Annahme, dass dieses für ihren Standpunkt nicht günstiger sei. Auch in einem solchen Falle ist es nicht angängig, von einer stillschweigenden Rechtswahl auszugehen, da der entsprechende Wille nicht rechtsgenüglich erkennbar ist[32]. Der Richter wird nicht darum herumkommen, in einem solchen Fall entweder in Ausübung seines richterlichen Fragerechts die Frage einer Rechtswahl einer Klärung entgegenzuführen bzw. den kollisionsrechtlichen Normen folgend das ausländische Recht zur Anwendung zu bringen.

Anspruch der Parteien auf Mitwirkung

Art. 16 Abs. 1 IPRG legt fest, dass die Mitwirkung der Parteien zur Ermittlung des fremden Rechtes vom Gericht verlangt werden kann bzw. dass ihnen bei vermögensrechtlichen Ansprüchen der Nachweis des ausländischen Rechts überbunden werden kann. Dieser Obliegenheit der Parteien entspricht aber auch ein Anspruch der Parteien, bei der Ermittlung des anwendbaren fremden Rechtes mitzuwirken[33], insbesondere dann, wenn der Richter selbst sich keine sichere Kenntnis darüber verschafft hat. Es darf den Parteien damit nicht verwehrt werden, Rechtsgutachten, auch von ausländischer Herkunft, einschliesslich Stellungnahmen von ausländischen Amtsstellen oder ausländischen Botschaften, ins Recht zu legen.

---

[31] BGE 119 (1993) II 173 ff., bes. 175/176, mit Verweis auf die früheren BGE 99 (1973) II 317 E. 3a; 91 (1965) II 46 E. 3; 91 (1965) II 445 E. 1 und 87 II 200 E. d.; vgl. IPRG Komm. Zürich, (Anm. 13), zu Art. 16, KELLER, MAX/GIRSBERGER, DANIEL, N. 18 f.

[32] Problematisch der Entscheid des Handelsgerichtes des Kt. Zürich von 1991 in ZR 90 (1991) Nr. 19 S. 66 ff., hinten zusammengefasst. Als rechtstheoretisch nicht vertretbar erscheinen insbesondere die dortigen Aussagen, es müsse zulässig sein, dass das Gericht den von den Parteien übereinstimmend behaupteten Inhalt des ausländischen Rechts übernehme, und es wäre den Anträgen der Parteien auch zu folgen, wenn sie übereinstimmend beantragen, dass das schweizerische Recht als Ersatzrecht Anwendung finden solle. Über das anwendbare Recht kann, weil es Recht ist, ausser durch eine Rechtswahl nicht disponiert werden; bezüglich des Rechts gilt weder die Dispositions- noch die Verhandlungsmaxime. Vgl. die Kritik dieses Entscheides durch SCHWANDER, IVO, in: Schweiz. Zeitschrift für internationales und europäisches Recht – SZIER 1993, S. 73 f.; nicht überzeugend die Formulierungen im IPRG Komm. Zürich, (Anm. 13), zu Art. 16, KELLER, MAX/GIRSBERGER, DANIEL, N. 40.

[33] Vgl. IPRG Komm. Zürich, (Anm. 13), zu Art. 16, KELLER, MAX/GIRSBERGER, DANIEL, N. 29; Kass. Ger. ZH 4.9.95 in ZR 95 (1996) Nr. 2 S. 7 ff., hinten zusammengefasst, bes. S. 9.

Will der Richter den Nachweis des ausländischen Rechts den Parteien überbinden, so muss die entsprechende Aufforderung an beide Parteien ergehen. Da es nicht um zu beweisende Tatsachen geht, gibt es keine Beweislastverteilung. Es ist nicht so, dass diejenige Partei, die aus dem anwendbaren ausländischen Recht Ansprüche ableiten will, die überwiegende oder gar alleinige Nachweispflicht trägt[34].

Misslingt den Parteien der Nachweis des ausländischen Rechts, und kann auch der Richter dieses mit seinen Mitteln nicht mit genügender Sicherheit ermitteln, so treten nicht wie beim Fehlen eines Tatsachenbeweises die Folgen der Beweislosigkeit ein[35]. Der Richter hat dann gemäss Art. 16 Abs. 2 IPRG schweizerisches Recht anzuwenden. Es werden sich allerdings nicht selten schwierige Abgrenzungsfragen ergeben, ob nämlich das ausländische Recht als solches nicht genügend ermittelt werden konnte, oder ob es lediglich der Partei nicht gelungen ist, den von ihr nach dem ausländischen Recht geltend gemachten Anspruch nach diesem Recht rechtsgenüglich zu begründen, obwohl das ausländische Recht in angemessenem Umfang und mit genügender Vertiefung ermittelt wurde. Im ersteren Fall ist das Bestehen des geltend gemachten Anspruchs nach schweizerischem Recht zu beurteilen, im zweiten Fall ist die Klage unter Anwendung des ausländischen Rechts abzuweisen.

Hilfsmittel zur Ermittlung

Die Hilfsmittel zur Ermittlung und Anwendung des ausländischen Rechts sind eingehend von Prof. Paul Volken in seinem 1996 erschienenen Werk über die internationale Rechtshilfe in Zivilsachen[36] behandelt worden, und es sei darauf verwiesen.

Besonders erwähnt sei hier aber, weil es bei den Gerichten noch wenig beachtet wird, das «*Europäische Übereinkommen betreffend Auskünfte über ausländisches Recht*» aus dem Jahre 1968[37].

Dieses Abkommen verpflichtet die daran teilnehmenden Staaten, sich gegenseitig Auskünfte über ihr Zivil- und Handelsrecht, ihr Verfahrensrecht auf die-

---

[34] So STAEHELIN, ADRIAN, (Anm. 20), S. 173 f.
[35] Vgl. Basler Komm. zum IPRG, (Anm. 13), zu Art. 16, MÄCHLER-ERNE, MONICA, N. 16; POUDRET, JEAN-FRANÇOIS/SANDOZ-MONOD, SUZETTE, Komm. OG (Anm. 23), zu OG Art. 43a N. 4.
[36] VOLKEN, PAUL, (Anm. 1), im Abschnitt «Die Hilfsmittel zur Feststellung und Anwendung ausländischen Rechts», S. 144 ff.
[37] SR 0.274.161, abgeschlossen in London am 7. Juni 1968, für die Schweiz in Kraft seit 20. November 1970.

sen Gebieten und über ihre Gerichtsverfassung zu erteilen[38]. Die Staaten richten hiezu besondere Verbindungsstellen ein. Das Auskunftsbegehren muss von einer gerichtlichen Behörde ausgehen und kann nur für ein bereits anhängiges Verfahren gestellt werden[39]. Anspruch auf Auskunft besteht nur zu Rechtsfragen, nicht auch für Tatfragen. Das Begehren muss in der Sprache oder in einer der Amtssprachen des ersuchten Staates abgefasst bzw. von einer entsprechenden Übersetzung begleitet sein.

Wenn auch das Auskunftsbegehren nur von einer Gerichtsbehörde ausgehen kann, so muss es doch nicht notwendigerweise von dieser selbst verfasst sein. Die Erteilung der Auskunft muss durch den ersuchten Staat kostenfrei erteilt werden, ausser wenn im ersuchten Staat die Hilfe einer privaten Stelle in Anspruch genommen wird.

Zu erwähnen ist auch das durch Bundesgesetz von 1978 geschaffene und seit 1982 in Betrieb stehende «*Schweizerische Institut für Rechtsvergleichung*» in Lausanne-Dorigny[40]. Gemäss seiner im Gesetz umschriebenen Zwecksetzung und Aufgabe soll das Institut unter anderem Gerichten, Verwaltungsstellen, Anwälten und weiteren Interessenten Auskünfte und Gutachten über ausländisches Recht erteilen. Für die Gutachten und Auskünfte werden Gebühren erhoben, wobei die kantonalen Gerichte nur zur teilweisen Kostendeckung angehalten werden[41].

Je nach Situation kann eine verfahrensrechtliche Pflicht des Gerichtes bestehen und können die Parteien Anspruch darauf haben, dass das Gericht unter Inanspruchnahme des vorerwähnten Übereinkommens von 1968 von entsprechenden ausländischen Staaten Auskünfte über das anzuwendende ausländische Recht einhole[42], und dies sogar, wenn die Streitsache vermögensrechtliche Ansprüche betrifft.

---

[38] Durch das Zusatzprotokoll zu diesem Übereinkommen, SR 0.274.161.1 = 0.351.21, abgeschlossen in Strassburg am 15. März 1978, für die Schweiz in Kraft seit 12. Juni 1985, ist die Auskunftspflicht auch auf das Strafrecht und Strafprozessrecht ausgedehnt worden.
[39] Durch das Zusatzprotokoll, Art. 3, ist diese Einschränkung z.T. wegbedungen worden.
[40] Bundesgesetz über das Schweizerische Institut für Rechtsvergleichung, vom 6. Oktober 1978, SR 425.1.
[41] VO über das Schweizerische Institut für Rechtsvergleichung vom 19.12.1979, SR 425.11, und VO über die Gebühren des Schweizerischen Instituts für Rechtsvergleichung vom 4.10.1982 (seither geändert), SR 425.15.
[42] Vgl. BGE 119 (1993) II 93 ff., bes. 94/95 und Kass. Ger. ZH 5.2.96 in ZR 95 (1996) Nr. 101, S. 312 ff., bes. S. 313, beide Entscheide hinten zusammengefasst bzw. wiedergegeben.

Keine Einschränkung bezüglich Stadium des Verfahrens

Es stellt sich die Frage, bis zu welchem Zeitpunkt im Verfahren eine der Parteien sich auf die Anwendbarkeit ausländischen Rechts berufen kann. Die Antwort zu dieser Frage scheint eindeutig zu sein im Hinblick darauf, dass sowohl die Kollisionsnormen wie das ausländische Recht, auf das sie verweisen, von Amtes wegen anzuwenden sind. Die Bestimmungen von §§ 114 und 115 ZPO kommen nicht zur Anwendung. Der in § 188 Abs. 1 ZPO festgelegte allgemeine Grundsatz, wonach für die Beurteilung die Situation im Zeitpunkt des Entscheides massgebend ist, gilt auch bezüglich der Anwendung des massgebenden Rechts[43], hier aber ohne die Einschränkung betreffend rechtzeitiger Geltendmachung. Falls eine Partei, die möglicherweise das Problem vorher nicht erkannt hat, dem Gericht ihre Auffassung mitteilt, dass das ausländisches Recht auf den Fall anwendbar sei, wäre eine solche Mitteilung auch nach Abschluss des Haupt-Verfahrens, also sogar noch nach der Schlussverhandlung und bis zur Urteilsberatung, zu berücksichtigen.

Gleiches gilt, wenn das Gericht von sich aus, z.B. erst in der Urteilsberatung selbst, überhaupt auf das Problem einer möglichen Anwendbarkeit des ausländischen Rechtes stösst. Das Gericht darf auch in diesem Stadium des Verfahrens nicht die Anwendbarkeit der Kollisionsnormen und des ausländischen Rechts, auf das sie verweisen, beiseite schieben, weil von den Parteien keine entsprechenden Ausführungen gemacht wurden. In einem solchen Falle wird das Verfahren wieder aufzunehmen sein und ist zur Wahrung des rechtlichen Gehörs den Parteien Gelegenheit zur Äusserung bzw. zum Nachweis des ausländischen Rechts zu geben.

Auch im Rechtsmittelverfahren gilt bezüglich des Hinweises auf ausländisches Recht keine zeitliche Beschränkung[44].

Rechtliches Gehör

Das rechtliche Gehör ist selbstverständlich ganz allgemein bezüglich der Anwendung des ausländischen Rechts zu wahren. Macht eine Partei, auch in einem späten Verfahrensstadium, geltend, dass der Fall nach ausländischem Recht zu beurteilen sei, so wird das Gericht der Gegenpartei Gelegenheit einräumen

---

[43] STREULI, HANS/MESSMER, GEORG, Kommentar zur zürcherischen Zivilprozessordnung, 2. Aufl., Zürich 1982, zu § 188 N. 3.
[44] Vgl. Kass. Ger. ZH in ZR 95 (1996) Nr. 2 S. 7 ff., bes. S. 12 Erw. 5.4.1. und ZR 95 (1996) Nr. 101 S. 312 ff., bes. S. 313 rechte Kol., beide hinten zusammengefasst wiedergegeben.

müssen, sich dazu zu äussern. Dies sogar dann, wenn das Verfahren bereits geschlossen war. Kommt das Gericht aus eigener Erkenntnis zum Schluss, dass ausländisches Recht den Fall beherrscht, und haben sich die Parteien im Verfahren zu diesem Recht noch nicht äussern können, so ist den Parteien Gelegenheit einzuräumen, sich zur Frage zu äussern. Der vom Bundesgericht bezüglich des inländischen Rechts unter Art. 4 BV statuierte Grundsatz[45], wonach den Parteien vorab Gelegenheit zur Äusserung zu geben ist, wenn eine Behörde ihren Entscheid auf eine völlig neue, von den Parteien in keiner Weise zu erwartenden Begründung stützen will, ist auch hier gültig. Eine Partei darf nicht durch die Anwendung des ausländischen Rechts überrascht werden[46]. Dies gilt sowohl bezüglich des Umstandes der Anwendung eines ausländischen Rechts als solchem wie auch bezüglich der Art und Weise von dessen Anwendung, wenn diese gegenüber den bei Verfahren zum Ausdruck gelangten Annahmen gänzlich abweicht. Es ist in einer solchen Situation wohl eine besondere prozessleitende Verfügung zu erlassen[47].

Wichtig erscheint der Hinweis, dass diese Möglichkeit zur Äusserung nicht auf das ausländische Recht als solches beschränkt sein darf, sondern vielmehr auch die Geltendmachung zusätzlicher Tatsachen erfassen muss[48]. Zwar ist es Sache der Parteien, dem Gericht das tatsächliche des Falles vorzutragen, nach dem Grundsatz *da mihi facta, tibi dabo ius*, und sind die Parteien gemäss § 114 ZPO mit neuen Tatsachenbehauptungen ausgeschlossen, die sie in ihrer letzten Rechtsschrift oder ihrem letzten Vortrag nicht vorgebracht haben. Doch wenn auch die Parteien alle Tatsachen vorzutragen haben, auf die sie ihren Anspruch stützen wollen, müssen sie dies notwendigerweise im Hinblick auf eine bestimmte Rechtsordnung tun, da sich nach den anwendbaren Rechtsnormen entscheidet, welche Tatsachen rechtsbegründend oder rechtszerstörend sind. Die Tatsachenbehauptungen werden im Hinblick auf die Subsumtion unter bestimmte Rechtsnormen vorgetragen, und die Auswahl der im Prozess darzulegenden Fakten setzt die Kenntnis der materiellen Rechtslage voraus[49]. Wenn sich die Parteien aber nicht bewusst waren, dass eine andere als die von ihnen voraus-

---

[45] BGE 114 (1988) Ia 97 ff. bes. 99, mit Hinweisen auf frühere Entscheide und Doktrin. Der Entscheid betraf das öffentliche Recht; der Grundsatz gilt aber ohne Zweifel auch im Zivilprozess.
[46] Vgl. BGE 119 (1993) II 93 ff. und Entscheid des Kassationsgerichtes des Kt. Zürich, vom 4.9.1995 in ZR 95 (1996) Nr. 2 S. 7 ff., bes. S. 9, beide hinten zusammengefasst bzw. wiedergegeben.
[47] STAEHELIN, ADRIAN, (Anm. 20), S. 172.
[48] Die im vorerwähnten BGE 114 (1988) Ia 97 ff., bes. 99 genannten Grundsätze gelten auch bezüglich Tatsachen, und müssen als Leitlinie auch im Zivilprozess beachtet werden. Diese Möglichkeit darf wohl auf neue Tatsachen beschränkt werden, die einen klaren Bezug zu dem nach neuer Erkenntnis anzuwenden Recht haben.
[49] STAEHELIN, ADRIAN, (Anm. 20), S. 172.

gesetzte Rechtsordnung ihre Beziehungen beherrschen soll, so konnten sie auch nicht beurteilen, welche Tatsachen unter der entsprechenden anderen Rechtsordnung rechtsrelevant sein könnten. Es hiesse die Eventualmaxime zu überspannen, wenn von den Parteien verlangt würde, dass sie von Anfang an ihre tatsächliche Behauptungen auch auf Umstände ausdehnen, die gemäss dem von ihnen vorausgesetzten Recht gar nicht relevant sind, nur weil solche Umstände allenfalls unter einer anderen in Frage kommenden Rechtsordnung wesentlich sein könnten. Die Eventualmaxime und das Gebot des geordneten und beförderlichen Verfahrens haben hier vor dem Gebot der Wahrung des rechtlichen Gehörs zurückzutreten.

Keine Verhandlungs- oder Dispositionsmaxime

Unbeachtlich ist der Umstand, ob eine Partei Ausführungen der anderen Partei über den Inhalt des fremden Rechts bestreitet oder anerkennt. Die Anwendung von Rechtsnormen als Sollens-Normen liegt ausserhalb der Dispositionsmaxime. Alle Parteiäusserungen wie auch Äusserungen in von den Parteien eingereichten oder vom Gericht beigezogenen Gutachten sind Meinungsäusserungen zum geltenden Recht, die vom Gericht in freier Rechtsanwendung zu analysieren und zu werten sind, und die das Gericht nicht von der Pflicht entheben, sich selbst eine Überzeugung über die geltenden Normen zu bilden und die sich für den Sachverhalt daraus ergebenden Schlussfolgerungen zu treffen[50].

Kantonale Berufung und Rekurs

Weitgehend gleiche Überlegungen wie für das erstinstanzliche Verfahren gelten auch für die Berufung und den Rekurs. Analog zu den Postulaten bezüglich des erstinstanzlichen Verfahrens ist zu fordern, dass auch die Berufungs- oder Rekursinstanz selbständig prüfe, ob allenfalls ausländisches Recht zur Anwendung gebracht werden muss, selbst wenn die Parteien dies nicht vorgetragen haben und die Vorinstanz aufgrund ihres Verständnisses der Kollisionsregeln oder ohne weitere Abklärungen ihrem Entscheid schweizerisches Recht zugrunde gelegt hat. Die Erfordernisse, die sich aus dem Gebot des rechtlichen Gehörs im vorinstanzlichen Verfahren ergeben, sind auch im Rechtsmittelverfahren entsprechend zu beachten.

---

[50] Zum problematischen Entscheid des Handelsgerichts Zürich siehe vorn bei Anm. 32.

Zwar ist mit der Revision der ZPO von 1995 das Novenrecht stark eingeschränkt worden, indem Noven nur noch unter den Voraussetzungen der §§ 115 und 138 ZPO zulässig sind. So wie das Novenverbot, bzw. die Einschränkung von Noven, im Rahmen der Offizialmaxime nur beschränkt gelten kann, so können die Einschränkungen erst recht nicht Auswirkungen bezüglich des anwendbaren Rechts haben. Dies ergibt sich als selbstverständlich aus dem Rechtscharakter der Normen des fremden Rechts und aus dem Gebot der Anwendung des Rechts von Amtes wegen. § 115 ZPO ist denn auch angelegt auf Tatsachenbehauptungen, Einreden und Bestreitungen, welche sich auf das tatsächliche des Streitverhältnisses beziehen. Ein Hinweis einer Partei, wonach gemäss dem schweizerischen Kollisionsrecht ausländisches Recht anzuwenden sei, kann deshalb nicht unter das Verbot neuer Vorbringen fallen. Zweifel könnten sich lediglich bezüglich allfälliger Einreden ergeben, die sich neu aus dem erstmals geltend gemachten ausländischen Recht ergeben. Aber zum mindestens diejenige Partei, die durch die Anwendung des ausländischen Rechts überrascht wird, muss wohl auch mit neuen Einreden zugelassen werden.

Kantonale Nichtigkeitsbeschwerde

Im kantonalen Nichtigkeitsverfahren findet die Anwendung des ausländischen Rechts von Amtes wegen eine doppelte Begrenzung. Einerseits dadurch, dass das Kassationsgericht gemäss § 281 Ziff. 3 nur die Verletzung von klarem materiellem Recht überprüfen kann, und andererseits am Rüge-Prinzip, indem der Beschwerdeführer gemäss § 288 Abs. 1 Ziff. 3 ZPO selbst den Nachweis der Nichtigkeitsgründe erbringen muss.

Schon beim schweizerischen Recht ist das Kriterium der Abgrenzung dessen, was klares Recht ist, nicht evident. Umso eher wird diese Abgrenzung beim ausländischen Recht, das der Richter auch bei intensivem Bemühen nie so gut erfassen kann wie das einheimische, Mühe bereiten. Klares Recht ist nur gegeben, wenn über Inhalt und Auslegung einer Rechtsvorschrift kein begründeter Zweifel bestehen kann. Dies ist in der Regel dann anzunehmen, wenn eine entsprechende Gesetzesnorm schon aus sich selbst heraus klar und eindeutig ist und nicht durch eine langdauernde und einheitliche Rechtsprechung einen dem Wortlaut zuwiderlaufenden Sinn erhalten hat, oder wenn zu einer Norm eine einheitliche und konstante Rechtsprechung oder einheitliche Meinungen in der Doktrin bestehen. Die Hürde zur Geltendmachung einer Verletzung klaren materiellen ausländischen Rechts kann als recht hoch erscheinen, doch hat das Kassationsgericht eine relevante Verletzung in einzelnen Fällen durchaus schon angenommen.

Beinahe heikler ist die Frage, wie konkret ein Beschwerdeführer aufgrund des Rüge-Prinzips die Verletzung des ausländischen Rechtes zu begründen und das ausländische Recht nachzuweisen hat. Man wird hier vom Beschwerdeführer verlangen dürfen, dass er selbst die verletzte Norm des ausländischen Rechts nennt und durch Angabe von Doktrin oder Rechtsprechung einen ersten Anhaltspunkt dafür liefert, dass die Norm im betreffenden Land einen eindeutigen und klaren Sinn hat. Das Gebot von Art. 16 IPRG verpflichtet das Kassationsgericht dann aber wohl, von diesen ersten Anhaltspunkten ausgehend allenfalls notwendige vertiefte Abklärungen selbst vorzunehmen. Ein erst im Kassationsverfahren eingebrachter, neuer oder zusätzlicher Nachweis zum Inhalt ausländischen Rechts kann nicht als unzulässiges Novum behandelt werden, weil sich das Novenverbot im Beschwerdeverfahren nur auf das Tatsächliche und nicht auf das Recht bezieht[51].

Bezüglich der Kognition des Kassationsgerichtes ist auch in diesem Zusammenhang besonders auf die Regel von § 285 ZPO hinzuweisen, wonach die Nichtigkeitsbeschwerde nur dann zulässig ist, wenn der Weiterzug an das Bundesgericht mit freier Überprüfung durch das Bundesgericht nicht gegeben ist. Im Hinblick auf die neuen Regeln des Bundesrechtspflegegesetzes betreffend die Berufung, Art. 43a OG, welche die Kognition des Bundesgerichtes zur Überprüfung der Anwendung des ausländischen Rechts für nicht vermögensrechtliche Ansprüche eingeführt hat, ist der Bereich möglicher Beschwerden an das Kassationsgericht enger geworden.

Die Überprüfung durch das Bundesgericht

Rückblick

Zur Abrundung sei auch noch kurz auf die Überprüfung der Anwendung der schweizerischen Kollisionsregeln und des anwendbaren ausländischen Rechts durch das Bundesgericht hingewiesen. Die Frage, inwieweit das Bundesgericht die Anwendung ausländischen Rechts überprüfen solle, war schon seit langem Diskussionsthema. In der Lehre wurde von zahlreichen Autoren postuliert, das Bundesgericht sollte die Rechtsanwendung in der Schweiz integral überprüfen können, da es keinen Grund gebe, zwischen den Regeln des schwei-

---

[51] Vgl. Kass. Ger. ZH, schon erwähnt, in ZR 95 (1996) Nr. 2 S. 7 ff., bes. S. 12 Erw. 5.4.1.

zerischen Rechts und den Normen des ausländischen Rechts, auf die schweizerische Kollisionsnormen verweisen, zu differenzieren. So wie bezüglich der Anwendung des ausländischen Rechts von Amtes wegen, leiteten gewisse Autoren auch das Postulat der Überprüfung durch das Bundesgericht aus dem früheren NAG von 1892, Art. 2 Abs. 2, in Verbindung mit Art. 32 NAG, ab[52].

Demgegenüber blieben der Gesetzgeber und das Bundesgericht zurückhaltend. Dies erklärt sich wohl aus der ursprünglichen Funktion, die bei der Begründung des Bundesgerichtes in der Bundesverfassung von 1874 festgelegt war. In deren Art. 114, der bis heute unverändert blieb, wurde es der Bundesgesetzgebung überlassen, *«die Befugnisse festzustellen, welche ihm (dem Bundesgericht) nach Erlassung der in Art. 64 vorgesehenen eidgenössischen Gesetze behufs einheitlicher Anwendung derselben zu übertragen sind»*. Soweit das Bundesgericht überhaupt als Rechtsmittelinstanz eingesetzt werden sollte, hatte es also hauptsächlich Garant einer einheitlichen Anwendung des neuen Bundesrechts im gesamten Territorium der Schweiz zu sein. Diese einschränkende Aufgabenstellung sollte in der Grundhaltung des Bundesgerichtes selbst noch lange nachwirken[53].

Der schweizerische Juristenverein fasste anlässlich seiner Tagung von 1925 auf Anregung von Prof. Hans Fritzsche und Bundesrichter Viktor Merz die Resolution: *«Wo nach den Regeln des eidgenössischen internationalen Privatrechts die Anwendung ausländischen Recht stattgefunden hat, soll im gleichen Umfang wie gegenüber dem internen Recht auch eine Nachprüfung der richtigen Anwendung des ausländischen Rechts durch das Bundesgericht ermöglicht werden»*[54]. Doch dieser Aufruf blieb vorerst ungehört, auch noch bei der Revision des OG im Jahre 1943. In der Botschaft des Bundesrates zur damaligen Revision wurde ausgeführt, es könne *«nicht Aufgabe des Bundesgerichtes sein, aus ausländischen Büchern und Präjudiziensammlungen mühsam tastend und mit mehr oder weniger Treffsicherheit zusammenzusuchen, was irgendwo im Ausland rechtens sei»*, und wo in der französischen Fassung ausgeführt wurde *«qu'il n'appartiens pas au tribunal fédéral de contrôler l'application du droit étranger, mais que la tâche est de veiller à l'application du droit fédéral»*[55].

---

[52] Zum NAG siehe vorn bei Anm. 9.
[53] Vgl. dazu die ausführliche Darstellung bei BRAND, ERNST, Eidgenössische Gerichtsbarkeit, Teil III, Von der Gründung des Bundesstaates bis zur Gegenwart, Abhandlungen zum schweizerischen Recht NF, Hrsg. MERZ, HANS, 346. Heft, Bern 1962, S. 128 ff.
[54] STAUFFER, WILHELM, die Überprüfung ausländischen Rechts durch das Bundesgericht im Berufungsverfahren, in: Zeitschrift für schweizerisches Recht – ZSR NF 95 (1976) II S. 491 ff., bes. S. 496.
[55] STAUFFER, WILHELM, (Anm. 54), S. 491 ff.

Nach Art. 43 Abs. 1 OG konnte und kann mit der Berufung geltend gemacht werden, der angefochtene Entscheid beruhe auf der Verletzung von Bundesrecht. Daraus und aus dem früheren Art. 60 OG hat das Bundesgericht gefolgert, eine Berufung sei nicht zulässig, wenn fremdes Recht in Frage stehe[56]. Unser höchstes Gericht hätte aber, wenn es dies für opportun gehalten hätte, durchaus schon unter dem früheren OG eine Befugnis zur Überprüfung ausländischen Rechts mittelbar aus Art. 43 Abs. 1 und 2 OG ableiten können, indem die Verletzung von ausländischem Recht, das durch die schweizerische Kollisionsnorm zur Anwendung berufen wird, im Resultat ja auch immer eine Verletzung der schweizerischen Kollisionsnorm beinhaltet; denn diese verlangt, dass das berufene ausländische Recht auch richtig angewendet werde. Nach Art. 65 OG konnte das Bundesgericht ferner schon vor dem Erlass des IPRG fremdes Recht anwenden, wenn neben eidgenössischen Gesetzesbestimmungen auch ausländische Gesetze zur Anwendung kommen und diese im angefochtenen Entscheid nicht angewendet wurden. Auch diese Bestimmung hätte einer überprüfungsfreudigeren Praxis als Grundlage dienen können.

Praxis vor dem IPRG

Vor dem Inkrafttreten des IPRG überprüfte das Bundesgericht im Berufungsverfahren, ob in richtiger Anwendung der schweizerischen Kollisionsregel ausländisches oder schweizerisches Recht anzuwenden war[57]. Wenn nach der schweizerischen Kollisionsregel ausländisches Recht anzuwenden war, überprüfte es nicht, ob von den in Frage kommenden ausländischen Rechten auch das richtige angewendet worden sei[58]. Diese Praxis war schwer zu verstehen, da die Anwendung des falschen ausländischen Rechtes doch klarerweise eine Verletzung der schweizerischen Kollisionsnorm darstellte. Ob das von der Vorinstanz zur Anwendung gebrachte ausländische Recht richtig angewendet worden war, prüfte das Bundesgericht grundsätzlich nicht, allerdings mit gewissen Ausnahmen, so insbesondere, wenn zur Anwendung des schweizerischen Rechts eine Vorfrage nach dem ausländischen Recht zu beurteilen war. Diese Ausnahmen basierten zum Teil auf konkreten Bestimmungen des früheren NAG, und

---

[56] Zur Praxis des Bundesgerichtes siehe WURZBURGER ALAIN, (Anm. 7), S. 77 ff., «En fait, il semble que notre Cour suprême ait presque érigé en dogme le principe du non-examen du droit étranger», S. 111.
[57] BGE 77 (1951) II 272 ff. bes. 275 (vgl. hinten); BGE 96 (1970) II 79 ff. bes. 87 E. 6; BGE 99 (1973) II 315 ff. bes. 317 E. 2.
[58] BGE 91 (1965) II 117 ff. bes. 126 (vgl. hinten); BGE 101 (1975) II 168 ff. bes. 171; BGE 102 (1976) II 270 bes. 178.

die Rechtsprechung war vermutlich auch deshalb nicht sehr kohärent[59]. Recht unverständlich war, dass unser höchstes Gericht während langer Zeit auch die richtige Anwendung des schweizerischen Rechtes dann nicht überprüfte, wenn dieses mangels Ermittlung des anwendbaren ausländischen Rechtes als Ersatzrecht zur Anwendung kam. Diese Praxis wurde dann im Jahre 1966 endlich aufgegeben[60]. Auch die Frage, ob ausländisches Kollisionsrecht richtigerweise berücksichtigt worden sei (Rückverweisung, Weiterverweisung), wurde nicht überprüft, obwohl auch hier im Grunde genommen letztlich die richtige Anwendung des schweizerischen Kollisionsrechtes in Frage stand[61].

Eine beschränkte Überprüfung der Anwendung ausländischen Rechtes konnte mit der staatsrechtlichen Beschwerde erwirkt werden, aber naturgemäss nur in sehr beschränktem Umfange im Rahmen der Willkürprüfung; «*si l'application du droit étranger est manifestement fausse, viole d'une manière grave et indiscutable une norme juridique ou heurte de manière choquante le sentiment de la justice*»[62].

Die mit dem IPRG verbundene Revision des OG

Bei den Vorarbeiten und in der parlamentarischen Beratung zum IPRG und der damit geplanten Revision des OG war umstritten, ob und wie weit das Bundesgericht verpflichtet werden solle, im Rahmen der Berufung und der Nichtigkeitsbeschwerde auch die Anwendung von ausländischem Recht zu überprüfen. Gegner einer solchen Verpflichtung war in der Vernehmlassung das Bundesgericht selbst[63]. Die Befürworter im Parlament errangen jedoch die Mehrheit, allerdings mit dem Kompromiss, dass die Überprüfung nur bei nicht vermögensrechtlichen Ansprüchen erfolgen solle[64].

---

[59] Für andere vgl. BGE 108 (1982) II 167 ff. bes. 175 (vgl. hinten); BGE 109 (1983) II 280 ff. bes. 283 E. 1; BGE 110 (1984) II 102 ff bes. 104 E. 1 (vgl. hinten).

[60] BGE 92 (1966) II 111 ff. bes. 118-127 E. I 3.–7. (vgl. hinten).

[61] BGE 77 (1951) II 113 ff. bes. 117; JAGMETTI, MARCO, Die Anwendung fremden Kollisionsrechtes durch den inländischen Richter, Diss. Zürich 1961, S. 256 ff.

[62] BGer 7.3.1974 in: La Semaine Judiciaire (Sem. Jud.) Bd. 96 (1974), S. 593 ff. Es handelte sich um einen Scheidungsfall, in welchem gemäss Art. 7(h) und (i) NAG das italienische Recht mit zu berücksichtigen war. Das BGer führte aus: Le recours en réforme n'étant ouvert que pour violation du droit fédéral, le recourant est habile, au regard de l'art. 84 al. 2 O.J.F., à former un recours de droit public pour application arbitraire de la loi étrangère ou pour appréciation arbitraire des preuves administrées. Son recours est ainsi recevable.

[63] Vgl. Darstellung im IPRG Komm. Zürich, (Anm. 13), nach Art. 16, KELLER, MAX/GIRSBERGER, DANIEL, N. 3 und 4.

[64] Zu den Bestimmungen des OG vgl. die Darstellung in den Standardwerken, insbesondere POUDRET, JEAN-FRANÇOIS/SANDOZ-MONOD, SUZETTE, Commentaire de la loi fédérale d'organisation judiciaire, 5 Bde., Bern 1990 bis 1992, bes. Bd. V mit mise à jour betr. Artikel 1 bis 82 OG, Bern

Berufungsgründe

a. Bundesrecht

Art. 43

¹ Mit Berufung kann geltend gemacht werden, der angefochtene Entscheid beruhe auf Verletzung des Bundesrechts mit Einschluss der durch den Bund abgeschlossenen völkerrechtlichen Verträge. Wegen Verletzung verfassungsmässiger Rechte der Bürger ist die staatsrechtliche Beschwerde vorbehalten.

...

b. ausländisches Recht

Art. 43a

¹ Mit Berufung kann auch geltend gemacht werden:
  a. der angefochtene Entscheid habe nicht ausländisches Recht angewendet, wie es das schweizerische internationale Privatrecht vorschreibt;
  b. der angefochtene Entscheid habe zu Unrecht festgestellt, die Ermittlung des ausländischen Rechts sei nicht möglich.

² Bei nicht vermögensrechtlichen Zivilstreitigkeiten kann ausserdem geltend gemacht werden, der angefochtene Entscheid wende das ausländische Recht nicht richtig an.

Beschwerdefälle

Art. 68

¹ In Zivilsachen, die nicht nach den Artikeln 44-46 der Berufung unterliegen, ist gegen letztinstanzliche Entscheide kantonaler Behörden Nichtigkeitsbeschwerde zulässig:
  a. ...
  b. wenn statt des massgebenden eidgenössischen Rechts ausländisches Recht angewendet worden ist oder umgekehrt;
  c. wenn nicht das ausländische Recht angewendet worden ist, wie es das schweizerische internationale Privatrecht vorschreibt;
  d. wenn das nach schweizerischem internationalem Privatrecht anwendbare ausländische Recht nicht oder nicht genügend sorgfältig ermittelt worden ist;
  e. ...

Die Verletzung der schweizerischen Kollisionsnormen kann selbstverständlich weiterhin sowohl mit der Berufung wie auch mit der Nichtigkeitsbeschwerde gerügt werden. Wie oben angeführt, überprüfte das Bundesgericht früher nicht, ob, wenn ausländisches Recht anwendbar war, auch das richtige von den schwei-

---

1992; MESSMER, GEORG/IMBODEN, HERMANN, (Anm. 23), bes. § 16 und § 17; IPRG Komm. Zürich, (Anm. 13), nach Art. 16, KELLER, MAX/GIRSBERGER, DANIEL, S. 169–178; Basler Komm. zum IPRG, (Anm. 13), MÄCHLER-ERNE, MONICA, S. 1817–1828.

zerischen Kollisionsnormen zur Anwendung berufene ausländische Recht zur Anwendung gebracht worden war. Diese Einschränkung ist nun gefallen.

Die Berufung wird auch weiterhin zulässig sein, wenn die Vorinstanz die Frage des anwendbaren Rechts zu Unrecht offen gelassen hat mit der Begründung, dass die in Frage kommenden Rechtsordnungen inhaltlich ohnehin übereinstimmten[65].

Sodann kann mit der Berufung weiterhin gemäss Art. 43 Abs.1 OG die Verletzung von Bestimmungen in völkerrechtlichen Verträgen des Bundes geltend gemacht werden. Es sind darin alle bilateralen und multilateralen Staatsverträge des Bundes, die auf eine Zivilsache Auswirkungen haben, eingeschlossen, unabhängig von der privatrechtlichen oder öffentlich-rechtlichen Natur derselben[66].

Der Berufung unterliegen zunächst die kollisionsrechtlichen Bestimmungen von Staatsverträgen, deren Verletzung auf Grund des Wortlautes von Art. 43 Abs. 1 OG und von deren Subsidiarität nicht mit der staatsrechtlichen Beschwerde gerügt werden kann[67].

Es fallen darunter aber auch, was in den letzten Jahrzehnten an Bedeutung gewonnen hat, Staatsverträge mit materiellen zivilrechtlichen Regeln, wie z.B. das europäische Übereinkommen über die Rechtsstellung der unehelichen Kinder, das Übereinkommen über das auf die Form letztwilliger Verfügungen anzuwendende Recht, das Wiener Abkommen über das Kaufrecht, oder bilaterale Staatsverträge mit verschiedenen Ländern mit Bestimmungen über das Erbrecht, und andere.

Mit der Berufung kann nun neu gemäss Art. 43a Abs. 1 lit. b OG auch geltend gemacht werden, der angefochtene Entscheid habe zu Unrecht festgestellt, die Ermittlung des ausländischen Rechts sei nicht möglich. Mit dieser Bestimmung sollte verhindert werden, dass die kantonalen Instanzen allzu leicht von Nachforschungen Abstand nehmen und anstelle des an sich anwendbaren ausländischen Rechtes schweizerisches Recht zur Anwendung bringen. Aus dem Aufbau von Art. 43a OG scheint es klar zu sein, dass diese Überprüfung sowohl bei nicht vermögensrechtlichen wie auch bei vermögensrechtlichen Ansprüchen erfolgen kann, denn Abs. 1 enthält keinerlei Einschränkung und deckt gemäss Wortlaut und Aufbau beide Arten von Ansprüchen ab, während erst Abs. 2 die Differenzierung zwischen nicht vermögensrechtlichen und vermögensrechtlichen Zivilstreitigkeiten vornimmt.

---

[65] So bereits vor dem IPRG BGE 100 (1974) II 34 ff. bes. 41 E. 5; vgl. IPRG Komm. Zürich, (Anm. 13), nach Art. 16, KELLER, MAX/GIRSBERGER, DANIEL, N. 8, mit weiteren Hinweisen.
[66] POUDRET, JEAN-FRANÇOIS/SANDOZ-MONOD, SUZETTE, Komm. OG, (Anm. 23), zu OG Art. 43 N. 1.2.3.
[67] IPRG Komm. Zürich, (Anm. 13), nach Art. 16, KELLER, MAX/GIRSBERGER, DANIEL, N. 5 mit Hinweis auf BGE 98 (1972) II 88 ff. E. 1.

Der entgegengesetzten Meinung, wonach die Überprüfung einer allenfalls mangelhaften Ermittlung eines ausländischen Rechtes grundsätzlich auf nicht vermögensrechtliche Ansprüche beschränkt sei[68], kann nicht gefolgt werden. Diese einschränkende Auffassung der entsprechenden Autoren hängt mit deren Verständnis von Art. 16 IPRG zusammen, wonach bei vermögensrechtlichen Ansprüchen die Anwendung des ausländischen Rechts nicht von Amtes wegen zu erfolgen habe. Sie schliessen daraus auf eine Interpretation von Art. 43a Abs. 1 lit. b OG, die sich mit dessen Wortlaut kaum vereinbaren lässt. Vielmehr scheint gerade diese Bestimmung des OG den Rückschluss aufzudrängen, dass eben auch bei vermögensrechtlichen Ansprüchen das fremde Recht von Amtes wegen zu ermitteln und anzuwenden ist, wenn vielleicht auch mit weniger Eigeninitiative als bezüglich der nicht vermögensrechtlichen Ansprüche.

Die Auffassung, wonach sich Art. 43a Abs. 1 lit. b OG auch auf vermögensrechtliche Ansprüche bezieht, scheint denn auch im Einklang mit den neuesten Entscheiden des Bundesgerichts zu stehen[69].

Bei vermögensrechtlichen Zivilstreitigkeiten ist es dabei geblieben, dass eine Überprüfung der Anwendung des ausländischen Rechtes durch das Bundesgericht nicht stattfindet, während diese Überprüfung bei nicht vermögensrechtlichen Zivilstreitigkeiten nun gemäss Art. 43a Abs. 2 OG erfolgen kann und muss.

Wünschbar wäre, dass das Bundesgericht auch bei vermögensrechtlichen Streitigkeiten in Weiterentwicklung seiner früheren Rechtsprechung die Anwendung des ausländischen Rechtes ganz generell überprüfe, wenn das ausländische Recht Vorfragen beherrscht, die sich bei der Anwendung des schweizerischen Rechts stellen. In diesem Zusammenhang könnte vom Bundesgericht auch die Bedeutung von Art. 65 OG im Sinne einer überprüfungsfreundlicheren Praxis neu definiert werden.

Ferner wird nun auch die Überprüfung der Anwendung des fremden Kollisionsrechtes durch das Bundesgericht wohl nicht mehr, wie früher, abgelehnt werden können. Denn eine falsche Anwendung der Kollisionsnormen des durch das schweizerische IPR berufenen ausländischen Rechtes stellt nun direkt eine Verletzung von Art. 14 IPRG über die Beachtung der Rück- oder Weiterverweisung durch das ausländische Kollisionsrecht dar[70].

---

[68] IPRG Komm. Zürich, (Anm. 13), nach Art. 16, KELLER, MAX/GIRSBERGER, DANIEL, N. 12.
[69] Vgl. die unten erwähnten und zum Teil im Wortlaut wiedergegebenen BGE 119 (1993) II 93 ff. und BGE 121 (1995) III 436 ff.
[70] Vgl. in diesem Sinne auch IPRG Komm. Zürich, (Anm. 13), nach Art. 16, KELLER, MAX/GIRSBERGER, DANIEL, N. 10.

Der Berufung wird auch die Frage unterliegen müssen, ob es sich bei den geltend gemachten Ansprüchen um vermögensrechtliche oder um nicht vermögensrechtliche im Sinne von Art. 16 IPRG und Art. 43a OG handelt und ob die Regeln über die Ermittlung und gegebenenfalls den Nachweis des ausländischen Rechtes im einen wie im anderen Fall richtig angewendet wurden.

Bezüglich der Nichtigkeitsbeschwerde, Art. 68 OG, wurden die relevanten Bestimmungen ebenfalls auf Art. 16 IPRG und auf Art. 43a OG abgestimmt. Art. 68 Abs. 1 lit. c OG, welcher die Nichtigkeitsbeschwerde zulässt, wenn nicht das ausländische Recht angewendet worden ist, wie es das schweizerische internationale Privatrecht vorschreibt, muss wohl dahin verstanden werden, dass die Nichtigkeitsbeschwerde auch greift, wenn zwar richtigerweise ausländisches und nicht schweizerisches Recht, aber nicht das richtige ausländische Recht angewendet wurde. Diese Interpretation drängt sich imperativ auf; denn wenn das Bundesgericht unter lit. c nur eingreifen würde, wenn statt schweizerischem ausländisches Recht und umgekehrt zur Anwendung gelangte, es aber nicht gleichzeitig überprüfen müsste, ob auch das richtige ausländische Recht angewendet wurde, hätte das Nebeneinander von lit. b und lit. c keinen Sinn.

Bezüglich Art. 68 Abs. 1 lit. d OG, die in der parlamentarischen Beratung eingefügt und nicht konsequent auf Art. 43a Abs. 1 lit. b OG abgestimmt wurde, hat sich eine Unsicherheit ergeben darüber, ob diese Bestimmung im Hinblick auf ihren Wortlaut in gewissem Umfange auch die Überprüfung der Anwendung des ausländischen Rechts selbst zulasse bzw. erfordere. Hier ist wohl mit der vorläufig überwiegenden Meinung davon auszugehen, dass diese Bestimmung wie Art. 43a Abs. 1 lit. b OG nur dann angerufen werden kann, wenn anstatt des anwendbaren ausländischen Rechts schweizerisches Recht angewendet wurde mit der Begründung, das ausländische Recht könne nicht mit genügender Sicherheit ermittelt werden. Die Frage bleibt vorläufig aber offen.

Die gleiche Bestimmung von lit. d, wonach Nichtigkeitsbeschwerde erhoben werden kann, wenn das nach schweizerischem internationalen Privatrecht anwendbare ausländische Recht nicht oder nicht genügend sorgfältig ermittelt worden ist, soll gemäss Auffassung von Kommentatoren nur mit Bezug auf nicht vermögensrechtliche Ansprüche gelten[71]. Diese Ansicht, die gemäss Zugabe der gleichen Kommentatoren vom Wortlaut der Gesetzesbestimmung nicht gedeckt ist, soll sich aus dem Vergleich mit Art. 43a Abs. 1 lit. b OG ergeben, der auch nur bei nicht vermögensrechtlichen Streitigkeiten anwendbar sei.

---

[71] IPRG Komm. Zürich, (Anm. 13), nach Art. 16, KELLER, MAX/GIRSBERGER, DANIEL, N. 32; POUDRET, JEAN-FRANÇOIS/SANDOZ-MONOD, SUZETTE, Komm. OG, (Anm. 23), zu OG Art. 68 N. 7.

Nachdem vorne schon bezüglich Art. 43a OG aus dem Aufbau und dem Wortlaut der Bestimmung eine andere Schlussfolgerung gezogen wurde, kann auch hier der einschränkenden Auffassung nicht gefolgt werden. Vielmehr ergibt sich aus dem Wortlaut in keiner Weise, dass die Möglichkeit der Rüge auf nicht vermögensrechtliche Ansprüche beschränkt sein solle.

Soweit Berufung oder Nichtigkeitsbeschwerde nicht zur Verfügung stehen, kann nach wie vor bei willkürlich falscher Anwendung des ausländischen Rechts die staatsrechtliche Beschwerde erhoben werden[72].

Rechtsprechung

Auswahl von Entscheiden vor Inkrafttreten des IPRG

BGE 73 (1947) II 137 ff. bes. 139

> Gemäss Art. 43 OG ist die Berufung an das Bundesgericht nur wegen Verletzung von Bundesrecht zulässig. Das Bundesgericht kann ausnahmsweise gemäss Art. 65 OG das ausländische Recht selbst anwenden oder die Sache an die Vorinstanz zurückweisen, aber nur wenn neben eidgenössischem Recht auch ausländisches zur Anwendung kommt und die Vorinstanz dieses nicht angewendet hat. Ausgeschlossen bleibt die Überprüfung der Anwendung des ausländischen Rechts.

BGE 76 (1950) II 110 ff. bes. 112

> Wenn die Vorinstanz schweizerisches Recht als Ersatz für das ihr nicht bekannte ausländische Recht herangezogen hat, dann gilt es nicht als Bundesrecht im Sinne von Art. 43 OG, mit der Folge, dass dessen Auslegung vom Bundesgericht nicht überprüft werden kann.

BGE 77 (1951) II 113 ff. bes. 117

> Trägt ein kantonales Gericht ausländischen Kollisionsnormen nicht Rechnung, so verletzt es lediglich diese, also das ausländische internationale Privatrecht, nicht aber eine schweizerische Kollisionsnorm. Das Bundesgericht hat ausländische Kollisionsnormen so wenig wie materielles ausländisches Recht im Berufungsverfahren nachzuprüfen.

---

[72] Vorn bei Anm. 62.

BGE 77 (1951) II 272 ff. bes. 275

Gemäss Art. 43 OG hat das Bundesgericht lediglich die richtige Anwendung des schweizerischen Rechts zu überwachen; daher hat es beim Vorliegen eines internationalen Sachverhalts die Frage des anwendbaren Rechts von Amtes wegen zu prüfen. Dem Umstand, dass die Parteien sich übereinstimmend auf schweizerisches Recht berufen, kommt keine ausschlaggebende Bedeutung zu; das Bundesgericht wird der Pflicht zur Ermittlung des anwendbaren Rechts nicht enthoben. Gelangt ausländisches Recht zur Anwendung, so ist eine materielle Überprüfung des Streitverhältnisses durch das Bundesgericht ausgeschlossen, und zwar auch dann, wenn die Vorinstanz ersatzweise schweizerisches Recht angewandt hat, da das ausländische Recht nicht nachgewiesen werden konnte. Dagegen liegt eine auf dem Weg der Berufung anfechtbare Verletzung des schweizerischen Rechts vor, wenn der kantonale Richter einen Streitfall nach schweizerischem Recht entschieden hat, während er gemäss den Kollisionsnormen des schweizerischen internationalen Privatrechts nach ausländischem Recht beurteilt werden muss.

BGE 80 (1954) II 53 ff. bes. 61

Dem Grundsatz nach wird in Rechtsprechung und Lehre allgemein anerkannt, dass fremdes öffentliches Recht im Inlande mindestens nicht als unmittelbare Rechtsquelle anwendbar ist, dass es dagegen gewisse Fälle mittelbarer Anwendung und Beachtung gibt. Das ausländische öffentliche Recht kann und soll vom schweizerischen Richter berücksichtigt werden, wenn es den Zweck des massgeblichen ausländischen Privatrechts unterstützt. Solange ein solcher mit öffentlich-rechtlichen Mitteln wirkender Eingriff in das Privatrecht oder in privatrechtlichen Rechtsverhältnissen nur oder doch vorwiegend den Schutz privater Interessen bezweckt, besteht kein Grund für den schweizerischen Richter, derartiges fremdes öffentliches Recht bloss wegen seiner Rechtsnatur abzulehnen.

BGE 90 (1964) II 121 ff. bes. 123

Beim Vorliegen eines Sachverhaltes mit Auslandberührung ist in erster Linie die Frage des anwendbaren Rechts zu prüfen, denn die Berufung ist nur zulässig, wenn schweizerisches Recht massgebend ist, da nur dessen Anwendung vom Bundesgericht überprüft werden darf (Art. 43 und 55 Abs. 1 lit. c OG).

BGE 91 (1965) II 117 ff. bes. 126

Nach Art. 43 Abs. 1 OG kann mit der Berufung nur die Verletzung von Bundesrecht gerügt werden. Das bedeutet, dass bei der Bestimmung des anwendbaren Rechts in international-privatrechtlichen Fällen die Zuständigkeit des Bundesgerichts auf die Beurteilung der Frage beschränkt ist, ob das streitige Rechtsverhältnis dem schweizerischen Recht unterstehe und ob der kantonale Richter diese Frage zutreffend entschieden hat. Dagegen ist dem Bundesgericht die Überprüfung fremden Rechts verwehrt. Darum kann es sich mit der Frage nicht befassen, ob der kantonale Richter von mehreren in Betracht fallenden ausländischen Rechten das anwendbare zutreffend bestimmt hat. Diese Rechtsprechung kann aber nur gelten, wenn für die Erfüllung der Aufgabe der Berufungsinstanz unerheblich ist, welches ausländische Recht anwendbar ist. Wenn aber zur Beurteilung einer bundesrechtlichen Hauptfrage vorfragweise abgeklärt werden muss, von welchem ausländischen Recht eine Vorfrage beherrscht ist, dann hat das Bundesgericht die Frage zu entscheiden, welches ausländische Recht anzuwenden ist.

BGE 92 (1966) II 111 ff. bes. 118–127

Schweizerisches Recht, das der kantonale Richter anstelle des anwendbaren ausländischen Rechts subsidiär (als sog. Ersatzrecht) angewendet hat, ist vom Bundesgericht auf Berufung hin zu überprüfen (Änderung der Rechtsprechung).

BGE 100 (1974) II 34 ff. bes. 41 (franz.)

Das Bundesgericht hat die Sache an die kantonale Behörde zurückzuweisen, wenn diese zu Unrecht schweizerisches statt ausländisches Recht angewandt hat, da das Bundesgericht das ausländische Recht nicht selbst anwendet und dessen Anwendung nicht überprüft, ausser bei Ausnahmefällen im Sinne von Art. 65 OG.

BGE 101 (1975) II 168 ff. bes. 170

Ein zur Lückenfüllung beigezogener schweizerischer Rechtssatz wird zu ausländischem Recht, gleich wie ein Satz des Bundesrechts, der eine fehlende kantonale Regelung ersetzt, als kantonales Recht gilt.

BGE 107 (1981) II 489 ff. bes. 492

Das Bundesgericht folgt dem allgemein anerkannten Grundsatz der Territorialität des öffentlichen Rechts, jedoch mit der Einschränkung, dass ausländisches öffentliches Recht in der Schweiz dann zu berücksichtigen ist, wenn es das in der Schweiz anwendbare ausländische Privatrecht unterstützt, insbesondere in das Privatrecht oder in privatrechtliche Verhältnisse vorwiegend oder ausschliesslich zum Schutze privater Interessen eingreift.

BGE 108 (1982) II 167 ff. bes. 175 (franz.)

Grundsätzlich überprüft das Bundesgericht im Rahmen einer Berufung ausschliesslich das eidgenössische Recht unter Ausschluss des kantonalen und des ausländischen Rechts. Das Bundesgericht überprüft die Anwendung ausländischen Rechts nur ausnahmsweise (Art. 43, Art. 55 Abs. 1 lit. c und Art. 65 OG) und zwar im Rahmen des Art. 7h NAG, soweit dieses eine Voraussetzung für die Anwendbarkeit des schweizerischen Rechts ist (Änderung der Rechtsprechung). Das Bundesgericht kann ausländisches Recht in Anwendung von Art. 65 OG nur dann selbst anwenden, wenn die kantonale Instanz es überhaupt nicht angewendet hat.

BGE 110 (1984) II 102 ff. bes. 104 (franz.)

> Das Bundesgericht überprüft im Rahmen einer Berufung frei, ob die letztinstanzliche kantonale Instanz das anwendbare ausländische Recht in Bezug auf die Zulassung des Scheidungsgrundes und die Anerkennung des schweizerischen Gerichtsstands richtig ausgelegt und angewandt hat.

Entscheide nach Inkrafttreten des IPRG

BGE 115 (1989) II 300 ff. bes. 301 (franz.)

> Zu den Übergangsbestimmungen zum IPRG.

BGE 116 (1990) II 209 ff. bes. 211

> Zu den Übergangsbestimmungen zum IPRG, insbesondere zur Zuständigkeit.

Handelsgericht Zürich 19.9.1991: SJZ 88 (1992) S. 37 f. Nr. 7 = ZR 90 (1991) Nr. 19 S. 66 ff.

> Vermögensrechtliche Angelegenheit. Die Parteien waren sich bewusst, dass nach objektiver Anknüpfung das Recht von Libyen anwendbar gewesen wäre. Im Hinblick darauf, dass sich beide Parteien, wenn auch in unverbindlicher Weise, auf das schweizerische Recht beriefen, nahm das Gericht eine Rechtswahl im Prozess an. Obiter dicta: Der Grundsatz der richterlichen Rechtserforschung gemäss Art. 16 IPRG gilt zwar generell. Bei vermögensrechtlichen Streitigkeiten, bei denen die Beteiligten über ihre Ansprüche frei verfügen können, muss es auch zulässig sein, dass das Gericht den von den Parteien übereinstimmend behaupteten Inhalt des ausländischen Rechtes übernimmt. Es wäre den Anträgen der Parteien auch zu folgen, wenn sie übereinstimmend beantragen, dass das Gericht schweizerisches Recht als Ersatzrecht anwenden solle. (Kritik dazu vorn).

BGE 117 (1991) II 494 ff. bes. 495 (franz.)

> Das Bundesgericht hat das Recht von Amtes wegen anzuwenden und ist dabei nicht an die rechtlichen Begründungen der Parteien gebunden. Dies gilt auch bezüglich der Normen, die die intemporale Abgrenzung regeln.

Kassationsgericht Zürich 6.7.1992: SJZ 90 (1994) S. 357 f. Nr. 48 = ZR 91/92 (1992/1993) Nr. 62 S. 228 f. = RB Kass.Ger. 1992 Nr. 4 in RB Oberger. 1992

> Strafprozess. Die Überprüfung der Rechtmässigkeit der nach italienischem Recht in Italien erhobenen Beweise erfolgt durch den schweizerischen Strafrichter selbständig. Er ist nicht gehalten, dazu ein Gutachten eines Experten in italienischem Strafprozess einzuholen. Nach kontinental-europäischen Auffassung wird ausländisches Recht als Recht angewendet; es ist nicht Tatsache. Die Auslegung und die

Anwendung des Rechts – auch des ausländischen – ist *die* Aufgabe des Richters, die er grundsätzlich in eigener Verantwortung und ohne Beizug eines Experten wahrzunehmen hat. Erst wenn die gerichtsinterne Ermittlung des ausländischen Rechts nicht möglich ist, wird der Richter verpflichtet sein, ein Gutachten beizuziehen.

BGE 118 (1992) II 79 ff. (franz.)

Scheidung. Zur Ausnahmeklausel von Art. 15 IPRG. Restriktive Anwendung der Ausnahmeklausel zu Gunsten des schweizerischen Rechts. Die Kollisionsnorm geht grundsätzlich vor.

BGE 118 (1992) II 83 ff. bes. 85 (franz.)

Scheidung. Das Bundesgericht prüft von Amtes wegen, unabhängig von den Anträgen der Parteien, welches Recht gemäss den schweizerischen Kollisionsnormen anwendbar ist. Art. 43a Abs. 1 lit. a OG.

BGE 118 (1992) II 188 ff. bes. 192/193 (franz.)

Arrestprosequierungsklage. Rechtshängigkeit. Das schweizerische Gericht hat nach dem ausländischen Verfahrensrecht festzustellen, welche Wirkung ein Klagerückzug im Ausland hat. Der Partei, welche behauptet, die ausländische Rechtshängigkeit durch Klagerückzug zu Fall gebracht zu haben, kann der Nachweis des Inhalts des ausländischen Verfahrensrechts überbunden werden (Art. 16 Abs. 1 Satz 3 IPRG).

BGE 118 (1992) II 348 ff.

Das Bundesgericht prüft von Amtes wegen, welches Recht nach den inländischen Kollisionsregeln anwendbar ist und welche Kollisionsnormen in intemporaler Hinsicht zur Anwendung kommen (Art. 196 und 198 IPRG). Ausländisches öffentliches Recht mit dem Charakter einer Eingriffsnorm, die der Durchsetzung von Machtansprüchen dienen soll, ist unbeachtlich.

BGE 118 (1992) II 468 ff. bes. 472

Zu den Übergangsbestimmungen zum IPRG.
Die Verweisung auf ein ausländisches Recht durch die eidgenössischen Kollisionsnormen umfasst alle Bestimmungen, die nach diesem Recht auf den Sachverhalt anwendbar sind (Art. 13 IPRG), somit auch die ausländischen Kollisionsnormen. Das Bundesgericht prüft deswegen auch deren Anwendung.

BGE 119 (1993) II 69 ff. bes. 72 (franz.)

Vermögensrechtlicher Anspruch. LugÜ. Das Bundesgericht prüft auf Berufung hin die territorialen und sachlichen Zuständigkeitsvorschriften in Staatsverträgen.

Wenn sich dabei Vorfragen stellen, die nach dem ausländischen Recht zu beurteilen sind, kann es die Anwendung des ausländischen Rechts überprüfen bzw. dieses selbst ermitteln und anwenden.

Auszug aus dem französischen Originaltext (Hervorhebungen durch den Autor):

La violation des règles de compétence contenues dans les traités internationaux conclus par la Confédération peut faire l'objet d'un recours en réforme (art. 43 al. 1 OJ), qu'il s'agisse de la compétence matérielle (ATF 110 II 56 consid. 1a) ou de la compétence territoriale (ATF 99 II 297 consid. 1 et les références). De par l'art. 11 de la Convention, le juge suisse, à quelque degré de juridiction qu'il statue, doit renvoyer d'office les parties, même en l'absence du défendeur, devant le juge compétent (ATF 90 II 113/114 consid. 1). Ainsi, peu importe que le défendeur ne soulève pour la première fois que dans son recours en réforme la question de la compétence des tribunaux suisses pour connaître de l'action au fond ... Le Tribunal fédéral n'en devra pas moins examiner d'office cette question de même que celle de la compétence territoriale pour ordonner l'inscription définitive de l'hypothèque judiciaire. *Ce faisant, il sera habilité à revoir des problèmes de droit étranger préjudiciels à l'application de la Convention* – à savoir la nature et les conditions de l'inscription, provisoire et définitive, d'une hypothèque judiciaire en France – quand bien même la présente contestation ne porte pas sur un droit de nature non pécuniaire (cf. POUDRET, COJ, p. 185, n. 1.3. ad art. 43a et les références).

BGE 119 (1993) II 93 ff. bes. 94/95

Vermögensrechtliche Streitigkeit. Auszug in wörtlicher Wiedergabe (Hervorhebungen durch den Autor):

bb) Handelt es sich wie hier um vermögensrechtliche Ansprüche, so kann der Nachweis des ausländischen Rechtsinhaltes den Parteien überbunden werden (Art. 16 Abs. 1 Satz 3 IPRG). Dabei geht es um den Nachweis, nicht um einen Beweis im eigentlichen Sinn, so dass die gewöhnlichen Beweisregeln nicht anwendbar sind. Hingegen ist das rechtliche Gehör zu beachten und zu vermeiden, dass eine Partei durch die Anwendung fremden Rechts überrascht wird (VON OVERBECK, Die Ermittlung, Anwendung und Überprüfung der richtigen Anwendung fremden Rechts, in: Die allgemeinen Bestimmungen des IPRG, Veröffentlichungen des Schweizerischen Instituts für Verwaltungskurse an der HSG, St. Gallen 1988, S. 101 und 104; SCHWANDER, Einführung in das internationale Privatrecht, Allgemeiner Teil, 2. Auflage 1990, S. 192 Fn 11). Die Zuger Zivilprozessordnung kennt in § 55 Abs. 2 eine entsprechende Bestimmung. Die kantonalen Instanzen scheinen indes Sinn und Tragweite dieser Vorschrift verkannt zu haben. Es geht nicht um die Schlüssigkeit allfälliger Parteigutachten, sondern allein darum, dass die ausländischen Rechtsquellen (einschlägige Gesetzesbestimmungen) und allenfalls ausländische Literatur (insbesondere Kommentare) oder Urteile aufgezeigt werden. Dies jedoch wurde in dem vom Beklagten eingereichten Gutachten, im klägerischen Gegengutachten sowie in einer weiteren Stellungnahme seitens des Beklagten zur Genüge getan. Der Einwand der Vorinstanz, dieser hätte aufgrund der den Prozess beherrschenden Eventualmaxime noch ein gerichtliches Gutachten beantragen oder vom Gericht die Einholung von Auskünften im Sinne des Europäischen Übereinkommens vom 7. Juni 1968 betreffend Auskünfte über ausländisches Recht verlangen müssen, ist angesichts der Tatsache, dass es sich um den Inhalt des Rechts eines Nachbarlandes geht, unverständlich. Die Rechtsanwendung auf den konkreten Fall aber ist, ob nun deutsches Recht oder schweizerisches als Ersatz angewandt wird, ohnehin nicht Aufgabe eines Gutachters, sondern allein jene des Richters. *Schliesslich kann ganz allgemein wohl kaum behauptet werden, die Ermittlung des deutschen Darlehensrechts sei für ein schweizerisches Gericht nicht möglich, so dass im Sinne von Art. 16 Abs. 2 IPRG als ultima ratio zur lex fori zurückzukehren sei.* Es ergibt sich somit, dass die Rüge des Beklagten insofern begründet ist, als die kantonalen Instanzen in Bezug auf das Zustandekommen und die Wirkungen des behaupteten Darlehensvertrags nicht deutsches Recht angewandt haben.

cc) Gemäss Art. 65 OG kann das Bundesgericht ausländisches Recht im Berufungsverfahren selbst anwenden, wenn dies neben dem Bundesrecht zur Anwendung gelangt, durch die Vorinstanz nicht angewandt worden ist und sich inhaltlich ohne Weiterungen, insbesondere nach dem Schrifttum, ermitteln lässt (POUDRET, N 3 zu Art. 65 OG; MESSMER/IMBODEN, Die eidgenössischen Rechtsmittel in Zivilsachen, S. 111; KNOEPFLER/SCHWEIZER, Précis de droit international privé suisse, Bern 1990, S. 180 Rz 554). Diese Voraussetzungen sind hier erfüllt. Denn einerseits ist eine zentrale Frage nach schweizerischem Recht zu beurteilen, nämlich jene, ob A. gültig für die X. AG gehandelt hat bzw. ob ein allfälliger Missbrauch seiner Vertretungsmacht der Klägerin entgegengehalten werden kann. Das einschlägige deutsche Recht anderseits lässt sich ohne Weiterungen bestimmen.

BGE 119 (1993) II 173 ff. bes. 175/176

Voraussetzungen für eine gültige Rechtswahl im Prozess. Verweis auf BGE 87 II 200 E. d; BGE 91 II 46 E. 3; BGE 91 II 445 E. 1 und BGE 99 II 317 E. 3a. Ein normativer Konsens ist an sich auch im Prozess möglich, darf aber nicht bereits aus einer übereinstimmenden Bezugnahme auf ein bestimmtes Recht abgeleitet werden.

BGE 119 (1993) II 177 ff. bes. 182 (franz.)

Im Berufungsverfahren über eine vermögensrechtliche Streitigkeit hat das Bundesgericht nicht zu prüfen, ob eine Gerichtsstandsvereinbarung nach ausländischem Recht gültig ist und dessen Formerfordernissen entspricht. Art. 43a Abs. 2 OG.

BGE 119 (1993) II 281 ff. bes. 288 (franz.)

Die Streitfrage, ob sich die Erben in die Erbschaft eingemischt haben, ist vermögensrechtlicher Natur. Art. 43a Abs. 2 OG ist nicht anwendbar.

Kassationsgericht Zürich 4.9.1995: ZR 95 (1996) Nr. 2 S. 7 ff. = RB Kass.Ger. 1995 Nr. 20

Vermögensrechtliche Ansprüche. Das Handelsgericht hatte von sich aus deutsches Recht angewendet und kein Gutachten dazu beigezogen. Es ist nach Art. 16 IPRG ohne Zweifel zulässig, dass ein Gericht auch bei vermögensrechtlichen Ansprüchen das ausländische Recht von sich aus ermitteln und anwenden kann. § 133 ZPO hat neben Art. 16 IPRG keinen Bestand mehr, da die Regelung in Art. 16 IPRG abschliessend ist. Die Einholung eines Gutachtens ist nicht erforderlich, denn die Rechtsanwendung auch des ausländischen Rechts ist nicht Aufgabe des Gutachters, sondern des Richters. Es ist ein prozessuales Recht der Parteien, bei der Ermittlung des ausländischen Rechts mitzuwirken. Zur Wahrung des rechtlichen Gehörs ist es aber nicht erforderlich, nach dessen Ermittlung den Parteien Gelegenheit zur Stellungnahme dazu einzuräumen, ausser wenn die Parteien durch die Anwendung des ausländischen Rechts überrascht würden. Es gelten die gleichen Grundsätze wie bezüglich des inländischen Rechts in den Fällen, in denen das Gericht seinen Entscheid auf eine völlig neue, von den Parteien in keiner Weise zu erwartenden Begründung stützen will. Die Kognition des Kassationsgerichtes zur Überprüfung der Anwendung des ausländischen Rechts (in Rahmen klaren Rechts) ist gegeben, weil gemäss Art. 43a OG und auch gemäss Art. 68 Abs. 1 lit. d OG das Bundesgericht die materielle Anwendung des ausländischen Rechts nicht überprüfen kann. Die Rüge, der Inhalt des ausländischen Rechts sei nicht genügend sorgfältig oder umfassend ermittelt worden, kann vor Bundesgericht auch im Rahmen der eidg. Nichtigkeitsbeschwerde nur vorgebracht werden, wenn das kantonale Gericht anstelle des nicht ermittelten ausländischen Rechts schweizerisches Recht angewendet hat. Die Rüge ist deshalb im kantonalen Kassationsverfahren als Verletzung eines wesentlichen Verfahrensgrundsatzes zu hören. Da es um Recht und nicht um Tatsachen geht, kann ein erst im Kassationsverfahren erbrachter zusätzlicher Nachweis des ausländischen Rechts nicht als im Kassationsverfahren unzulässiges Novum behandelt werden.

BGE 121 (1995) III 246 ff. bes. 247/248 (franz.)

Im Berufungsverfahren kann das Bundesgericht gemäss Art. 43a OG in nicht vermögensrechtlichen Streitigkeiten die Anwendung des gemäss den Kollisionsnormen anwendbaren ausländischen Rechts auch von sich aus überprüfen. Dies setzt aber voraus, dass dieses Recht von der Vorinstanz auch angewandt wurde. Hat die Vorinstanz schweizerisches Recht anstatt dem ausländischen angewandt, kann das Bundesgericht lediglich den Fall an die Vorinstanz zurückweisen; denn wenn es das ausländische Recht direkt anwendete, würde es der Partei den Rechtsmittelweg verkürzen.

BGE 121 (1995) III 436 ff. (franz.)

Vermögensrechtliche Streitigkeit. Gemäss Art. 16 IPRG ist das ausländische Recht, auf das die schweizerische Kollisionsnorm verweist, von Amtes wegen anzuwenden, auch wenn die Parteien sich gar nicht oder erst spät im Verfahren auf das ausländische Recht berufen. Dies gilt auch bei vermögensrechtlichen Ansprüchen. Zwar kann bei solchen das Gericht den Nachweis den Parteien überbinden; jedoch enthebt dies das Gericht nicht davon, von sich aus die Parteien auf die Anwendbarkeit des ausländischen Rechts hinzuweisen. Nur wenn die Ermittlung des ausländischen Rechts auf reelle Schwierigkeiten stösst, darf das schweizerische Recht angewendet werden.

Wörtliche Wiedergabe eines Auszuges (Hervorhebungen durch den Autor):

5.– a) Le motif de recours institué par l'art. 43a al. 1 let. b OJ a trait à l'application de l'art. 16 al. 2 LDIP. Selon cette disposition, le droit suisse s'applique également si le contenu du droit étranger, applicable en vertu de la règle de conflit, ne peut pas être établi. C'est l'art. 16 al. 1 LDIP qui indique les mesures à prendre par le juge pour établir le contenu de ce droit. *Aux termes de cette dernière disposition, le juge doit établir d'office le contenu du droit étranger*: il peut mettre la preuve à la charge des parties lorsque la contestation est de nature patrimoniale.

L'art. 16 LDIP consacre donc l'obligation pour le juge cantonal d'établir d'office le droit étranger (ATF 110 II 83 consid. 2a et les références). Du moment que l'application du droit étranger découle d'une injonction de la règle suisse de conflit, le juge ne peut plus s'en remettre au bon vouloir des parties d'établir ou non le droit étranger et, dans le cas où elles ne le font pas, se référer au droit suisse (Message, FF 1983 I 302 ad 214.4). *Si l'on ne peut présumer une volonté concordante des parties quant à une élection de droit, il faut leur donner la possibilité de s'exprimer au sujet du droit applicable à un stade de la procédure précédent l'appréciation du droit étranger* (KELLER/GIRSBERGER, IPRG Kommentar, n. 40 ad art. 16). *Le droit d'être entendu doit en effet être respecté de manière à éviter qu'une partie ne soit surprise par l'application du droit étranger*. La preuve mise à la charge des partie n'est pas une preuve au sens usuel (ATF 119 II 93 consid. 2c/bb). Pour le juge, elle représente une faculté mais non une obligation (KELLER/GIRSBERGER, op. cit. n 38 ad art. 16). Le juge peut appliquer le droit suisse à la place du droit étranger déterminant dans toutes les causes, d'une part, lorsqu'il s'avère impossible d'établir le contenu de ce droit, du moins sans difficultés excessives et nonobstant la collaboration éventuelle des parties, et dans les seules causes patrimoniales, d'autre part, lorsque le juge en a imposé la preuve aux parties et que celles-ci ne l'ont pas rapportée (POUDRET, Les modifications de la loi fédérale d'organisation judiciaire introduites par la LDIP, in JdT 1988 I 614). *Encore faut-il que la méconnaissance du droit étranger ou les difficultés rencontrées soient réelles* (KNOEPFLER/SCHWEIZER, La loi fédérale sur le droit international privé du 18 décembre 1987 (LDIP), Partie générale de la LDIP, in FJS 241, p. 5).

b) En l'espèce, la cour cantonale a appliqué le droit suisse pour le motif que le contenu du droit saoudien n'était pas déterminé. Ainsi que cela a déjà été exposé, la défenderesse a plaidé l'application du droit de l'Arabie Saoudite (consid. 4b/aa non publié). *La cour cantonale devait donc en établir d'office le contenu.*

Dans cette démarche, elle pouvait mettre à la charge de cette partie la preuve de ce droit, ce qu'elle n'a pas fait. La circonstance que l'application du droit saoudien n'a été discutée qu'au moment de l'audience de jugement n'y change rien, puisque le comportement de la défenderesse n'était pas abusif. (cf. consid. 4b/aa non publié). Certes, la sécurité du droit commande que la règle de droit demeure constante dans toute procédure (ATF II 83 consid. 3 p. 86). On ne saurait toutefois entériner une inactivité de la cour cantonale *quant à son obligation d'établir d'office le droit étranger* lorsque celle-ci aurait dû se rendre compte, au terme de l'échange des écritures, que le problème de droit international privé a échappé aux parties. *Admettre un tel procédé reviendrait à vider partiellement de son sens le principe iura novit curia.* Du reste, la preuve du droit étranger n'est subordonnée ni à une allégation préalable, ni à une décision dans l'ordonnance sur preuves: elle peut intervenir en tout temps, même en seconde instance (POUDRET/WURZBURGER/HALDY, Procédure civile vaudoise, n. 4 ad art. 6, p. 41).

La cour cantonale est restée muette en ce qui concerne l'impossibilité dans laquelle elle se serait trouvée de connaître le droit étranger. Il ne ressort en effet ni du jugement attaqué et des pièces du dossier qu'elle a effectivement tenté de déterminer ce droit, ni qu'elle aurait été dans l'impossibilité de se procurer les dispositions légales topiques. Il n'est pas inutile de rappeler que le juge cantonal peut, dans ses propres investigations, bénéficier, entre autre, de l'aide de l'Institut suisse de droit comparé, dont la tâche consiste notamment à donner des renseignements et des avis de droit aux tribunaux sur le droit étranger (cf. art. 3 al. 1 let. c de la loi fédérale du 6 octobre 1978 sur l'Institut suisse de droit comparé [RS 425.1]; Message, FF 1983 I 302 ad 214.4), ou de la Section du droit international privé de l'Office fédéral de la Justice (cf. KELLER/GIRSBERGER, op. cit. n. 55 ad art. 16). La circonstance que le droit étranger déterminant ne soit pas celui d'un pays voisin *ne modifie pas pour autant l'obligation du juge cantonal de l'établir d'office* (cf. l'arrêt non publié du 11 novembre 1993 cité, auquel la demanderesse se réfère; cf. aussi ATF 119 II 93 consid. 2c/bb).

6) – ... Dès lors, le recours principal doit être admis, le jugement attaqué annulé et la cause renvoyée à la cour cantonale afin qu'elle détermine le droit saoudien et l'applique à la présente affaire en tenant compte des dispositions communes de la LDIP régissant le droit applicable (art. 13 à 19).

Kassationsgericht Zürich 5.2.1996: ZR 95 (1996) Nr. 101 S. 312 ff. = RB Kass.Ger. 1996 Nr. 45

Vermögensrechtliche Ansprüche. Der Nachweis des fremden Rechts kann nur bei vermögensrechtlichen Streitigkeiten und nur subsidiär von den Parteien verlangt werden. *Das Gericht hat das ausländische Recht von Amtes wegen anzuwenden, wenn es von seinem Inhalt sichere Kenntnis hat bzw. sich auf Grund des ihm zugänglichen Schrifttums darüber sichere Kenntnis verschaffen kann.* Weil es um Recht und nicht Tatsachen geht, ist die Vorlegung von Rechtsgutachten durch die Parteien nicht an beschränkende Regeln für Noven gebunden. Das rechtliche Gehör hätte im konkreten Fall erfordert, dass das Gericht die von der Partei verlangte Ermittlung des ausländischen Rechts durch Inanspruchnahme des Übereinkommens betreffend Auskünfte über ausländisches Recht vornehme.

Literaturauswahl

Standardwerke (chronologisch)

DUTOIT BERNARD, Droit international privé suisse, Commentaire de la loi fédérale du 18 décembre 1987, Helbing & Lichtenhahn, Bâle 1996; HONSELL HEINRICH/VOGT NEDIM PETER/SCHNYDER ANTON K.(Hrsg.), Kommentar zum schweizerischen Privatrecht, Internationales Privatrecht, Helbing & Lichtenhahn, Basel 1996, insbesondere MÄCHLER-ERNE MONICA zu Art. 16 IPRG, S. 140 ff. («Basler Komm. zum IPRG»); VOLKEN PAUL, Die internationale Rechtshilfe in Zivilsachen, Schulthess Polygraphischer Verlag, Zürich 1996, insbesondere Kap. 4: Die Rechtsanwendungshilfe, S. 139 ff.; KNOEPFLER FRANÇOIS/SCHWEIZER PHILIPPE, Droit international privé suisse, 2. Aufl., Editions Stæmpfli & Cie SA, Berne 1995; KEGEL GERHARD, Internationales Privatrecht, 7. Aufl., C.H. BECK Verlagsbuchhandlung, München 1995; HEINI ANTON/KELLER MAX/SIEHR KURT/VISCHER FRANK/VOLKEN PAUL (Hrsg.), IPRG Kommentar, Kommentar zum Bundesgesetz über das internationale Privatrecht (IPRG) vom 1. Januar 1989, Schulthess Polygraphischer Verlag, Zürich 1993, insbesondere KELLER MAX/GIRSBERGER DANIEL zu Art. 16 IPRG, S. 147 ff. («IPRG Komm. Zürich»); MESSMER GEORG/IMBODEN HERMANN, Die eidgenössischen Rechtsmittel in Zivilsachen, Berufung, zivilrechtliche Nichtigkeitsbeschwerde und staatsrechtliche Beschwerde, Schulthess Polygraphischer Verlag, Zürich 1992; KNOEPFLER FRANÇOIS/SCHWEIZER PHILIPPE, Das Bundesgesetz über das internationale Privatrecht (IPRG) vom 18. Dezember 1987, Allgemeiner Teil des IPRG, Schweizerische Juristische Kartothek (Genf) (SJK) Karte 241, Genf 1992; POUDRET JEAN-FRANÇOIS/SANDOZ-MONOD Suzette (Hrsg.), Commentaire de la loi fédérale d'organisation judiciaire, Volume II, Articles 41–82, Editions Stæmpfli & Cie SA, Berne 1990, insbesondere POUDRET JEAN-FRANÇOIS, Art. 43a /Art. 68 OG, S. 179 ff. und 629 ff.; SCHNYDER ANTON K., Das neue IPR-Gesetz, 2. Aufl., Schulthess Polygraphischer Verlag, Zürich 1990; SCHWANDER IVO, Einführung in das internationale Privatrecht, Band I, Allgemeiner Teil, 2. Aufl., Dike Verlag AG, St. Gallen 1990; WALDER HANS ULRICH, Einführung in das Internationale Zivilprozessrecht der Schweiz, Schulthess Polygraphischer Verlag, Zürich 1989, § 11, IV. S. 208–213; KELLER MAX/SIEHR KURT, Allgemeine Lehren des internationalen Privatrechts, Schulthess Polygraphischer Verlag, Zürich 1986, insbesondere § 37; GULDENER MAX, Schweizerisches Zivilprozessrecht, 3. Aufl., Schulthess Polygraphischer Verlag, Zürich 1979, S. 155 ff.; GUTZWILLER MAX/HINDERLING HANS/MEIER-HAYOZ ARTHUR/MERZ HANS/SECRÉTAN ROGER/VON STEIGER WERNER (Hrsg.), Schweizerisches Privatrecht, Helbing & Lichtenhahn Basel und Stuttgart, Band I, 1969, insbesondere VISCHER FRANK, Internationales Privatrecht, S. 509 ff.

Spezialliteratur (chronologisch)

SCHNYDER ANTON K., Kollisionsrecht als Inbegriff juristischer Hermeneutik, Basler Juristische Mitteilungen (Basel) (BJM) 1995, S. 113 ff.; MAYER PIERRE, Le Juge et la loi étrangère, Schweizerische Zeitschrift für internationales und europäisches Recht (Zürich) (SZIER) 1991, S. 481 ff.; FACULTÉ DE DROIT DE L'UNIVERSITÉ DE FRIBOURG/ STOFFEL WALTER A./VOLKEN PAUL (Hrsg.), Conflits et harmonisation, Kollision und Vereinheitlichung, Conflicts and Harmonization, Mélanges en l'honneur d'Alfred E. von Overbeck à l'occasion de son 65ème anniversaire, Édition Universitaires Fribourg Suisse, Fribourg 1990, insbesondere VISCHER FRANK, Bemerkungen zum Verhältnis von internationaler Zuständigkeit und Kollisionsrecht, S. 349 ff.; DESSEMONTET FRANÇOIS (Hrsg.), Le nouveau droit international privé suisse, Travaux des Journées d'étude organisées par le Centre du droit de l'entreprise les 9 et 10 octobre 1987, à l'Université de Lausanne, 2e édition inchangée, Lausanne 1989, insbesondere VISCHER FRANK, La lois fédérale de droit international privé, Introduction générale, S. 21 ff. zur Anwendung ausländischen öffentlichen Rechts, S. 18–20; MEIER ISAAK, Vermögensrechtliche Ansprüche gemäss IPRG und OG – Vorschlag für funktionale Auslegung, Schweizerisches Jahrbuch für Internationales Recht (Zürich) (SJIR) 45 (1989), S. 119 ff.; STAEHELIN ADRIAN, Das neue Bundesgesetz über das internationale Privatrecht in der praktischen Anwendung: ZPO/Vollstreckung, Basler Juristische Mitteilungen (Basel) (BJM) 1989, S. 169 ff.; POUDRET JEAN-FRANÇOIS, Les modification de la Loi Fédérale d'Organisation Judiciaire introduites par la LDIP, Journal des Tribunaux (Lausanne) (JdT) 1988 I S. 604 ff.; HANGARTNER YVO (Hrsg.), Die allgemeinen Bestimmungen des Bundesgesetzes über das internationale Privatrecht, Referate und Unterlagen der Tagung vom 22. Oktober 1987 in Luzern, Veröffentlichungen des Schweizerischen Instituts für Verwaltungskurse an der Hochschule St. Gallen, Neue Reihe, Band 29, St. Gallen 1988, insbesondere VON OVERBECK ALFRED E., Die Ermittlung, Anwendung und Überprüfung der richtigen Anwendung des anwendbaren Rechts, S. 91 ff.; SCHWANDER IVO (Hrsg.), Beiträge zum neuen IPR des Sachen-, Schuld- und Gesellschaftsrecht, Festschrift für Rudolf Moser, Schweizer Studien zum internationalen Recht, Band 51, Schulthess Polygraphischer Verlag, Zürich 1987, insbesondere HEINI ANTON, Die Rechtswahl im Vertragsrecht und das neue IPR-Gesetz, S. 67 ff. und STURM FRITZ, Die allgemeinen Grundsätze im schweizerischen IPR-Gesetzesentwurf, S. 3 ff.; SCHNITZER ADOLF F., Das überforderte Kollisionsrecht, SJZ 81 (1985) S. 105 ff.; VOGEL OSCAR, Der Schweizer Richter und das IPRG, NZZ vom 6.3.1985 Nr. 54 S. 21; HEINI ANTON, Zur Überprüfung des anwendbaren ausländischen Rechts durch das Bundesgericht de lege ferenda, SJZ 80 (1984) S. 163 ff.; LAUSANNER KOLLOQUIUM, Lausanner Kolloquium über den deutschen und den schweizerischen Gesetzesentwurf zur Neuregelung des Internationalen Privatrechts, Lausanne 14.–15. Oktober 1983, Veröffentlichungen des Schweizerischen Instituts für Rechtsvergleichung, Band I, Schulthess Polygraphischer Verlag, Zürich 1984; BÖCKLI PETER/EICHENBERGER KURT/ HINDERLING HANS/TSCHUDI HANS PETER (Hrsg.), Festschrift für Frank Vischer zum 60. Geburtstag, Schulthess Polygraphischer Verlag, Zürich 1983, insbesondere VON OVERBECK ALFRED E., La théorie des «règles de conflit facultatives» et l'autonomie de la volonté, S. 257 ff.; SCHNYDER ANTON K., Die Anwendung des zuständigen fremden Sachrechts im Internationalen Privatrecht, Diss. Zürich 1981; SCHNITZER ADOLF F., Gegenentwurf für ein schweizerisches IPR-Gesetz, SJZ 76 (1980) S. 309 ff.; STAUFFER WILHELM, Die Überprüfung ausländischen Rechts durch das Bundesgericht im Berufungsverfahren, Zeitschrift für Schweizerisches Recht (Basel) (ZSR) NF 95 (1976) II S. 491 ff.; MEIER ISAAK, Iura novit curia, Die Verwirklichung dieses Grundsatzes im schweizerischen Zivilprozessrecht, Zürcher Schriften zum Verfahrensrecht, Bd. 16, Schulthess Polygraphischer Verlag, Diss. Zürich 1975, insbesondere S. 24 ff.; WALDER HANS ULRICH, Passivität = lex fori?, SJZ 71 (1975) S. 105 ff.; WURZBURGER ALAIN, La violation du droit fédérale dans le recours en réforme, Zeitschrift für Schweizerisches Recht (Basel) (ZSR) NF 94 (1975) II S. 77 ff.; STAUFFER WILHELM, Internationales Vertragsrecht und Rechtsberufung im Prozess, SJZ 70 (1974) S. 181 ff.; VISCHER FRANK, Das Problem der Kodifikation des schweizerischen internationalen Privatrechtes, Zeitschrift für Schweizerisches Recht (Basel) (ZSR) NF 90 (1971) II S. 102 ff.; GENTINETTA JÖRG, Das schweizerische Bundesgericht und die Überprüfung der Anwendung ausländischen Rechts, Diss. Fribourg 1964; VOUILLOZ BENOIT, Le rôle du juge civil à l'égard du droit étranger, Diss. Fribourg 1964; JAGMETTI MARCO, Die Anwendung fremden Kollisionsrechts durch den inländischen Richter, Diss. Zürich 1961; BROGGINI GERARDO, Die Maxime «iura novit curia» und das ausländische Recht, Archiv für die civilistische Praxis (Tübingen) (AcP) 155 (1956) S. 469 ff.; VISCHER FRANK, Einige kritische Bemerkungen zur Praxis des Bundesgerichts in der Frage der Überprüfung der richtigen Anwendung der ausländischen Rechte und der Normen des schweizerischen internationalen Privatrechts, SJZ 51 (1955) S. 33 ff.; VISCHER FRANK, Zur Frage der Bundesgerichtspraxis betreffend die Überprüfung der richtigen Anwendung ausländischen Rechts (Stellungnahme zum Aufsatz von Bloch in SJZ 50, 305), SJZ 51 (1955) S. 115 ff.; SCHNITZER ADOLF F., Der Sinn des internationalen Privatrecht, SJZ 51 (1955) S. 289 ff.; BLOCH KONRAD, Die Entwicklung der Rechtsprechung des schweizerischen Bundesgerichtes bei Feststellung und Anwendung von Kollisionsnormen des schweizerischen internationalen Privatrechts, SJZ 50 (1954) S. 305 ff.; BROGGINI GERARDO, Conoscenza e interpretazione del diritto straniero, Schweizerisches Jahrbuch für Internationales Recht (Zürich) (SJIR) 11 (1954) S. 105 ff.; BOSSHARD WILLY, Die Aufgabe des Richters bei der Anwendung ausländischen Rechts, Diss. Zürich 1929.

Materalien

Botschaft zum Bundesgesetz über das internationale Privatrecht (IPR-Gesetz) vom 10. November 1982, BBl. 1983 I 263 ff. (auch als Separatdruck); Amtliches Bulletin der Bundesversammlung – Ständerat (SR) 1985, S. 132 f.; Amtliches Bulletin der Bundesversammlung – Nationalrat (NR) 1986, S. 1303 ff.

ROBERT KARRER

Zur Verfahrensgestaltung in Schiedsgerichten

Eine verbreitete Meinung geht dahin, im Gegensatz zu staatlichen Gerichten sei die Schiedsgerichtsbarkeit durch ein einfacheres, formfreieres Verfahren gekennzeichnet und es könne deshalb auch rascher abgewickelt werden. Wer in der Schiedsgerichtsbarkeit als Täter (Schiedsrichter oder Parteivertreter) oder als Opfer (Partei) tätig ist, weiss, dass diese Vorstellungen eher in Ausnahme- als in den Regelfällen zutreffen.

Es sei einem Praktiker gestattet, hiezu einige Überlegungen anzustellen.

1. Rechtssoziologisch ist zunächst festzustellen, dass Konflikte, die sich bis zu einem Schiedsverfahren entwickeln, in der Regel bereits zahlreiche Vorstufen durchlaufen haben, in welchen die Parteien versucht haben, gütliche Einigungen zu treffen. Nur bei hartnäckigen Problemen, besonders bei grundsätzlichen Unterschieden in der Rechtsauffassung, für die eigentlich eine Einigung nicht rational begründet werden kann, entschliessen sich die Parteien für ein Schiedsgerichtsverfahren. Dann ist es aber Sache des Schiedsgerichts, die Sach- und Rechtslage abzuklären und zu einem rechtlich fundierten Entscheid zu gelangen, und nicht in erster Linie, den Parteien bei erster Gelegenheit – und häufig auf ungesicherter Grundlage – einen Vergleich vorzuschlagen. Anderseits können auch die Parteien nicht davon entbunden werden, den Fall ausführlich und gründlich darzustellen und das Beweismaterial aufzuarbeiten; das Schiedsgericht tut gut daran, dies von den Parteien auch zu verlangen, weil sonst das Verfahren droht, in den Augen der Parteien als oberflächlich und unverbindlich zu gelten, was entsprechend schwerer akzeptabel ist.

Etwas weniger gilt dies, wenn die Schiedsrichter zur Entscheidung «ex aequo et bono» ermächtigt sind (was im übrigen nicht besonders häufig vorkommt). Auch das Schiedsgericht, das so urteilen kann, muss den Fall in seiner Einzigartigkeit und Besonderheit erfassen und sich mit den Tatsachen und der Rechts- und Interessenlage auseinandersetzen. «Ex aequo et bono» heisst in der Regel nicht, dass das Schiedsgericht einen Entscheid nach individuellem Gutdünken und ohne Rechtsüberlegungen fällen soll. Damit wird man den Erwartungen der Parteien in der Regel nicht gerecht. Nützlich ist die Formel vor allem zur

Abkürzung von Überlegungen, die ohnedies hypothetisch sind und ein Schätzelement enthalten, etwa bei der Festlegung von entgangenem Gewinn oder sonstigem Schaden.

Die so notwendige Gründlichkeit und Sorgfalt in der Abklärung des individuellen Falls ruft allein schon nach einem geordneten Verfahrensgang von einer gewissen Förmlichkeit.

2. Ein Schiedsgerichtsverfahren ist (wie auch jedes staatliche Gerichtsverfahren) ein ritualisierter Zweikampf, dessen Fairness davon abhängt, dass er nach bestimmten Regeln abgewickelt wird, dass diese Regeln den Teilnehmern nicht nur abstrakt bekannt, sondern im Sinne einer praktischen Kompetenz auch geläufig sind, und dass sie keine der Parteien bevorzugen.

Es ist diese Komponente der Berechenbarkeit und der gleichlangen Spiesse, welche wohl das wesentliche Element darstellt. Die Erwartung von Parteien, dass nicht formalistisch vorgegangen werde, gibt wohl vor allem das Bedürfnis wieder, dass keine unerwarteten prozessualen Anforderungen auftauchen, vor allem nicht in der Spiegelung als nichtwiedergutzumachende prozessuale Versäumnisse («das hätten sie aber viel früher vorbringen sollen», «dieses Vorbringen ist nicht genügend substantiiert und es braucht daher nicht darauf eingegangen zu werden»). So willkommen die Berufung auf solche Versäumnisse für die Gegenpartei oder auch den Redaktor eines Schiedsspruches sein mögen, so sehr unterminieren sie beim Betroffenen das Vertrauen in die Fairness des Verfahrens.

In internationalen Schiedsverfahren ist anderseits die Verschiedenheit des Herkommens und damit des Vorverständnisses für das, was in einem Verfahren normal, fair und zu erwarten sei, gross. So stimmen die meisten Prozessrechte darin überein, dass Beweis nur über bestrittene und rechtsrelevante Tatsachen zu erheben ist; sie weichen aber grundlegend voneinander ab, wenn es darum geht, wann und in welcher Dichte die Tatsachen vorzubringen sind. Während nach zürcherischer Auffassung eigentlich das Tatsachenmaterial im Hauptverfahren so vorgebracht werden muss, dass die Zeugen die entsprechenden Tatsachenbehauptungen nur mit ja oder nein zu bestätigen oder zu verneinen brauchen, ist es im angelsächsischen Prozess durchaus üblich, dass im Hauptverfahren nur die groben Tatsachenkomplexe dargestellt und anerkannt oder bestritten werden und dass die Details, insbesondere die Umstände und die Indizien, dem Gericht und der Gegenpartei erst durch die Zeugen erzählt werden. – Im Bereich der Beweiserbringung durch Zeugen gibt es ebenfalls erhebliche Unterschiede darüber, wer die Zeugen in erster Linie befragt (der Richter oder die Partei) und welchen Grad von bohrendem Kreuzverhör der Zeuge sich gefallen lassen muss. Ähnliche Probleme stellen sich auf dem Gebiet der «discovery», d.h. dem Recht einer Partei Einsicht in Akten der Gegenpartei zu nehmen, oder bei Beweisführung durch Expertise. Kann der Prozess vor einem staatlichen Gericht mit einheimischen Parteien und Anwälten mit einem Fussballspiel verglichen werden, wo beide Parteien die Regeln einigermassen kennen sollten und der Schiedsrichter das Spiel sofort anpfeifen kann, so ähnelt das internationale Schiedsverfahren häufig einem Match, wo die Parteien sich nur darüber einig sind, dass ein Ballspiel stattfinden solle, wo aber unklar ist, ob Handspiel oder körperliches Anrempeln des Gegners erlaubt sein sollen oder nicht. Über diese Regeln muss man sich dann zuerst verständigen.

Um dieses Ziel des fairen, berechenbaren und fallenfreien Verfahren zu erreichen, haben sich folgende Massnahmen als hilfreich erwiesen:

3. Es lohnt sich, die Parteien oder mindestens die Parteivertreter am Anfang des Verfahrens zu einer Organisationsverhandlung zu versammeln, an der die Verfahrensfragen nicht nur dekretiert, sondern besprochen und erläutert und dann festgelegt werden. Bei Verfahren der ICC (Internationale Handelskammer) kann dies gut mit einer Verhandlung über die «Terms of Reference» verbunden werden, aber auch in andern Schiedsverfahren ist eine solche Verhandlung nützlich und lohnend.

4. Ausser in den Ausnahmefällen, wo beide Parteien (oder mindestens beide Parteivertreter) aus dem gleichen Rechtskreis stammen, ist die Verweisung auf eine bestimmte Prozessordnung nicht günstig, auch wenn sie scheinbar als einfach erscheint. Es ist vorzuziehen, dass die Schiedsrichter von der Möglichkeit Gebrauch machen, die ihnen praktisch alle Schiedsordnungen geben, das Verfahren selbst zu bestimmen (vgl. z.B. Art. 182 Abs. 2 IPRG, Art 24 Abs. 1 Konkordat, Art. 11 ICC Rules of Conciliation and Arbitration) und zwar nach Konsultation mit den Parteien. In der Praxis wird das Schiedsgericht also entsprechende Beschlüsse häufig als Entwurf formulieren und mit den Parteien besprechen und erst nachher verfügen. Solche Beschlüsse zur Bestimmung des Verfahrens brauchen nicht von Anfang an ein ganzes Verfahren abzudecken; häufig ist es zweckmässig von Verfahrensabschnitt zu Verfahrensabschnitt so vorzugehen.

5. Ganz wesentlich ist, dass irgendwelche Ausschlusswirkungen nicht stattfinden, ohne dass die Parteien dies im vornherein wissen und es ihnen wenn möglich ausdrücklich angedroht worden ist. Insbesondere dort, wo man neues, tatsächliches Vorbringen, das Nennen von neuen Beweismitteln oder auch neue rechtliche Überlegungen ausschliessen will, muss dies den Parteien rechtzeitig angezeigt werden. Mit der Formel, dass die Partei mit solchen Vorbringen nicht schlechthin ausgeschlossen ist, sondern dass solch weiteres Vorbringen nur mit Erlaubnis der Schiedsrichter möglich ist, schafft sich das Schiedsgericht die

Flexibilität für Ausnahmefälle. Gelegentlich lohnt sich umgekehrt auch der Hinweis, dass spätere Ergänzung einer Sachdarstellung oder von Beweismitteln möglich sein werde, wenn man nämlich von den Parteien keine vollständige Rechtsschrift sondern vorläufig nur eine übersichtsmässige Zusammenfassung ihrer Standpunkte und Argumente erhalten möchte.

6. Es ist meistens auch hilfreich, wenn von Anfang an klargestellt wird, wie allfällige Dokumente einzureichen sind (nämlich in Fotokopie), und man spart viel unnötige Energie, wenn von Anfang an festgelegt wird, dass Dokumente, deren Authentizität nicht ausdrücklich bestritten wird, nicht noch ausdrücklich durch Zeugen erhärtet und erläutert werden müssen.

7. Dem Ziele eines berechenbaren fallenfreien Verfahrens kommt man auch dadurch näher, dass das Schiedsgericht während des Verfahrens häufig ausdrücklich bei den Parteien nachfragt, ob sie zum Verfahren irgendwelche Vorschläge, Bemerkungen oder Beanstandungen anzubringen hätten. Entsprechend kann man bei Schliessung des Hauptverfahrens oder der Beweisaufnahme die Parteien ausdrücklich fragen, ob sie alles vorgebracht hätten, was sie vorzubringen hätten. Beide Vorkehren schützen die Schiedsrichter und die andere Partei von nachträglichen, neuen Argumenten einer Partei.

8. Die Verfahrensgestaltung durch das Schiedsgericht unter Konsultation der Parteien kann auch noch in einer andern Richtung hilfreich sein: in der Strukturierung des Verfahrens in dem Sinne, dass das Verfahren hintereinander auf einzelne Teilkomplexe beschränkt und diese vollständig durchverhandelt werden. In sehr vielen Fällen ist es so, dass zwischen den Parteien verschiedene Komplexe streitig sind, die aber häufig von der Entscheidung gleicher Vorfragen (z.B. über die Rechtsnatur des Vertrags, Wirkung von Vertragsänderungen, Ursachen von Leistungsverzögerungen, etc.) abhängen. Diese Vorfragen sind häufig prozessentscheidend, wenn sie in einem bestimmten Sinne entschieden sind. Darüber hinaus ist aber ebenso häufig ein Entscheid darüber wichtig, weil dann die Unsicherheit verkleinert wird, was häufig eine Einigung der Parteien auf dieser neuen Grundlage wieder erlaubt.

Die Konzentration des Prozesses auf einen Teilaspekt hat den grossen Vorteil – dass in diesem Zeitpunkt – die Parteien und die Schiedsrichter sich ganz auf diesen Punkt fokussieren können und dass auch die Beweiserhebungen darüber eher handhab- und verkraftbar sind, als wenn eine grosse Anzahl von verschiedenen Differenzpunkten in einer grossen Anstrengung zu erledigen sind.

9. Zusammenfassend kann folgendes gesagt werden:

In der typischen Schiedsgerichtssituation ist es nicht immer möglich, dass die Schiedsrichter ein «angenehmes», oder «unbürokratisches» oder «unformalistisches» Verfahren wählen. Vielmehr gehört es unabdingbar zu einem berechenbaren, fallenfreien Verfahren, dass der Verfahrensgang bestimmten klar definierten Regeln folgt, die sogar recht formal sein können. Schiedsrichter und Parteien sollen ihr Augenmerk vor allem darauf richten, die ihnen zustehende Verfahrensautonomie dahingehend zu nützen, dass sie klare, transparente und handhabbare Regeln schaffen, welche dem konkreten Fall angepasst sind. Dies schafft die besten Voraussetzungen für einen Schiedsspruch, der überall vollstreckbar ist und der – noch wichtiger – von beiden Parteien als in einem fairen Verfahren zustandegekommen anerkannt werden kann und damit befriedend wirkt.

ALFRED KELLER

Nachzahlungspflicht im Armenrecht (§ 92 ZPO) und Sicherungsmassnahmen

Inhalt

1. Vorbemerkungen
2. Massgebliche Rechtsgrundsätze
3. Eingeschränkte Offizialmaxime
4. Allgemeines zur Mittellosigkeit
5. Blockierte Mittel, blockierter Prozess
6. Eine vernachlässigte Geldquelle?
7. Abtretung obligatorischer Forderungen des Gesuchsstellers
   a) Aus dem Prozessergebnis
   b) Andere zu erwartende obligatorische Forderungen
8. Grenzen gutachterlicher Tätigkeit
9. Sicherung der Nachzahlung durch Grundpfandverschreibung
10. § 92 ZPO als in allen Fällen des Armenrechts latente Rückzahlungspflicht
11. Praktikabilität
12. Zusammenfassung

1. Vorbemerkungen

§ 84 Abs. 1 der zürcherischen ZPO gewährt der Partei, welcher die Mittel fehlen, um neben dem Lebensunterhalt für sich und ihre Familie die Gerichtskosten aufzubringen, auf Gesuch hin die unentgeltliche Prozessführung (UP), sofern der *Prozess nicht als aussichtslos* erscheint. Unter den gleichen Voraussetzungen wird einer Partei gemäss § 87 ZPO ein unentgeltlicher Rechtsvertreter (URV) bestellt, falls sie zur gehörigen Führung des Verfahrens eines solchen bedarf. Wie bei der Prüfung der *Prozessaussichten* vorzugehen ist, bleibt in den nachfolgenden Ausführungen ausser acht, ebenso die Frage, in welchen Fällen die gesuchstellende Partei eines Rechtsvertreters bedarf.

Von aktuellem Interesse ist die *Mittellosigkeit* der Gesuchssteller im allgemeinen, deren übrige Ressourcen versiegt sind, des Grundeigentümers jedoch im besonderen, der durch die in den letzten Jahren gesunkenen Immobilienpreise in Schwierigkeiten gerät, wenn es darum geht, einen Prozess einschliesslich der aus dem rechtskräftigen Urteil resultierenden Gerichtskosten und der allfälligen Prozessentschädigung an die Gegenpartei zu finanzieren oder – wenn die Voraussetzungen von § 73 ZPO gegeben sind – auf Anordnung des Gerichts durch eine allgemeine Prozesskaution sicherzustellen. Für den Richter, der die Mittellosigkeit des Gesuchstellers zu prüfen hat, erheben sich neue Fragen; einigen soll hier nachgegangen werden.

2. Massgebliche Rechtsgrundsätze

Der Anspruch auf unentgeltliche Rechtspflege wird durch das kantonale Prozessrecht geregelt. Vom Bundesgericht wird es nur unter dem beschränkten Gesichtswinkel des Willkürverbots geprüft. Unabhängig vom kantonalen Recht greifen die direkt auf Art. 4 BV und Art. 6 Ziff. 3 lit. c EMRK gestützten Rechtsgrundsätze ein; die Rüge von Verletzungen dieser Rechtspflegeansprüche werden vom Bundesgericht mit freier Kognition untersucht[1].

Die Verweigerung der unentgeltlichen Prozessführung oder der unentgeltlichen Rechtspflege (URP) kann beim Kassationsgericht als Verstoss gegen die §§ 84 und 87 ZPO und damit als Verletzung von wesentlichen Verfahrensgrundsätzen gemäss § 281 Ziff. 1 ZPO gerügt werden[2]. Der Grundsatz des rechtlichen Gehörs ist in dem Sinne betroffen, als auch die «bedürftige Partei in einem für sie nicht aussichtslosen Zivilprozess unmittelbar aufgrund von Art. 4 BV Anspruch darauf hat, dass der Richter für sie ohne Hinterlegung oder Sicherstellung von Kosten tätig wird, und dass ihr ein unentgeltlicher Rechts-

---

[1] BGE 120 Ia 15, 180; die bundesgerichtliche Praxis zu Art. 152 OG hat dabei eine Vorbildfunktion für die unentgeltliche Rechtspflege aus dem «Minimalanspruch» des Art. 4 BV, vgl. A. KLEY-STRULLER, Der Anspruch auf unentgeltliche Rechtspflege, AJP 1995 S. 179 ff.

[2] H. STRÄULI / G. MESSMER, Kommentar zur Zürcherischen Zivilprozessordnung, 2. Aufl., Zürich 1982, N 20 zu § 281 ZPO; D. VON RECHENBERG, Die Nichtigkeitsbeschwerde in Zivil- und Strafsachen nach zürcherischem Recht, 2. Aufl., Zürich 1986, S. 27; H.U. WALDER-RICHLI, Zivilprozessrecht nach den Gesetzen des Bundes und des Kantons Zürich unter Berücksichtigung anderer Zivilprozessordnungen, 4. Aufl., Zürich 1996, § 34 Rz 28–35.

beistand (URB) ernannt wird, wenn sie eines solchen zur gehörigen Wahrung ihrer Interessen bedarf»[3]. Bezüglich der Verletzung wesentlicher Verfahrensgrundsätze prüft die Kassationsinstanz im Rahmen der geltend gemachten Nichtigkeitsgründe (§ 290 ZPO) frei, ob im angefochtenen Entscheid von den zutreffenden Voraussetzungen tatsächlicher Natur ausgegangen worden ist[4]. Rügen der aktenwidrigen oder willkürlichen tatsächlichen Annahme (§ 281 Ziff. 2 ZPO) im Rahmen der Verweigerung der Bewilligung der unentgeltlichen Rechtspflege kommt deshalb keine selbständige Bedeutung zu; auch diese Vorbringen werden von der Kassationsinstanz unter dem Gesichtspunkt der Verletzung der Vorschriften über die unentgeltliche Prozessführung und Rechtspflege gemäss § 281 Ziff. 1 ZPO frei geprüft.

3. Eingeschränkte Offizialmaxime

Bei der Prüfung der Voraussetzungen für die Gewährung des Armenrechtes gilt die Offizialmaxime, d.h. das Gericht prüft die Voraussetzungen für die Gewährung des Armenrechts grundsätzlich von Amtes wegen und berücksichtigt dabei auch Tatsachen, die von keiner Partei behauptet wurden[5]. Die Offizialmaxime erleidet indessen in zweierlei Hinsicht eine Einschränkung. Zum einen sind die Voraussetzungen für die Gewährung von unentgeltlicher Prozessführung und Rechtspflege aufgrund des Antragsprinzips lediglich *auf Gesuch hin* zu prüfen. Zum andern ergibt sich aus § 84 Abs. 2 ZPO eine *Mitwirkungspflicht* des Gesuchstellers: Das Gericht kann von ihm Ausweise verlangen, ihn über seine Verhältnisse sowie (im Hinblick auf die Prüfung der Prozessaussichten) über seine Angriffs- und Verteidigungsmittel einvernehmen; es kann auch den Prozessgegner anhören. Erteilt der Gesuchsteller die ver-

---

[3] BGE 119 Ia 253, 109 Ia 7, 104 Ia 73 m.w.H.; STRÄULI/MESSMER (FN 2) N 1 zu § 84 ZPO; WALDER-RICHLI (FN 2) § 34 Rz 35; O. VOGEL, Grundriss des Zivilprozessrechts, 4. Aufl., Bern 1995, 11 N 58; J.P. MÜLLER, Die Grundrechte der schweizerischen Bundesverfassung, 2. Aufl., Bern 1991, S. 288; A. HAEFLIGER, Alle Schweizer sind vor dem Gesetze gleich, Bern 1985, S. 159 ff.; W. DÜGGELIN, Das zivilprozessuale Armenrecht im Kanton Luzern, Diss. Zürich 1986, S. 4–6; B. RIES, Die unentgeltliche Rechtspflege nach der aargauischen Zivilprozessordnung vom 18.12.1984, Diss. Zürich 1990, S. 9–11.

[4] RB 1987 Nr. 46; STRÄULI/MESSMER (FN 2) N 14 zu § 281 ZPO.

[5] Kass.Nr. 92/175 vom 7.12.1992 i.S. R.c.R., E. III.2.d.; Kass.Nr. 91/271 vom 2.3.1992 i.S. Z.c.Z., E. 1.2.2 m.w.H. (in plädoyer Nr. 4/92, S. 60); Kass.Nr. 91/239 vom 25.11.1991 i.S. O.c.O., E. 6.1.4 (in ZR 90 Nr. 57 sowie in plädoyer Nr. 1/92, S. 64 f.); vgl.a. STRÄULI/MESSMER (FN 2) N 16 zu § 54 ZPO m.w.H.

langten Auskünfte nicht oder bringt er die verlangten Ausweise nicht bei, so kann die unentgeltliche Prozessführung bzw. Rechtspflege verweigert werden[6]. Der «Nachweis der Mittellosigkeit» ist mit der Schwierigkeit belastet, dass sich die Mittellosigkeit als negative Tatsache dem Beweis entzieht. Der Randtitel zu § 84 ZPO spricht denn auch nur von «Voraussetzungen», die von Amtes wegen zu prüfen sind. Dabei ist – weil es an einer primären Behauptungs- und Beweislast des Gesuchstellers fehlt – nicht vorgeschrieben, aber aus prozessökonomischen Gründen erwünscht, dass der Gesuchsteller sein Begehren von Anfang an hinreichend begründet und belegt. Ein «Nachweis» kann erst im Rahmen der Mitwirkungspflichten[7] des Gesuchstellers gemäss § 84 Abs. 2 ZPO verlangt werden, wobei Glaubhaftmachung[8] genügen muss.

Die Mitwirkungspflicht verlangt vom Gesuchsteller eine umfassende und klare Darstellung seiner finanziellen Situation. Daran darf das Gericht umso höhere Anforderungen stellen, je komplexer diese Verhältnisse sind[9]. Vom *Grundeigentümer* darf ausserdem der Nachweis verlangt werden, dass er alle ihm zumutbaren Anstrengungen unternommen hat, seine Liegenschaft zu vermieten, hypothekarisch zu belasten oder sie zu veräussern, dass ihm aber kein Angebot unterbreitet worden ist, welches innert nützlicher Frist zu liquiden Mitteln geführt hätte. Gelingt dem Gesuchsteller dieser Nachweis (und ist der Prozess nicht aussichtslos), wird ihm das Gericht die unentgeltliche Prozessführung und/oder die unentgeltliche Rechtspflege gewähren; vermag er den berechtigten Anforderungen des Gerichts an die Glaubhaftmachung seiner Bedürftigkeit jedoch nicht zu genügen, wird sein Gesuch abgewiesen. Als besondere Knacknüsse erweisen sich dabei immer die *Ungewissheit* über die Marktlage (d.h. über den Verkehrswert oder – genauer – den erzielbaren Erlös beim Verkauf, die Chancen der Vermietbarkeit oder der weiteren Darlehensaufnahme) sowie der drohende *Wertverlust* z.B. bei übereilter Liquidierung. Daraus lässt sich bereits ableiten, dass die Verhältnisse nur selten klar und die Erarbeitung der Entscheidgrundlage mit beträchtlichen Schwierigkeiten verbunden ist, was die Aufgabe des Sachrichters annähernd verdoppelt: aus dem Prozess der Parteien werden, falls dessen Gegenstand nicht zufällig identisch ist mit der Grundstücksthematik, von der Arbeitslast her zwei Verfahren. Das führt vor allem in den unteren Instanzen häufig zur Verweigerung des Armenrechts. Der Gesuch-

---

[6] ZR 90 Nr. 57 E. 6.1.4.
[7] Die zumutbaren Vorkehren zum Nachweis der Prozessarmut sind getroffen, wenn «nicht ersichtlich [ist], was der Gesuchsteller zum Nachweis seiner gegenwärtigen Mittellosigkeit weiter hätte vorkehren sollen», BGE 104 Ia 327.
[8] «... muss Glaubhaftmachung genügen, wenn der Gesuchsteller seiner Beweisführungspflicht hinreichend nachgekommen ist» (BGE 104 Ia 326 f.); 120 Ia 179 E. 3a.
[9] BGE 120 Ia 182, E. 3a.

steller wird an die nächsthöhere Instanz verwiesen, wenn er an seinem Anspruch festhalten will. Dazu aber fehlen ihm möglicherweise die Mittel oder vielleicht traut er sich die Eigenfinanzierung des Prozesses nun trotz schwieriger Finanzlage doch noch zu; dass «Hoffnungen» dieser Art beim Entscheid der Vorinstanz unausgesprochen mitgespielt haben könnten, ist nicht auszuschliessen.

Bei näherer Betrachtung zeigt sich in vielen Fällen, dass die ungünstigen wirtschaftlichen Verhältnisse zunächst einmal «nur» darin bestehen, dass sich aus der gegebenen Situation keine liquiden Mittel mehr beschaffen lassen, obschon ein Aktivenüberschuss vorhanden ist. Gerade darauf, auf die Liquidität jedoch käme es an, wenn eine Kaution geleistet oder der Anwalt bevorschusst werden sollte.

4. Allgemeines zur Mittellosigkeit

Mittellosigkeit setzt voraus, dass der Gesuchsteller sämtliche eigenen Hilfsmittel zur Finanzierung des Prozesses erschöpft hat, wie Bargeld, die eigene Arbeitskraft und seinen Kredit, den er aufgrund seiner Vermögenslage erwarten darf; darin eingeschlossen ist die Liquidierung von Mitteln z.B. einer vom Gesuchsteller beherrschten Aktiengesellschaft. Gegenüber der familienrechtlichen Unterhalts- und Beistandspflicht, welche grundsätzlich auch für die Kosten vermögensrechtlicher Prozesse mit einem Dritten besteht, ist die Pflicht des Staates zur Gewährung des prozessualen Armenrechts subsidiär; es sind daher auch die finanziellen Verhältnisse des Ehegatten zu berücksichtigen[10]. Hingegen sind alle Formen der hypothetischen Einkommens- und Vermögenszurechnung unzulässig. Denn die bedürftige Person muss die Prozess- und Anwaltskosten aus ihrem realisierbaren Einkommen und Vermögen, nach Abzug der Lebensunterhaltskosten, innert angemessener Frist effektiv bezahlen können[11].

Die Bedürftigkeit des Gesuchstellers entscheidet sich nach sämtlichen Umständen im Zeitpunkt der Einreichung des Gesuchs, wobei das Gericht insbesondere zu erwägen hat, welche Mittel binnen welcher Frist aufzubringen sind[12].

---

[10] STRÄULI/MESSMER (FN 2) N 3 zu § 84 ZPO; KLEY-STRULLER (FN 1) S. 181; ZR 90 (1991) Nr. 82 m.w.H.
[11] KLEY-STRULLER (FN 1) S. 181.
[12] BGE 120 Ia 181 m.w.H.

Die Berücksichtigung der zeitlichen Abläufe sowohl des Prozesses als auch der Liquidierung von vorhandenen nichtflüssigen Mitteln ist unerlässlich und auferlegt dem Richter die Aufgabe, nicht nur diese Zeitpläne nebeneinanderzustellen, sondern sich auch Gedanken zu machen über die Erlösminderung, welche in Kauf zu nehmen sein würde, falls auf eine schnellere Liquidation vorhandener Aktiven gedrängt wird.

Gemäss bundesgerichtlicher wie auch zürcherischer Praxis darf nicht ausschliesslich auf das betreibungsrechtliche Existenzminimum abgestellt werden, und es kann einer Partei unter Umständen trotz Vorliegens eines – allerdings bescheidenen – Vermögens die unentgeltliche Rechtspflege gewährt werden[13]. Die zivilprozessuale Bedürftigkeit ist relativ, nach den konkreten Umständen des Einzelfalls zu beurteilen[14]. So dürfen Alten und Kranken bescheidene Ersparnisse nicht genommen werden[15]. Bereits in einem Entscheid von 1975 hielt das Bundesgericht fest, man könne von einem Arbeitslosen nicht erwarten, dass er seine Ersparnisse einem Streit ums Recht opfere, es sei denn, er verfüge über ein ansehnliches Vermögen[16]; in einem anderen Entscheid gestand das Bundesgericht – bei nicht näher bekannten Verhältnissen – eine nicht anzutastende «résistance de secours» von 35'000 Franken zu[17]. Aufgrund ähnlicher Erwägungen hat das Kassationsgericht die Verweigerung der unentgeltlichen Rechtspflege für einen 57jährigen arbeitslosen und fürsorgebedürftigen Gesuchsteller durch das Obergericht «in dieser pauschalen Form zumindest als nicht unbedenklich» bezeichnet, obschon der Wert des (gesamthänderischen) Eigentumsanteils des Gesuchstellers an einer Wohnung in seinem Heimatland auf rund 55'000 Franken geschätzt wurde[18]. Dass der Gesuchsteller aufgrund von §§ 26 ff. des zürcherischen Sozialhilfegesetzes[19] ausserdem verpflichtet war, die ihm ausgerichtete wirtschaftliche Hilfe im Betrage von rund 20'000 Franken zurückzuerstatten[20], brauchte das Kassationsgericht in casu

---

[13] Kass.Nr. 90/128 v. 1.10.1990 i.S. P.c.P., Erw. II.3. (erweiterter Notbedarf); STRÄULI/MESSMER (FN 2) N 4 zu § 84 ZPO, m.w.H.; vgl. schon ZR 61 Nr. 99.

[14] BGE 106 Ia 82; G. MÜLLER, Rechtsgleichheit, Kommentar zu Art. 4 BV, Basel/Zürich/Bern 1995, Rz 125.

[15] R. KEHL, Die zürcherische Praxis betr. unentgeltliche Prozessführung, S. 14.

[16] Nicht veröffentlichter Entscheid, zit. nach P. WAMISTER, Die unentgeltliche Rechtspflege, Diss. Basel 1983, S. 35.

[17] Nicht veröffentlichter Entscheid, zit. nach CH. FAVRE, L'assistance judiciaire gratuite, Diss. Lausanne 1989, S. 48; vgl.a. Kass.Nr. 91/050 vom 1.7.1991 i.S. S.c.S., E. II.4.

[18] Kass.Nr. 92/175 v. 7.12.1992 i.S. R.c.R., Erw. IV. 2 c–d.

[19] Sozialhilfegesetz vom 14.6.1981, LS 851.1.

[20] § 20 Sozialhilfegesetz, Abs. 1: «Hat ein Hilfesuchender Grundeigentum oder andere Vermögenswerte in erheblichem Umfang, deren Realisierung ihm nicht möglich oder nicht zumutbar ist, wird in der Regel die Unterzeichnung einer Rückerstattungsverpflichtung verlangt. Darin verpflichtet sich der Hilfesuchende, die Leistungen ganz oder teilweise zurückzuerstatten, wenn

nicht zu berücksichtigen, weil liquide Mittel aus dem Grundeigentum im Heimatland weder durch Vermietung noch durch Belastung oder Verkauf des Objekts zu erwarten waren; die Frage nach dem nicht antastbaren Vermögen stellte sich daher in jenem Falle letztlich nicht.

Mittellosigkeit wurde auch dem Eigentümer einer Liegenschaft zuerkannt, die bereits über ihrem Wert belastet war. Der Gesuchsteller hatte die Überschuldung seiner Gesamtsituation glaubhaft dargelegt. Das Gericht folgte ihm darin, es dürfe nicht angenommen werden, ein noch offener Baukredit, der nur objektbezogen und nach Massgabe des Baufortschritts zu verwenden war, könnte – auch wenn dieser mit verpfändeten Schuldbriefen sichergestellt war – zur Finanzierung der Prozesskosten herangezogen oder zu diesem Zweck in einen nicht objektbezogenen Kredit umgewandelt werden[21].

5. Blockierte Mittel, blockierter Prozess

Behauptet der Gesuchsteller Mittellosigkeit, ist zu prüfen, ob nicht sein Grundeigentum bisher ungenutzte Möglichkeiten der Mittelbeschaffung bietet (Vermietung, hypothekarische Belastung, Verkauf), Rechtshandlungen demnach, die vom Gesuchsteller selber vorzunehmen wären, um flüssige Mittel zu erlangen[22]. Sind dem Standpunkt des Gesuchstellers im Prozess gute Chancen einzuräumen, kann das Gericht ausserdem die unentgeltliche Prozessführung oder Rechtspflege auch nur teilweise gewähren und diese insbesondere auf eine Befreiung von Kaution und Barvorschüssen beschränken (§ 85 Abs. 2 ZPO).

Die übliche Situation, der das Gericht begegnet, wenn ein Grundeigentümer das Gesuch um unentgeltliche Prozessführung oder Rechtsvertretung stellt, präsentiert sich allerdings etwa so: Die Liegenschaft wurde in guten Zeiten mit Hypotheken bis an die Grenzen der damaligen Hypothezierungsgrundsätze des jeweiligen Grundpfandgläubigers belastet. In der Rezession verlangt dieser die Rückführung der Hypothek auf den Darlehensumfang, den er im Falle einer Neuhypothezierung heute noch gewähren würde, was oft zu einer unfreiwilligen Verwertung des Grundstücks führt. Jedenfalls wird der Grundeigentümer seines ohnehin dünnen Eigenkapitalpolsters auch dann entkleidet, wenn die Liegenschaft, belastet mit Grundpfanddarlehen in der Höhe des heute ange-

---

diese Vermögenswerte realisierbar werden.» – Abs. 2: «Die Forderung aus der Unterzeichnung einer Rückerstattungsverpflichtung kann pfandrechtlich sichergestellt werden.»

[21] Kass.Nr. 91/031 v. 23.1.1992 i.S. Sch. c. Sch., E. II.3.1.
[22] Vgl. Abschnitt 7 ff.

nommenen Verkehrswerts, sein Eigentum bleibt. Ob ein Polster noch vorhanden ist, wird dann regelmässig zum Streitobjekt zwischen Gesuchsteller und Gericht, beruht aber wohl auf falscher Fragestellung[23].

Ein rascher *Verkauf* des Objekts ist nicht jederzeit möglich, wahrscheinlich müsste es zu einem Spottpreis abgestossen werden, womit wiederum die letzten Ressourcen des Gesuchstellers verloren gehen können. Mittelbeschaffung durch *Vermietung* scheitert besonders häufig bei ausländischen Objekten an der Vermietbarkeit (ungenügender Ausbaustandard, vernachlässigbarer Mietzins), an den aus der Vermietung resultierenden Steuern und Abgaben (oft in für hiesige Vorstellungen unglaublicher Höhe) sowie den Vermittlungs- und Verwaltungsgebühren; Belastungen des Mietertrags demnach, die insgesamt eine Vermietung uninteressant erscheinen lassen oder zu einem Ergebnis führen, welches im hängigen Prozess jedenfalls nicht geeignet ist, die Kosten des Gerichts und der anwaltlichen Vertretung zu finanzieren. Die Aufnahme oder Erhöhung einer *Hypothek* kann mit einer Zinslast verbunden sein, die der Gesuchsteller nicht zu verkraften vermag – falls die Hypothezierung im Hinblick auf Verzinsung und Rückzahlung nicht ohnehin an der mangelnden Bonität des Gesuchstellers, der dem Darlehensgeber in der Regel persönlich haften müsste, scheitert.

Zusätzlich können sich in allen Fällen nicht überwindbare *rechtliche Hindernisse* auftürmen, so etwa wenn der Gesuchsteller nicht als Alleineigentümer über das Objekt verfügen kann.

Blieben die erwähnten Abklärungen ergebnislos in dem Sinne, dass ein Aktivum zwar vorhanden, jedoch kurzfristig nicht liquidierbar ist, weshalb die Möglichkeit einer Mittelbeschaffung im Rahmen der Gesuchsprüfung und ohne längere Blockierung des Prozesses nicht bejaht werden kann, stellt sich die Frage, ob das Gericht trotz schwacher Entscheidgrundlage dem Gesuch entsprechen, die Bewilligung aber davon abhängig machen soll, dass der Gesuchsteller die vom Gesetz vorgesehene Nachzahlungspflicht (§ 92 ZPO) im vornherein und freiwillig sicherstellt. Nebst den Prozessgewinnern und Erbschaftsanwärtern sind es besonders auch die *Gesuchsteller mit illiquider Vermögenslage,* an die der Gesetzgeber in § 92 ZPO[24] gedacht haben mag; ihrer Nachzahlungspflicht sollte daher grössere Aufmerksamkeit geschenkt werden.

---

[23] Vgl. Abschnitt 8.
[24] «Kommt die Partei ... *auf anderem Wege* in günstige wirtschaftliche Verhältnisse...» (§ 92 ZPO). Eine Partei, deren Aktiven die Schulden wesentlich überschreiten, die diese Differenz aber nicht in liquide Mittel umsetzen kann, *ist bereits* in günstigen wirtschaftlichen Verhältnissen, weshalb auch nicht das Prozessende abgewartet werden muss, um eine Sicherungsmassnahme für die Rückzahlung zu vereinbaren.

6. Eine vernachlässigte Geldquelle?

«Kommt die Partei, der die unentgeltliche Prozessführung oder Vertretung bewilligt wurde, durch den Ausgang des Prozesses oder auf anderem Wege in günstige wirtschaftliche Verhältnisse, so kann sie das Gericht zur Nachzahlung der ihr erlassenen Gerichtskosten und der Auslagen für die Vertretung verpflichten» (§ 92 ZPO)[25]. Es zeigt sich allerdings, dass die Gerichte solche Nachzahlungen höchst selten[26] einverlangen[27], und es stellt sich die Frage, ob die Justizverwaltung mit dieser Praxis eine wesentliche Einnahmequelle nicht ausschöpft oder ob sie bewusst auf dieses Vorgehen verzichtet, weil es letztlich die Kosten nicht deckt[28].

Massnahmen zur Sicherung der Rückzahlung gemäss § 92 sieht die ZPO nicht ausdrücklich vor. Dennoch werden sie als zulässig erachtet und zurecht ohne grossen Aufhebens praktiziert[29]. In Frage kommen die Zession obligatorischer Forderungen des Gesuchsstellers an den Staat sowie bei Grundeigentümern die Sicherung der späteren Nachzahlung durch Errichtung einer Grundpfandverschreibung (Art. 824 ZGB), d.h. in der Regel einer Maximalhypothek.

Die Nachzahlungspflicht des § 92 ZPO richtet sich gegen die Partei, der die unentgeltliche Prozessführung oder Vertretung bewilligt wurde. Sie beschränkt sich somit darauf, die vom Staat gewährten Vorschüsse wieder hereinzuholen. Mit der unentgeltlichen Prozessführung wurde diese Partei jedoch ausdrücklich auch von der Pflicht befreit, Kautionen zu leisten (§ 85 Abs. 1 ZPO), womit ihr auch die Pflicht abgenommen wurde, die im Falle des Prozessverlusts der Gegenpartei geschuldete Prozessentschädigung sicherzustellen (§ 73 ZPO).

---

[25] «Ausgang des Prozesses» und «Nachzahlung» weisen darauf hin, dass der Gesetzgeber in erster Linie die Verbesserung der wirtschaftlichen Verhältnisse durch den Prozessgewinn anvisierte, bei dem die Einforderung der Vorschüsse erst nachträglich, d.h. nach Abschluss des Prozesses angeordnet werden kann.

[26] Statistische Angaben dazu scheinen nicht verfügbar.

[27] Festlegung und Inkasso der Nachzahlung sind Sache der Justizverwaltung, Kass. Nr. 93/230 v. 10.1.1995 i.S. C. c. K., Erw. II.2.1. (mit Hinweis auf KEHL (FN 15) N 35 zu alt § 87 ZPO und ZR 47 Nr. 81); Mängel der Rückzahlungsverpflichtung sind daher bei der Aufsichtsbehörde mit Beschwerde nach §§ 108 ff. GVG zu rügen. Vgl. a. Fn. 38.

[28] Nicht verzichtet wird hingegen auf die peinlichste Beackerung der Honorarrechnungen der Anwälte und Anwältinnen, die eine amtliche Verteidigung oder unentgeltliche Rechtsvertretung übernommen haben: So hat z.B. das Bezirksgericht Zürich einen ihrer Vizepräsidenten dazu abgestellt, in den Rechnungen nach überflüssigen oder zu hoch eingesetzten Positionen zu suchen. Ob er dem Staat mehr bringt als er selbst kostet, scheint keine Frage zu sein, ebensowenig der Sinn dieser Einrichtung, die den Odem einer Gängelung von freiberuflichen durch beamtete Juristen verbreitet.

[29] STRÄULI/MESSMER (FN 2) N 2 zu § 85 ZPO, m.H. auf ZR 55 Nr. 106 und 53 Nr. 45.

Indem der Staat mit der um Armenrecht nachsuchenden Partei eine Vereinbarung über die Absicherung seiner eigenen Interessen trifft, stellt er die Gegenpartei prima vista[30] nicht schlechter, denn diese war – wenn dem Prozessgegner das Armenrecht gewährt wurde – schon bisher darauf angewiesen, die ihr zugesprochene Prozessentschädigung selbst einzutreiben.

7. Abtretung obligatorischer Forderungen des Gesuchsstellers

a) Aus dem Prozessergebnis

Darf eine Verbesserung der wirtschaftlichen Verhältnisse durch den Ausgang des Prozesses erwartet werden, liegt nahe, dass die Nachzahlung aus dem Prozessergebnis erfolgen soll. Damit sich der Gesuchsteller dieser Pflicht nicht entzieht, können die streitigen Ansprüche bis zu einem Höchstbetrag dem Staat abgetreten oder verpfändet werden, d.h. es wird die Bewilligung davon abhängig gemacht, dass der Gesuchsteller – freiwillig, da eine gesetzliche Handhabe nicht besteht – eine entsprechende Erklärung abgibt[31]. Die im Rahmen einer Nichtigkeitsbeschwerde erhobene Rüge, eine solche Abtretung sei in § 79 Abs. 2 ZPO nicht vorgesehen, wurde vom Kassationsgericht mit der Begründung ver-

---

[30] Im nachhinein allerdings, wenn es darum geht, Kasse zu machen, greift das Gericht auf die vereinbarte Sicherheit, während der Prozessgegner die ihm rechtskräftig zugesprochene Prozessentschädigung (falls diese nicht freiwillig bezahlt wird) auf dem üblichen Wege der Betreibung etc. (mit allen Weiterungen) einholen muss. Die Frage ist daher berechtigt, ob der Anspruch des Prozessgegners auf eine Prozessentschädigung (nur um diese kann es sich handeln, nicht auch um das Prozessergebnis) in die Sicherungsmassnahme einbezogen werden soll. Die das Armenrecht geniessende Partei wird wohl oder übel einwilligen müssen, wenn sie Klägerin ist und sich mit ihrer Klage durchsetzen will. Ist sie jedoch Beklagte, hat sie an der Absicherung des Gegners kein Interesse. Weil Sicherungsmassnahmen dieser Art auf Vereinbarung beruhen, wird in diesem Fall nur der Staat von der Vereinbarung profitieren, während der Kläger die mögliche Nichteinbringlichkeit der Prozessentschädigung zu seinem Prozessrisiko hinzurechnen muss.

[31] Beschluss Nr. 90057 der I. ZK des OG vom 5.3.1991 i.S. S. c. W. Aus dem Dispositiv der «vorbehalts- und bedingungslos» abzugebenden Erklärung: «Der Kl. tritt hiermit im Sinne von Art. 635 Abs. 2 ZGB den ihm angefallenen Erbanteil am Nachlass ... bis zur Höhe der ihm im Prozess ... rechtskräftig auferlegten Gerichtskosten, einstweilen höchstens Fr. 10'000.– sicherheitshalber an den Staat Zürich ab. Er ermächtigt und beauftragt gleichzeitig die Erbengemeinschaft, vor der Leistung irgendwelcher Erbschaftsaktiven an den Kl., allfällige rechtskräftig festgestellte und dem Kl. auferlegte Prozesskosten bis zur Höh von Fr. 10'000.– an den Staat Zürich (vertreten durch die dannzumal zuständige Gerichtskasse) auszuzahlen.»

worfen, es gehe nicht um die Auferlegung bzw. den Erlass einer Prozesskaution nach § 73 ff. ZPO, sondern um die Bewilligung der unentgeltlichen Prozessführung, welche auch nur teilweise erteilt werden und sich – wie in jenem Fall – auf eine Befreiung von Kaution und von Barvorschüssen beschränken könne (§ 85 Abs. 2 ZPO). Bei einem Gesuch um unentgeltliche Prozessführung sei es jedoch zulässig, deren Bewilligung von einer Abtretungserklärung abhängig zu machen, wie das Obergericht dies verlangt hatte[32].

b) Andere zu erwartende obligatorische Forderungen

Zulässig und zweckmässig[33] kann es jedoch auch sein, die «auf andere Weise» zu erwartende Verbesserung der wirtschaftlichen Verhältnisse vorwegzunehmen, d.h. die Bewilligung der unentgeltlichen Prozessführung davon abhängig zu machen, dass der Gesuchsteller dem Staat den künftigen ihm zufallenden Erlös z.B. aus einer Liegenschaft[34] oder aus einem Nachlass[35] bis zu einem Höchstbetrag abtritt oder verpfändet. Lehnte der Gesuchsteller die Abgabe der vorgeschlagenen Erklärung ab und hätte ihm – ohne die Abtretung – das Armenrecht verweigert werden müssen, entginge ihm dessen Genuss.

---

[32] RB 1991 Nr. 47 (Kass.Nr. 91/092 v. 8.5.1991 i.S. S. c. W., Erw. II.2a; bestätigt durch Urteil des BuG v. 2.8.1991).

[33] Beschluss des Obergerichts, I. ZK, LN 950110, vom 13.12.1995 i.S. St.c.St., Erw. IV.3., unter Hinweis auf STRÄULI/MESSMER (FN 2) N 2 zu § 85 ZPO, ZR 55/1956 Nr. 106 sowie ZR 53/1954 Nr. 45. Der Vorschlag, einen Betrag von Fr. 40'000.– aus dem künftigen Erlös der Liegenschaft an den Staat abzutreten, falls ihm die unentgeltliche Rechtspflege gewährt werde, kam in diesem Falle vom Gesuchsteller, weshalb nicht geprüft wurde, ob ihm die unentgeltliche Rechtspflege nicht ohnehin hätte gewährt werden müssen.

[34] Aus dem Dispositiv des selben Beschlusses (FN 32): «...Vormerk genommen, dass der Kläger, welcher zur Hälfte Miteigentümer ... ist, zur Sicherstellung der Gerichtskosten und Prozessentschädigung a) vom zukünftigen, auf ihn entfallenden Verkaufserlös oder b) von einem auf ihn entfallenden Verwertungserlös oder c) von einer von der Beklagten zu leistenden, güterrechtlichen Abschlagszahlung, falls sie die Liegenschaft übernimmt, ... dem Kanton Zürich, vertreten durch die Gerichtskasse ..., den Betrag von FR. 40'000.– abgetreten und sich verpflichtet hat, den Eintritt des Ereignisses im Sinne von vorstehend lit. a)–c) unaufgefordert dem Zessionar mitzuteilen.»

[35] Vgl. Abtretung des Prozessergebnisses, FN 30.

8. Grenzen gutachterlicher Tätigkeit

Findet sich im Vermögen eines Gesuchstellers eine Liegenschaft, stellt sich regelmässig die Frage, ob deren Verkehrswert eine (weitere) hypothekarische Belastung zulassen würde oder ob dem Gesuchsteller aus dem Objekt flüssige Mittel zukommen könnten durch Verkauf oder durch Vermietung der Liegenschaft. Dabei erweisen sich die Mühen von Gerichten und Parteien zur Feststellung des Verkehrswerts regelmässig als vergeblich. Bei einer Veräusserung der Liegenschaft hängt der Verkehrswert (hier also der Kaufpreis) vom Erwerber ab, von dem man nicht weiss, wer er ist, wann er in Erscheinung tritt und welche Konditionen er bietet. Es wird leicht übersehen, dass die Schätzung des Verkehrswerts nicht wie üblich der Gestaltung der künftigen Rechtslage zwischen den Parteien dient, sondern in diesem Falle eine Frage klären sollte, die sich zwischen einer Partei und der Justiz auftut und während des Verfahrens ohne Verzug beantwortet werden sollte. Sie kann durch eine Schätzung aber garnicht aus der Welt geschafft werden, weil auch das beste Gutachten der Kasse der gesuchstellenden Partei für die Finanzierung dieses Prozesses keine liquiden Mittel beschafft. Ähnlich verhält es sich bei der Frage, ob das Objekt noch weiter hypothekarisch belastet oder ob es vermietet werden könnte: ein Gutachten ersetzt nicht *die Bereitschaft* einer Bank, ein Darlehen zu gewähren und nicht die Unterschrift eines Mieters unter einem einträglichen Mietvertrag. Alle in diese Richtung zielenden «Feststellungen» eines Liegenschaftenschätzers oder Gerichts bleiben blosse Mutmassungen, die beim Kassationsgericht umgehend als willkürliche Annahmen gerügt werden ...

Die Verweigerung des Armenrechts gestützt auf den vermeintlich hohen Verkehrswert einer Liegenschaft gemäss einem bei den Akten liegenden, womöglich noch veralteten Gutachten ist immer wieder Gegenstand von Rechtsmittelverfahren mit höchst unbefriedigendem Ausgang. Geradezu grotesk wird die Situation, wenn zur Begründung des Armenrechtsgesuchs Gutachten und Gegengutachten beantragt und gelegentlich auch veranlasst werden, deren Kosten bald einmal die ursprüngliche Frage (Übernahme der Gerichtskosten, Finanzierung eines Rechtsvertreters) in den Hintergrund treten lassen.

Allein massgeblich für den Entscheid über das Armenrechtsgesuch des Grundeigentümers ist somit, falls die übrigen Voraussetzungen geklärt sind, ob der Gesuchsteller im Rahmen seiner Mitwirkungspflicht darzulegen vermag, dass er – immer wieder, aber erfolglos – die Aufnahme von weiteren Hypothekardarlehen, die Vermietung oder den Verkauf der Liegenschaft versucht hat. Aufgabe des Gerichts ist es dann nicht, Mutmassungen über den Verkehrswert anzustellen, sondern festzustellen, ob der Gesuchsteller das Nötige und ihm

Zumutbare unternommen hat, um das Objekt zu verkaufen, zu vermieten oder höher zu belasten.

Besonders bezüglich der Verkäuflichkeit des Objekts stellt sich die Frage, welcher Einschlag, d.h. welche Kaufpreisreduktion dem Gesuchsteller bei schneller Liquidation zugemutet werden darf. Solange die Käufer den Markt beherrschen und weil das Geschäft innert sehr kurzer Frist abgewickelt werden müsste, findet sich möglicherweise kein Interessent, der bereit wäre, auch nur annähernd den Preis zu bezahlen, den sich der Gesuchsteller vorgestellt hatte. Liegt ein konkretes Angebot zu Konditionen vor, von denen der Gesuchsteller meint, sie wären ihm nicht zumutbar, könnte das Gericht wiederum in Versuchung geraten, die Frage, ob der Gesuchsteller zu diesem Preis hätte verkaufen sollen, durch Gutachten klären zu lassen. In der Praxis dürfte dieses Vorgehen bereits am Zeitbedarf scheitern: über das Armenrechtsgesuch sollte schnell entschieden werden, die Begutachtung kann lange dauern und Rechtsmittelverfahren provozieren, vor allem jedoch ändert derzeit die Situation auf dem Immobilienmarkt so rasch, dass auch der einsame Interessent sich anderweitig bedient hat, wenn endlich das Gutachten vorliegt. Wichtiger noch scheint in diesem Zusammenhang aber, dass in die Autonomie des Gesuchstellers eingegriffen und von ihm die Liquidation eines Aktivums unter dem vorgestellten Wert erwartet wird, also die – vermeintliche oder tatsächliche – Vernichtung von Vermögen.

Die Frage, welche Verschlimmerung der wirtschaftlichen Situation das Gericht dem Gesuchsteller zumuten darf, stellt sich auch bei der Vermietung des Objekts: Unter welchen Konditionen wäre eine Vermietung noch zu rechtfertigen? Ist angesichts des Mieterschutzes die sofortige Vermietung eines Objekts zu einem tiefen, vermeintlich vorübergehenden Mietzins langfristig zu verantworten? Oder bei einer Erhöhung der Grundpfanddarlehen: Welche zusätzliche Zinslast vermag der Gesuchsteller zu verkraften? Kann er die von der Bank verlangten Amortisationsraten zahlen? Die *Auswirkungen* der Massnahmen, welche das Gericht dem Gesuchsteller zumutet, sind bei der Feststellung seiner finanziellen Verhältnisse zu berücksichtigen, was in vielen Fällen dazu zwingt, auch von Massnahmen abzusehen, die scheinbar geeignet sind, dem Gesuchsteller die zur Finanzierung des Prozesses nötigen Mittel zu beschaffen.

Verweigert das Gericht das Armenrecht, weil der Gesuchsteller nicht gemäss den Preisvorstellungen des Gerichts verkauft hat oder verkaufen will, erwartet es vom Gesuchsteller einen Eingriff in seine wirtschaftlichen Verhältnisse, der *nicht nötig* wäre. Denn das Armenrecht könnte gewährt werden, wenn gleichzeitig eine Sicherung der Nachzahlung gemäss § 92 ZPO *vereinbart* würde. Die meisten der dargelegten Situationen sollten und könnten durch eine solche Sicherungsmassnahme, bei Grundeigentümern insbesondere durch die Errichtung einer Grundpfandverschreibung, vermieden werden.

9. Sicherung der Nachzahlung durch Grundpfandverschreibung

Wird das Gesuch um Gewährung des Armenrechts gestellt, sind die im Grundeigentum liegenden Möglichkeiten in der Regel bereits ausgereizt; von konventionellen Grundpfandgläubigern (Banken, Pensionskassen) wären also keine weiteren flüssige Mittel durch Erhöhung der Grundpfandverschuldung mehr erhältlich. Es stellt sich deshalb die Frage, welchen Zweck es haben könnte, zugunsten des Staates eine Grundpfandverschreibung auf diesem Objekt zu errichten, wenn bereits Grundpfandschulden bis zur bankmässigen Belehnungsgrenze oder darüber hinaus bestehen[36], weshalb gemäss üblichen Kriterien der Kreditierung zu vermuten ist, dass eine Verwertung wahrscheinlich nichts mehr abwerfen würde. Die Sicherung der Nachzahlungspflicht gemäss § 92 ZPO durch eine Grundpfandverschreibung zugunsten des Gerichts bzw. des Staats vermag jedoch sehr wohl sinnvoll zu sein, auch wenn der übliche mit diesem Instrument verfolgte Zweck[37] hier nicht im Vordergrund steht:

Die Grundpfandverschreibung sichert eine Forderung des Gläubigers, hier des Staates[38], bei deren Nichtbezahlung die Verwertung des Grundpfands verlangt werden kann. Sie «richtet sich auf eine Beendigung des Eigentums unter bestimmten Umständen»: wenn die mit dem Pfandrecht gesicherte Forderung nicht bezahlt wird, hat der Pfandgläubiger das Recht, «den beschwerten Eigentümer – den Verpfänder – aus seinem Eigentum zu verdrängen und das Objekt zum Verkauf zu bringen», um sich für seine Forderung aus dem Verkaufserlös zu befriedigen[39]. Der Druck auf den Schuldner, der von der Ausübung dieses Rechts des Pfandgläubigers ausgehen kann, ist selbst dann bedeutsam, wenn

---

[36] So auch die Praxis der Gemeinden gestützt auf § 20 des Sozialhilfegesetzes, vgl. Tages Anzeiger vom 14.3.1997, S. 17.

[37] Gemäss Art. 824 Abs. 1 ZGB ist die Grundpfandverschreibung jenes Pfandrecht, durch welches «eine beliebige, gegenwärtige oder zukünftige oder bloss mögliche Forderung pfandrechtlich sichergestellt werden» kann; vgl. P. TUOR, B. SCHNYDER und J. SCHMID, Das Schweizerische Zivilgesetzbuch, 11. Aufl. Freiburg 1995 S. 837 ff. sowie H.M. RIEMER, Die beschränkten dinglichen Rechte, Band II, Bern 1986 S. 118 ff. – «Der Zweck der Grundpfandverschreibung ist ... lediglich der, Sicherheit für die Erfüllung einer Verbindlichkeit zu leisten», H. LEEMANN, Berner Kommentar zum Sachenrecht (1925) N 2 und 9 zu Art. 824 ZGB; dem Grundeigentümer bleiben «alle Einwendungen aus dem persönlichen Schuldverhältnis auch gegen den gutgläubigen Erwerber der Forderung erhalten» (N 9).

[38] Vertreten durch das gerade zuständige Gericht, wobei die Abwicklung des «Geschäfts» der Gerichtskasse obliegt. Sind mehrere Instanzen am Verfahren beteiligt, ist eine Zusammenfassung des Kostenbezugs durch das Obergericht in § 204 GVG vorgesehen. Vgl. a. Fn. 27.

[39] P. SIMONIUS/TH. SUTTER, Schweizerisches Immobiliarsachenrecht, Band II: Die beschränkten dinglichen Rechte, Basel 1990, S. 155.

mit einem Verwertungserlös nicht zu rechnen ist, d.h. wenn dieser nur den vorangehenden Pfandrechten zugutekäme[40]. Im Zeitpunkt der Gewährung des Armenrechts ist der Betrag der zu sichernden späteren Nachzahlung unbestimmt[41], weshalb in der Grundpfandverschreibung ein Höchstbetrag anzugeben ist, bis zu dem das Grundstück für alle Ansprüche des Gläubigers haftet[42]. Diese Maximalhypothek dient somit bei entsprechender Vereinbarung der Sicherung nicht nur eines fixen Betrags, sondern aller Kosten, die dem Staat aus dem betreffenden Prozess anfallen können; ob damit auch Zinsen[43] gesichert werden könnten, mag einstweilen dahingestellt bleiben.

Die Grundpfandverschreibung ist dem Grundeigentümer auf die Dauer lästig. So ist z.B. die Aufnahme eines weiteren Hypothekardarlehens im gleichen oder in einem vorangehenden Rang nur mit Zustimmung des Gläubigers (Staat bzw. Gericht) möglich. Die darin liegende Bedeutung kann durch die Vormerkung eines Nachrückensrechts[44] noch verstärkt werden. Ausserdem bleibt die Haftung des Grundpfands auch bei Handänderung bestehen[45].

Der Grundeigentümer hat daher ein nicht zu unterschätzendes *eigenes* Interesse, die Nachzahlung zu leisten: Er will die Grundpfandverschreibung löschen können, d.h. er wird sich selbst bemühen, die Voraussetzungen für die Löschung zu schaffen und wird demgemäss von sich aus bemüht sein, die Nachzahlung zu leisten. Insofern findet auch ein Rollentausch statt, der das Gericht davon

---

[40] Eine allfällige Zwangsverwertung des Grundstücks belegt die Bedürftigkeit des Gesuchstellers im Zeitpunkt der Zwangsverwertung, ist aber auch ein Indiz dafür, dass Bedürftigkeit schon bei der Beurteilung seines Gesuchs bestanden hatte. Damit wird die Richtigkeit des Entscheids, ihm (nach Prüfung auch der übrigen Voraussetzungen) die unentgeltliche Prozessführung bzw. Rechtspflege zu gewähren, bestätigt. Als letztrangiger Gläubiger muss der Staat damit rechnen, dass sein Zwangsverwertungsbegehren am Deckungsprinzip (Art. 126 SchKG) scheitert; kommt er dabei zu Verlust, tritt aber nur ein, was er bei der Gewährung des Armenrechts, also im vornherein, in Kauf genommen hat.
[41] Die Grundpfandverschreibung kann auch zur Sicherung von zukünftigen und bedingten Forderungen verwendet werden, insbesondere auch zur Sicherung des jeweiligen Saldos aus einem sich entwickelnden Abrechnungsverhältnis («Kredit- oder Sicherstellungshypothek»), SIMONIUS/ SUTTER (FN 37) S. 162 f.
[42] Art. 794 Abs. 2, 824 Abs. 1 und 825 Abs. 1 ZGB; BGE 115/1989 II 359.
[43] Bei dem gerichtlichen Entscheid über die Rückzahlungspflicht gemäss § 92 ZPO ohne vorgängige Vereinbarung mit dem Gesuchsteller scheitert die Auferlegung von Zinsen an § 205 GVG, wonach die Gerichtskostenforderungen unverzinslich sind. Bei vertraglich gesichertem Rückzahlungsversprechen, d.h. bei Gewährung des Armenrechts z.B. gegen Errichtung einer Grundpfandverschreibung, können die Modalitäten grundsätzlich frei, in concreto jedoch abhängig von dem Angebot, auf welches die Parteien sich einigen, festgelegt werden. Eine Vereinbarung darüber, ob, wie und ab wann ein Zins geschuldet ist, könnte daher nicht im vornherein ausgeschlossen werden.
[44] Art. 814 ZGB. Vgl. a. SIMONIUS/SUTTER (FN 37) S. 177 f.
[45] Art. 832 ZGB; es sei denn, die Schuld werde abgelöst oder vom Erwerber übernommen; SJZ 1996 S. 46 m.H. auf BGE 121 III 256.

enthebt, jahrelang hinter der verpflichteten Partei her zu sein, ihre Vermögensverhältnisse zu kontrollieren und allenfalls ein Inkassoverfahren einzuleiten.

Gegenüber der Zession des Erlöses aus einem künftigen Verkauf hat die Grundpfandverschreibung den Vorteil, Sicherheit zu bieten, auch wenn es nicht zu einem Verkauf kommt.

Durch Errichtung eines Grundpfandrechts (wie auch durch Abtretung einer Forderung[46]) können somit – selbst wenn die Bonität dieser Sicherheit zweifelhaft ist – bei der Behandlung des Gesuchs um unentgeltliche Prozessführung bzw. Rechtspflege Diskussionen über die Frage, ob sich aus dem Grundeigentum noch etwas Flüssiges herauspressen liesse, und zwar jetzt, im Zeitpunkt des Entscheids über das Armenrechtsgesuch, weitgehend vermieden werden.

10. § 92 ZPO als in allen Fällen des Armenrechts latente Rückzahlungspflicht

Da dem Gesuchsteller die unentgeltliche Prozessführung bzw. Rechtsvertretung gewährt werden *muss*, wenn die Voraussetzungen von § 84 ZPO erfüllt sind, stellt sich die Frage, ob das Gericht dem Gesuchsteller den Abschluss einer Vereinbarung zur Sicherung der Rückzahlung auch dann anbieten darf, wenn die Entscheidgrundlagen gemäss bisheriger Praxis in klarer Weise für eine Gutheissung des Gesuchs sprechen. Dies darf m.E. bejaht werden, falls davon auszugehen ist, dass eine Rückzahlungspflicht immer besteht, wenn die Voraussetzung von § 92 ZPO gegeben ist (Eintritt günstiger wirtschaftlicher Verhältnisse), und wenn das Gericht zulässigerweise statt der (nachträglichen) Nachzahlung schon während des hängigen Prozesses die vertragliche Sicherung der Rückzahlung verlangen darf.

Die erste Frage darf ohne Zweifel bejaht werden, weil nicht das Gericht, sondern der Gesetzgeber die Rückzahlungspflicht geschaffen hat; das im Sinne von § 92 ZPO beschliessende Gericht stellt somit nur fest, dass die Voraussetzung vorhanden ist, um diese im Gesetz verankerte Pflicht im konkreten Einzelfall zu aktivieren, indem es die dem Gesuchsteller vorgestreckten Kosten zurückfordert.

Schlägt das Gericht dem Gesuchsteller die Vereinbarung von Sicherungsmassnahmen zu § 92 ZPO vor, nimmt es nicht nur den Entscheid über die Aktivierung der Rückzahlungspflicht vorweg, sondern es schlägt ihm darüber

---

[46] Vgl. Abschnitt 7.

hinaus eine (im Gesetz nicht vorgesehene) Sicherung dieser Rückzahlungspflicht vor. Diese wird von den Gerichten zurecht praktiziert[47], denn es wäre nicht einzusehen, weshalb der Staat (wo ihm nicht ohnehin ein gesetzliches Pfandrecht zusteht) nicht berechtigt sein sollte, seine Forderungen durch Abtretung, Einräumung eines Pfandrechts, etc., abzusichern. Eine Infragestellung der Möglichkeit, Sicherungsmassnahmen zu vereinbaren, würde m.E. auch die Nachzahlungspflicht des § 92 ZPO an sich treffen, d.h. es müsste dem Gesuchsteller dann auch erlaubt sein, das Begehren um Bewilligung der unentgeltlichen Prozessführung mit der Bedingung zu verknüpfen, das Gericht dürfe von § 92 ZPO (später) nicht Gebrauch machen; davon kann aber selbstverständlich nicht die Rede sein.

Durch sein Angebot «Armenrecht gegen vertragliche Sicherung der Rückzahlung von Kosten gemäss § 92 ZPO», macht das Gericht von der Möglichkeit, die dem Staat entstehenden Kosten einzufordern, während des hängigen Prozesses, also in einem früheren Zeitpunkt Gebrauch, d.h. es verschiebt den Zeitpunkt der Anmeldung der Rückforderung. Auch hier wäre nicht einzusehen, weshalb diese Verschiebung, d.h. diese Bekanntgabe, deren Vollzug ja ohnehin von der Bedingung abhängig bleibt, dass beim Gesuchsteller günstige wirtschaftliche Verhältnisse eintreten, nicht zulässig sein sollte[48]. Die Vorverschiebung der Aktivierung des Rückforderungsrechts in Frage zu stellen, würde wiederum dieses Recht an sich in Frage stellen; als latenter Anspruch des Staats ist das Nachforderungsrecht gemäss § 92 ZPO vom Gesetzgeber nicht vom Zeitpunkt seiner Geltendmachung abhängig gemacht worden.

Eine im Hinblick auf § 92 ZPO vereinbarte Sicherungsmassnahme nimmt die günstigen wirtschaftlichen Verhältnisse vorweg[49]. Sie leitet ihre Zulässigkeit aus der Freiwilligkeit ab. Verwirft der Gesuchsteller das Angebot des Gerichts, eine Vereinbarung über die Sicherung der Rückzahlung zu treffen, ist das sein gutes Recht, und das Gericht muss, wenn die Voraussetzungen von

---

[47] Vgl. Beispiele in Fn. 30 ff.

[48] Treten beim Ausgang des Prozesses die erwarteten günstigen wirtschaftlichen Verhältnisse nicht ein, ist der Gesuchsteller selbstverständlich nicht belastet, wenn keine Sicherungsmassnahme getroffen wurde. Ändern sich seine Vermögensverhältnisse später «auf anderem Wege» kann das Gericht gestützt auf § 92 ZPO Beschluss über eine Nachzahlung fassen. – Wurden jedoch Sicherungsmassnahmen während des Prozesses getroffen, so bestanden damals schon «auf anderem Wege» günstige wirtschaftliche Verhältnisse, nämlich ein – wenn auch illiquider – Aktivenüberschuss, vgl. Fn. 24. Der Weiterbestand der Sicherungsmassnahme ist daher solange gerechtfertigt, bis sie ihre Zweck erfüllt hat oder obsolet geworden ist (z.B. wenn die abgetretene Forderung untergegangen ist). Wurde die Forderung durch Grundpfandverschreibung gesichert, kann der Eigentümer des belasteten Grundstücks (hier also in der Regel der Gesuchsteller) vom Gläubiger (hier der Staat, vertreten durch das zuständige Gericht) verlangen, dass er die Löschung des Eintrags im Grundbuch bewillige (Art. 826, 964 ZGB).

[49] Vgl. Fn. 24.

§ 84 ZPO erfüllt sind (so die eingangs getroffene Annahme), das Armenrecht gewähren. Anderseits kann eine auf die Sicherung der Nachzahlung zielende Massnahme dem Gericht im zweifelhaften Einzelfall zu einer haltbaren Entscheidung verhelfen, wo sonst – bestenfalls – nur ein Provisorium möglich gewesen wäre[50].

Ist die (vollumfängliche oder beschränkte[51]) unentgeltliche Prozessführung gewährt worden, weil die Voraussetzungen dafür gegeben waren, und besteht Aussicht auf einen günstigen Ausgang des Prozesses, darf erst nach Inkrafttreten des entsprechenden Urteils entschieden werden, ob die Partei zur Nachzahlung der Kosten verpflichtet werden kann[52]. Dies hat mit einem separaten Beschluss zu geschehen, nachdem die günstigen wirtschaftlichen Verhältnisse eingetreten sind (Rechtskraft des Urteils, allenfalls unter Berücksichtigung der Einbringlichkeit der zugesprochenen Forderung). Unzulässig wäre es, das bewilligte Armenrecht rückwirkend zu entziehen, wenn die günstigen wirtschaftlichen Verhältnisse sich erst am Horizont abzeichnen[53].

11. Praktikabilität

Es ist – wie bereits dargelegt – nicht bekannt, dass die Gerichte nach Beendigung des Verfahrens regelmässig die Entwicklung von Einkommen und Vermögen des Gesuchstellers weiterverfolgen, um bei Feststellung eines Vermögenszugangs im Sinne von § 92 ZPO Beschluss zu fassen. Die praktischen Schwierigkeiten, die geleistete Hilfe zurückzufordern, werden offenbar als gross und die Chance, eine Nachzahlung hereinzuholen als derart gering erachtet, dass die Gerichte selbst unter dem gegenwärtigen Druck, jede mögliche Einsparung zu realisieren, davon absehen, ein solches Überwachungssystem einzurichten und die entsprechenden Massnahmen zu treffen[54]. Es würde jedoch nicht verwundern, wenn die vermehrte Vereinbarung von Sicherungsmassnahmen der besprochenen Art – mindestens bei einem Teil der gutgeheissenen Gesuche[55] – ermöglichen würde, was der Gesetzgeber mit § 92 ZPO anstrebte:

---

[50] Zum Beispiel eine «Gutheissung zur Zeit», in der Hoffnung, dass Zweifel über die Bedürftigkeit des Gesuchstellers sich im Laufe des Prozesses zerstreuen würden, ZR 1959 Nr. 82 S. 221.
[51] § 85 Abs. 2 ZPO.
[52] WALDER-RICHLI (FN 2) § 34 Rz 33 Fn 31 unter Hinweis auf ZR 1991/92 Nr. 90.
[53] So im Falle von ZR 1991/92 Nr. 90.
[54] Vgl.a. entsprechende Bedenken bei KLEY-STRULLER (FN 1) S. 184.
[55] Es darf vermutet werden, dass die kostspieligsten Verfahren auch die einträglichsten sein könnten ...

Schonung der Staatskasse durch Beschränkung der Rechtswohltat Armenrecht auf Bedürftige, die nicht nur in einem Liquiditätsengpass stecken. Trifft das Gericht solche Massnahmen während des hängigen Verfahrens, sind die persönlichen und wirtschaftlichen Verhältnisse des Gesuchstellers in der Regel ohne weiteres überblickbar und eine Prognose über seine Vermögensentwicklung möglich, und es können die Ziele von § 92 ZPO erreicht werden, ohne einen grösseren administrativen Apparat aufzubauen.

Ausländer haben aufgrund des Gleichbehandlungsgebots unter denselben sachlichen Voraussetzungen wie die schweizerischen Staatsangehörigen Anspruch auf Gewährung des Armenrechts[56]. Die Eintragung einer Grundpfandverschreibung oder eines ähnlichen Sicherungsinstruments könnte daher grundsätzlich auch vom Eigentümer eines ausländischen Grundstücks offeriert werden. Der Fall ist jedoch eher hypothetischer Natur, weil – wenn die Nachzahlung der gestundeten Kosten an das Gericht in der Schweiz unterbleibt – für die Zwangsvollstreckung ein ausländischer Anwalt beigezogen werden müsste. Ausserdem wäre möglicherweise mit zwischenstaatlichen Komplikationen zu rechnen, wenn ein hiesiges Gericht im ausländischen Staat als Gläubiger auftritt[57]. Im Wissen um die beschränkten Prüfungs- und Handlungsmöglichkeiten des Gerichts bei Grundstücken im Ausland sind auch die Anforderungen an die diesbezügliche Mitwirkungspflicht des ausländischen Gesuchstellers nicht besonders hoch[58], und es wird ihm schon bald einmal zugestanden, diesen Pflichten in hinreichendem Masse nachgekommen zu sein. Wo allerdings der ausländische Gesuchsteller auch dieserart reduzierten Anforderungen nicht zu genügen vermag und die Abklärungen deshalb zuviele Fragen offen lassen, muss – wenn eine Sicherungsmöglichkeit durch Pfandrecht, Abtretung, etc., nicht gegeben ist – das Armenrecht verweigert werden.

---

[56] Kass.Nr. 90/395 v. 24.6.1991 i.S. L. c. D., Erw. II.4; BGE 108 Ia 108 = Praxis 71 (1985) Nr. 233; vgl.a. A. EDELMANN, Zur Bedeutung des Bundesrechts im Zivilprozessrecht, Diss. Zürich 1990, S. 138 m.H. – Das heisst allerdings nicht, dass ein Angebot des Gesuchstellers, auf seinem Grundstück im Ausland ein der Grundpfandverschreibung ähnliches Pfandrecht eintragen zu lassen, vom hiesigen Gericht gleich zu werten wäre.

[57] Vgl. W. HAUSER und R. HAUSER, Gerichtsverfassungsgesetz vom 29.1.1911, 3. Aufl., Zürich 1978, Anm. 6 IV (1.Satz) zu § 237 aGVG. – Im vorliegenden Fall würde es sich aus hiesiger Betrachtungsweise nicht um einen hoheitlichen Akt oder eine öffentlich-rechtliche Geldforderung handeln, was Schwierigkeiten gemäss dem jeweiligen ausländischen Recht aber nicht ausschliesst.

[58] «Hat ein Gesuchsteller Grundeigentum im Ausland, können im Verfahren betreffend vorsorgliche Massnahmen im Ehescheidungsprozess keine allzu hohen Anforderungen an die Mitwirkung des Gesuchstellers gestellt werden, insbesondere bezüglich des Nachweises einer (weiteren) Belastbarkeit des Grundstückes», ZR 95/1996 Nr. 92 (in concreto wurde das Armenrecht gewährt, weil der Gesuchsteller seiner Mitwirkungspflicht zur Genüge nachgekommen war).

12. Zusammenfassung

Grundsätzlich hat die Prozesspartei für die Kosten des Prozesses in jeder Hinsicht *selbst* aufzukommen. Ist sie dazu nicht in der Lage und sind die Voraussetzungen von § 84 ff. ZPO erfüllt, *muss* ihr – auf Gesuch hin – die unentgeltliche Prozessführung gewährt werden. Dasselbe gilt für die unentgeltliche Rechtsvertretung, falls die gesuchstellende Partei für die gehörige Führung des Prozesses einer solchen bedarf.

Sind nicht liquide Aktiven vorhanden oder reichen vorhandene liquide Aktiven für die Finanzierung des Prozesses nicht aus und erweisen sich die Grundlagen für den Entscheid über die Gewährung des Armenrechts – trotz angemessener Mitwirkung des Gesuchstellers bezüglich dessen Mittellosigkeit – als letztendlich nicht oder nicht eindeutig klärbar, gebietet die im Zweifelsfalle überwiegende Pflicht des Gerichts, dem Bürger die Durchsetzung seines Rechts zu ermöglichen, eine Zwischenlösung: Ist der Prozess nicht aussichtslos[59], hat das Gericht dem Rechtssuchenden unentgeltliche Prozessführung bzw. Rechtsvertretung zu gewähren, falls dieser zu einer vertraglichen Sicherung seiner Nachzahlungspflicht[60] bereit ist, d.h. im Falle des Grundeigentümers auf seinem Grundstück zugunsten des Staates eine Grundpfandverschreibung errichten zu lassen.

---

[59] Die weitere Voraussetzung für die Gewährung der unentgeltlichen Prozessführung gemäss § 84 Abs. 1 ZPO, die hier aber nicht behandelt wird, vgl. Abschnitt 1.
[60] Zur Abtretung etc. vgl. Abschnitt 7.

VIKTOR LIEBER

Zur richterlichen Fragepflicht gemäss § 55 der zürcherischen Zivilprozessordnung

unter besonderer Berücksichtigung der Rechtsprechung des Kassationsgerichts

Inhalt

I. Vorbemerkungen
   1. Zur Entstehungsgeschichte von § 55 ZPO
   2. Bedeutung der Fragepflicht im Zivilprozess
   3. Bundesrechtliche Grundlage der richterlichen Fragepflicht?
II. Die richterliche Fragepflicht in der Praxis
   1. Allgemeines
   2. Fragepflicht in einzelnen Verfahrensstadien
   3. Fragepflicht in besonderen Verfahrensarten
III. Modalitäten der Ausübung
   1. Durch den Richter
   2. Adressat der Fragen
   3. Stellung konkreter Fragen
   4. Form und Zeitpunkt
   5. Androhung von Säumnisfolgen?
IV. Rechtsschutz

I. Vorbemerkungen

1. Zur Entstehungsgeschichte von § 55 ZPO

§ 55 der zürcherischen ZPO von 1976 statuiert, der Partei, deren Vorbringen «unklar, unvollständig oder unbestimmt» bleibe, sei «Gelegenheit zur Behebung des Mangels zu geben, insbesondere durch richterliche Befragung». Demgegenüber hatte § 99 der Prozessordnung von 1917 (aZPO) die Behebung dieses Mangels ausschliesslich durch Stellung «geeigneter Fragen» vorgesehen. Die Änderung im Wortlaut beruht auf der Überlegung, dass die frühere Fassung zu einseitig auf das mündliche Verfahren zugeschnitten war[1]; es wurde aber in der Expertenkommission darauf hingewiesen, dass der Richter auch nach neuem Recht verpflichtet sei, «notfalls konkret nach der Meinung des unbeholfenen Klägers oder Beklagten zu forschen» und sich nicht auf unbestimmte Aufforderungen zur besseren Substanzierung beschränken dürfe[2]. Von Interesse ist ferner, dass eine Beschränkung der Fragepflicht «auf unerfahrene, nichtverbeiständete Personen» in den Beratungen der Expertenkommission ausdrücklich abgelehnt wurde[3].

Gegenstand der Debatte in den vorberatenden Gremien war sodann insbesondere die Frage, ob ein Hinweis der Gegenseite auf mangelhafte Substanzierung die richterliche Fragepflicht hinfällig lassen werde; in der kantonsrätlichen Kommission wurde sogar ein diesbezüglicher Antrag eingebracht, in der Folge aber zurückgezogen[4]. Es wurde hier die Meinung geäussert, man solle dieses Problem der Praxis überlassen[5].

Im Rahmen der Beratung der kantonsrätlichen Kommission wurde schliesslich festgehalten, dass es sich bei der Fragepflicht jedenfalls insofern um eine *Pflicht* handle, als bei Vorliegen der Voraussetzungen den Parteien vom Richter Gelegenheit zur Behebung des Mangels zu geben sei[6].

2. Bedeutung der Fragepflicht im Zivilprozess

Die richterliche Fragepflicht steht im Spannungsfeld verschiedener prozessrechtlichen Maximen. Über ihre Rechtsnatur als Element des modernen, *sozialen* Zivilprozesses[7] und ihr kompensatorisches Verhältnis zur *Verhandlungs-*

---

[1] Prot. EK S. 817, Votum Messmer; vgl. auch STRÄULI/MESSMER, Kommentar zur zürcherischen Zivilprozessordnung, 2. Auflage Zürich 1982, N 6 zu § 55 ZPO.

[2] Votum Tinner, Prot. EK S. 817 u. S. 1169.

[3] Prot. EK S. 107, Votum Messmer; ferner Prot. KK S. 623. Vgl. auch hinten Ziff. II.1c.

[4] Antrag Lüchinger: «Die Fragepflicht entfällt, wenn eine Partei seitens des Gerichts oder der Gegenpartei rechtzeitig auf die Mängel ihrer Vorbringen hingewiesen wurde oder wenn eine bewusst oder eine grobfahrlässige Unterlassung angenommen werden kann»; Prot. KK S. 621–623.

[5] Prot. KK S. 623, Votum Bachtler. Vgl. zu diesem Problemkreis sodann hinten Ziff. III.1.

[6] Votum Messmer, Prot. KK S. 70; vgl. dazu auch JÜRGEN C. BRÖNNIMANN, Die Behauptungs- und Substanzierungslast im schweizerischen Zivilprozessrecht, Bern 1989, S. 66 Anm. 337.

[7] Dazu OSCAR VOGEL, Grundriss des Zivilprozessrechts, 4. Auflage Bern 1995, S. 35 ff.; PIERRE MARTIN, Probleme des Rechtsschutzes, ZSR 107/1988 II, S. 27 ff.; weitere Hinweise bei BRÖNNIMANN (Anm. 6), S. 67 Anm. 342.

maxime als Grundsatz des liberalen Prozessrechts, welchen die Fragepflicht nach Auffassung einzelner Autoren entweder einschränkt[8], mildert[9] oder ergänzt[10], ist in neuerer Zeit in beachtlichem Ausmass publiziert worden, so dass hier insoweit auf Wiederholungen verzichtet wird[11]. Hervorgehoben seien an dieser Stelle lediglich zwei Gesichtspunkte:

a) Fragepflicht und Aufklärungspflicht

In der Literatur wird verschiedentlich der richterlichen Fragepflicht (auch: Richterpflicht) auf der einen Seite die richterliche Aufklärungs- oder Hinweispflicht auf der anderen Seite gegenübergestellt. Soweit ersichtlich, besteht allerdings keine einheitliche Terminologie hinsichtlich der Bedeutung bzw. Abgrenzung der beiden Begriffe. Klar differenzieren vor allem VOGEL und MARTIN. Danach bezieht sich die richterliche Aufklärungspflicht *auf die rechtliche Seite des Falles*; der Richter hat danach die Parteien namentlich auf unzulässige Rechtsbegehren und erforderliche Klageänderungen aufmerksam zu machen und auf mögliche Einreden oder Gegenbegehren hinzuweisen[12]. Der Umfang der Aufklärungspflicht variiert dabei je nach anwendbarem Prozessrecht. Umgekehrt dient die Fragepflicht, die in den meisten Prozessordnungen umfassend anerkannt ist, nach dieser Umschreibung der Klärung der Parteivorbringen und damit der *Sammlung des Prozessstoffes in tatsächlicher Hinsicht*[13]. Demgegenüber verwendet BRÖNNIMANN – wie auch weitere Autoren – die beiden Begriffe weitgehend synonym[14].

[8] HABSCHEID, Schweizerisches Zivilprozess- und Gerichtsorganisationsrecht, 2. Auflage Basel/Frankfurt a.M. 1990, § 45 Rz 540.
[9] VOGEL (Anm. 7), S. 160 Rz 31; WALDER-RICHLI, Zivilprozessrecht, 4. Auflage Zürich 1996, § 17 Rz 13.
[10] BRÖNNIMANN (Anm. 6), S. 74 f.
[11] Vgl. – nebst den soeben (Anm. 6 bis 9) erwähnten – namentlich KUMMER, Grundriss des Zivilprozessrechts, 4. Auflage Bern 1984, S. 76 ff.; MARIANNE HEER, Von der Verhandlungs- zur Kooperationsmaxime, in: Richter und Verfahrensrecht, Festgabe 150 Jahre Obergericht Luzern, Bern 1991, 153 ff., insbes. S. 178 ff.; MARC PHILIP STERN, Prozessökonomie und Prozessbeschleunigung als Ziele der zürcherischen Zivilrechtspflegegesetze, Diss. Zürich 1989, S. 30 ff.; BENEDIKT A. SUTER, Grundsätze der prozessleitenden Entscheidung im Zivilprozess, Basel/Frankfurt a.M. 1993, S. 17 ff.; FABIENNE HOHL, La réalisation du droit et les procédures rapides, Fribourg 1994, S. 55 ff. et passim. Vgl. auch BRÖNNIMANN, ZBJV 126/1990, S. 362 ff.
[12] Aufklärungspflicht bedeutet in diesem Zusammenhang nicht, dass der Sachverhalt von Amtes wegen aufzuklären ist, sondern bezieht sich auf die Klärung des *Parteivortrags*, LEIPOLD in: STEIN-JONAS, Kommentar ZPO, 20. Auflage 1984, Rdnr. 5.
[13] Vgl. im einzelnen VOGEL (Anm. 7), S. 160 ff. Rz 31 ff.; MARTIN (Anm. 7), S. 80, 83 ff.
[14] BRÖNNIMANN (Anm. 6), S. 67; HEER (Anm. 11), S. 178, 180; ebenso offenbar die deutsche Lehre, vgl. LEIPOLD (Anm. 12), Rdnr. 1 ff. sowie ROSENBERG-SCHWAB, Zivilprozessrecht, 14. Auflage München 1986, S. 456 ff. Nach SUTER (Anm. 11), S. 17 ff., bezieht sich die richterliche Aufklärungs- bzw. Prüfungspflicht vor allem auf die Behebung formeller Mängel (z.B. ungenaue Parteibezeichnung, fehlende oder ungenügende Prozessvollmacht u.ä.).

Die zürcherische Prozessordnung spricht in § 55 ZPO allein von der Fragepflicht[15], wobei diese – wie im folgenden zu zeigen sein wird – allerdings nicht ausschliesslich (wenn auch vorwiegend) auf die Sammlung bzw. Vervollständigung des Prozessstoffes ausgerichtet ist. Fragepflicht wird in diesem Sinn hier als Oberbegriff für die richterliche Hilfestellung gegenüber der unbeholfenen oder unkundigen Partei im Rahmen ihrer tatsächlichen *und* rechtlichen Vorbringen verstanden.

b) Fragepflicht und Gebot der richterlichen Unparteilichkeit

Die Fragepflicht bedingt, dass der Richter unter bestimmten Voraussetzungen einer Partei im Prozess Hilfestellung leistet. Damit stellt sich die – im hiesigen Schriftum eher vernachlässigte – Frage nach der Vereinbarkeit dieser Hilfestellung mit dem Gebot der richterlichen Neutralität bzw. Unparteilichkeit. Im Zusammenhang mit dem seinerzeit regelmässig zuhanden der Parteien ergangenen Hinweis des Kassationsgerichts auf die Gefahr der Prozessverjährung während der Dauer des Beschwerdeverfahrens führte VOGEL aus: «Der Makel einseitiger Hilfe an eine Partei fehlt der richterlichen Aufklärungspflicht (...), wenn sie (...) richtigerweise als Aufklärung *zu Gunsten beider Parteien* in den sie betreffenden Fragen verstanden wird»[16]. Geht man davon aus, dass es sich bei der Fragepflicht um eine Pflicht (und nicht bloss um ein Recht) handelt, kann bei deren pflichtgemässer Ausübung eine Verletzung des Gebotes der Unparteilichkeit in der Regel wohl ausgeschlossen werden[17]. Umgekehrt ist zu sagen, dass der Richter, der die Grenzen der Fragepflicht zu Gunsten einer Partei überschreitet und sie über das gebotene Mass hinaus unterstützt, sich damit leicht dem Vorwurf der Parteilichkeit aussetzt. Der Weg zwischen Beachtung der Fragepflicht einerseits und Wahrung der richterlichen Neutralität ist unter Umständen schmal; mitentscheidend für die Frage, ob eine unzulässige Bevorzugung einer Partei – und damit gegebenfalls ein Ablehnungsgrund – vorliegt, können namentlich auch die Umstände sein: Regt z.B. der Richter

---

[15] Nach STRÄULI/MESSMER (Anm. 1), N 8 zu § 55 ZPO erfasst § 55 auch die richterliche Aufklärungspflicht im oben umschriebenen Sinn; so auch VOGEL (Anm. 7), S. 161 Rz 35.

[16] SJZ 84/1988, S. 76. – Das in diesem Zusammenhang ausgeteilte Lob der *vorbildlichen* Transparenz des Kassationsgerichts fällt auf den Jubilar. – Vgl. zum Problem der einseitigen Kontaktierung auch ZR 96 Nr. 8 U. WALDER-RICHLI (Anm. 9), § 17 Rz 16.

[17] Vgl. BRÖNNIMANN (Anm. 6), S. 67 Anm. 343 mit Hinweisen; a.M. LEIPOLD (Anm. 12), wonach das Gebot der Neutralität in die Interpretation der Fragepflicht miteinfliessen muss, Rdnr. 7 zu § 139 dZP. – Der Ablehnungsgrund der Raterteilung (§ 96 Ziff. 2 GVG) liegt nur vor, wenn der Richter nicht in seiner Eigenschaft als Richter, sondern privat Rat erteilt hat, vgl. HAUSER/HAUSER, Erläuterungen zum Gerichtsverfassungsgesetz des Kantons Zürich, 3. Auflage Zürich 1978, S. 397, N 5 zu § 113 aGVG sowie Kass.-Nr. 90/282 S v. 16. Mai 1991 in Sachen L.u.R., Erw. II.7.

ausserhalb des ordentlichen Verfahrensganges und des Protokolls eine Partei dazu an, nach zusätzlichen Beweismitteln zu suchen, kann dadurch der Anschein von Befangenheit im Sinne von § 96 Ziff. 4 GVG erweckt werden[18].

3. Bundesrechtliche Grundlage der richterlichen Fragepflicht?

Teilweise wird im Schrifttum die Auffassung vertreten, eine richterliche Fragepflicht ergebe sich schon aus dem – bundesprivatrechtlichen – Grundsatz «iura novit curia»[19] oder aus Verfassungsrecht, insbesondere als Bestandteil des verfassungsmässigen *Anspruchs auf rechtliches Gehör*. Lehre und Rechtsprechung rechnen aber überwiegend und überzeugend diesem verfassungsrechtlichen Anspruch eine allgemeine Hinweis- oder Aufklärungspflicht des Richters grundsätzlich[20] nicht zu. Dieser Frage ist indessen hier nicht weiter nachzugehen; es sei im einzelnen auf die umfassende Darstellung bei BRÖNNIMANN verwiesen[21]. Praktische Bedeutung kann dieser Frage im Hinblick auf die Zulässigkeit von Rechtsmitteln zukommen[22].

II. Die richterliche Fragepflicht in der Praxis

1. Allgemeines

a) Die richterliche Fragepflicht setzt voraus, dass ein bestimmter Sachverhalt von einer Partei zumindest andeutungsweise bzw. in rudimentärer Form behauptet wird und lediglich in gewissen Richtungen erkennbarerweise der *Vervollständigung* bedarf[23]. Liegt überhaupt keine Parteibehauptung vor, so

---

[18] Vgl. RB 1993 Nr. 26; nach HOHL (Anm. 11), S. 59 Rz 185 ist in diesem Zusammenhang auch zu berücksichtigen, ob eine Partei anwaltlich vertreten ist oder nicht.
[19] So etwa ISAAK MEIER, Iura novit curia, Zürich 1975, S. 138 f., 156 ff. und ihm folgend HEER (Anm. 11), S. 177; offenbar auch HOHL (Anm. 11), S. 74 Rz 240 f.
[20] Eine Ausnahme stellt das Heranziehen einer von keiner Partei in Betracht gezogenen Rechtsgrundlage durch den Richter dar; vgl. hinten Ziff. II.2e.
[21] BRÖNNIMANN (Anm. 6), S. 79 ff.; ders., ZBJV 126/1990, S. 333, je mit weiteren Hinweisen.
[22] Vgl. hinten Ziff. IV.
[23] RB 1980 Nr. 13; Kass.-Nr. 89/244 v. 2. Juli 1990 in Sachen L., Erw. 4; Kass.-Nr. 95/443 Z v. 6. März 1996 in Sachen N., Erw. III.6. Ist eine Partei schon zur Aufstellung einer solchen Behauptung nicht fähig, stellt sich die Frage des Vorgehens nach § 29 Abs. 2 ZPO. Vgl. auch MARTIN (Anm. 7), S. 80.

fehlt es an der Voraussetzung für die Ausübung der Fragepflicht[24]. Bestreitet umgekehrt eine Partei die gegnerischen Vorbringen, unterlässt dabei aber die hinreichende Substanzierung, so setzt ebenfalls die Fragepflicht ein[25], nicht aber schon bei Fehlen jeglicher Bestreitung[26]. In diesem Sinne dient die Fragepflicht nicht der Korrektur bzw. Ergänzung mangelhafter oder gar unterbliebener Parteivorbringen schlechthin[27], sondern dient dazu, «die Vorträge der Parteien in die richtigen Bahnen zu lenken»[28]. Anders als im Bereich der Untersuchungsmaxime, wo der Richter von Amtes wegen selbständig bei der Stoffsammlung tätig zu werden hat, trägt die Fragepflicht dem Richter bloss auf, die Parteien *bei ihren Bemühungen im Prozess zu unterstützen*[29].

Im allgemeinen ist die Vermutung angebracht, dass Tatsachen, die eine Partei nicht von sich aus vorträgt, sich nicht verwirklicht haben und aus diesem Grund nicht behauptet werden[30]. Denkbar ist aber auch, dass eine – namentlich nicht anwaltlich vertretene – Partei eine Behauptung deshalb nicht aufstellt, weil sie sich über deren Rechtserheblichkeit nicht bewusst ist. Indessen kann es im Rahmen der Verhandlungsmaxime grundsätzlich nicht Sache des Richters sein, einer Partei zu sagen, wie sie zu prozessieren habe. Was eine Partei zweckmässigerweise behaupten muss, um den Prozess zu gewinnen, darf ihr der Richter (auch im Hinblick auf das Gebot der Unparteilichkeit[31]) grundsätzlich nicht raten[32]. Es ist deshalb – zumindest nach § 55 ZPO[33] – auch nicht Sache des Richters, von sich aus – über eine blosse *Auslegung*[34] hinausgehend – Parteivorbringen durch Einfügung weiterer Argumente zu ergänzen; allen-

---

[24] BRÖNNIMANN (Anm. 6), S. 68 mit Hinweisen; Kass.-Nr. 96/135 Z v. 17. Februar 1997 in Sachen T., Erw. II.2/3b.
[25] ZR 89 Nr. 50; Kass.-Nr. 12/80 v. 26. März 1980 in Sachen Sch., Erw. 10; weniger streng ZR 58 Nr. 89 (zu § 99 aZPO).
[26] Kass.-Nr. 93/162 Z v. 11. April 1994 in Sachen F.R., Erw. II.3.1b; BRÖNNIMANN (Anm. 6), S. 68.
[27] ZR 58 Nr. 89, 88 Nr. 2 Erw. 2c.
[28] WALDER-RICHLI (Anm. 9), § 17 Rz 13; vgl. auch MARTIN (Anm. 7), S. 79; BRÖNNIMANN (Anm. 6), S. 72; HOHL (Anm. 11), S. 62 Rz 196 f.
[29] BRÖNNIMANN (Anm. 6)., S. 75, 78.
[30] ZR 81 Nr. 118, 88 Nr. 2 Erw. 2c; GULDENER, Schweizerisches Zivilprozessrecht, 3. Auflage Zürich 1979, S. 165 Anm. 15; HEER (Anm. 11), S. 180.
[31] Vgl. oben Ziff. I.2b.
[32] ZR 90 Nr. 37 a.E; vgl. ferner STERN (Anm. 11), S. 31; weitergehend GULDENER (Anm. 30), S. 165 Anm. 15; WALDER-RICHLI (Anm. 9), § 17 Fn. 18a; HOHL (Anm. 11), S. 73 ff. Rz 239 ff.
[33] Weitergehend teilweise andere Prozessordnungen, z.B. Art. 89 ZPO BE; vgl. dazu auch VOGEL, «recht» 1985, S. 67 u. derselbe (Anm. 7), S. 162 N 37 ff.; KUMMER (Anm. 11), S. 78 f.
[34] Vgl. dazu etwa ZR 81 Nrn. 48 und 133. Die Fragepflicht kann auch als Hilfsmittel bei der Auslegung von Parteierklärungen dienen, vgl. PAUL STUDER, Willensmängel bei Parteihandlungen im Zivilprozess u.b.B. der Zürcher ZPO, Diss. Zürich 1976, S. 28.

falls hat er darauf hinzuwirken, dass die Partei dies selber tut[35]. Ferner ist es auch nicht Sache des Richters, die Parteien danach zu fragen, ob sie andere Anträge bzw. Rechtsbegehren stellen bzw. erheben wollen[36]. Ebensowenig hat der Richter eine Partei – auch wenn sie nicht anwaltlich vertreten ist – allgemein auf Prozessrisiken oder prozessuale Rechte (z.B. auf unentgeltliche Prozessführung[37] oder auf das Novenrecht gemäss § 115 ZPO[38]) und Pflichten hinzuweisen und ihr damit die Verantwortung für ihre Vorbringen abzunehmen[39]. Eine Fragepflicht besteht schliesslich nicht, wenn offensichtlich ist, dass die betreffende Partei gar nicht Willens bzw. in der Lage ist, ihre mangelhaften Tatsachenbehauptungen besser zu substanziieren, sondern bewusst jede nähere Äusserung verweigert[40]; eine solche Weigerung darf jedoch nicht leichthin angenommen werden[41].

b) Die durch Ausübung der Fragepflicht zu vervollständigende Behauptung bzw. Bestreitung muss sodann – abgesehen von der ungenügenden Substanziierung selbst – *prozessrechtskonform* erfolgt sein. Reicht eine Partei beispielsweise im (Rekurs-)Verfahren betreffend Abänderung von Unterhaltsbeiträgen eine Urkunde als Beilage zu ihrer Rekursschrift ein, aus welcher sich zwar ergibt, dass bezüglich einzelner Notbedarfspositionen nachträglich gegenüber dem Verfahren vor erster Instanz Änderungen eingetreten sind, ohne aber diese Beilage insoweit zum Bestandteil ihres Vortrags zu erklären, so fehlt es an einer hinreichenden Behauptung der Änderung[42] und insoweit an einer Voraus-

---

[35] Kass.-Nr. 81/79 v. 30. April 1979 in Sachen K., Erw. IV.; Kass.-Nr. 124/84 v. 4. Juni 1984 in Sachen M., Erw. 4; Kass.-Nr. 94/373 Z v. 14. Januar 1995 in Sachen U., Erw. II.2.; HEER (Anm. 11), S. 184; MARTIN (Anm. 7), S. 81 Anm. 215; BRÖNNIMANN (Anm. 6), S. 73; ders. (Anm. 11), S. 364.

[36] Kass.-Nr. 10/82 v. 19. März 1982 in Sachen Ae., Erw. 3: Klage auf Feststellung der Auflösung und Durchführung der Liquidation einer einfachen Gesellschaft, ohne dass beantragt worden war, die Gesellschaft sei eventuell vom Richter gestützt auf Art. 545 Ziff. 7 OR aus wichtigen Gründen aufzulösen. Nach Auffassung einzelner Autoren geht hier aber die Aufklärungspflicht weiter; vgl. oben Ziff. I.2a.

[37] Hinten Ziff. 2c am Ende.

[38] Kass.-Nr. 96/165 Z v. 18. November 1996 in Sachen Sp., Erw. II.3b.

[39] Kass.-Nr. 96/064 Z v. 30. November 1996 in Sachen S., Erw. II.4; anders (unter dem Gesichtspunkt der Aufklärungspflicht) VOGEL (Anm. 7), S. 161 Rz 35. Ob der Richter im Rahmen seiner Fragepflicht auf die Verjährung hinweisen dürfe, ist – im Hinblick auf Art. 142 OR – umstritten, vgl. BERTI, in: Kommentar zum schweizerischen Privatrecht, OR Allgemeiner Teil, 2. Auflage Basel 1996, N 3 zu Art. 142 OR. Vgl. auch LEIPOLD (Anm. 12), Rdnr. 24, wonach ein solcher Hinweis die Ablehnung des Richters wegen Besorgnis der Befangenheit begründen kann.

[40] Kass.-Nr. 94/082 Z v. 27. September 1994 in Sachen M., Erw. II/2a/cc,ee; ebenso STRÄULI/MESSMER (Anm. 1), N 4 a.E. zu § 55 ZPO mit weiteren Hinweisen; BRÖNNIMANN (Anm. 6), S. 73.

[41] Kass.-Nr. 91/316 Z v. 15. Juni 1992 in Sachen F., Erw. II.6; Kass.-Nr. 95/140 Z v. 15. Juli 1995 in Sachen E., Erw. II.1e; ferner ZR 78 Nr. 125. Vgl. auch STRÄULI/MESSMER (Anm. 1), N 4 a.E. zu § 55 ZPO mit Hinweisen; HEER (Anm. 11), S. 121.

[42] Vgl. ZR 95 Nr. 12.

setzung für die Ausübung der Fragepflicht[43]. Ebensowenig kann die Fragepflicht durch *verspätete* Parteivorbringen ausgelöst werden; nur wenn rechtzeitig gemachte Vorbringen unklar, unvollständig oder unbestimmt bleiben, entsteht die richterliche Fragepflicht mit der Folge, dass Ergänzungen der Partei nach § 115 Ziff. 5 ZPO im Prozess noch zu berücksichtigen sind[44].

c) Ob eine Partei anwaltlich vertreten bzw. selbst rechtskundig ist, ist für die Ausübung der richterlichen Fragepflicht grundsätzlich ohne Bedeutung[45]; immerhin wurde (unter der alten ZPO) entschieden, dass im Falle der rechtskundigen Vertretung das Gericht seiner Fragepflicht schon genüge, wenn es hinsichtlich bestimmter Behauptungen auf mangelhafte oder fehlende Substanzierung hinweise[46].

d) Wesentlich für die Ausübung der Fragepflicht ist, dass auch hier – wie im Verfahrensrecht schlechthin (vgl. § 50 ZPO) – das *Gebot von Treu und Glauben* gilt. Dies bedeutet konkret einerseits, dass die Fragepflicht *gemildert* sein kann, wenn sich eine Partei schon aufgrund des vorangehenden Prozessverlaufes über ihre prozessualen Obliegenheiten hinreichend im Klaren sein muss. Ist einer Partei beispielsweise bereits aufgrund der Erwägungen des erstinstanzlichen Entscheides bewusst, dass sie zu einem bestimmten Punkt keine genügenden Beweismittel beizubringen vermochte, und wurde sie zudem ausdrücklich auf die (altrechtlichen) Bestimmungen über das Novenrecht im Berufungsverfahren (§ 267 ZPO in der vor dem 1.1.1996 geltenden Fassung) hingewiesen, so ist (bzw. war) das Berufungsgericht nicht verpflichtet, ihr zusätzlich Gelegenheit zur Substanzierung sowie zur Nennung bzw. Einreichung entsprechender Beweismittel zu geben[47]. Umgekehrt kann aber der Grundsatz

---

[43] Kass.-Nr. 95/009 Z v. 3. August 1995 in Sachen L., Erw. II.3.
[44] Kass.-Nr. 180/80 v. 31. Oktober 1980 in Sachen G., Erw. 3 u.H.a. STRÄULI/MESSMER (Anm. 1), N 4 zu § 55 ZPO; WALDER, in: Gedächtnisschrift Noll, Zürich 1984, S. 407 Ziff. 2; BRÖNNIMANN (Anm. 6), S. 69 mit Hinweisen; teilweise a.M. MARTIN (Anm. 7), S. 80.
[45] RB 1991 Nr. 38; VOGEL (Anm. 7), S. 162 Rz 39; ebenso STERN (Anm. 11), S. 32, der überzeugend auf die «liberalen Ziele der zürcherischen ZPO» sowie darauf hinweist, dass mit der durch einen Anwalt wegen ungenügender Substanzierung verschuldeten Prozessniederlage in aller Regel nicht der Anwalt, sondern die Partei bestraft wird, die in der Mehrzahl der Fälle von einem Haftpflichtprozess gegen den Anwalt absehe. Im gleichen Sinn HEER (Anm. 11), S. 177; MARTIN (Anm. 7), S. 80; a.M. THOMAS STRÄULI, Fehlerhafte Prozesshandlungen der Parteien und ihre Heilung im zürcherischen Zivilprozess, Diss. Zürich 1966, S. 94.
[46] ZR 60 Nr. 64, 66 Nr. 35 und (noch enger) Kass.-Nr. 116/57 v. 9. Oktober 1957 in Sachen R., Erw. VII.; vgl. auch STRÄULI/MESSMER (Anm. 1), N 5/6 zu § 55 ZPO; BRÖNNIMANN (Anm. 6), 70 f. mit Hinweisen. Zum Aspekt der mit der Ausübung der Fragepflicht verbundenen Gefahr der Verfahrensverzögerung vgl. Anmerkung Si. nach ZR 58 Nr. 90, S. 241.
[47] Kass.-Nr. 89/326 v. 9. Oktober 1990 in Sachen M., Erw. 6b; Kass.-Nr. 93/162 Z v. 11. April 1994 in Sachen F.R., Erw. II.3.1b.

von Treu und Glauben dazu führen, dass das Gericht gehalten ist, einer Partei Hilfestellung durch Ausübung der Fragepflicht zu leisten, so namentlich, wenn das Gericht einer Partei Anlass zur Unvollständigkeit ihrer Vorbringen gegeben hat[48].

e) Was eine Partei im Rahmen ihrer Befragung nach § 55 ZPO – worüber (z.B. anlässlich einer Referentenaudienz) ein Protokoll zu führen ist (§ 142 Abs. 3 GVG) – vorbringt, stellt Teil ihres Vortrags dar, und die Partei kann darauf so gut wie im Rahmen ihres sonstigen Vortrags im Sinne von § 54 Abs. 2 ZPO behaftet werden[49].

2. Fragepflicht in einzelnen Verfahrensstadien

Die Fragepflicht ist in erster Linie im Rahmen des Behauptungsverfahrens von Bedeutung; sie kommt aber auch in anderen Stadien des Prozesses, nämlich *allgemein bei Unklarheit über die Tragweite von Prozesshandlungen*, zum Zug[50].

a) Formulierung und Bezifferung von Klage/Rechtsbegehren

Die richterliche Fragepflicht gilt bei Vorliegen unklarer Rechtsbegehren[51]; gegebenenfalls ist hier Frist zur Behebung des Mangels nach § 106 Abs. 4 ZPO anzusetzen. Treten z.B. mehrere Personen als Kläger auf und wird im Klagebegehren verlangt, es sei die Beklagte u.a. zu verpflichten, «an die Klägerin» Schadenersatz zu leisten, so ist der Klägerschaft Gelegenheit einzuräumen, sich darüber zu äussern, auf welche der Klägerinnen sich das Rechtsbegehren bezieht, bevor auf die Klage bezüglich einer Klägerin wegen fehlender Aktivlegitimation nicht eingetreten wird[52]. Bei Klagebegehren, die nicht auf Geldzahlung gehen, ist es sodann nicht selbstverständlich, dass darin der Eventualantrag auf Teilgutheissung mitenthalten ist[53]; liegt ein ausdrücklicher Eventualantrag nicht vor und ist der Standpunkt einer Partei für den Fall der bloss teil-

---

[48] Kass.-Nr. 96/145 Z v. 22. März 1997 in Sachen G., Erw. II 3.6c/bb; vgl. weitere Beispiele nachfolgend Ziff. 2.d, 2.e und 2.i; zum Prinzip von Treu und Glauben als Ansatzpunkt für die richterliche Mitverantwortung bei der Ermittlung des Sachverhaltes eingehend HEER (Anm. 11), S. 173 ff.
[49] RB 1989 Nr. 33; Kass.-Nr. 95/039 Z v. 5. Februar 1996 in Sachen E., Erw. III.1a. Siehe auch WALDER-RICHLI (Anm. 9), § 29 Rz 9.
[50] Vgl. STRÄULI/MESSMER (Anm. 1), N 7/8 zu § 55 ZPO; insofern zu eng RB 1995 Nr. 68.
[51] STRÄULI/MESSMER (Anm. 1), N 5 zu § 106 u. N 4 zu § 55 ZPO mit Hinweisen.
[52] Kass.-Nr. 94/224 Z v. 7. November 1994 in Sachen S., Erw. II.1.
[53] Anders bei Klagen auf Geldzahlung, vgl. STRÄULI/MESSMER (Anm. 1), N 9 zu § 54 ZPO.

weisen Gutheissung ihres Begehrens unklar, so besteht Anlass zur Ausübung der richterlichen Fragepflicht[54]. Erst recht hat das Gericht nachzufragen, wenn es (bzw. eine Delegation) anlässlich einer Referentenaudienz zunächst zum Ausdruck gebracht hat, das klägerische Begehren werde voraussichtlich zu schützen sein, in der Folge aber diesem Begehren eine andere Tragweite beizumessen gedenkt, die – mangels hinreichender Substanzierung – nunmehr zu dessen Abweisung führt[55].

Auch hinsichtlich der Bezifferung des Rechtsbegehrens besteht grundsätzlich eine Fragepflicht (vgl. auch § 95 ZPO für das Sühnverfahren sowie § 100 Ziff. 5 ZPO). Eine Schätzung des Streitwertes durch das Gericht gemäss § 22 Abs. 2 ZPO setzt daher voraus, dass den Parteien Gelegenheit zur Abgabe einer entsprechenden Erklärung gegeben wurde[56]. In denjenigen Fällen, in welchen zunächst ein unbestimmter Betrag eingeklagt werden kann (§ 61 Abs. 2 ZPO), wie u.a. im Erbteilungsprozess, besteht eine solche Fragepflicht, wenn es die klagende Partei unterlässt, die Bezifferung ihrer Ansprüche nach Durchführung des Beweisverfahrens nachzuholen. Entscheidet das Gericht über einen ungenügend bezifferten Anspruch, ohne diesbezüglich sein Fragerecht ausgeübt zu haben, verletzt es einen wesentlichen Verfahrensgrundsatz[57].

b) Kautionsleistung

Bestehen Zweifel darüber, ob die von einer Partei ohne Vermerk des Betreffnisses an die Gerichtskasse geleistete Zahlung die Begleichung von Gerichtskosten eines früheren Verfahrens darstellt oder als Leistung einer ihr im Rahmen eines neuen Verfahrens auferlegten Prozesskaution zu betrachten ist, so hat das Gericht die betreffende Partei anzufragen, bevor es von der nicht erfolgten Kautionsleistung ausgeht und das Verfahren aus diesem Grund abschreibt[58].

---

[54] Kass.-Nr. 91/391 u. 392 Z v. 1. Juni 1992 in Sachen V., Erw. II.3b; hier ging es um die richterliche Genehmigung einer Scheidungskonvention, wobei das Gericht zum Schluss kam, die Konvention sei zwar in einzelnen Punkten (güterrechtliche Auseinandersetzung) unangemessen, in anderen jedoch angemessen, weshalb es sie nur teilweise genehmigte; es war den Parteivorbringen jedoch nicht zu entnehmen, ob eine solche teilweise Genehmigung erwünscht war.
[55] Kass.-Nr. 230/80 v. 18. November 1980 in Sachen D., Erw. 2c. Zur Fragepflicht im Zusammenhang mit Referentenaudienz vgl. auch hinten Ziff. 2e.
[56] Kass.-Nr. 155/67 v. 9. Januar 1968 in Sachen H., Erw. IV (zu § 99 aZPO).
[57] Kass.-Nr. 88/441 Z v. 11. Dezember 1989 in Sachen M./K., Erw. II.5c. Vgl. auch STRÄULI (Anm. 45), S. 92. Betr. Art. 42 Abs. 2 OR vgl. HOHL (Anm. 11), S. 77 Rz 250 ff. u.H.a. BGE 108 II 337.
[58] Kass.-Nr. 91/047 Z v. 2. Juli 1991 in Sachen M., Erw. 2b u.H.a. auf GULDENER (Anm. 30), S. 262. Leistet die kautionspflichtige Partei die Kaution rechtzeitig, jedoch unter versehentlicher Nennung eines falschen Betreffnisses, gilt die Kaution als geleistet: Kass.-Nr. 96/525 Z v. 20. Dezember 1996 in Sachen C., Erw. II.

c) Unentgeltliche Prozessführung

Gemäss § 84 Abs. 2 ZPO kann das Gericht die Partei, die um unentgeltliche Prozessführung nachsucht, über ihre finanziellen Verhältnisse einvernehmen. Bleiben die Vorbringen der gesuchstellenden Partei dabei wegen Unbeholfenheit unklar, unvollständig oder unbestimmt, so ist ihr ebenfalls durch Ausübung der Fragepflicht Gelegenheit zur Verbesserung des Mangels zu geben, wenn sich ergibt, dass die noch ungeklärten Umstände für die Beurteilung des Gesuchs wesentlich sein können[59]; es gilt insoweit die – durch die Mitwirkungspflicht der gesuchstellenden Partei beschränkte – Offizialmaxime[60]. Ist einer Partei aber bereits aus früheren Verfahren bekannt, welche Anforderungen an die Begründung eines Gesuchs um unentgeltliche Prozessführung hinsichtlich der finanziellen Verhältnisse gestellt werden, so kann der Hinweis auf die ungenügende Substanzierung (bzw. eine diesbezügliche Befragung) ohne Verletzung der Fragepflicht unterbleiben[61]. Es besteht auch keine generelle Pflicht des Gerichts, eine Partei überhaupt auf das Bestehen eines allfälligen Anspruchs auf unentgeltliche Rechtspflege hinzuweisen[62].

d) Fristwahrung und -erstreckung, Fristwiederherstellung

Heikel ist mitunter die Frage, wie weit die richterliche Frage- bzw. Aufklärungspflicht im Zusammenhang mit der Wahrung von prozessualen Fristen durch die Partei geht. In einem neueren Entscheid[63] hat das Kassationsgericht in diesem Zusammenhang – in Anlehnung an die Lehre – festgehalten, aus dem Grundsatz von Treu und Glauben könne keine *umfassende* Aufklärungs- oder Belehrungspflicht abgeleitet werden; eine Aufklärungspflicht bestehe lediglich dann, wenn entweder das Gericht bei der Partei einen Irrtum hervorgerufen habe oder wenn das Gesetz eine solche Pflicht vorsehe. Im konkreten Fall ging es darum, dass eine – anwaltlich vertretene – Partei dem (Berufungs-)Gericht in einer Eingabe, in der u.a. um Zustellung der Akten ersucht wurde, beiläufig in Aussicht stellte, dass sie «voraussichtlich» um einmalige Erstreckung der ihr am Tag X ablaufenden Frist zur Einreichung der Berufungsbe-

---

[59] Kass.-Nr. 92/222 Z v. 29. September 1992 in Sachen Sch., Erw. II.4c; Kass.-Nr. 95/140 Z v. 15. Juli 1995 in Sachen E., Erw. II.1e.

[60] ZR 90 Nr. 57. Für den Fall der unterbliebenen bzw. ungenügenden Auskunfterteilung darf Abweisung des Gesuchs angedroht und entsprechend verfahren werden: Kass.-Nr. 96/263 Z v. 11. März 1997 in Sachen V., Erw. IV.2.2.

[61] RB 1994 Nr. 65; Kass.-Nr. 90/283 Z v. 7. Januar 1991 in Sachen G., Erw. II.4c; Kass.-Nr. 95/533 Z v. 9. Dezember 1996 in Sachen M., Erw. III.1.

[62] Kass.-Nr. 96/064 Z v. 30. November 1996 in Sachen S., Erw. II.4; Kass.-Nr. 96/030 Z v. 27. Februar 1997 in Sachen K., Erw. II.6.

[63] RB 1996 Nr. 80.

gründung ersuchen werde; diese Frist lief ihr aber in Wirklichkeit einen Tag früher ab (was vom Gericht zu diesem Zeitpunkt nicht realisiert wurde). Das Fristerstreckungsgesuch wurde in der Folge am Tag X – also um einen Tag verspätet – gestellt, was zum Nichteintreten auf die Berufung führte. Das Kassationsgericht verneinte in diesem Zusammenhang eine Verletzung der Frage- bzw. Aufklärungspflicht: «Lediglich dann, wenn für den Richter ohne weiteres offenkundig ist, dass sich eine Partei bzw. ein Rechtsvertreter über die Fristberechnung im unklaren ist oder sich darüber irrt, wäre es nicht hinzunehmen, wenn der Richter untätig bliebe und damit bewusst in Kauf nähme, dass die betreffende Partei einen Rechtsverlust erleidet.» Diese Voraussetzung – das bewusste Inkaufnehmen der Fristversäumnis bzw. des Rechtsverlustes – war hier nicht gegeben, weil für den Richter die falsche Fristberechnung angesichts der konkreten Umstände nicht offenkundig war und es auch nicht sein musste.

Wird von einer Partei zur Begründung eines Fristerstreckungs- oder Verschiebungsgesuches oder zur Begründung eines Fristwiederherstellungsgesuches ein *ärztliches Zeugnis* eingereicht, welches unklar oder unvollständig ist, greift die richterliche Fragepflicht Platz und es ist die betreffende Partei – unter entsprechender Fristansetzung zur Verbesserung – in der Regel darauf hinzuweisen, dass das Zeugnis ergänzungsbedürftig ist, bevor Rechtsnachteile verwirklicht werden[64].

Mit der Stellung eines Fristwiederherstellungsgesuches sind die Wiederherstellungsgründe genau zu nennen und soweit möglich durch Nachweise zu belegen[65]. Ist jedoch aus dem Gesuch ersichtlich (bzw. allenfalls bereits aus früheren Prozesshandlungen des Gesuchstellers bekannt), dass dieser offensichtlich nicht in der Lage ist, die formellen Voraussetzungen zu erkennen und zu befolgen, ist es auch im Rahmen von § 199 GVG Pflicht des Gerichtes, die Partei zu befragen[66].

e) Hauptverfahren

Im Hauptverfahren haben die Parteien das Streitverhältnis darzustellen und ihre Begehren zu begründen; sie haben ihre Behauptungen «bestimmt und voll-

---

[64] ZR 88 Nr. 46; Kass.-Nr. 91/421 S v. 6. April 1992 in Sachen B., Erw. II.2d; Kass.-Nr. 96/350 Z v. 4. März 1997 in Sachen B., Erw. II.2.4. Da im Rahmen der Prozessleitung die Offizialmaxime gilt, ist es dem Gericht (auch im Hinblick auf Art. 8 EMRK) nicht verwehrt, die Partei, die sich zwecks Verschiebung einer Verhandlung auf ein ungenügendes ärztliches Zeugnis beruft, im Sinne einer prozessualen Obliegenheit dazu anzuhalten, sich die Verhandlungsunfähigkeit amtsärztlich bescheinigen zu lassen: Kass.-Nr. 95/400 Z v. 1. Juli 1996 in Sachen K., Erw. III.2 (bestätigt durch Urteil des Bundesgerichts v. 8. Juli 1997).
[65] Vgl. HAUSER/HAUSER (Anm. 17), Anm. 6.III. zu § 221 aGVG.
[66] ZR 95 Nr. 18; Kass.-Nr. 94/373 v. 14. Januar 1995 in Sachen U., Erw. II.2.

ständig» aufzustellen und sich im einzelnen über das Vorbringen des Gegners auszusprechen (§ 113 ZPO). Genügen die Parteivorbringen den Anforderungen an eine gehörigen Substanzierung nicht, so ist es Sache des Richters, durch geeignete Vorkehren – namentlich Ausübung des Fragerechts – die Ergänzung der Vorbringen zu bewirken[67].

Im einzelnen wurde entschieden:

- der blosse Hinweis auf *ungenügende Substanzierung* erübrigt eine eigentliche Befragung seitens des Gerichtes nur dann, wenn der Partei bzw. ihrem Vertreter dadurch aufgezeigt wird, welche Vorbringen inwiefern zu vervollständigen sind[68];
- eine Fragepflicht besteht gemäss § 55 ZPO grundsätzlich nicht, wenn anzunehmen ist, eine Partei habe es *infolge unrichtiger Beurteilung der Rechtslage* unterlassen, erhebliche Tatsachen überhaupt zu behaupten oder zu bestreiten[69];
- die Fragepflicht muss umso eher zur Anwendung gelangen, wenn in umfangreichen Verfahren zentrale Behauptungen bzw. Bestreitungen zu unsubstanziert geblieben sind; mit anderen Worten ist die Komplexität des einzelnen Falles zu beachten[70];
- bestehen Zweifel daran, ob die Beklagte die Aktivlegitimation der Klägerin bestreitet oder nicht, soll Anlass bestehen, die Beklagte zur Verdeutlichung ihres Standpunktes anzuhalten[71];
- kann der Richter die von der Partei vorgebrachten Argumente nicht übernehmen, weil sie ihn sachlich nicht überzeugen, so hat er die Partei nicht danach zu fragen, ob sie andere Argumente vorzubringen habe[72];
- im Zusammenhang mit einer *Änderung der vom Gericht an der Referentenaudienz geäusserten Rechtsauffassung* besteht nur dann Anlass zu einem diesbezüglichen Hinweis an die Parteien, wenn diesen sonst ein Rechtsverlust droht, der allenfalls durch den Hinweis abgewendet werden könnte[73];

---

[67] Kass.-Nr. 94/012 Z v. 9. Januar 1995 in Sachen V., Erw. II.7b, betr. hinreichende Substanzierung der individuellen Schöpfung eines urheberrechtlich geschützten Werks. Vgl. ferner STRÄULI/MESSMER (Anm. 1), N 1 zu § 55, N 13 zu § 113 ZPO; BRÖNNIMANN (Anm. 6), S. 72.
[68] Kass.-Nr. 220/87 v. 28. Oktober 1988 in Sachen K., Erw. 3b; Kass.-Nr. 325/87 v. 5. Dezember 1988 in Sachen St., Erw. 3a; STRÄULI/MESSMER (Anm. 1), N 6 zu § 55 ZPO. Vgl. auch hinten Ziff. III.3.
[69] Vgl. vorn Ziff. 1a; abweichend – unter verfassungsrechtlichen Gesichtspunkten – BRÖNNIMANN (Anm. 6), S. 80 Anm. 423 unter Hinweis auf HABSCHEID.
[70] Kass.-Nr. 96/135 Z v. 17. Februar 1997 in Sachen T., Erw. II.2.3b/bb.
[71] Kass.-Nr. 91/255 Z v. 25. November 1991 in Sachen MPI Erw. II.3a; diese Aufassung überzeugt insoweit nicht, als – was im Entscheid auch eingeräumt wird – die Frage der Aktivlegitimation eine von Amtes wegen zu prüfende Rechtsfrage ist (BGE 100 II 169) und ein ausdrücklicher Antrag bzw. eine entsprechende Einrede somit nicht erforderlich ist. Anlass zur Befragung können allenfalls unklare oder unvollständige Tatsachenvorbringen bilden, welche im Hinblick auf die Rechtsfrage der Aktivlegitimation relevant sind, so Kass.-Nr. 9/86 v. 20. Mai 1986 in Sachen W., Erw. 2.
[72] Kass.-Nr. 81/79 v. 30. April 1979 in Sachen K., Erw. IV.; Kass.-Nr. 30/84 v. 13. August 1984 in Sachen I., Erw. 5. Vgl. auch ZR 90 Nr. 37 a.E.
[73] Kass.-Nr. 95/463 Z v. 28. Oktober 1996 in Sachen I., Erw. III.3a; Kass.-Nr. 96/145 Z v. 22. März 1997 in Sachen G., Erw. II.3.6c/bb.

- hinsichtlich der *Rechtsanwendung* gilt – auch unter dem Gesichtspunkt des *Grundsatzes von Treu und Glauben und damit von Verfassungs wegen*[74] – die Praxis, dass das Gericht verpflichtet ist, von seinem Fragerecht Gebrauch zu machen, sofern es die Sache *aus einem von keiner Seite angerufenen Rechtsgrund* entscheiden will und gleichzeitig anzunehmen ist, eine Partei könne im Hinblick auf diese neue Rechtsauffassung ihre Vorbringen vervollständigen, d.h. noch weitere erhebliche *Tatsachen behaupten oder bestreiten* bzw. *weitere, noch nicht angerufene Beweise antreten*[75]. Dieser Fall liegt beispielsweise dann vor, wenn das Gericht (im Hinblick auf die Frage der Fälligkeit einer Darlehensschuld) zur rechtlichen Konstruktion des sog. umgekehrten Durchgriffs greift[76] oder wenn die Rechtsmittelinstanz von einer langjährigen Praxis zur Eintretensfrage abweichen will und die Rechtsmittelklägerin es – im Hinblick auf die bisherige Praxis – möglicherweise unterlassen hat, Behauptungen aufzustellen, wonach auch nach neuer Praxis die Eintretensvoraussetzungen erfüllt sind[77];

- ein Anspruch der Parteien, sich zu *prozessleitenden Anordnungen* zu äussern, besteht grundsätzlich nicht[78]; hingegen hat das Kassationsgericht entschieden, dass im Falle der *Abtrennung der güterrechtlichen Auseinandersetzung* vom übrigen Scheidungsverfahren die Parteien vorgängig angehört werden müssen, zumindest wenn die entsprechenden Voraussetzungen nicht klarerweise gegeben sind und die Parteien nicht mit der Abtrennung zu rechnen hatten[79];

- treten während der Rechtshängigkeit eines Verfahrens rückwirkend *neue rechtliche Bestimmungen* in Kraft, so ist das Gericht verpflichtet, den Parteien Gelegenheit zu geben, um sich zur Anwendung des neuen Rechts zu äussern und gegebenenfalls neue Tatsachen vorzubringen[80].

f) Beweisverfahren

Auch im Rahmen des Beweisverfahrens kann das Gericht dazu verpflichtet sein, von seinem Fragerecht Gebrauch zu machen. Vorab bei Schwierigkeiten einer Partei bei der *Bezeichnung oder Einreichung von Beweismitteln* hat der Richter unter Umständen behilflich zu sein. Nennt eine Partei in einer Eingabe, zu

---

[74] BGE 114 Ia 99 E. 2a mit Hinweisen.

[75] ZR 78 Nr. 35 a.E., 90 Nr. 85,S. 282/83, mit Hinweisen; zuletzt Kass.-Nr. 96/145 Z v. 22. März 1997 in Sachen G., Erw. II.3.6c/bb; vgl. auch VOGEL (Anm. 7), S. 162 Rz 42; BRÖNNIMANN (Anm. 6), S. 81 mit weiteren Hinweisen in Anm. 431. Hingegen bezieht sich die Fragepflicht nicht auf rechtliche Vorbringen als solche; das Recht ist (vorbehältlich bundesrechtlicher Ausnahmen, vgl. etwa Art. 142 OR und dazu HEER [Anm. 11], S. 182 u. MARTIN [Anm. 7], S. 84 f.) von Amtes wegen anzuwenden (§ 57 ZPO), so dass fehlendes oder unvollständiges rechtliches Vorbringen der Partei insofern nicht schadet: Kass.-Nr. 111/72 v. 7. August 1972 in Sachen Sch., Erw. IV. und oben Anm. 71; ferner STRÄULI/MESSMER (Anm. 1), N 8 zu § 57 ZPO. Vgl. im übrigen auch LEIPOLD (Anm. 12), Rdnr. 24 ff. zu § 278 dZPO. Zur abweichenden Begründung eines Rechtsmittelentscheides vgl. lit. i unten.

[76] Kass.-Nr. 91/327 Z v. 13. Januar 1992 in Sachen W., Erw. II.2.

[77] Kass.-Nr. 151/78 v. 31. Juli 1978 in Sachen K., Erw. III., betr. Voraussetzung der Beschwer bei der Berufung gegen das Scheidungs- bzw. Trennungsurteil.

[78] GULDENER (Anm. 30), S.176 Anm. 6.

[79] RB 1996 Nr. 117; vgl. auch BK-SPÜHLER/FREI/MAURER, Ergänzungsband, N 77 der Vorbemerkungen zu Art. 149–157 ZGB.

[80] RB 1994 Nr. 59.

welcher sie durch eine Beweisauflagebeschluss veranlasst wurde und in der sie auch konkret auf einen Beweissatz Bezug nimmt, Personen, ohne diese ausdrücklich als Zeugen zu bezeichnen und ohne deren vollständige Personalien anzugeben, so liegt die Vermutung nahe, dass sie damit den Beweis für die behauptete Tatsache mittels Zeugen antreten will; unter diesen Umständen ist (zumal § 137 ZPO eine genaue Nennung sämtlicher Personalien nicht vorschreibt) das Gericht verpflichtet, Gelegenheit zur Stellungnahme zu geben, sofern es daran zweifelt, ob die Partei den Beweis antreten wolle[81]. Des weiteren ist das Gericht dazu verpflichtet, eine Partei, die sich in Unkenntnis der Rechtslage im Beweisverfahren selbst als Zeuge anbietet, anzufragen, ob sie – anstelle der unzulässigen Befragung als Zeuge – die persönliche Befragung nach § 149 ZPO bzw. die Zulassung zur Beweisaussage nach § 150 ZPO beantrage, sofern es nicht ohnehin davon ausgeht, der Beweisantrag sei so zu verstehen[82]. Auch ist das Gericht gegebenenfalls verpflichtet, der Partei Gelegenheit zur nachträglichen Zuordnung angerufener Beweismittel zu den einzelnen Beweissätzen zu geben[83].

Auch im Bereich der Verhandlungsmaxime darf ausnahmsweise von Amtes wegen Beweis erhoben werden (§ 142 Abs. 2 ZPO); es können also – namentlich zum Schutz einer unbeholfenen oder schlecht beratenen Partei – auch nicht genannte Beweise abgenommen werden[84]. Fehlt es jedoch schon an entsprechenden Behauptungen, besteht kein Raum für ein Beweisverfahren und kann insoweit auch keine Fragepflicht zur Anwendung gelangen[85].

Die Einreichung von Beweismitteln durch eine Partei unter Vorbehalt der Rücknahme vor Erledigung des Verfahrens ist grundsätzlich – entsprechend der Gemeinschaftlichkeit der eingereichten Beweismittel – nicht zulässig; in diesem Fall hat das Gericht in Ausübung der Fragepflicht die Partei anzuhalten, entweder den Vorbehalt fallen zu lassen (was die Stellung eines Antrages nach § 145 ZPO nicht ausschliesst) oder auf die Einreichung des Beweismittels zu verzichten[86].

Ist das Beweismittel als solches unklar oder unbestimmt, kann unter Umständen ebenfalls eine Pflicht des Gerichts bestehen, Weiterungen vorzunehmen bzw. Gelegenheit zur Verbesserung einzuräumen; für mangelhafte gerichtliche

---

[81] Kass.-Nr. 91/006 Z v. 23. September 1991 in Sachen W., Erw. II.2.
[82] RB 1996 Nr. 86.
[83] Kass.-Nr. 89/018 v. 7. November 1989 in Sachen M., Erw. II.A.2a.
[84] STRÄULI/MESSMER (Anm. 1), N 3 zu § 142 ZPO.
[85] Kass.-Nr. 89/244 v. 2. Juli 1990 in Sachen L., Erw. 5; a.M. MARTIN (Anm. 7), S. 78 mit Hinweisen.
[86] RB 1986 Nr. 33.

Gutachten ist dies im Gesetz (§ 181 ZPO) ausdrücklich vorgesehen[87]. Bei Auskünften Dritter (§ 168 ZPO) besteht eine Pflicht zur Ergänzung höchstens dann, wenn diese nicht bewusst unbestimmt gehalten sind[88]. Hinsichtlich der Einreichung eines ärztlichen Zeugnisses wurde entschieden, dieses sei Teil der Parteibehauptungen und löse unter den in § 55 ZPO genannten Voraussetzungen die richterliche Fragepflicht aus[89]. Reicht eine Partei eine Urkunde – entgegen § 186 ZPO – lediglich auszugsweise ein, so hat das Gericht sie auf den Mangel hinzuweisen und Gelegenheit zur Einreichung der vollständigen Urkunde einzuräumen, bevor daraus Nachteile abgeleitet werden[90].

Keine Fragepflicht besteht demgegenüber bei der *Beweiswürdigung,* d.h. bei der Beurteilung der Beweiskraft eines Beweismittels: «Grundsätzlich schliessen sich richterliche Fragepflicht und Beweiswürdigung gegenseitig aus. Die Fragepflicht dient nur der Feststellung dessen, was Parteidarstellung ist. Die Beweiswürdigung dient nur der Feststellung dessen, was wirklich ist»[91]. § 55 ZPO verlangt mit anderen Worten nicht, dass der Richter im Falle misslungener Beweisführung die beweisbelastete Partei zur Beweisergänzung auffordert; gleiches gilt, soweit es nicht um den strikten Nachweis, sondern um die blosse Glaubhaftmachung (etwa im summarischen Verfahren) geht[92].

g)   Erledigung auf Grund von Parteierklärung

Gemäss § 188 Abs. 3 ZPO erfolgt die Prozessabschreibung auf Grund einer Parteierklärung, insbesondere eines Vergleichs, erst, wenn die Erklärung zulässig und klar ist. Bei Unklarheit darf der Richter somit ohne Ausübung der Frage-

---

[87]   Hier geht es allerdings nicht um die Fragepflicht im eigentlichen Sinn, weil Gegenstand der Abklärung nicht Parteivorbringen sind. Vgl. auch ZR 60 Nr. 71 betr. Befragung eines Zeugen im vorsorglichen Beweisverfahren. – Hinsichtlich *Privatgutachten* besteht keine Fragepflicht nach § 181 ZPO: Kass.-Nr. 96/566 Z v. 12. Februar 1997 in Sachen M., Erw. III.2.5c; hier kann man sich hingegen umgekehrt wiederum fragen, ob nicht die Fragepflicht nach § 55 ZPO zur Anwendung gelangt.
[88]   Kass.-Nr. 317/79 v. 16. Januar 1980 in Sachen R., Erw. 3a.
[89]   ZR 88 Nr. 46. Richtigerweise handelt es sich beim ärztlichen Zeugnis wohl um ein Beweismittel zum Nachweis einer Parteibehauptung, weshalb insoweit wiederum nicht die Fragepflicht im engeren Sinn zur Anwendung gelangt.
[90]   Kass.-Nr. 94/294 Z v. 14. November 1994 in Sachen H., Erw. 5.
[91]   Kass.-Nr. 89/018 Z v. 7. November 1989 in Sachen M., Erw. 2a; Kass.-Nr. 90/250 Z v. 3. Januar 1991 in Sachen F., Erw. II.3c.
[92]   RB 1995 Nr. 68; Kass.-Nr. 95/333 Z v. 6. Dezember 1995 in Sachen M., Erw. IV.3, betr. Nachweis der Schuldentilgung durch Verrechnung im Konkurseröffnungsverfahren; Kass.-Nr. 96/165 Z v. 18. November 1996 in Sachen Sp., Erw. II.2, betr. vorsorgliche Massnahmen im Scheidungsprozess.

pflicht und Abklärung der genauen Tragweite der Erklärung den Prozess nicht als erledigt abschreiben[93].

h) Nebenfolgen

Über die Nebenfolgen ist – nach Massgabe von §§ 64 ff. ZPO – grundsätzlich ohne weitere Anhörung der Parteien auf Grund der Akten zu entscheiden[94]. Im Falle von Gegenstandslosigkeit – wo die Regelung der Nebenfolgen durch verschiedene Kriterien bestimmt wird[95] – erscheint es jedoch als geboten, den Parteien zunächst Gelegenheit zur allfälligen Ergänzung ihrer tatsächlichen Vorbringen einzuräumen[96]; ebenso kann sich die Frage der Anhörung dann stellen, wenn – z.B. bei Rückzug der Klage oder des Begehrens – nicht gemäss der Regel von § 64 Abs. 2 ZPO vorgegangen wird, sondern die Nebenfolgen zu Gunsten der unterliegenden Partei geregelt werden sollen[97].

Gemäss § 69 Satz 2 ZPO können die Parteien dem Richter bis zur Fällung des (End-)Entscheides ihre Rechnungen über die Kosten der Vertretung vorlegen. Stellt eine Partei keinen entsprechenden Antrag und reicht sie – bzw. der Parteivertreter – nicht von sich aus eine entsprechende Rechnung ein, so trifft das Gericht grundsätzlich keine Pflicht, die Partei zur Bezifferung ihres Aufwandes im Prozess aufzufordern, sondern es hat die Entschädigung (auch diejenige des unentgeltlichen Rechtsvertreters) gestützt auf § 69 ZPO nach pflichtgemässem Ermessen festzusetzen[98]. Beabsichtigt das Gericht aber, das Verfahren zu einem für die Parteien unerwarteten Zeitpunkt zu erledigen (z.B. ohne Durchführung eines Beweisverfahrens, obschon ein solches zunächst in Aussicht gestellt wurde), so ist es ausnahmsweise verpflichtet, ihnen unaufgefordert Gelegenheit zu geben, um sich zum Umfang ihrer Bemühungen zu äussern und Belege einzureichen[99].

---

[93] Kass.-Nr. 96/060 Z v. 7. Mai 1996 in Sachen I., Erw. IV.1.
[94] STRÄULI/MESSMER (Anm. 1), N 3 zu § 65 ZPO mit Hinweisen; GULDENER, Die Nichtigkeitsbeschwerde in Zivilsachen nach zürcherischem Recht, Zürich 1942, S. 111 Anm. 28.
[95] Vgl. STRÄULI/MESSMER (Anm. 1), N 1 zu § 65 ZPO.
[96] Kass.-Nr. 90/84 v. 2. Juli 1984 in Sachen N., Erw. 3b, Kass.-Nr. 97/84 v. 13. August 1984 in Sachen C., Erw. 3, je u.H.a. ZR 82 Nr. 93 Erw. 3c.
[97] ZR 82 Nr. 93 Erw. 3b/c; Kass.-Nr. 96/438 Z v. 23. Dezember 1996 in Sachen M., Erw. II.2a.
[98] Kass.-Nr. 94/526 Z v. 19. Februar 1996 in Sachen W., Erw. 2.3.
[99] Kass.-Nr. 90/114 Z v. 13. Juni 1990 in Sachen E., Erw. II.b.

i) Rechtsmittelverfahren

Herrscht Unklarheit darüber, ob bzw. unter welchen Voraussetzungen eine Partei ein *Rechtsmittel ergriffen* hat, wird die Fragepflicht ebenfalls aktuell. Dies gilt z.B. für den Fall, dass eine Partei ein Rechtsmittel nur unter der Bedingung ihres Obsiegens erheben will; in diesem Fall ist sie vom Gericht – unter Hinweis auf die Bedingungsfeindlichkeit von Rechtsmitteln – zu einer Erklärung über die (bedingungslose) Aufrechterhaltung oder den Verzicht auf das Rechtsmittel anzuhalten[100]. Sind im Berufungsverfahren die Anträge unklar oder widersprechen sie der Begründung, so ist der wirkliche Wille des Rechtsmittelklägers durch Fristansetzung zu ermitteln und der Gegenpartei Gelegenheit zur Stellungnahme einzuräumen[101]. Soweit – im Rekursverfahren[102] – eine *Begründungspflicht* besteht, sieht das Gesetz (§ 276 Abs. 2 Satz 2 ZPO) ausdrücklich vor, dass gegebenenfalls Frist zur Behebung des Mangels anzusetzen ist. Bei Unklarheit über den *Rückzug* eines Rechtsmittels ergibt sich die Fragepflicht analog aus § 188 Abs. 3 ZPO. Erklärt etwa der Berufungskläger einerseits, er nehme die Berufung zurück und akzeptiere alles, was die Gegenpartei vorgeschlagen habe, um gleichzeitig die Berufungsinstanz zu ersuchen, «der Sache ohne Verhandlung eine Ende zu bereiten», so ist unklar, ob er der Ansicht ist, es solle ein neues Urteil ohne Verhandlung gefällt werden[103]. Derartige Unklarheiten bedürfen daher regelmässig der Klärung, bevor das Verfahren abgeschrieben werden darf.

Eine Fragepflicht wird hingegen nicht dadurch ausgelöst, dass die Rechtsmittelinstanz ein Rechtsmittel mit einer Begründung abweisen will, die von derjenigen des erstinstanzlichen Entscheides abweicht bzw. diese ersetzt. Dies gilt jedenfalls dann, wenn die Parteien auf Grund der Eventualmaxime (§ 114 ZPO) gehalten sind, sämtliche in Betracht fallenden Behauptungen und Bestreitungen im Rahmen des Hauptverfahrens vorzubringen[104]. Hängt das Schicksal einer Klage kumulativ von mehreren Voraussetzungen ab, so ist es der Rechtsmittelinstanz also ohne Ausübung des Fragerechts unbenommen, die Klage aus einem anderen als dem von der ersten Instanz genannten Grund

---

[100] ZR 83 Nr. 31, S. 93, 89 Nr. 57 (Strafprozess); gleiches gilt selbstverständlich für zivilprozessuale Rechtsmittel. Vgl. im übrigen auch Art. 55 Abs. 2 sowie 108 Abs. 3 OG.
[101] STRÄULI/MESSMER (Anm. 1), N 5 zu § 264 ZPO mit Hinweisen.
[102] Für das Berufungsverfahren besteht keine Begründungspflicht, § 264 Abs. 2 Satz 2 ZPO u. STRÄULI/MESSMER (Anm. 1), N 7 zu § 264; zum Kassationsverfahren nachfolgend lit. j.
[103] Kass.-Nr. 96/060 Z v. 7. Mai 1996 in Sachen I., Erw. IV.1.
[104] ZR 88 Nr. 2, betr. Abweisung eines Arrestbegehrens wegen ungenügender Begründung der Arrestforderung und nicht (wie erstinstanzlich) wegen ungenügender Glaubhaftmachung von Arrestgegenständen. Hier wurde darauf hingewiesen, dass die Glaubhaftmachung der Arrestforderung neben dem Arrestgrund *das* Thema des Arrestbewilligungsverfahrens sei, so dass nicht im Ernst behauptet werden könne, diese Begründung sei nicht vorhersehbar gewesen.

abzuweisen. Die Fragepflicht kann mit anderen Worten auch hier nur dann entstehen, wenn die Parteien nicht mit der von der Rechtsmittelinstanz herangezogenen Begründung zu rechnen brauchten[105].

j)   Kassationsverfahren im besonderen

Umstritten ist die Frage, ob auch im *Kassationsverfahren* bei Erhebung unklarer oder nicht hinreichend substanzierter Rügen eine Fragepflicht besteht. Gemäss GULDENER[106] gilt die Fragepflicht – als allgemeiner Grundsatz des Prozessrechts – auch im Kassationsverfahren, erleidet aber insofern eine Einschränkung, als nach Ablauf der Beschwerdefrist eine Ergänzung der Beschwerdebegründung nur noch zulässig ist, wenn es sich um die Verdeutlichung von Angaben handelt, die fristgemäss gemacht worden sind. Das Kassationsgericht hat demgegenüber entschieden, für die Kassationsinstanz bestehe bei ungenügendem Vorbringen des Beschwerdeführers kein Anlass für eine richterliche Befragung; § 55 ZPO müsse hinter die für das Kassationsverfahren geltenden speziellen Regelungen zurücktreten, wonach die Nichtigkeitsgründe in der Beschwerde nachzuweisen seien[107].

Die eben zitierte Begründung überzeugt insofern nicht, als mit ihr jegliche Fragepflicht – also auch für das Verfahren vor dem Sachrichter – ausgeschlossen werden könnte: Auch hier gilt, dass der Kläger die Klage bestimmt und vollständig zu begründen hat (§ 113 ZPO). Entscheidend scheint, dass die Fragepflicht gerade dort einsetzt, wo der Obliegenheit, die Klage (bzw. im Kassationsverfahren: die Rüge, vgl. § 288 Abs. 1 Ziff. 3 ZPO) vollständig zu begründen, aus Unbeholfenheit nicht nachgekommen wird. Zweifellos darf dabei auf dem Weg über die Fragepflicht das gemäss § 290 ZPO geltende Rügeprinzip nicht umgangen werden; wird eine Rüge nicht erhoben, so verhält es sich gleich, wie wenn im Hauptverfahren eine Behauptung überhaupt nicht aufgestellt wird und somit auch keine Fragepflicht entsteht. Nur schwerlich lässt sich aber begründen, weshalb dann, wenn eine Rüge zwar im Ansatz erhoben, aber nicht hinreichend (insbesondere durch Aktenzitate) belegt bzw. konkretisiert wird, § 55 ZPO nicht zur Anwendung gelangen sollte. Praktische

---

[105] Vgl. vorn Ziff. 2e. Wurden – vor dem 1. Januar 1996 – mit Berufungsbegründung bzw. Berufungsantwort neue Tatsachen behauptet, ohne dass dazu sofort (vgl. § 267 Abs. 1 ZPO in der damals geltenden Fassung) Beweismittel genannt wurden, kam nicht generell die richterliche Fragepflicht zum Zug, sondern nur dann, wenn anzunehmen war, die Partei habe sich eigentlich auf ein (neues) Beweismittel berufen wollen und habe dies versehentlich unterlassen: Kass.-Nr. 141/80 v. 21. Oktober 1980 in Sachen G., Erw. 4. Vgl. im übrigen zu inhaltlich fehlerhaften Rechtsmitteleingaben (unter aZPO) STRÄULI (Anm. 45), S. 94/95, mit Hinweisen.
[106] Zit. Anm. 94, S. 72; ebenso Kass.-Nr. 198/73 v. 27. Februar 1974 in Sachen W., Erw. IV.3.
[107] RB 1988 Nr. 38.

Bedeutung erlangt die Frage namentlich beim Nachweis der willkürlichen oder aktenwidrigen tatsächlichen Annahme sowie beim Nachweis der Verletzung klaren materiellen Rechts (§ 281 Ziff. 2 bzw. 3 ZPO)[108]. Unbestritten ist zumindest, dass es der Kassationsinstanz nicht verwehrt sein kann, die beschwerdeführende Partei innert laufender Beschwerdefrist gegebenenfalls darauf hinzuweisen, dass die von ihr eingereichte Beschwerdeschrift nicht den Anforderungen von § 288 Abs. Ziff. 3 ZPO entspricht und dass es ihr freisteht, den Mangel innert der Beschwerdefrist durch Einreichung einer verbesserten Beschwerdebegründung zu beheben.

3. Fragepflicht in besonderen Verfahrensarten

§ 55 ZPO gilt als allgemeiner Verfahrensgrundsatz für sämtliche Verfahren gemäss ZPO. Soweit allerdings *von Bundesrechts wegen* in einzelnen Bereichen des materiellen Rechts Bestimmungen im Sinne der Untersuchungs- oder Offizialmaxime bestehen (vgl. etwa Art. 158 Ziff. 1 ZGB; Art. 274d Abs. 3 OR sowie Art. 343 Abs. 4 OR[109]) und die Verhandlungsmaxime insoweit einschränken[110], hat die kantonalrechtliche Fragepflicht keine selbständige Bedeutung mehr und tritt im Umfang der bundesrechtlichen Regelung zurück[111].

---

[108] Zur Begründungspflicht bei der Rüge der willkürlichen tatsächlichen Annahme VON RECHENBERG, Die Nichtigkeitsbeschwerde in Zivil- und Strafsachen nach zürcherischem Recht, 2. Auflage Zürich 1986, S. 16 ff.; STRÄULI/MESSMER (Anm. 1), N 4 zu § 288 ZPO mit Hinweisen; ZR 81 Nr. 88 Erw. 6; ferner ZR 91/92 Nr. 6, betr. § 430 Abs. 2 StPO für den Strafprozess. Zur Substanzierungspflicht bei der Rüge nach § 281 Ziff. 3 ZPO vgl. GULDENER (Anm. 94), S. 76/77; VON RECHENBERG, a.a.O., S. 18; gegen eine diesbezügliche Begründungspflicht MARTIN (Anm. 7), S. 85, u.H.a. auf MEIER (Anm. 19), S. 143.

[109] Vgl. dazu ZR 93 Nr. 64 mit Hinweisen. Nach RB 1993 Nr. 26 darf die richterliche Hilfestellung auch im Rahmen der arbeitsrechtlichen Untersuchungsmaxime allerdings nicht weiter gehen, als es das Gebot der richterlichen Unparteilichkeit zulässt; der Richter darf danach eine Partei nicht dazu anhalten, nach weiteren Beweismitteln zu suchen. Vgl. im übrigen zur Frage der Verfassungsmässigkeit der hier statuierten Offizialmaxime WALDER, Die Offizialmaxime, Zürich 1973, S. 22 ff.

[110] Weitere Beispiele bei STRÄULI/MESSMER (Anm. 1), N 14/15 zu § 54; MESSMER/IMBODEN, Die eidgenössischen Rechtsmittel in Zivilsachen, Zürich1992, N 87 Anm. 54.

[111] Betr. Art. 274d Abs. 3 OR: Kass.-Nr. 94/328 Z v. 17. Dezember 1994 in Sachen K., Erw. II.3. Vgl. ferner BRÖNNIMANN (Anm. 6), S. 76. Der Untersuchungsgrundsatz kann aber *im Rechtsmittelverfahren* durch kantonales Prozessrecht eingeschränkt werden, z.B. in Form eines Novenverbotes, vgl. Pra 1997 Nr. 24 E. 2c mit Hinweisen.

a) summarisches Verfahren

Auch im summarischen Verfahren kommt sinngemäss (§ 204 ZPO) die Fragepflicht gemäss § 55 ZPO zur Anwendung[112]. Anlass zur Ausübung der Fragepflicht besteht allerdings nicht schon dann, wenn der Gesuchsteller seine – an sich klaren und vollständigen – Vorbringen nicht sofort (§ 210 ZPO) nachzuweisen bzw. glaubhaft zu machen vermag, weil es hier wiederum um die Frage der Beweiswürdigung geht[113].

b) Scheidungsverfahren

Im Scheidungsverfahren stellt sich vorab die Frage nach dem Verhältnis von § 55 ZPO zu Art. 158 Ziff. 1 ZGB. Auch hier gilt, dass die kantonalrechtliche Fragepflicht nur soweit Bestand hat, als nicht schon von Bundesrechts wegen eine Pflicht des Richters zur Abklärung des Sachverhaltes besteht.

Welche Anstrengungen der Scheidungsrichter zu unternehmen hat, um eine Partei persönlich befragen zu können, beurteilt sich als Ausfluss der hier geltenden Untersuchungsmaxime (also nur *in favorem matrimonii*) ausschliesslich nach Bundesrecht und lässt insoweit keinen Raum für die selbständige Anwendung gleichlautende kantonaler Verfahrensvorschriften[114]. Soweit es allerdings um die Frage der hinreichenden Substanzierung scheidungsbegründender Tatsachen geht, gilt die Fragepflicht nach Massgabe des kantonalen Prozessrechts[115].

c) Strafprozess

Da der Strafprozess vom Untersuchungsgrundsatz bzw. der Instruktionsmaxime beherrscht ist, stellt sich die Frage nach einer – spezifischen – Fragepflicht ungleich weniger als im Zivilprozess; immerhin wurde verschiedentlich auch hier im Zusammenhang mit der Vornahme von Prozesshandlungen – wohl eher untechnisch – auf die richterliche Fragepflicht hingewiesen[116]. Grundsätzlich

---

[112] STRÄULI/MESSMER (Anm. 1), N 3 zu § 55 ZPO.
[113] RB 1995 Nr. 68; Kass.-Nr. 92/459 Z v. 5. April 1993 in Sachen Pf., Erw. II.4; vgl. vorn Ziff. 2.f am Ende.
[114] RB 1996 Nr. 30 u.H.a. STRÄULI/MESSMER (Anm. 1), N 1 vor § 196 ZPO; ferner BK-BÜHLER/SPÜHLER, N 70 der Vorbem. Art. 149–157 ZGB u. N 88 zu Art. 158 ZGB.
[115] BK-BÜHLER/SPÜHLER, N 88 zu Art. 158 ZGB; BK-SPÜHLER/FREI-MAURER, Ergänzungsband, N 88 zu Art. 158 ZGB.
[116] Vgl. ZR 89 Nr. 57, betr. unklare Rechtsmittelerklärungen; ZR 95 Nr. 18, betr. mangelhaft begründete Fristwiederherstellungsgesuche; RB 1989 Nr. 20, betr. mangelhafte Vorbringen im Bussenumwandlungsverfahren; RB 1990 Nr. 84, betr. unklare Stellungnahmen des nicht verteidigten Angeklagten.

wird im Strafprozess die richterliche Fragepflicht als Anwendungsfall der richterlichen *Fürsorgepflicht* gesehen[117].

III. Modalitäten der Ausübung

1. Durch den Richter

§ 55 ZPO verpflichtet den Richter, zu fragen. Das bedeutet, dass die Fragepflicht durch ihn – und nicht durch andere am Verfahren Beteiligte – auszuüben ist. Ein Hinweis durch die Gegenpartei auf ungenügende Substanzierung von Parteivorbringen macht daher gemäss kassationsgerichtlicher Praxis einen Hinweis bzw. eine Befragung seitens des Gerichts nicht entbehrlich; aus dem Hinweis der Gegenseite lässt sich insbesondere nicht schliessen, dass der Richter bezüglich des Umfangs der Substanzierungspflicht die gleiche Ansicht vertritt[118]. Das Gericht hat sich also zumindest darüber auszusprechen, ob es die Meinung der Gegenpartei teilt. Hat hingegen schon die erste Instanz auf mangelnde Substanzierung hingewiesen, kann die nachträgliche Berufung auf eine Verletzung der richterlichen Fragepflicht durch die Rechtsmittelinstanz gegen den Grundsatz von Treu und Glauben verstossen[119].

2. Adressat der Fragen

Fragen sind je nachdem, wer sich geäussert hat, der Partei oder ihrem Vertreter im Prozess zu stellen, wobei nach neuerer Praxis des Kassationsgerichts der Umfang der Fragepflicht nicht dadurch relativiert oder eingeschränkt wird, dass die Partei anwaltlich vertreten ist[120].

---

[117] SCHMID, Strafprozessrecht, 2. Auflage Zürich 1993, Rz 245 mit Hinweisen; vgl. im einzelnen CLAUDIA HÜBNER, Allgemeine Verfahrensgrundsätze, Fürsorgepflicht oder fair trial?, Tübingen 1983, S. 96 ff.

[118] RB 1991 Nr. 38; ebenso STERN (Anm. 11), S. 33. A.M. STRÄULI/MESSMER (Anm. 1), N 6 zu § 55 ZPO, wonach bei rechtzeitigem Hinweis durch die Gegenseite keine Pflicht des Richters mehr bestehen soll, seinerseits auf den Mangel hinzuweisen; vermittelnd BRÖNNIMANN (Anm. 6), S. 71.

[119] Vgl. oben Ziff. II.1b.

[120] RB 1991 Nr. 38; larger noch STRÄULI/MESSMER (Anm. 1), N 5/6 zu § 55 ZPO; vgl. vorn Ziff. II.1c.

3. Stellung konkreter Fragen

Wie bereits erwähnt, genügt der Richter der Fragepflicht nicht schon dadurch, dass er allgemein bzw. abstrakt auf ungenügende Substanzierung hinweist; er muss vielmehr der Partei – gegebenenfalls durch Stellung konkreter Fragen – klar zu erkennen geben, welche Vorbringen in welcher Hinsicht zu vervollständigen sind[121]. Mit anderen Worten muss der Partei gegebenenfalls erklärt werden, warum eine Frage überhaupt gestellt wird; Fragen müssen an bereits artikulierte Parteivorbringen angeknüpft werden[122].

4. Form und Zeitpunkt

Die Fragepflicht kann sowohl mündlich wie schriftlich ausgeübt werden[123]; immerhin kann es sich bei komplexen tatsächlichen und rechtlichen Verhältnissen sowie bei offenkundiger Unfähigkeit der (nicht anwaltlich vertretenen) Partei aufdrängen, eine mündliche Befragung durchzuführen[124]. Der Gegenseite ist Gelegenheit einzuräumen, um ihrerseits Ergänzungen anzubringen, die sich aus der Antwort auf die richterliche Frage ergeben[125].

Grundsätzlich kann die Fragepflicht in jedem Stadium des Verfahrens ausgeübt werden[126]; ausdrücklich sieht das Gesetz (§ 118 Abs. 2 ZPO) die Verbindung mit einer Referentenaudienz vor. Hinzuweisen ist auf § 130 ZPO, wonach bei mangelhafter Klagebegründung im Sinne von § 113 ZPO sofort Frist zur Behebung des Mangels anzusetzen ist.

5. Androhung von Säumnisfolgen?

Das Gesetz[127] nennt keine Sanktion bzw. Säumnisfolge, die einer Partei im Fall der Nichtbehebung des Mangels anzudrohen wäre. Beantwortet eine Partei die Fragen, welche ihr das Gericht im Sinne von § 55 ZPO stellt, nicht oder bloss

---

[121] Vgl. oben Ziff. 2e mit Hinweisen.
[122] MARTIN (Anm. 7), S. 81 f.
[123] STRÄULI/MESSMER (Anm. 1), N 9 zu § 55 ZPO; zu den Mitteln der Aufklärung auch LEIPOLD (Anm. 12), Rdnr. 25–31.
[124] Kass.-Nr. 326/87 v. 7. November 1988 in Sachen G., Erw. 3, u.H.a. STRÄULI/MESSMER (Anm. 1), N 13 zu § 113 ZPO.
[125] STRÄULI/MESSMER (Anm. 1), N 9 zu § 55 und N 7 zu § 115 ZPO; BRÖNNIMANN (Anm. 6), S. 69.
[126] BRÖNNIMANN (Anm. 6), S. 69; STRÄULI/MESSMER (Anm. 1), N 4 zu § 55 ZPO.
[127] Anders § 99 Abs. 2 aZPO (Verknüpfung mit den «dem einzelnen Falle entsprechenden prozessualischen Nachteilen»).

unvollständig, so läuft sie Gefahr, dass auf ihr unvollständiges Vorbringen abgestellt wird und der Entscheid insofern zu ihren Ungunsten ausfällt[128]; es ist zulässig – aber nicht zwingend[129] –, wenn das Gericht auf diese Säumnisfolge hinweist[130]. Da es sich bei der Beantwortung um eine prozessuale Obliegenheit – und nicht um eine Pflicht der Partei – handelt[131], ist hingegen die Androhung von Ordnungsbusse unzulässig[132].

Anders verhält es sich unter Umständen dort, wo im Rahmen der Untersuchungsmaxime eine eigentliche *Mitwirkungspflicht* der Partei(en) statuiert wird. Besteht die Mitwirkungspflicht allein im Interesse der betreffenden Partei (z.B. beim Gesuchsteller im Fall von § 84 Abs. 2 ZPO), so handelt es sich ebenfalls um eine blosse Obliegenheit, was Sanktionen ausschliesst; stehen aber Interessen der Gegenseite oder allenfalls öffentliche Interessen auf dem Spiel, kann sich die Frage nach einer Sanktion stellen. Dabei geht es allerdings nicht mehr um die richterliche Fragepflicht im Sinne einer Hilfestellung an die unbeholfene Partei, sondern um ein Mittel im Interesse der gebotenen Feststellung des Sachverhaltes[133].

IV. Rechtsschutz

Die richterliche Fragepflicht gemäss § 55 ZPO – die schon nach alter ZPO (dort vor allem im Hinblick auf § 344 Ziff. 6 aZPO) als Ausfluss des Anspruchs auf rechtliches Gehör betrachtet wurde[134] – stellt einen *wesentlichen Verfahrensgrundsatz* im Sinne von § 281 Ziff. 1 ZPO dar[135]. Ihre Verletzung kann daher – soweit kein ordentliches kantonales Rechtsmittel (Berufung, Rekurs, allenfalls Einsprache) zur Verfügung steht – mittels Nichtigkeitsbeschwerde gemäss

---

[128] WALDER-RICHLI (Anm. 9), § 17 Rz 14.
[129] Kass.-Nr. 101/79 v. 14. Juni 1979 in Sachen G., Erw. II.3.
[130] Kass.-Nr. 91/427 Z v. 1. Juni 1992 in Sachen R., Erw. II.3b.
[131] Kass.-Nr. 95/400 Z v. 1. Juli 1996 in Sachen K., Erw. III.2; BRÖNNIMANN (Anm. 6), S. 74.
[132] WALDER-RICHLI (Anm. 9), § 17 Rz 14.
[133] Vgl. im einzelnen BRÖNNIMANN (Anm. 6), S. 76 ff. und ders. in ZBJV 126/1990/, S. 343 ff., wo zwischen der sozialen Untersuchungsmaxime einerseits (etwa in arbeitsrechtlichen Streitigkeiten) und der Untersuchungsmaxime im öffentlichen Interesse andererseits (Ehe- und Vaterschaftsprozesse) differenziert wird; dazu auch Pra 1997 Nr. 24.
[134] STRÄULI/MESSMER (Anm. 1), N 2 zu § 55 ZPO; GULDENER (Anm. 94), S. 125; STRÄULI (Anm. 45), S. 94; MARTIN (Anm. 7), S. 80.
[135] STRÄULI/MESSMER (Anm. 1), N 32 zu § 281 ZPO.

§§ 281 ff. ZPO gerügt werden[136]. Der Kassationsinstanz kommt insoweit freie Überprüfungsbefugnis zu[137]. Gegen den Entscheid der Kassationsinstanz ist allein die staatsrechtliche Beschwerde an das Bundesgericht zulässig; diese kann – sofern man der richterlichen Fragepflicht verfassungsrechtlichen Charakter zuerkennt[138] – mit einer Verletzung von Art. 4 BV und im übrigen mit der willkürlichen Anwendung von kantonalem Verfahrensrecht begründet werden.

Da es sich beim Recht auf Vervollständigung der tatsächlichen Vorbringen angesichts einer neuen Rechtsauffassung (wie allgemein bei der Fragepflicht) um einen Ausfluss bzw. einen Teilgehalt des – formellen – *Anspruchs auf rechtliches Gehör* handelt[139], führt die Verletzung ohne weiteres zur Aufhebung des Entscheides durch die Kassationsinstanz und zur Rückweisung an den Sachrichter, ohne dass zu prüfen ist, ob dieser aufgrund der Befragung der Partei zu einer anderen Entscheidung gelangt wäre[140]. Wird eine Verletzung der Fragepflicht durch die untere Instanz hingegen im Rekurs- oder Berufungsverfahren mit Erfolg geltend gemacht, steht der Heilung des Mangels im Rahmen des ordentlichen Rechtsmittelverfahrens nichts entgegen[141].

---

[136] Anders, wenn eine Verletzung der bundesrechtlichen Untersuchungs- oder Offizialmaxime geltend gemacht wird; hier ist – bei Vorliegen der übrigen Voraussetzungen – gegen den Entscheid des Ober- oder Handelsgerichts die Berufung an das Bundesgericht zulässig und die kantonale Nichtigkeitsbeschwerde insoweit ausgeschlossen (§ 285 ZPO); vgl. MESSMER/IMBODEN (Anm. 110), S. 121 bei Anm. 54; STRÄULI/MESSMER (Anm. 1), N 16 zu § 285 ZPO a.E.

[137] STRÄULI/MESSMER (Anm. 1), N 14 zu § 281 ZPO; zum Beurteilungsspielraum des Richters hinsichtlich der Voraussetzungen der Fragepflicht vgl. LEIPOLD (Anm. 12), Rdnr. 9 zu § 139 dZPO. Ob der Richter zu Recht von *ungenügender Substanzierung* ausgegangen ist, beurteilt sich im Bereich des Bundesprivatrechts nach diesem Recht und kann daher in berufungsfähigen Fällen nicht vom Kassationsgericht überprüft werden: BGE 108 II 339/40; ZR 93 Nr. 19 Erw. 5a, je mit Hinweisen.

[138] Vgl. dazu vorn Ziff. I.3; zu den bundesrechtlichen Rechtsmitteln vgl. BRÖNNIMANN (Anm. 6), S. 86 f.

[139] STRÄULI/MESSMER (Anm. 1), N 4 zu § 56 ZPO.

[140] ZR 90 Nr. 85, S. 282/83; Kass.-Nr. 356/87 v. 24. August 1988 in Sachen D., Erw. II.5b; Kass.-Nr. 91/256 Z v. 18. Dezember 1991 in Sachen A., Erw. II.2.2; Kass.-Nr. 96/145 Z v. 22. März 1997 in Sachen G., Erw. II.3.6c/bb.

[141] STRÄULI/MESSMER (Anm. 1), N 4 zu § 270; vgl. BGE 114 Ia 18 E. c, 116 Ia 95 E. 2, 120 V 363 E. 2b.

ADOLF LÜCHINGER

Zur Schliessung einer Lücke im Rechtsmittelsystem: Die Zulassung eines Rechtsmittels der siegreichen Partei für den Fall, dass die andere Partei an das Bundesgericht gelangt

Soweit eine Partei in einem Zivil- oder Strafprozess vor den kantonalen Gerichten obsiegt hat, ist sie grundsätzlich nicht befugt, ein Rechtsmittel zu ergreifen, auch wenn sie die Begründung des Entscheids als fehlerhaft betrachtet. Ein Rechtsmittel setzt wie jeder andere Anspruch auf staatlichen Rechtsschutz ein schutzwürdiges Interesse voraus. Die Zulässigkeit eines Rechtsmittels hängt deshalb davon ab, dass der anzufechtende Entscheid für eine Partei nachteilig ist. Das Interesse an der Beseitigung dieses Nachteils wird als Beschwerung oder Beschwer bezeichnet. Die Zürcherische Zivilprozessordnung (ZPO) bestimmt in § 51 Abs. 2 ausdrücklich, auf ein Rechtsmittel sei nur einzutreten, soweit der Rechtsmittelkläger durch den angefochtenen Entscheid beschwert sei. Der gleiche Grundsatz gilt auch für die eidgenössischen Rechtsmittel. Er hat für diese im Gesetz allerdings nur in unvollständiger Weise Ausdruck gefunden. Für die staatsrechtliche Beschwerde findet sich eine Regel in Art. 88 des Bundesrechtspflegegesetzes (OG) und für die Verwaltungsgerichtsbeschwerde in Art. 103 OG, währenddem für die Berufung, die Nichtigkeitsbeschwerde in Zivilsachen, die Beschwerde in Schuldbetreibungs- und Konkurssachen sowie die Nichtigkeitsbeschwerde in Strafsachen eine gesetzliche Regelung der Beschwer überhaupt fehlt[1].

---

[1] Zum Begriff der Beschwer und zum Folgenden vgl. insbes. BGE 120 II 7 f. E. 2a; MAX GULDENER, Schweizerisches Zivilprozessrecht, 3. Aufl., S. 494 ff.; WALTHER J. HABSCHEID, Schweizerisches Zivilprozess- und Gerichtsorganisationsrecht, 2. Aufl., S. 428 Rz 705 und S. 439 f. Rz 723; HANS ULRICH WALDER-RICHLI, Zivilprozessrecht nach den Gesetzen des Bundes und des Kantons Zürich unter Berücksichtigung anderer Zivilprozessordnungen, 4. Aufl., S. 437 Rz 17; MAX KUMMER, Grundriss des Zivilprozessrechts, 4. Aufl., S. 192; OSCAR VOGEL, Grundriss des Zivilprozessrechts, 4. Aufl., 13. Kapitel, Rz 58 ff.; STRÄULI/MESSMER, Kommentar zur Zürcherischen Zivilprozessordnung, 2. Aufl., § 11 Rz 9 ff.; MESSMER/IMBODEN, Die eidgenössischen Rechtsmittel in Zivilsachen, Rz 42 u. 43, S. 63 ff.; JEAN-FRANÇOIS POUDRET, Commentaire de la loi

Ob die für die Zulässigkeit eines Rechtsmittels erforderliche Beschwer vorhanden ist, kann unter zwei verschiedenen Gesichtspunkten geprüft werden. Im Vordergrund steht der Gesichtspunkt der formellen Beschwer. Danach beschränkt sich die Prüfung auf einen Vergleich des Urteilsdispositivs mit den im vorangehenden Verfahren zuletzt gestellten Anträgen. Eine Partei ist formell beschwert, wenn ihren Anträgen im Urteilsdispositiv nicht vollumfänglich entsprochen worden ist. Die Frage der Beschwer beurteilt sich bei dieser Betrachtungsweise grundsätzlich nur aufgrund des Urteilsdispositivs und nicht auch der Urteilsbegründung, es sei denn, diese nehme aus einem besonderen Grund an der Rechtskraft der Entscheidung teil[2]. Ein Rechtsmittel kann sich daher im allgemeinen nicht bloss gegen die Motive des Urteils richten[3].

Von materieller Beschwer wird demgegenüber gesprochen, wenn eine Partei durch das Urteil unabhängig von den gestellten Anträgen in ihrer Rechtsstellung beeinträchtigt, in ihren materiellen oder prozessualen Rechten geschmälert wird[4]. Das trifft in der Regel ohne weiteres zu, wenn eine formelle Beschwer vorhanden ist. Es kann aber vorkommen, dass es an einer materiellen Beschwer trotz Vorliegens einer solchen formeller Art fehlt[5]. In einem solchen Fall wird nach der Rechtsprechung des Bundesgerichts auf ein eidgenössisches Rechtsmittel nicht eingetreten[6].

Umgekehrt ist es ausnahmsweise möglich, dass eine Partei durch einen Entscheid benachteiligt wird und somit materiell beschwert ist, obwohl ihren Anträgen nach dem Urteilsdispositiv vollumfänglich entsprochen worden ist[7]. In diesen Fällen darf nicht einfach auf das Erfordernis der formellen Beschwer abgestellt und gestützt darauf die Zulässigkeit des Rechtsmittels verneint werden. Die siegreiche Partei muss vielmehr das Recht haben, gegen das gemäss Dispositiv zu ihren Gunsten ausgefallene Urteil ein Rechtsmittel zu ergreifen, um den Eintritt eines anders nicht abwendbaren Rechtsnachteils zu verhindern. Eine solche Situation bildet Gegenstand des vorliegenden Beitrags. Es geht um den Fall, dass sich ein allfälliger Fehler des Urteils, der dessen Ergebnis aber nicht beeinflusst hat, für die siegreiche Partei nachteilig auswirken könnte, wenn die unterlegene Partei das Urteil weiterzieht. Sofern die siegreiche

---

    fédérale d'organisation judiciaire, Bd. II, Art. 53 Rz 5.1 ff.; ERNST HÄGI, Die Beschwer als Rechtsmittelvoraussetzung im schweizerischen und im deutschen Zivilprozessrecht, Diss. Zürich 1974.
[2] Z.B. weil das Dispositiv auf Erwägungen verweist.
[3] BGE 106 II 118 f. E. 1; 103 II 158 f. E. 2 und 3, je mit Hinweisen; GULDENER, S. 494; KUMMER, S. 192; JEAN-FRANÇOIS POUDRET, Art. 43 Rz 1.6.4, S. 141, und Art. 53 Rz 5.3.
[4] BGE 120 II 8 E. 2a; STRÄULI/MESSMER, § 51 Rz 12; VOGEL, 13. Kapitel, Rz 61; HÄGI, S. 104 f.
[5] Vgl. Beispiele dafür bei STRÄULI/MESSMER, § 51 Rz 12, und HÄGI, S. 123 ff.
[6] BGE 120 II 7 f. E. 2a; 114 II 190 ff. E. 2; HÄGI, S. 123 ff.
[7] Vgl. dazu GULDENER, S. 494 f.; MESSMER/IMBODEN, Rz 43 S. 64; HÄGI, S. 129 ff. und S. 136 ff.

Partei nicht die Möglichkeit hat, den betreffenden Fehler des Urteils im Rahmen des von der andern Partei angehobenen Rechtsmittelverfahrens zu rügen, besteht die Gefahr, dass er sich zu ihrem Nachteil auf den Entscheid der Rechtsmittelinstanz auswirken kann. Nach dem Grundsatz der Waffengleichheit muss sie deshalb das Recht haben, gegen das im Ergebnis zu ihren Gunsten ausgefallene Urteil ein Rechtsmittel zu ergreifen, das die Behebung des allfälligen Fehlers ermöglicht. Auf diese Weise wird gewährleistet, dass jene Urteilserwägungen auf ihre Fehlerhaftigkeit hin geprüft werden, die sich im weiteren Verfahren zum Nachteil der ursprünglich siegreichen Partei auswirken könnten.

Die siegreiche Partei ist, wie bereits erwähnt, auf die Einreichung eines eigenen Rechtsmittels allerdings nicht angewiesen, soweit sie berechtigt ist, die für sie nachteiligen Urteilsmotive im Rahmen des von der andern Partei angehobenen Rechtsmittelverfahrens als fehlerhaft zu beanstanden. Das ist bei den vollkommenen Rechtsmitteln der Fall, da diese zu einer umfassenden Prüfung der Sache in tatsächlicher und rechtlicher Beziehung durch die Rechtsmittelinstanz Anlass geben. Hier darf die obsiegende Partei in der Rechtsmittelantwort alles vorbringen, was der Aufrechterhaltung des angefochtenen Entscheids dient. Sie ist deshalb in der Lage, alle Mängel des Entscheids zu rügen, die sich bei der Beurteilung der Sache durch die Rechtsmittelinstanz zu ihrem Nachteil auswirken könnten. Sie kann insbesondere verlangen, dass auch jene Punkte überprüft werden, die bei einer andern Betrachtungsweise als jener der Vorinstanz zu einem für sie ungünstigen Entscheid führen würden. Damit besteht für die siegreiche Partei kein schutzwürdiges Interesse an der Erhebung eines eigenen Rechtsmittels.

Zu einer entsprechend umfassenden Überprüfung des angefochtenen Entscheids führen regelmässig die kantonalen Rechtsmittel der Berufung und des Rekurses[8]. Bei diesen kann die rechtsmittelbeklagte Partei die für sie nachteiligen Punkte des Entscheids in der Rechtsmittelantwort rügen. Das Gleiche trifft aber auch bei der staatsrechtlichen Beschwerde an das Bundesgericht zu, obwohl es sich dabei um ein höchst unvollkommenes Rechtsmittel handelt. Der Beschwerdegegner kann nach der bundesgerichtlichen Rechtsprechung in seiner Vernehmlassung zur Beschwerde eigene Rügen erheben und die für ihn ungünstigen Punkte des Entscheids beanstanden. Dieses Recht steht ihm zu, um in Abweichung von den im angefochtenen Urteil enthaltenen Feststellungen und/oder der vorgenommenen Rechtsanwendung darzulegen, dass der angefochtene Entscheid selbst bei Stichhaltigkeit der Rügen des Beschwerdefüh-

---

[8] So VOGEL, 13. Kapitel, Rz 34, Rz 71 ff. und Rz 80 ff.

rers im Ergebnis richtig ist[9]. Zur Verteidigung des – für sie günstigen – Ergebnisses des kantonalen Entscheids gegenüber einer staatsrechtlichen Beschwerde der andern Partei ist die siegreiche Partei somit nicht darauf angewiesen, eine eigene staatsrechtliche Beschwerde zu erheben.

Anders verhält es sich jedoch dort, wo infolge der Gabelung des Rechtsmittelwegs mit dem einen Rechtsmittel nur die unrichtige Anwendung des materiellen Rechts und mit dem andern nur Verfassungsverletzungen bei der Feststellung des Sachverhalts sowie der Anwendung des kantonalen Prozessrechts gerügt werden können. So darf bei der Weiterziehung kantonaler Entscheide in Zivil- und Strafsachen an das Bundesgericht auf dem Weg der Berufung[10] und der Nichtigkeitsbeschwerde in Strafsachen[11] grundsätzlich nur geltend gemacht werden, der angefochtene Entscheid verstosse gegen Bundesrecht. Darunter ist das in der Bundesgesetzgebung und den Staatsverträgen enthaltene Recht zu verstehen, nicht aber jenes auf der Stufe der Bundesverfassung. Rügen, die sich gegen die Feststellung des Sachverhalts richten, sind nicht zulässig[12]. Das Bundesgericht ist an die tatsächlichen Feststellungen der letzten kantonalen Instanz gebunden. Eine Ausnahme gilt im Rahmen der Berufung für Feststellungen, die unter Verletzung bundesrechtlicher Beweisvorschriften zustande gekommen sind, und übereinstimmend bei der Berufung und der Nichtigkeitsbeschwerde in Strafsachen für Feststellungen, die offensichtlich auf Versehen beruhen[13].

Für die Rüge der Verfassungsverletzung, insbesondere der Verletzung von Art. 4 BV bei der Feststellung des Sachverhalts, bleibt bei beiden Rechtsmitteln die staatsrechtliche Beschwerde vorbehalten[14]. Die gleiche Regelung gilt auch für die Beschwerde in Schuldbetreibungs- und Konkurssachen im Sinne von Art. 19 Abs. 1 SchKG[15]. Für dieses Rechtsmittel wird in Art. 81 OG auf die für die Berufung massgebenden Bestimmungen verwiesen. Wer der kantonalen Instanz bei allen diesen Rechtsmitteln vorwerfen will, tatsächliche Feststellungen in willkürlicher Weise getroffen, insbesondere Beweise willkürlich gewürdigt oder das kantonale Prozessrecht sonstwie in verfassungswidriger Weise angewendet zu haben, ist deshalb gezwungen, zusätzlich zum betreffen-

---

[9] BGE 122 I 255 E. 6c; 115 Ia 29 f. E. 4a; 101 Ia 525 E. 3 u. 531; 89 I 523 E. 4; WALTER KÄLIN, Das Verfahren der staatsrechtlichen Beschwerde, 2. Aufl., S. 221 f.; MESSMER/IMBODEN, Rz 159, S. 229, insbesondere Fussnote 25; KARL SPÜHLER, Die Praxis der staatsrechtlichen Beschwerde, Rz 75, S. 44.
[10] Art. 43 ff. OG.
[11] Art. 268 ff. des Bundesgesetzes über die Bundesstrafrechtspflege (BStP).
[12] Art. 55 Abs. 1 lit. c Satz 2 OG; Art. 273 Abs. 1 lit. b Satz 2 BStP.
[13] Art. 63 Abs. 2 OG; Art. 277bis Abs. 1 BStP.
[14] Art. 43 Abs. 1 OG; Art. 269 Abs. 2 BStP.
[15] Art. 75 ff. OG.

den Rechtsmittel eine staatsrechtliche Beschwerde an das Bundesgericht zu erheben[16].

Die Aufspaltung des Rechtsmittelweges schränkt die Möglichkeit der im kantonalen Verfahren siegreich gebliebenen Partei ein, ihre Rechte im Rahmen eines von der andern Partei angehobenen Rechtsmittelverfahrens wahrzunehmen. Enthält der kantonale Entscheid nämlich tatsächliche Feststellungen zu ihren Ungunsten, die sich auf das Ergebnis nicht ausgewirkt haben, läuft sie Gefahr, dass diese den endgültigen Entscheid zu ihrem Nachteil beeinflussen können. Diese Gefahr besteht wegen der Möglichkeit einer abweichenden Beurteilung der Rechtslage durch das Bundesgericht. In der Berufungsantwort und in den Gegenbemerkungen zur Nichtigkeitsbeschwerde in Strafsachen an den Kassationshof des Bundesgerichts sind Ausführungen, die sich gegen die tatsächlichen Feststellungen richten, grundsätzlich nicht zulässig[17]. Entsprechendes gilt für die Vernehmlassung zur Beschwerde in Schuldbetreibungs- und Konkurssachen. Der siegreichen Partei ist es daher grundsätzlich verwehrt, die für sie nachteiligen tatsächlichen Feststellungen im Rahmen des von der andern Partei angehobenen Rechtsmittelverfahrens anzufechten. Sie darf nur jene Rügen vorbringen, die der Rechtsmittelkläger selber erheben kann[18]. Die siegreiche Partei kann ihre Rechte daher nur wahren, wenn ihr die Befugnis eingeräumt wird, mit einer staatsrechtlichen Beschwerde geltend zu machen, die betreffenden Feststellungen seien in willkürlicher Weise, insbesondere aufgrund einer willkürlichen Beweiswürdigung oder sonstwie in willkürlicher Anwendung des kantonalen Prozessrechts, zustande gekommen.

Eine vergleichbare Situation besteht in den Kantonen, in denen die Entscheide der oberen Gerichte an eine Kassationsinstanz weitergezogen werden können. Eine staatsrechtliche Beschwerde ist nach Art. 86 Abs. 1 OG mit Ausnahme von zwei in Art. 86 Abs. 2 OG vorbehaltenen Fällen, die hier ohne Bedeutung sind, erst gegen letztinstanzliche kantonale Entscheide zulässig. Der kantonale Instanzenzug muss somit vor der Erhebung einer staatsrechtlichen Beschwerde an das Bundesgericht ausgeschöpft werden. Im Kanton Zürich kann die Verletzung von Art. 4 oder 58 der Bundesverfassung durch Nichtigkeitsbeschwerde beim Kassationsgericht gerügt werden[19]. Soweit die der staats-

---

[16] Vgl. die Auflistung der mit staatsrechtlicher Beschwerde vorzubringenden Rügen bei WALTER KÄLIN, S. 317 ff. und 323 ff.

[17] Für die Berufung: Art. 59 Abs. 3 in Verbindung mit Art. 55 Abs. 1 lit. c OG. – Der gleiche Grundsatz muss aufgrund der in Art. 277bis Abs. 1 BStP vorgeschriebenen Bindung des Kassationshofes an die tatsächlichen Feststellungen der kantonalen Instanz auch für die Gegenbemerkungen zur Nichtigkeitsbeschwerde in Strafsachen gelten.

[18] Insbesondere also die Rüge des offensichtlichen Versehens und im Falle der Berufung noch jene der Verletzung bundesrechtlicher Beweisvorschriften.

[19] § 285 Abs. 2 ZPO.

rechtlichen Beschwerde unterliegenden Verfassungsverletzungen zuvor bei der kantonalen Kassationsinstanz gerügt werden können, muss die siegreiche Partei die Möglichkeit haben, an die kantonale Kassationsinstanz zu gelangen, falls die andere Partei den Entscheid des oberen kantonalen Gerichts mit Berufung oder strafrechtlicher Nichtigkeitsbeschwerde beim Bundesgericht anficht. Andernfalls riskiert sie, Mängel des im Ergebnis zu ihren Gunsten ausgefallenen Entscheids nicht mehr geltend machen zu können, wenn das Bundesgericht die Sache rechtlich anders beurteilen sollte als die kantonale Instanz.

In verfahrensökonomischer Hinsicht wäre es für die siegreiche Partei zweifellos einfacher, wenn sie die für sie nachteiligen tatsächlichen Feststellungen der kantonalen Instanz im Rahmen der Beantwortung des von der andern Partei beim Bundesgericht erhobenen Rechtsmittels als willkürlich rügen könnte. Eine solche Lösung fällt aber rechtlich ausser Betracht. Die Kognition der Rechtsmittelinstanz kann schon aus Gründen der Gleichbehandlung der Parteien für die rechtsmittelbeklagte Partei nicht umfassender sein als für den Rechtsmittelkläger. Die einzige Möglichkeit zu verhindern, dass der siegreichen Partei aus der Weiterziehung des Urteils durch die andere Partei Nachteile erwachsen können, besteht deshalb darin, ihr die Befugnis zur Ergreifung jenes Rechtsmittel zuzuerkennen, mit dem sie die entsprechenden Rügen vorbringen kann. In diesem Sinne haben denn auch das Bundesgericht und das Kassationsgericht des Kantons Zürich entschieden: Beide haben der obsiegenden Partei die Befugnis zuerkannt, zur vorsorglichen Wahrung ihrer Rechte Beschwerde zu führen. Dabei haben sie für die Beschwerdeführung allerdings einen verschiedenen Zeitpunkt als massgebend erachtet.

In BGE 86 I 224 ff. hat das Bundesgericht erstmals bejaht, dass jemand durch ein zu seinen Gunsten ausgefallenes kantonales Urteil im Sinne von Art. 88 OG verletzt sein kann. Die Beschwerdebefugnis wurde im Blick darauf bejaht, dass das Risiko bestehe, das Urteil könnte infolge Berufung der Gegenpartei zu Ungunsten der siegreichen Partei abgeändert werden, und zwar mit der folgenden Begründung:

> «Würde das Interesse an der Beschwerdeführung, einfach weil zur Zeit kein zu Ungunsten der Beschwerdeführer ergangenes Urteil vorliegt, nicht als «aktuelles» anerkannt, so könnte die von ihnen behauptete Willkür überhaupt nicht mehr geltend gemacht und ein allenfalls dadurch bedingter für sie nachteiliger Ausgang des Berufungsverfahrens nicht verhindert werden. Im Hinblick auf die nur durch Zulassung der vorliegenden Beschwerde abwendbare Gefahr ist daher ein schutzwürdiges Interesse an der Beschwerdeführung zu bejahen, sofern die Gefahr wirklich besteht, sich also die Möglichkeit eines Erfolges der Berufung der Gegenpartei nicht verneinen lässt»[20].

---

[20] BGE 86 I 225 f.

Das Bundesgericht hat diese Rechtsprechung in BGE 96 I 464 ff. E. 3 nochmals bekräftigt und der früher befolgten ausdrücklich vorgezogen[21]. Dabei hat es sich auch mit dem Einwand befasst, dass die obsiegende Partei wegen der für die Berufung und die staatsrechtliche Beschwerde gleich langen Rechtsmittelfrist von 30 Tagen bis zum letzten Tag der Frist nicht wissen könne, ob die Gegenpartei wirklich Berufung einreiche. Darin hat es indessen kein stichhaltiges Argument gegen die Anerkennung der Beschwerdebefugnis erblickt, weil die Beschwerde ja vorsorglicherweise eingereicht werden könne für den Fall, dass die Gegenpartei Berufung erhebe und diese Erfolg habe[22]. Damit wurde gleichzeitig klargestellt, dass das Bundesgericht der siegreichen Partei, die ihre Rechte im Blick auf eine allfällige Berufung der Gegenpartei wahren will, den mit der vorsorglichen Einreichung einer staatsrechtlichen Beschwerde verbundenen Aufwand zumutet, obwohl in diesem Zeitpunkt noch nicht feststeht, ob die andere Partei wirklich Berufung erhebt. Im neusten Entscheid, der sich mit dieser Frage befasst[23], wird anerkannt, dass eine solche vorsorgliche Beschwerde für die siegreiche Partei mit einem erheblichen Aufwand verbunden sei, der sich möglicherweise im nachhinein als überflüssig erweise. Das Gleiche gelte aber auch für eine Partei, welche ihre Berufung mit einer staatsrechtlichen Beschwerde verbinde. Im Falle der Gutheissung eines der beiden Rechtsmittel erweise sich das andere ebenfalls als vorsorgliche Rechtsvorkehr, mit der Wirkung, dass die betreffende Partei die damit verbundenen Kosten zu tragen habe[24].

In ähnlichem Sinne wie das Bundesgericht hat auch das Kassationsgericht des Kantons Zürich die Beschwerdebefugnis der siegreichen Partei bejaht. In einem Entscheid, den es kürzlich unter dem Präsidium von Dr. GUIDO VON CASTELBERG gefällt hat, wird ausgeführt, dass grundsätzlich auch eine vor dem Zürcher Ober- oder Handelsgericht vollumfänglich obsiegende Partei legitimiert sein müsse, das Urteil mit kantonaler Nichtigkeitsbeschwerde anzufechten, soweit sie eine Verletzung kantonalen Prozessrechts oder eine willkürliche Feststellung des Sachverhaltes geltend machen wolle. Weil das Bundesgericht an die tatsächlichen Feststellungen des kantonalen Richters gebunden sei und die Einhaltung der kantonalen Verfahrensvorschriften nicht überprüfen könne, hätte die obsiegende Partei im Falle einer Berufung der unterliegenden Partei an das Bundesgericht sonst keine Möglichkeit mehr, derartige Mängel zu rügen. Sie liefe vielmehr Gefahr, dass bei Gutheissung der Berufung durch das

---

[21] Bestätigt in BGE 97 I 2 E. 1a.
[22] BGE 96 I 466.
[23] BGE 122 I 256 E. 6d.
[24] Zur in Frage stehenden bundesgerichtlichen Rechtsprechung vgl. auch MESSMER/IMBODEN, Rz 142, S. 201, und Rz 159, S. 229, Fussnote 25; STRÄULI/MESSMER, § 281 Rz 13; GULDENER, S. 495 f.; THOMAS GEISER, in: GEISER/MÜNCH, Prozessieren vor Bundesgericht, Rz 1.5.

Bundesgericht dessen Urteil auf einem unter Verletzung kantonalen Prozessrechts oder in willkürlicher Beweiswürdigung festgestellten Sachverhalt beruhen würde. Die kantonalrechtliche Anfechtungsmöglichkeit mittels Nichtigkeitsbeschwerde dürfe nicht allein deshalb entfallen, weil ein allfälliger Nichtigkeitsgrund sich nicht unmittelbar im kantonalen Urteil ausgewirkt habe, sondern erst als Folge des Weiterzugs durch die Gegenseite im Urteil des Bundesgerichts mittelbar Bedeutung erlangen könne[25]. Dass auch die obsiegende Partei zur Erhebung einer kantonalen Nichtigkeitsbeschwerde befugt sein müsse, um die für sie nachteiligen tatsächlichen Feststellungen als willkürlich zu rügen, war bereits vorher in der Lehre gefordert worden[26].

Im Unterschied zum Bundesgericht hat das Kassationsgericht des Kantons Zürich eine für die Beschwerdebefugnis der obsiegenden Partei ausreichende Beschwer erst für den Zeitpunkt anerkannt, wo diese davon Kenntnis erhält, dass die andere Partei Berufung an das Bundesgericht erhoben hat. Vorher sei lediglich eine latente Beschwer vorhanden, die definitiv dahinfalle, wenn die Gegenseite die Berufungsfrist unbenützt ablaufen lasse. Selbst im Falle einer Berufung der Gegenpartei liege eine volle Beschwer der obsiegenden Partei erst vor, wenn das Bundesgericht auf der Grundlage des mit einem Nichtigkeitsgrund behafteten Sachverhalts ein Urteil zu deren Nachteil fälle. Die Frist zur Erhebung einer kantonalen Nichtigkeitsbeschwerde könne aber nicht erst in diesem Zeitpunkt zu laufen beginnen, weil für die Nichtigkeitsbeschwerde kein Anfechtungsobjekt mehr vorhanden wäre, sobald der bundesgerichtliche Sachentscheid an die Stelle des Urteils des Obergerichts oder Handelsgerichts trete. Die besagte Frist müsse deshalb in dem Zeitpunkt zu laufen beginnen, wo die im kantonalen Verfahren siegreiche Partei von der Ergreifung der Berufung durch die Gegenseite Kenntnis erhalte. Für diesen Zeitpunkt spreche auch die Regelung in § 287 Satz 2 ZPO, wonach die Nichtigkeitsbeschwerde auch nach Ablauf der Beschwerdefrist von 30 Tagen seit der Eröffnung des Entscheids noch eingereicht werden könne, wenn der Beschwerdeführer nachweise, dass er ohne Verschulden vom Nichtigkeitsgrund erst innert 30 Tagen vor der Beschwerdeerhebung Kenntnis erhalten habe. Mangels einer gesetzlichen Regelung sei der Zeitpunkt der Kenntnisnahme der Ergreifung der Berufung durch die Gegenpartei in Analogie zu dieser Bestimmung auf dem Wege der Lückenfüllung als Ausgangspunkt für den Fristenlauf zu wählen[27].

Wie das Kassationsgericht des Kantons Zürich zutreffend hervorhebt, ist die siegreiche Partei durch die mit einem Nichtigkeitsgrund behaftete Sach-

---

[25] Zur Publikation bestimmter Entscheid des Kassationsgerichts des Kantons Zürich vom 28. Oktober 1996 in Sachen Interallianz Finanz AG gegen diverse Beschwerdegegner, E. 2.
[26] HÄGI, S. 50 Fussnote 23; STRÄULI/MESSMER, § 281 Rz 13.
[27] Zitierter Entscheid vom 28. Oktober 1996 E. 3.

verhaltsfeststellung in definitiver Weise erst beschwert, wenn das Bundesgericht die Berufung[28] der andern Partei gutheisst und aufgrund dieses Sachverhalts ein Urteil zu ihren Ungunsten fällt. Dann kann die ursprünglich siegreiche Partei jedoch nichts mehr gegen das bundesgerichtliche Urteil vorkehren, weil dieses an die Stelle des angefochtenen kantonalen Entscheids getreten und in Rechtskraft erwachsen ist. Um die siegreiche Partei in Stand zu setzen, den ihr infolge der Anrufung des Bundesgerichts durch die Gegenpartei drohenden Nachteil abzuwenden, muss ihr deshalb die Befugnis eingeräumt werden, allfällige Fehler bei der Sachverhaltsfeststellung vorsorglicherweise mit kantonaler Nichtigkeitsbeschwerde oder, wo eine solche nicht zur Verfügung steht, mit staatsrechtlicher Beschwerde zu rügen. Die Beschwerdebefugnis darf nicht vom Eintritt einer definitiven Beschwer abhängig gemacht werden, wenn ein wirksamer Rechtsschutz gewährleistet bleiben soll. Für die Zulassung der Beschwerde muss vielmehr eine drohende Beschwer genügen. Das Kassationsgericht bezeichnet diese Beschwer als eine latente, die aktualisiert wird, sobald die obsiegende Partei von der Ergreifung der Berufung durch die andere Partei Kenntnis erhält. Die Frist für die kantonale Nichtigkeitsbeschwerde wird deshalb von diesem Zeitpunkt an berechnet.

Das Bundesgericht begnügt sich demgegenüber mit dem Vorhandensein einer noch nicht aktualisierten Beschwer. Es bejaht die Befugnis der siegreichen Partei zur Einreichung einer staatsrechtlichen Beschwerde bereits für den Zeitpunkt, wo das Urteil zugestellt wird, das von der andern Partei an das Bundesgericht weitergezogen werden kann. Die Beschwerdefrist beginnt für die siegreiche Partei somit im gleichen Zeitpunkt zu laufen wie die Rechtsmittelfrist für die unterlegene Partei. Es liegt auf der Hand, dass diese Lösung im Vergleich zu jener des Zürcher Kassationsgerichts einen grossen praktischen Nachteil aufweist: Der siegreichen Partei wird der Aufwand der vorsorglichen Beschwerdeführung schon in einem Zeitpunkt zugemutet, wo überhaupt noch nicht feststeht, ob die unterlegene Partei ein Rechtsmittel gegen das Urteil ergreifen wird. Das Bundesgericht hat nicht in Betracht gezogen, dass das Gesetz diesbezüglich eine Lücke aufweisen könnte. Im OG fehlt eine Vorschrift, die sich mit § 287 Satz 2 ZPO vergleichen lässt. In Art. 89 Abs. 2 OG wird einzig vorgesehen, dass die staatsrechtliche Beschwerde noch innert 30 Tagen erhoben werden kann, wenn von Amtes wegen erst nachträglich Entscheidungsgründe zugestellt werden. Diese Bestimmung, der nach der bundesgerichtlichen Rechtsprechung nur eine sehr begrenzte Tragweite zukommt[29], eignet sich nicht für einen Analogieschluss, wie er dem kassationsgerichtlichen Urteil vom

---

[28] Oder Nichtigkeitsbeschwerde in Strafsachen.
[29] BGE 106 Ia 239.

28. Oktober 1996 zugrunde liegt. Trotzdem kann man sich fragen, ob nicht auch das OG eine Gesetzeslücke aufweist. So kann ihm jedenfalls keine Regel entnommen werden, die sich unmittelbar auf die Beschwerdebefugnis der obsiegenden Partei anwenden lässt. Aus Art. 88 OG ergibt sich lediglich, dass die Beschwerdelegitimation vom Erfordernis einer Beschwer abhängt[30]. Es liesse sich daher wie im zitierten Urteil des Kassationsgerichts des Kantons Zürich die Auffassung vertreten, dass es an einer ausreichenden Beschwer der obsiegenden Partei fehlt, solange noch nicht feststeht, ob die unterlegene Partei die Sache überhaupt an das Bundesgericht weiterzieht. Würden in diesem Sinne strengere Anforderungen an die Voraussetzung der Beschwer gestellt, müsste sich dies zwangsläufig auch auf den Beginn der Beschwerdefrist auswirken. Diese Frist kann sinnvollerweise nicht zu laufen beginnen, bevor die erforderliche Beschwer eingetreten ist. Die Frist würde deshalb nicht bereits durch die Mitteilung des kantonalen Urteils in Gang gesetzt, sondern erst durch die Mitteilung der Ergreifung des Rechtsmittels an das Bundesgericht durch die unterlegene Partei. Art. 89 OG könnte durch richterliche Lückenfüllung in diesem Sinne ergänzt werden.

Es gäbe rechtlich noch eine andere Möglichkeit, um in der Bundesrechtspflege zu einer ähnlichen Lösung zu gelangen wie im Kanton Zürich. Der siegreichen Partei könnte nach der Ergreifung des Rechtsmittels durch die andere Partei in Anwendung von Art. 35 OG die Wiederherstellung der Beschwerdefrist bewilligt werden[31]. Als unverschuldetes Hindernis, durch das die siegreiche Partei abgehalten worden ist, innerhalb der Beschwerdefrist zu handeln, wäre die Unkenntnis darüber zu betrachten, ob die unterlegene Partei die Sache auf dem Rechtsmittelweg an das Bundesgericht weiterzieht. Ein solches Hindernis könnte allerdings nicht bejaht werden, solange das Bundesgericht seine bisherige Praxis nicht aufgibt, wonach die blosse Möglichkeit der Ergreifung des Rechtsmittels durch die unterlegene Partei der siegreichen Partei das Recht gibt, gegen den zu ihren Gunsten ausgefallenen Entscheid staatsrechtliche Beschwerde zu erheben. Zwar stünde der siegreichen Partei bei einer entsprechenden Aenderung der bundesgerichtlichen Rechtsprechung nur eine Frist von zehn Tagen zur Verfügung, um eine staatsrechtliche Beschwerde zu erheben. Art. 35 Abs. 1 OG verlangt, dass die versäumte Rechtshandlung innerhalb der gleichen zehntägigen Frist nachgeholt werden muss, die für die Einreichung des Wiederherstellungsgesuches zur Verfügung steht. Im Rahmen der gegenwärtig in Vorbereitung befindlichen Revision des OG soll diese Frist allerdings auf 30 Tage verlängert werden.

---

[30] BGE 114 Ia 94 E. 1a.
[31] So THOMAS GEISER, in: GEISER/MÜNCH, Prozessieren vor Bundesgericht, Rz 1.5 i.f.

Die Probleme im Zusammenhang mit der Zulassung eines Rechtsmittels der siegreichen Partei im Falle der Weiterziehung der Sache durch die andere Partei sind eine Folge der Gabelung des Rechtsmittelweges an das Bundesgericht. Sie würden entfallen, wenn anstelle dieser Gabelung ein Einheitsrechtsmittel geschaffen würde, mit dem beim Bundesgericht nicht nur die unrichtige Anwendung des Bundesrechts gerügt, sondern auch Verfassungsverletzungen geltend gemacht werden könnten. Gegenwärtig wird im Rahmen der Arbeiten zur Reform der Bundesrechtspflege geprüft, ob für den Weiterzug kantonaler Urteile an das Bundesgericht ein solches Einheitsrechtsmittel eingeführt werden soll. Mit diesem könnte inskünftig sowohl geltend gemacht werden, dass die letzte kantonale Instanz das Bundeszivilrecht bzw. das eidgenössische Strafrecht falsch angewendet habe, als auch, dass sie bei der Feststellung des Sachverhalts die Verfassung verletzt habe. Die gleichen Rügen wie im Einheitsrechtsmittel müssten in der Rechtsmittelantwort auch von der siegreichen Partei erhoben werden können. Diese wäre daher nicht mehr gezwungen, selber Beschwerde zu erheben, um allfällige Fehler der kantonalen Entscheidung zu rügen, die ihr im Falle einer abweichenden Beurteilung der Sache durch die Rechtsmittelinstanz zum Schaden gereichen könnten. Die Frage der Zulassung der siegreichen Partei zur Anfechtung des zu ihren Gunsten ausgefallenen Entscheids würde sich damit nicht mehr stellen.

Die vorgeschlagene Einführung eines Einheitsrechtsmittels würde allerdings andere Fragen aufwerfen, die der Brisanz nicht entbehren[32]. Es ist zu befürchten, dass die Schaffung eines Einheitsrechtsmittels an das Bundesgericht das Kassationsgericht des Kantons Zürich und ähnliche Instanzen in andern Kantonen in der Existenz träfe. Als Vorinstanzen des Bundesgerichts hätten die oberen kantonalen Gerichte abschliessend über alle Rechts- und Tatfragen zu entscheiden. Die Einheitsbeschwerde an das Bundesgericht würde sich ausschliesslich gegen diese Entscheide richten und hätte auch alle jene Rügen zu enthalten, die bisher wegen des Grundsatzes der Ausschöpfung des kantonalen Instanzenzuges zunächst dem Kassationsgericht unterbreitet werden mussten. Eine kantonale Kassationsinstanz würde dadurch in allen an das Bundesgericht weiterziehbaren Fällen überflüssig. Das Bundesgericht würde direkt im Anschluss an das Urteil des oberen kantonalen Gerichts endgültig über die mit dem Einheitsrechtsmittel erhobenen Rügen der Verfassungsverletzung entscheiden. Ein solches Resultat widerspräche allerdings dem durch die Reform der Bundesrechtspflege angestrebten Ziel der Entlastung des Bundesgerichts. Heute wird das Bundesgericht durch die Filterwirkung, die von der kassationsgericht-

---

[32] Vgl. dazu KARL SPÜHLER, Die Reform der Bundesgerichtsbarkeit: Schwerpunkte einer dringlichen Aufgabe, Zentralblatt für Staats- und Verwaltungsrecht, 1996, 97. Jahrgang, S. 219 f., sowie den Beitrag des gleichen Autors in der vorliegenden Festgabe.

lichen Rechtsprechung ausgeht, von einer erheblichen Zahl staatsrechtlicher Beschwerden entlastet. Diese Wirkung sollte im Interesse des Bundesgerichts nicht leichthin preisgegeben werden.

Es sollte deshalb ernsthaft nach Wegen gesucht werden, wie vermieden werden könnte, dass die kantonalen Kassationsinstanzen ihre Existenzberechtigung wegen der Schaffung einer Einheitsbeschwerde verlieren. Dies wäre beispielsweise dadurch möglich, dass die Frist zur Ergreifung des Einheitsrechtsmittels in jenen Kantonen, die über eine Kassationsinstanz verfügen, erst mit der Mitteilung des kassationsgerichtlichen Entscheids zu laufen beginnt. Der Rechtsmittelkläger hätte im Rahmen des Einheitsrechtsmittels sowohl die Rügen wegen falscher Anwendung des Bundesrechts durch das obere kantonale Gericht als auch allfällige Rügen wegen Verfassungsverletzungen durch das Kassationsgericht vorzubringen. So könnte der Charakter des Einheitsrechtsmittels gewahrt werden, auch wenn sich dieses gegen zwei verschiedene kantonale Urteile richten würde. Es ist zu wünschen, dass der Frage nach dem Ueberleben der kantonalen Kassationsinstanzen bei der Reform der Bundesrechtspflege die nötige Beachtung geschenkt wird.

JÖRG REHBERG

Georg Sulzer

Kassationsgerichtspräsident
1896–1905

Für einmal möchte ich den bei Festschriften für Juristen üblichen Rahmen von rechtswissenschaftlichen Themen verlassen und mit einem biographischen Abriss an einen Vorgänger Guido von Castelbergs erinnern, der seinerseits aus dem Rahmen der anderen Persönlichkeiten fällt, die dieses Amt bis heute bekleidet haben. Georg Sulzer, Sohn eines Kaufmanns, wurde am 9. Mai 1844 in Winterthur als Bürger dieser Stadt geboren. Nach dem Besuch des oberen Gymnasiums in Zürich immatrikulierte er sich im Wintersemester 1863/64 an der juristischen Fakultät der Universität Zürich. Nach einem Jahr wechselte er für zwei Semester an die Universität Heidelberg, um sich dann erneut in Zürich zu immatrikulieren. Möglicherweise legte er 1868 oder 1869 vor dem Obergericht die Advokaturprüfung ab, damals eine Alternative zum seltenen Abschluss des Studiums mit einem Doktorat.

In den wenigen vorhandenen schriftlichen Aufzeichnungen Sulzers zu seinem Lebenslauf[1] äussert er sich nicht weiter über seinen Studiengang. Wohl aber beklagt er sich darin über den Religionsunterricht, der ihm – protestantisch getauft und erzogen – am Gymnasium von Professor Biedermann, Ordinarius für Dogmatik an der Universität Zürich, zuteil wurde. Der extrem freisinnige Theologe habe gelehrt, dass es keine persönliche, ihrer selbst bewusste

---

[1] Sie sind enthalten in seiner Schrift «Licht und Schatten der spiritistischen Praxis nebst Angabe von Mitteln zur Verhütung und Wiedergutmachung von schädlichen Folgen», Leipzig 1913 (im folgenden zitiert «Licht und Schatten»), S. 1 ff.

Gottheit gebe und alle in der Bibel erzählten Wunder, Jesu Auferstehung inbegriffen, nur Selbsttäuschungen oder fromme Legenden seien. Das persönliche Fortleben nach dem Tode leugne Biedermann. Sulzer schreibt, diese Lehren hätten ihn in inneren Aufruhr gebracht, zumal da sie auch von Mitschülern und – nach seinem Übertritt an die Hochschule – sogar von ihm nahestehenden Theologiestudenten als einzig der modernen Aufklärung entsprechend vertreten worden seien. Da er keinen Ausweg aus seinen Zweifeln gefunden habe, sei er zum Entschluss gelangt, das weitere Grübeln über Dinge der Religion und der Weltanschauung aufzugeben. So sei er zum Agnostiker geworden.

Nach seinem Studienabschluss war Sulzer gemäss zwei biographischen Quellen[2] zunächst als Adjunkt des Bezirks-Statthalters tätig, in einem Amt, das später in «Bezirksanwaltschaft» umbenannt wurde[3]. Im Jahre 1871 wählten die Stimmberechtigten ihn, der offenbar der damals in Winterthur besonders starken Demokratischen Partei angehörte, in das dortige Bezirksgericht, dessen Vizepräsident er 1877 wurde. Welche weiteren Aktivitäten er ausser diesen damals nebenamtlichen Tätigkeiten betrieb, wissen wir nicht. Am 20. Juni 1881 erfolgte seine Wahl durch den Kantonsrat zum Mitglied des Obergerichts, wo er meistens der Appellationskammer angehörte. Bereits im Sommer 1890, im Alter von erst 46 Jahren, trat Sulzer nach dem damaligen Geschäftsbericht dieses Gerichts aus einem wohl einmalig gebliebenen Grund von seinem Amt als Oberrichter zurück, nämlich um sich inskünftig privaten Studien widmen zu können[4]. Dass ihm dies möglich war, obwohl er für drei Kinder aus seiner 1875 geschlossenen Ehe mit der bereits 1879 verstorbenen Anna Klein zu sorgen hatte, lässt auf finanziellen Wohlstand schliessen.

Sulzer sagte aber der Justiz nicht für alle Zeiten gänzlich Valet, sondern liess sich schon am 19. August 1891 zum Ersatzmann des durch das Rechtspflegegesetz von 1874 geschaffenen Kassationsgerichts wählen, welches damals neun ordentliche und fünf Ersatzmitglieder zählte und gemäss § 62 jenes Erlasses auch in einer Besetzung mit neun Richtern zu tagen hatte. Schon anlässlich der Beratung einer Revisionsvorlage, die am 13. Juni 1880 zum Gesetz wurde und dem Gericht auch die Behandlung von Kassationsbeschwerden gegen Urteile des Handels- und des Schwurgerichts übertrug, wurde im Kantonsrat von den Schwierigkeiten der Besetzung des grossen, nebenamtlich tätigen Spruchkör-

---

[2] Historisch-biographisches Lexikon der Schweiz, Band IV, Neuenburg 1931, S. 606; ALICE DENZLER, Die Sulzer von Winterthur, Bd. 1, Winterthur 1933, S. 229.
[3] Das müsste in Zürich gewesen sein, welcher Bezirk damals als einziger über eine solche Institution verfügte, lässt sich aber nicht belegen. Gleiches gilt für die in diesen Quellen erwähnte Tätigkeit am Bezirksgericht Meilen.
[4] Rechenschaftsbericht des Obergerichts (ROG) für das Jahr 1890, S. 115.

pers mit tüchtigen Juristen gesprochen[5]. Rechtsprofessoren, an die man offenbar bei der Schaffung des «Nullitätengerichts» in erster Linie gedacht hatte, standen nur wenige zur Verfügung. Unter den Richtern fanden sich zu den damaligen Zeiten und auch noch kurz nach der Jahrundertwende nur vereinzelte Anwälte, wohl weil die meisten von ihnen im Zeitraum der Freigabe der Advokatur im Kanton Zürich (1874 bis 1898) kein rechtswissenschaftliches Studium absolviert hatten. Jedenfalls griff man nicht nur auf Juristen aus der Verwaltung (wie etwa einen zurückgetretenen Regierungsrat sowie die Stadtschreiber von Zürich und Winterthur) sowie aus der Privatwirtschaft zurück, sondern wählte auch verschiedentlich Oberrichter nach ihrem Rücktritt aus diesem Amt in das Kassationsgericht. Ein Schlagwort, welches man für die Revision von 1880 im Kantonsrat ins Feld geführt hatte, bezog sich darauf, dass bis dahin das Obergericht als Kassationsinstanz für Urteile von Handels- und Schwurgericht amtete, in welchen teilweise ebenfalls Oberrichter sassen: «Eine Krähe hackt der anderen die Augen nicht aus»[6]. Offenbar ging man – vielleicht gezwungen durch die geringe Auswahl an ausgebildeten und praktisch erfahrenen Juristen – davon aus, dass mit der Pensionierung eines Oberrichters solche Bedenken schlagartig wegfielen. So stellte die Wahl Sulzers ins Kassationsgericht an sich kein Novum dar. Immerhin war es wohl einmalig, dass ein so frühzeitig in den Ruhestand getretener Jurist und nunmehriger Privatgelehrter in ein solches Amt berufen wurde.

Was war Gegenstand der privaten Studien, denen Oberrichter Sulzer nach seinem Rücktritt oblag? Zunächst handelte es sich um die damals in der Schweiz noch wenig entwickelte Nationalökonomie, trägt doch seine erste bibliographisch erfasste, 1895 erschienene Publikation im stattlichen Umfang von 620 Seiten den Titel «Die wirtschaftlichen Grundgesetze in der Gegenwartsphase ihrer Entwicklung»[7]. Schon bald beschäftigten Sulzer jedoch grössere sozialwissenschaftliche Zusammenhänge, wovon eine Abhandlung «Begriff und Aufgaben der Gesellschaftswissenschaft» aus den Jahren 1896 und 1897 zeugt[8]. Der Verfasser versteht darunter die Lehre von derjenigen menschlichen Tätigkeit, deren Zweck die Schaffung und Aufrechterhaltung sozialer Normen und die dadurch zu bewirkende Organisation der Gesellschaft ist. Es gibt nach Sulzer zwei Arten solcher gesellschaftlicher Tätigkeit, nämlich die ethische, mit

---

[5] Siehe dazu H.R. BALSIGER, Kassation und Kassationsgericht im Kanton Zürich, Diss. Zürich 1903, S. 98 ff. Offenbar bestand schon damals Einigkeit darüber, dass in dieses Gericht trotz der gesetzlich verankerten allgemeinen Wählbarkeit und im Gegensatz zu Bezirksgerichten und Obergericht nur Juristen gewählt werden sollten.
[6] Votum des nachmaligen Bundesrats DR. LUDWIG FORRER, zit. bei BALSIGER, op.cit., S. 104.
[7] Zürich 1895.
[8] «Zeitschrift für Volkswirtschaft, Sozialpolitik und Verwaltung», Band V, S. 548 ff., und Band VI, S. 1 ff.

welcher der Mensch seine eigenen Handlungen den sozialen Normen anpasst, und die politische, mit welcher er sich an der Schaffung und Durchführung der sozialen Normen und an den hiezu erforderlichen Einrichtungen beteiligt. Gesellschaftswissenschaft wird wie die mit ihr koordinierten Lehrgebiete (konsumtiv-technische und produktiv-technische Wissenschaften, Pädagogik und Wirtschaftslehre) als eine der fünf Spezialwissenschaften verstanden, die sich mit den verschiedenen Seiten des «zweckbewussten menschlichen Lebens» befassen; die Verbindung zwischen ihnen soll die «höhere Einheitswissenschaft» der menschlichen Biologie herstellen.

Die Gesellschaftswissenschaft soll nach Sulzer auf Erreichung möglichst grosser Wohlfahrt mittels der Normen von Recht, Sitte und Moral ausgerichtet sein. Er meinte, dass sie zum Lehrgegenstand unserer Hochschulen werde, und dass man dort Rechtswissenschaft und Ethik als ihre blossen Teilgebiete behandeln werde. Erstere, so fährt Sulzer fort, werde für Advokaten, Richter und Staatsmänner immer noch der wichtigste Zweig der Gesellschaftswissenschaft bleiben. Zu deren vollem Verständnis sei aber eine passende Pflege aller Spezialwissenschaften vom bewussten menschlichen Leben, namentlich der Wirtschaftslehre, erforderlich.

Georg Sulzer setzte sich auch persönlich für die Förderung der Wohlfahrt des Volkes ein. Er gehörte zu den Gründern des 1899 aus der Taufe gehobenen Schweizerischen Genossenschaftsbundes und wurde in dessen Vorstand gewählt. Im gleichen Jahr veröffentlichte er eine Abhandlung zur Frage «In welchem Grade kann die sociale Lage der Arbeiterschaft durch den Kampf um höheren Lohn mit Hilfe der Gewerkschaftsbewegung gebessert werden?»[9] und wenig später einen im Winterthurer Grütliverein gehaltenen Vortrag mit dem Titel «Die kollektive Vertragsschliessung zwischen Arbeitern und Arbeitgebern»[10]. Auch bei dieser einzigen Publikation zu einem juristischem Thema wird dieses in die grösseren sozialen Zusammenhänge gestellt. Bemerkenswerterweise betont der Referent am Schluss, dass die Arbeiterschaft zu Bildung und sittlicher Stärke gelangen müsse, um sich der kollektiven Vertragsschliessung mit Erfolg zu bedienen. Dazu könne ein Christentum führen, das nicht auf blindem Autoritätsglauben gegründet sei. Es müsse sich vielmehr auf eine innere «selbstgemachte» Überzeugung stützen. Dafür sei vor allem erforderlich, die Unhaltbarkeit der materialistischen Weltanschauung festzustellen, die man so gerne den Arbeitern als eine grosse wissenschaftliche Errungenschaft anpreise. Damit wird in dieser letzten «gesellschaftswissenschaftlichen» Arbeit Sulzers bereits erkennbar, dass er einen neuen Zugang zur Religion gefunden hatte.

---

[9] Separatdruck aus Schweizerische Blätter für Wirtschafts- und Socialpolitik, Bern 1899. Erwähnt sei ferner die Schrift «Die Zukunft des Sozialismus», Dresden 1899.
[10] Separatdruck aus der in FN 9 erwähnten Zeitschrift, Bern 1900.

Diese Entwicklung hatte sich angebahnt, nachdem Georg Sulzer 1894 als Nachfolger des verstorbenen früheren Regierungsrates Spiller zum ordentlichen Mitglied des Kassationsgerichts gewählt worden war. Im Frühjahr 1896 gab ihm zu seiner Überraschung ein Verwandter einige spiritistische Bücher zur Lektüre. Zu Ende des gleichen Jahres, so berichtet Sulzer, habe er aus einem ihm zugestellten Katalog der Verlagsbuchhandlung Oskar Mutze in Leipzig ersehen, dass es eine grosse Literatur über «diese Dinge» gab. Nach der Lektüre des von ihm bestellten Buches von Aksakow «Animismus und Spiritismus» sei ihm klar geworden, dass er auf der Schwelle einer neuen Weltanschauung stand, von der er hoffen durfte, dass sie imstande sein werde, «ihm das Rätsel des menschlichen Lebens zu lösen»[11].

Ebenfalls im Jahre 1896 hatte der Kantonsrat Georg Sulzer anstelle des auf 30. September zurückgetretenen Dr. H. Meyer in Zürich, der wie er selber Oberrichter gewesen war, mit 150 von 161 abgegebenen Stimmen zum Präsidenten des Kassationsgerichts gewählt[12]. Bei den ordentlichen Wahlen für die Amtsdauer 1899–1905 wurde er in diesem Amt bestätigt, welches er offenbar mit grösster Gewissenhaftigkeit versah. In den unter seiner Ägide abgelegten Rechenschaftsberichten finden sich hin und wieder auch Ausführungen zu Fragen von Zuständigkeit und Verfahren des Kassationsgerichts. So fühlte sich Sulzer schon 1896 veranlasst, dessen Vorgehen bei der Beschlussfassung darzulegen:

> «In allen ohne mündliche Parteiverhandlung erledigten Sachen ist es Praxis des Kassationsgerichtes, den schriftlichen Antrag des bestellten Referenten bei den Mitgliedern in Zirkulation zu setzen. Wird dann kein Gegenantrag gestellt oder keine erhebliche Änderung der Erwägungen beantragt, so findet keine mündliche Besprechung statt und gilt der Antrag des Referenten als angeommen. Andernfalls wird die Sache in der nächsten Gerichtssitzung vorgelegt und findet über die verschiedenen Anträge eine Diskussion statt, worauf abgestimmt wird. ...»[13]

In genau gleicher Weise wird bekanntlich noch heute, ein Jahrhundert später, vorgegangen. Mangels einer Bestimmung, welche wie der heute geltende § 139 GVG Zirkularbeschlüsse bei Einstimmigkeit ausdrücklich zulässt, hielt es Sulzer damals offenbar für nötig, die Zulässigkeit einer solchen Praxis besonders zu begründen, und zwar – für heutige Verhältnisse undenkbar – mit einem fiskalischen Argument. Er berief sich auf § 1150 des Rechtspflegegesetzes von 1874, der die Entschädigung der Kassationsrichter regelte, und wonach für «Sachen, welche ohne Veranstaltung einer Sitzung durch Beschluss erledigt werden können» lediglich der Referent eine Entschädigung von Fr. 10 erhielt. Das Kassationsgericht sei bei seiner Praxis davon ausgegangen, dass die Erle-

---

[11] Licht und Schatten, S. 3 f.
[12] Dieses Amt war mit einer für die damaligen Zeiten ansehnlichen Entschädigung von Fr. 2'000 pro Jahr dotiert.
[13] ROG 1896, S. 163 f.

digung auf dem Zirkularweg durch diese Bestimmung «ohne Zweifel der Kostenersparnis wegen» geradezu vorgeschrieben sei, so dass diese Art der Erledigung überall da stattfinden müsse, wo sie möglich sei.

Die Geschäftslast des Gerichts hielt sich zur Präsidialzeit Georg Sulzers noch in recht engen Grenzen. So wurden 1896, im Jahre seines Amtsantrittes, 51 Beschwerden (38 in Zivil- und 13 in Strafsachen) erledigt, im letzten vollen Jahr vor seinem Rücktritt (1904) deren 70 (50 in Zivil- und 20 in Strafsachen); allerdings mussten jährlich jeweils mindestens zehn mündliche Parteiverhandlungen durchgeführt werden. Sulzer blieb bei dieser Belastung genügend Zeit, um sich mit vollem Eifer seinem neuen Interessensgebiet zu widmen. Im Jahr nach seiner ersten Wahl zum Präsidenten studierte er die Literatur zum «Okkultismus» (am ehesten der heutigen «Parapsychologie» entsprechend), ganz besonders aber das Schrifttum zum Spiritismus, der damals hoch im Kurs stand, wurden doch damals weltweit gegen 300 Zeitschriften herausgegeben und zahlreiche Gesellschaften gegründet, die sich mit diesem Gebiet befassten[14]. Auch in Zürich entstanden 1898 zwei solche Körperschaften, die sich ihm widmeten, «Psyche» und «Spiritistischer Verein». Der Kassationsgerichtspräsident trat diesem letzteren bei[15].

Als Georg Sulzer von einem ebenfalls dem Verein angehörenden Ehepaar zur Teilnahme an spiritistischen Sitzungen eingeladen wurde, sagte er zu, geleitet vom Gefühl, in dieser Sache nur dann ein massgebendes Wort mitsprechen zu können, wenn er die einschlägigen Phänomene aus eigener Anschauung kenne. Von diesem Moment an besuchte er zahlreiche spiritistische Zusammenkünfte und Veranstaltungen mit den verschiedensten Medien, nicht als blindgläubiger Teilnehmer, sondern als kritischer Beobachter, der sein Augenmerk auch auf allfällige betrügerische Machenschaften richtete. Sein ganz besonderes Interesse galt der zu jener Zeit hohe Wogen schlagenden Streitfrage, ob die betreffenden okkulten Phänomene wirklich «spiritistischen» oder aber bloss «animistischen» Ursprungs waren, dh. aus der Geisterwelt stammten oder in «verborgenen Seelenkräften der im Diesseits lebenden Menschen» wurzelten (heute würde man vom Unterbewusstsein sprechen). Sulzer gelangte, namentlich aufgrund seiner praktischen Erfahrungen, zum Schluss, dass nur die «spiritistische Hypothese» alle Phänomene zu erklären vermöge.

---

[14] THEO LOCHER, Georg Sulzer, in «Parapsychologie in der Schweiz gestern und heute», Biel 1986, S. 32.
[15] Vgl. dazu und im folgenden Licht und Schatten, S. 5 ff.

Von dem Moment an, in dem er sich von der «Tatsächlichkeit» des Geisterverkehrs überzeugt hatte, so berichtet Sulzer, habe er sich verpflichtet gefühlt, der Öffentlichkeit gegenüber mit seiner Überzeugung nicht zurückzuhalten. Deshalb trat er anlässlich von Veranstaltungen, die der «Spiritistische Verein» im Saal einer Wirtschaft durchführte, verschiedentlich mit Referaten über spiritistische und okkulte Themen auf[16]. Zu seinem grossen Bedauern war es ihm im Hinblick auf seine amtliche Funktion verwehrt, sich um den einzigen grösseren Saal, der für die Vorträge gepasst hätte, zu bewerben, nämlich denjenigen des Schwurgerichts am Hirschengraben (der anscheinend damals für private Anlässe vermietet wurde). Sulzer beklagt sich auch darüber, dass seine Versuche, akademisch gebildete Bekannte für den Spiritismus zu interessieren, praktisch erfolglos blieben. Man kann sich unschwer vorstellen, welches Kopfschütteln es in solchen Kreisen hervorgerufen haben muss, dass ausgerechnet ein Jurist, der zudem noch das höchste Richteramt im Kanton bekleidete, öffentlich für die Echtheit von paranormalen Phänomenen eintrat.

Dieses Unverständnis sollte denn auch später in einer breiteren Öffentlichkeit zum Ausdruck kommen. Sulzer legte dazu die Wurzeln, als er 1899 und 1901 an spiritistischen Sitzungen mit dem Medium ANNA ROTHE teilnahm und diese Frau dann auch zu entsprechenden Veranstaltungen in seiner Wohnung an der Culmannstrasse in Oberstrass einlud. Frau Rothe soll über die Fähigkeit verfügt haben, sogenannte Apporte von Blumen und Früchten herbeizuführen, dh. solche vorher im betreffenden Raum nicht vorhandene Objekte zu materialisieren. Die Experimente fanden nach dem Bericht Sulzers unter strengen Kontrollmassnahmen statt. Insbesondere wurde Anna Rothe vor jeder Sitzung einer Leibesvisitation durch zwei ihr unbekannte Frauen unterzogen, die der Kassationsgerichtspräsident bei den Versuchen in seiner Wohnung getrennt über ihre Feststellungen verhörte. Gemäss einem von allen Anwesenden unterzeichneten Protokoll wurden am 9. August 1901 im Verlaufe einer solchen Sitzung zwischen 6.20 und 7.45 Uhr abends eine ganze Reihe verschiedenartiger taufrischer Blumen (Gladiolen, Seerosen, Nelken und Rosen) sowie Farnkräuter und Bärlappranken apportiert. Sulzer, der an jenem heissen Sommertag zusammen mit einem Begleiter Frau Rothe schon in den Stunden vor der Leibesvisitation überwacht hatte, gelangte zum Schluss, sie könne diese Pflanzen unmöglich unter ihren Kleidern versteckt mitgebracht haben.

Als Anna Rothe, die in ihrer deutschen Heimat für Vorführungen solcher Apporte auch Eintrittsgelder erhoben hatte, dort später der Prozess wegen Betruges gemacht wurde, betrachtete es Sulzer als seine Gewissenspflicht, sich zugun-

---

[16] Sie erschienen teilweise später im Buchhandel, so «Moderne Prophetie» (Bietigheim a. Enz 1901) und «Aufschluss über Spiritismus» (Lorch 1903). Sulzer bezeichnete sich in diesen Schriften ausdrücklich als Kassationsgerichtspräsident.

sten der armen und verlassenen, nach seiner Ansicht unschuldigen Frau als Zeuge zu melden[17]. Er wurde denn auch in dieser Eigenschaft rechtshilfeweise in Zürich, später aber auch in der Hauptverhandlung einvernommen, die im März 1903 vor der ersten Strafkammer des Landgerichts II in Berlin stattfand. In der dortigen Presse las man darüber etwa folgende Sätze:

> «Der Präsident des kantonalen Kassationsgerichtes in Zürich ist zweifellos ein Mann, der ohne weiteres verlangen kann, dass man seinem Worte ohne Besinnen glaubt. Er ist ein geistvoller Mann, von hoher juristischer und allgemeiner Bildung, und was er sagte, machte den absoluten Eindruck eigener Wahrnehmung und subjektiver Wahrheit. ... Man muss dem alten Herrn mit dem scharfgeschnittenen Gesicht, der nun wirklich aus Zürich hieher geeilt ist, zutrauen, dass er irgend welchen Sinnestäuschungen so leicht nicht zugänglich ist, aber uns anderen bleibt doch der Verstand stehen.»

Der Prozess endete mit der Verurteilung der Angeklagten wegen wiederholten Betruges und ihrer Bestrafung mit 18 Monaten Gefängnis. Sulzer setzte sich später literarisch eingehend mit den für und gegen die Angeklagte sprechenden Aussagen auseinander und gelangte zum Schluss, das Gericht habe zu Unrecht den Beweis für ihre Schuld als erbracht erachtet[18]. Besonderen Anstoss nahm er daran, dass gerade gebildete und angesehene Teilnehmer der Sitzungen in Deutschland nicht befragt worden seien, und dass das Gericht mit Unterstützung eines Experten die Aussagen Sulzers und anderer Entlastungszeugen damit abgetan habe, sie seien in Sinnestäuschungen befangen, währenddem es den Belastungszeugen durchwegs die Gabe scharfer Beobachtung zuschrieb.

Der Prozess gegen Anna Rothe fand auch in der Schweiz grosse Beachtung. Die Zürcher Presse berichtete täglich darüber und glossierte das Auftreten Sulzers als Zeuge teilweise hämisch[19]. Die Folgen seiner Aussage waren schlimmer, als er sich vorgestellt hatte: Mehrere Blätter forderten seinen Rücktritt vom Amt des Kassationsgerichtspräsidenten. So schrieb etwa die Neue Zürcher Zeitung:

> «Unser ganzes Rechtssystem stützt sich auf die sinnlich wahrnehmbare Welt und auf die Annahme eines freien Willens. Der Spiritist hält eine Dematerialisation und nachherige Rematerialisierung für möglich. Nach dem Grundsatz in dubio pro reo wird deshalb ein spiritistischer Richter den Dieb, welcher im Besitz der gestohlenen Sache ist, ohne dass ihm der Diebstahl nachgewiesen werden kann, freisprechen müssen, wenn der Dieb erklärt, er wisse nicht, wie er in den Besitz der Sache gekommen sei. Dieser Richter muss es ja für möglich halten, dass sich die corpora delicti beim Angeschuldigten als Apporte eingestellt haben[20]. Da derjenige, wel-

---

[17] Licht und Schatten, S. 15.
[18] Licht und Schatten, S. 124 ff.
[19] So etwa die «Zürcher Post» in ihrer Ausgabe vom 28. März 1903.
[20] Praktisch das gleiche Beispiel verwendete der Physiker O. PROKOP 1974 in einem Artikel «Naturwissenschaft contra Parapsychologie» (Archiv für Kriminologie, Bd. 154, S. 384) um darzutun, dass Straf- und Zivilrecht durch die Annahme von «Psi-Kräften» ebenso torpediert würden wie auch jede Sozietät. Dabei wird natürlich die Tragweite des Satzes in dubio pro reo verkannt.

cher in Notwehr den anderen tötet, von Strafe freigesprochen werden muss, dürfte sich ein des Mordes Angeklagter dem spiritistischen Richter gegenüber gern auf visionäre Erscheinungen berufen, welche tatsächlich vorhanden waren, die aber nur von ihm gesehen werden konnten. Wenn wirklich ein Verkehr mit der jenseitigen Welt möglich ist, warum werden in geheimnisvollen Mordfällen nicht einfach die Geister der unglücklichen Opfer vor die Bezirksanwaltschaft zitiert? Doch Spass beiseite. Die ganze Lehre des Spiritismus steht mit der gegenwärtigen Rechtsordnung so sehr in Widerspruch, dass es unbegreiflich erscheint, wie ein Richter, der wiederholt öffentlich als überzeugter Anhänger des Spiritismus aufgetreten ist, noch länger im Amt verbleiben kann».

Auch auf politischer Ebene erfolgten Bemühungen, um den Rücktritt Sulzers zu erreichen, die indessen vorderhand im Sand verliefen. Die «Zürcher Post» vom 2. April 1903 berichtet:

«Die Zeugenschaft des Präsidenten unseres Kassationsgerichtes im Berliner Prozess gegen das Blumenmedium Rothe hat Missstimmung erzeugt; sie ist an einigen Orten so heftig, dass man die Demission verlangt. Die liberale Fraktion des Kantonsrates hat auf Anregung ihres Präsidenten, Oberst Meister, die Angelegenheit behandelt; es wurde gewünscht, dass die demokratische Fraktion sich bereit erkläre, gemeinsam mit der liberalen an Herrn Sulzer eine Deputation zu schicken, um ihn zum Rücktritt zu bewegen. Eventuell war eine Motion im Kantonsrat in Vorbereitung, in der ein Einschreiten der Regierung verlangt wurde. Die demokratische Fraktion konnte sich von der geistigen Grösse eines solchen Vorgehens nicht überzeugen und schritt über die Anregung zur Tagesordnung».

Andererseits liess wenigstens der «Tages-Anzeiger» den angegriffenen Präsidenten in einem umfangreichen Interview über den Spiritismus zu Worte kommen, welches auf der Frontseite der Ausgabe vom 6. April 1903 publiziert wurde. Sulzer stellt darin u.a. sinngemäss klar, dass die Massstäbe der Rechtsanwendung vorgegeben sind und nicht durch die spiritistische Weltanschauung eines Richters geändert werden können. Diese letztere vermöge, so führt er weiter aus, wohl einen starken ethischen Einfluss auf seine Handlungsweise auszuüben, aber sie behindere keineswegs die Betätigung von Vernunft, Logik, Arbeitsfähigkeit und Gedächtnisstärke, und störe auch nicht in der klugen Verwendung praktischer Erfahrungen. Zu den Forderungen nach seinem Rücktritt merkt Sulzer an, der Kanton Zürich würde sich, wenn er dem Drängen einiger Eiferer nachgäbe, in England lächerlich machen; dort finde man nichts Aussergewöhnliches darin, dass sich Staatsmänner und Richter zum Spiritismus bekennen.

Einer dieser Eiferer ignorierte das Interview und fühlte sich dazu berufen, die von den Demokraten vermisste «geistige Grösse» der Rücktrittsforderung nachzubringen. Es war dies Pfarrer H., Präsident der Gemeinnützigen Gesellschaft des Kantons Zürich, der für sich in Anspruch nahm, im Namen ihres Vorstandes zu schreiben. In einem Brief vom 24. April 1903 an Sulzer bezeich-

---

Dieser wird auch nach der Praxis des Kassationsgerichtes nicht schon dann verletzt, wenn die zur Entlastung des Angeklagten vorgebrachte Darstellung theoretisch denkbar ist, aber nach dem Beweisergebnis keine vernünftigen Zweifel an seiner Schuld bestehen können.

nete er sich als den «ungezählten Zürcher Bürgern» zugehörig, welche nach der Entlarvung der Betrügerin Rothe ganz bestimmt die Demission Sulzers als Präsident des Kassationsgerichts erwartet hätten. Das «Fundament seiner Ehrenstellung» sei erschüttert. Drei Tage später sandte ihm H. einen Nachtrag zu seinem Schreiben, eingeleitet mit der standesbewussten Feststellung «Wir akademische Gebildeten alle suchen die Wahrheit, und wenn sie uns persönlich auch unangenehm ist, so befreit sie uns doch immer, wenn wir ihr dienen». Diesem Schreiben legte H. auch einen Bericht der «Zürcher Post» über die Ausführungen des psychiatrischen Experten im Prozess Rothe bei, bei dem er den folgenden Passus besonders stark mit Blaustift angestrichen hatte:

> «Alternde Menschen zeigen erfahrungsgemäss oftmals einen Hang zum Mystizismus, der eine Folge der durch Altersdegeneration des Gehirns bedingten Abnahme der kritischen Urteilskraft ist.»

Und in einem späteren Schreiben an Georg Sulzer führte der Gottesmann der reformierten Landeskirche aus:

> «Ihre Gerechtigkeit in Ausübung Ihrer richterlichen Pflichten im Bezirksgericht, Obergericht und im Kassationsgericht wird niemand in Zweifel ziehen; dafür wird Ihnen die volle und dankbare Anerkennung immer gezollt werden. Aber ebenso fest steht, dass Sie durch Ihr Auftreten in den letzten Jahren und speziell im Prozess Rothe Ihre Unfähigkeit bewiesen haben, in Sachen des Spiritismus klar zu denken und richtig zu urteilen. Ich bitte Sie um Widerlegung dieses meines Urteils.»

Worin der Zusammenhang zwischen Beurteilung des Spiritismus und pflichtgemässer Rechtspflege bestehen soll, erläutert der Schreiber nicht. Aufgrund seiner Äusserungen könnte man meinen, um die Jahrhundertwende sei der Spiritismus zum Prüfstein der Zürcher Justiz geworden, doch ist kein Prozess bekannt, der ihn auch nur am Rand betroffen hätte. Im Klartext verlangte Pfarrer H., wohl als repräsentativer Vertreter «gebildeter Kreise», Diener am Staat hätten sich an die offizielle Weltanschauung zu halten. Besonders der zur Anwendung gesellschaftlicher Normen berufene Richter sei nur dann vertrauenswürdig, wenn er sich bei seiner – auch privaten – «Suche nach der Wahrheit» an die Grenzen des von der Gesellschaft einzig anerkannten mechanisch-kausalen Weltbildes der damaligen Naturwissenschaften halte; ganz nach dem Leitsatz «Was nicht sein darf, gibt es nicht». Phänomene, die sich auf keine physikalische Ursachen zurückführen lassen und weder mess- noch wiederholbar sind, werden denn auch heute noch von den konventionellen Vertretern jener Disziplinen in den Tabu-Bereich verwiesen, um mit HERBERT PIETSCHMANN, Ordinarius für Theoretische Physik an der Universität Wien, zu sprechen[21]. Er bemerkt dazu:

---

[21] H. PIETSCHMANN, Das Ende des naturwissenschaftlichen Zeitalters, Neuauflage Stuttgart/Wien 1995, S. 99 ff. unter dem Titel «Paranormale Phänomene».

«Ganz in diesem Sinne hat auch der Bundesgerichtshof der Deutschen Bundesrepublik in einem Grundsatzurteil am 21. Februar 1978 entschieden, Parapsychologie sei Aberglauben oder Wahn. (Es ist durchaus konsequent, den Tabu-Bereich, wenn er ins Wanken kommt, zunächst nicht durch die Naturwissenschaft, sondern durch die Gerichte wiederherzustellen!) Denn auch Richter haben – im Sinne des reibungslosen Funktionierens der Gesellschaft – Interesse an dieser Tabuisierung ...»

Wer ein Tabu verletzt, verfällt der gesellschaftlichen Ächtung, die im Falle von Georg Sulzer durch die Forderung der liberalen Kantonsratsfraktion nach seinem Rücktritt in die Wege geleitet wurde. Einstweilen war sie an der fehlenden Kooperation der Demokraten gescheitert. Als aber 1905 in der liberalen Fraktion der Antrag gestellt wurde, Sulzer für die im Juli beginnende neue Amtszeit nicht mehr zu wählen, rechnete er mit einem entsprechenden Ausgang des Geschäftes im Kantonsrat und teilte diesem mit, dass er auf eine Wiederwahl als Präsident und als Mitglied des Kassationsgerichtes verzichte.

Erst zu spät zeigte es sich, dass Sulzers Befürchtungen aller Voraussicht nach unbegründet gewesen wären, da die gesamthaft stärkeren Fraktionen von Demokraten und Sozialdemokraten in Unkenntnis seiner Rücktrittserklärung beschlossen hatten, ihn trotz seiner spiritistischen Überzeugung wiederzuwählen. Dennoch scheint er seinen Rücktritt im Hinblick auf die gewonnene zusätzliche Zeit für die Verwirklichung seiner weiteren literarischen Pläne nicht bereut zu haben. Viel mehr beschäftigte ihn, dass die in- und ausländischen Presse eine Falschmeldung des Berner «Bund» verbreitete, wonach ihn der Kantonsrat wegen seiner Zeugenaussage im Prozess Rothe als Richter abgesetzt habe. Der an seiner Stelle zum Präsidenten gewählte bekannte Universitätsprofessor Friedrich Meili[22], seit 1904 Mitglied des Gerichtes, dementierte diese Meldung dann in einer allerdings wenig beachteten Presseerklärung und bemerkte ausdrücklich, er hätte die Wahl nicht angenommen, wenn Sulzer neben ihm kandidiert hätte.

In den mehr als zwanzig Lebensjahren, die ihm noch beschieden sein sollten, entfaltete der zurückgetretene Präsident seinem Vorhaben entsprechend eine reiche Forschungs- und literarische Tätigkeit. So nahm er immer wieder an spiritistischen Sitzungen teil und konnte am Ende seines Lebens auf Experimente und Erfahrungen mit rund hundert Schreib- und Sprechmedien zurückblicken. Gegen dreissig grössere und kleinere Abhandlungen aus seiner Feder wurden in jener Zeit – zumeist von deutschen Verlagen – herausgebracht oder in dortigen Zeitschriften publiziert. Besonders erwähnt seien hier die grösseren Schriften «Die Bedeutung der Wissenschaft vom Übersinnlichen für Bibel

---

[22] Eingehend zu seiner Persönlichkeit M. RUNGE, Friedrich Meili (1848–1914), Lebensbild eines vielseitigen Zürcher Juristen, Diss. Zürich 1978.

und Christentum»[23], «Bleibet Christen!»[24], «Die menschliche Willensfreiheit oder der ichbewusste menschliche Wille und seine Entwicklung»[25], «Licht und Schatten der spiritistischen Praxis, nebst Angaben von Mitteln zur Verhütung und Wiedergutmachung von schädlichen Folgen, auf Grund eigener Erlebnisse»[26], «Wer war Jesus und was brachte er der Menschheit?»[27] sowie «Religion und Christentum»[28]. In weiteren Arbeiten befasste sich Sulzer ausserdem mit religionsgeschichtlichen Themen und christlicher Mystik, setzte sich aber auch mit der indischen Theosophie und mit der Anthroposophie auseinander.

In einer Spätschrift «Mein Weltbild»[29] legte Sulzer auf nur 20 Seiten dar, zu welchen grundlegenden Erkenntnissen er aufgrund seiner Studien und praktischen Erfahrungen mit Medien gelangt war. Sie waren, wie TH. LOCHER[30] dartut, stark geprägt von christlichem Glauben, doch verlieh er diesem Dimensionen, die weit über das von den offiziellen Kirchen Gelehrte hinausgingen. Ein besonderes Anliegen war ihm die Bekämpfung des «Bibelchristentums», welches die Existenz einer jenseitigen Welt in Abrede stellt und den Spiritismus als Sünde betrachtet. Sulzer stellt sich in seiner Schrift in Gegensatz zu dem damals wieder im Höhenflug befindlichen extremen Materialismus, indem er annimmt, in den «Weltsystemen» sei ein «Geist» als göttlicher Bestandteil erhalten. Er geht davon aus, dass neben der sichtbaren materiellen Welt im gleichen Raum eine oder mehrere feinstoffliche, ebenfalls von Gott geschaffene Welten existieren, in welcher ausser Geistwesen auch die Verstorbenen leben. Bei seinem Tod gelange der Mensch je nach seinem Entwicklungsstand in eine der feinstofflichen Sphären, wobei selbst die sogenannte Hölle kein Ort zur Bestrafung des Bösen, sondern eine göttliche Einrichtung zur Rückführung tief Gefallener sei. Im Gegensatz zu den kirchlichen Dogmen war Sulzer auch von der Reinkarnation der Menschen überzeugt; sie bezwecke die Erziehung des Menschen zur Gotteskindschaft.

---

[23] Leipzig 1907.
[24] Leipzig 1910.
[25] Leipzig 1912. Nach Auffassung Sulzers bleibt der freie Willen des Menschen auf seinem Weg zur Überwindung des Bösen zur «Alliebe» hin bestehen. Er erklärt das Eintreffen von Voraussagen paranormal Begabter mit der Allwissenheit Gottes.
[26] Leipzig 1913, 2. Aufl. Leipzig 1921. Spiritistische Praktiken können nach Sulzer etwa dann nachteilige Folgen in Form schwerer psychischen Schädigungen hervorrufen, wenn dabei niedere Geister von einem Teilnehmer partiell Besitz ergreifen und ihn zu abnormen Zwangshandlungen nötigen.
[27] Leipzig 1914.
[28] Zürich 1918.
[29] Pfullingen 1926.
[30] Op.cit. S. 28 ff.

Georg Sulzer starb am 29. Dezember 1929. In der Meldung der NZZ über seinen Hinschied[31] wurde er als Mann von grosser Schlichtheit, Güte und Weisheit charakterisiert, hochgeschätzt als Oberrichter und Präsident des Kassationsgerichts, aber allzu wenig bekannt als Schriftsteller. Wer seine Werke gelesen habe, bewundere seine tiefgründigen Kenntnisse, die unanfechtbare Klarheit von Darstellung und Sprache, verehre den Adel seiner Gesinnung und die Kraft seines Glaubens. Wurde in dieser Meldung noch knapp angemerkt, er habe u.a. auch Werke über «Gebiete des okkulten Wissens» geschrieben, erwähnt der spätere Bericht über die Trauerfeier[32] zwar, Sulzer habe sich früh aus dem Staatsdienst zurückgezogen, um Musse zu schriftstellerischer Tätigkeit zu finden, spricht aber nur noch von philosophischen, juristischen und religiösen Publikationen. Von seinen spiritistischen Aktivitäten und Überzeugungen, von den Umständen seiner Demission liest man nirgendwo etwas. Die Pietät verbot es wohl, daran zu erinnern, dass er tief in ein für Staatsdiener mit einem Tabu belegtes Gebiet eingedrungen war und ihm daher der Ruf als seriöser Richter abgesprochen werden musste.

Andererseits wird Sulzer auf den Titelblättern aller Arbeiten, die er bis ins hohe Alter veröffentlichte, als «Kassationsgerichtspräsident a.D. in Zürich» bezeichnet. Damit sollte wohl zum Ausdruck gebracht werden, dass es sich beim Autor nicht um irgend einen blindgläubigen Phantasten, sondern um einen vertrauenswürdigen Juristen handelte, der an nüchternes, objektives Beobachten und Urteilen gewöhnt war und ein verantwortungsvolles Amt bekleidet hatte[33]. Je nach Blickwinkel vermochte also der Ausnahmefall, dass sich ein Angehöriger der Justiz für esoterische Gebiete interessiert, diesem den Ruf fehlender oder aber besonderer Seriosität einzutragen.

Heute spielt der Spiritismus, wie man ihn noch zu Beginn des 20. Jahrhunderts betrieb, nurmehr eine geringe Rolle. An seine Stelle ist namentlich die instrumentale Transkommunikation[34] getreten, welche eine dem technischen Zeitalter entsprechende Art des Kontaktes mit Verstorbenen ermöglicht und beweiskräftige Aussagen für die Existenz einer anderen als der materiellen Welt

---

[31] Nr. 2 vom 1. Januar 1930.
[32] NZZ Nr. 13 vom 3. Januar 1930.
[33] In einem wohl vom Verleger stammenden anonymen Nachwort zur Schrift «Mein Weltbild» (S. 21) wird gar die aufreibende Tätigkeit Sulzers als «Präsident des Obersten Gerichtshofes der Schweiz» erwähnt, der eine «längere Zeit als Untersuchungsrichter mit ebenso schweren juristischen Verantwortungen» vorausgegangen sei. Es darf wohl angenommen werden, dass diese Fehlinformationen nicht von Sulzer selber stammen.
[34] Kontakte mit autonom erscheinenden Strukturen unbekannter Seinsbereiche durch technische Hilfsmittel (ursprünglich nur Tonbandgeräte, teilweise in Verbindung mit Radio, später auch andere Fernmeldeeinrichtungen). Die Entstehung der entsprechenden Aufzeichnungen kann von der herkömmlichen Physik nicht erklärt werden.

liefert³⁵. Dass nichtmaterielle Sphären bestehen müssen, hat auch die moderne Physik erkannt. Sie tendiert dahin, die «Realität» mit ihren expliziten Strukturen von Raum und Zeit nur noch als eine Manifestation einer tieferen impliziten Ordnung zu betrachten³⁶. In dieser steht alles mit allem in Kontakt, so dass kein Grund dafür vorhanden ist, dass das «Übernatürliche» unmöglich sein sollte³⁷. Auch die Überzeugung vom Bestehen der von Sulzer postulierten Reinkarnation ist augenscheinlich im Wachstum begriffen. Es würde ihn wohl mit Freude erfüllen, wenn er die heute im Gang befindliche Öffnung zu einer spirituellen Lebensauffassung mitverfolgen könnte, zu welcher er seine Mitmenschen schon vor bald hundert Jahren hinführen wollte.

Heute, an der Schwelle zum 21. Jahrhundert, kann denn auch ein Jurist im Staatsdienst – wie der Verfasser dieses Beitrages aufgrund eigener Erfahrungen zu wissen glaubt – als ernsthafter «Esoteriker» gelten, ohne sich damit den Ruf eines vertrauensunwürdigen Vertreters jener beruflichen Sparte einzuhandeln. Georg Sulzer musste dies aber in Kauf nehmen und denn auch erleben, als er öffentlich für seine auf Ergebnisse seriöser Forschungen beruhenden Überzeugungen eintrat und sich damit als Präsident des Kassationsgerichts furchtlos exponierte. Das verdient noch heute Anerkennung.

---

[35] Über die erwähnten Phänomene bestehen schon Sammlungen entsprechender Aufzeichnungen und eine beträchtliche Literatur. Erwähnt sei besonders das Buch des Mainzer Physikprofessors ERNST SENKOWSKI «Instrumentale Transkommunikation – Kontakt mit dem Unbekannten» (Frankfurt 1990), worin erstmals der gesamte Komplex der technisch gestützten Kommunikation mit jenseitigen Bewusstseinswelten in einer wissenschaftlichen Dokumentation dargestellt wird.

[36] So etwa DAVID PEAT, Synchronizität, München 1992, S. 213, im Anschluss an DAVID BOHN, Die implizite Ordnung, München 1987. Weitere namhafte Physiker, welche die Existenz solcher Welten annehmen, sind etwa HERBERT PIETSCHMANN, ROBERT SHELDRAKE UND STEVEN WEINBERG.

[37] DAVID BOHN, zitiert bei GEORG BIRON, Gibt es ein Jenseits?, Wien 1994, S. 212.

HANS MICHAEL RIEMER

Schiedsfähigkeit von Klagen des ZGB bei internationalen Schiedsgerichten (Art. 177 Abs. 1 IPRG)

Inhalt

I. Grundlagen
   A. Der Anwendungsbereich von Art. 177 Abs. 1 IPRG im allgemeinen
   B. Allgemeine Schranken
II. Die einzelnen Teilgebiete des ZGB
   A. Personenrecht
   B. Familienrecht
   C. Erbrecht
   D. Sachenrecht

I. Grundlagen

A. Der Anwendungsbereich von Art. 177 Abs. 1 IPRG im allgemeinen

1. Internationale Schiedsgerichte im Sinne des 12. Kapitels des IPRG, dh «Schiedsgerichte mit Sitz in der Schweiz», bezüglich welcher «beim Abschluss der Schiedsvereinbarung wenigstens eine Partei ihren Wohnsitz oder ihren gewöhnlichen Aufenthalt nicht in der Schweiz hatte» (Art. 176 Abs. 1 IPRG), unterstehen hinsichtlich der Schiedsfähigkeit der von ihnen zu beurteilenden Rechte und Pflichten Art. 177 Abs. 1 IPRG: «Gegenstand eines Schiedsverfahrens kann jeder vermögensrechtliche Anspruch sein.»

2. Die Anwendung des 12. Kapitels des IPRG kann allerdings durch eine Vereinbarung i.S.v. Art. 176 IPRG zugunsten des interkantonalen Konkordats

über die Schiedsgerichtsbarkeit (SR 279) ausgeschlossen werden. Dabei wird in der Literatur aus dem 2. Teil des französischen Wortlautes von Art. 176 Abs. 2 IPRG («les règles de la procédure cantonale») abgeleitet, andere als eigentliche verfahrensrechtliche Fragen des IPRG – wie u.a. die Bestimmung über die Schiedsfähigkeit (Art. 177 IPRG) – blieben nach wie vor anwendbar[1]. Dagegen sprechen aber nicht nur der deutsche und der italienische Wortlaut von Art. 176 Abs. 2 IPRG, 2. Teil, sondern auch der – kategorisch formulierte – 1. Teil (auch) des französischen Wortlautes von Art. 176 Abs. 2 IPRG über den Umfang der Ausschliessung; auch das Bundesgericht hat die genannte Einschränkung nicht erwogen[2]. Im übrigen ist noch darauf hinzuweisen, dass die Schiedsfähigkeitsbestimmung des Schiedskonkordates (Art. 5) zu dessen zwingenden Normen gehört (Art. 1 Abs. 3 Schiedskonkordat).

3. Mit Art. 177 Abs. 1 IPRG unterscheidet sich die Schiedsfähigkeit in derartigen internationalen Verhältnissen wesentlich von derjenigen in innerschweizerischen Fällen, dh von solchen, welche dem Konkordat über die Schiedsgerichtsbarkeit unterstehen und damit auch dessen Art. 5 («Gegenstand eines Schiedsverfahrens kann jeder Anspruch sein, welcher der freien Verfügung der Parteien unterliegt, sofern nicht ein staatliches Gericht nach einer zwingenden Gesetzesbestimmung in der Sache ausschliesslich zuständig ist.»)[3]. Mit dem Abstellen auf die «vermögensrechtlichen Ansprüche» nahm der Gesetzgeber bewusst eine diesbezügliche «Beschränkung» der Schiedsfähigkeit vor, und zwar wegen der Notwendigkeit, in internationalen Verhältnissen eine leichtere und eindeutigere Bestimmbarkeit des Bereiches der Schiedsfähigkeit zu erreichen als gemäss den Kriterien von Art. 5 Schiedskonkordat[4]. Es darf daher in internationalen Fällen nicht auf die Verfügbarkeit abgestellt werden, dh nichtvermögensrechtliche Ansprüche fallen auch dann nicht unter Art. 177 Abs. 1 IPRG, wenn über sie frei verfügt werden kann[5]. Anderseits kann es aber auch bei einem «vermögensrechtlichen Anspruch» i.S.v. Art. 177 Abs. 1 IPRG Gründe geben, welche die Schiedsfähigkeit ausschliessen (vgl. nachfolgend lit. B).

4. Mit der Formulierung «vermögensrechtlich» wollte der Gesetzgeber «nicht bloss die schuldrechtlichen Ansprüche aus Vertrag, unerlaubter Handlung oder

---

[1] VISCHER, N 18/19 zur Art. 176 IPRG, BUCHER N 63.
[2] Vgl. BGE 115 II 394, 116 II 724 E. 4.
[3] Vgl. hiezu meine Ausführungen unter dem Titel «Schiedsfähigkeit von Klagen des ZGB», in: Recht und Rechtsdurchsetzung, Festschrift für Hans Ulrich Walder zum 65. Geburtstag, Zürich 1994, S. 371 ff.
[4] BBl 1983 I S. 460/461 i.V.m. S. 300/301.
[5] BGE 118 II 356; BUCHER N 93, WALTER/BOSCH/BRÖNNIMANN S.57, LALIVE/POUDRET/REYMOND, N 6, DUTOIT, N 3, BRINER, N 11 zu Art. 177 IPRG; *a.M.* betr. diese Einschränkung MEIER S. 126 ff., WEBER S. 9.

ungerechtfertigter Bereicherung, sondern auch die auf Geldleistung gerichteten Ansprüche des Familien-, Erb- und Sachenrechts» miteinbeziehen, unter Vermeidung von «Umschreibungen, die auf die ausschliessliche oder die zwingende staatliche Gerichtsbarkeit abstellen oder mit denen familienrechtliche Statusfragen und dingliche Rechte an Grundstücken vorbehalten werden.»[6] Gemäss bundesgerichtlicher Formulierung, welche sich auf die Literatur stützt, fallen mithin unter Art. 177 Abs. 1 IPRG «toutes les prétentions qui ont une valeur pécuniaire pour les parties, à titre d'actif ou de passif, autrement dit les droits qui présentent, pour l'une au moins de celles-ci, un intérêt pouvant-être apprécié en argent.»[7] Als Orientierungshilfe können dabei namentlich auch Art. 43a ff. OG (Berufung ans Bundesgericht in «nicht vermögensrechtlichen Zivil(rechts)streitigkeiten» usw.) und die diesbezügliche bundesgerichtliche Praxis dienen[8].

B. Allgemeine Schranken

Das vorstehend Dargelegte schliesst Schranken der Schiedsfähigkeit bei «vermögensrechtlichen Ansprüchen» nicht gänzlich aus:

- Es kann sich gerade im ZGB um Rechtsverhältnisse bzw. Klagen handeln, bei welchen es sowohl um vermögensrechtliche als auch um nichtvermögensrechtliche Ansprüche geht («*gemischte* Klagen»). Diesfalls muss darauf abgestellt werden, welches Element *überwiegt*[9], es sei denn, es finde – zulässigerweise – eine entsprechende Abtrennung statt.
- Auch Art. 177 Abs. 1 IPRG kann der schweizerische *ordre public* (Art. 18 IPRG) entgegenstehen[10].

---

[6] BBl 1983 I S. 461 i.V.m. S. 301.
[7] BGE 118 II 356.
[8] BUCHER N 91, WALTER/BOSCH/BRÖNNIMANN S. 58/59, BRINER, N 10 zu Art. 177 IPRG, MEIER S. 120/121; vgl. hiezu bes. BGE 108 II 78 («Es muss sich um Rechte handeln, die weder zum Vermögen einer Person gehören noch mit einem vermögensrechtlichen Rechtsverhältnis eng verbunden sind.») und ebenso BGE 119 II 288 E. 5b wie auch nachfolgend bei und in Anm. 9
[9] BUCHER N 91; ebenso BGE 116 II 380, 118 II 531/532 und sinngemäss auch BGE 113 II 17 E. 1 (vgl. hinten Anm. 34), je betr. das OG.
[10] Vgl. VISCHER, N 14 und 17 und BRINER, N 13 zu Art. 177 IPRG, BUCHER N 97/98.

II. Die einzelnen Teilgebiete des ZGB

A. Personenrecht

1a. Im Personenrecht geht es bei den *natürlichen* Personen in der Regel gerade nicht um «vermögensrechtliche Ansprüche», was nicht ausschliesst, dass bei Klagen um solche allfällige entsprechende Fragen (etwa betr. Rechts- und Handlungsfähigkeit, Verwandtschaft und Schwägerschaft, Heimat, Wohnsitz, Name, Anfang und Ende der Rechtsfähigkeit, Zivilstandsfragen, vgl. Art. 11– 26, 29 Abs. 1, 30–51 ZGB; betr. Art. 27–28l und 29 Abs. 2 ZGB vgl. nachfolgend Ziff. 3) auch von einem internationalen Schiedsgericht *vorfrageweise* zu beurteilen sind und beurteilt werden können.

b. Entsprechendes gilt, soweit überhaupt aktuell (Art. 53 ZGB), für *juristische* Personen (etwa betr. das Ende ihrer Rechtsfähigkeit[11]). Im übrigen ist im Zusammenhang mit ihnen darauf hinzuweisen, dass auch die Anfechtungsklage bei Vereinen (Art. 75 ZGB) als nichtvermögensrechtliche Streitigkeit gilt[12].

2. Allerdings gibt es auch mit dem Personenrecht in Zusammenhang stehende «vermögensrechtliche Ansprüche» bzw. entsprechende Klagen, etwa gemäss Art. 55 Abs. 2 und 3 ZGB (Schadenersatzklagen bei juristischen Personen), Art. 71 ZGB (Mitgliederbeiträge des Vereinsmitgliedes; Entsprechendes gilt für andere Leistungen im Zusammenhang mit der Vereinsmitgliedschaft, etwa solche i.S.v. Art. 99 HRV, Vereinsbussen und dgl.[13], Austrittsleistungen[14]) oder gemäss Art. 87 Abs. 2 ZGB (soweit es sich um Forderungsklagen von Destinatären gegenüber Familien- und kirchlichen Stiftungen handelt; Entsprechendes gilt betr. Forderungsklagen gegenüber «gewöhnlichen» Stiftungen; Klagen um den Bestand einer Familienstiftung – namentlich im Zusammenhang mit Art. 335 ZGB – sind dagegen nach dem Gesagten nichtvermögensrechtlicher Natur; betr. Schiedsklauseln in – einseitigen – Stiftungsurkunden vgl. hinten lit. C Ziff. 2); bei Forderungsklagen von Destinatären gegenüber einer Personalvorsorgestiftung (Art. 89bis Abs. 6 ZGB, überobligatorischer Bereich, nichtregistrierte Personalvorsorgestiftung) ist dagegen anzunehmen, die Gleich-

---

[11] Vgl. BGE 112 II 3, 112 II 191 f., 120 II 415/416 betr. Art. 57 ZGB (trotz anschliessendem Vermögensanfall ging es in jenen Fällen bei der Klage auf Aufhebung der juristischen Person um die Frage ihrer Rechtsfähigkeit und damit um eine nichtvermögensrechtliche Streitigkeit).
[12] Vgl. BGE 108 II 9, 108 II 17/18, 108 II 78/79.
[13] Vgl. BGE 119 II 271 ff., bes. 280/281 (Tribunal Arbitral du Sport/TAS, ein internationales Schiedsgericht mit Sitz in der Schweiz, dh ein solches i.S.v. Art. 176 Abs. 1 IPRG), JAR 1986 S. 198 (schweizerisches Schiedsgericht).
[14] Vgl. SZW 1992 S. 228 ff. (internationales Schiedsgericht mit Sitz in New York).

behandlung mit dem – sachlich nahe verwandten und daher häufig auch formell zusammenhängenden (einheitliche Forderung) – Obligatoriums- bzw. Sozialversicherungsbereich des BVG (Verweisung auf Art. 73 und 74 BVG in Art. 89bis Abs. 6 ZGB) beanspruche auch in internationalen Verhältnissen unbedingte Geltung i.S.v. Art. 18 IPRG (ordre public).

3. Im Zusammenhang mit *Art. 27 ZGB* (natürliche und auch juristische Personen, Art. 53 ZGB) ist zu prüfen, ob sich die übermässige Bindung auf «vermögensrechtliche Ansprüche» bezieht oder nicht. Bejahendenfalls (wie namentlich bei Global- bzw. Totalzessionen, -verpfändungen oder -bürgschaften[15] oder «ewigen» Leistungsverpflichtungen[16]) kann ein internationales Schiedsgericht auch einen Verstoss gegen die genannte Bestimmung überprüfen, verneinendenfalls (wie etwa betr. Verpflichtungen zum Nichtabschluss einer Ehe[17], Erhebung einer Strafklage[18] oder u.U. Wahl des Wohnsitzes[19]) nicht.

Was die Klagen gemäss *Art. 28a, 28l und 29 Abs. 2 ZGB* (je natürliche und auch juristische Personen, Art. 53 ZGB) betrifft, so geht es bei den Klagen gemäss *Art. 28a Abs. 1 und 2 ZGB* wie auch bei solchen gemäss *Art. 28l ZGB* (Gegendarstellung) und *Art. 29 Abs. 2 ZGB, 1. Teil* (Unterlassungsklage bei Namensanmassung) *nicht* um «vermögensrechtliche Ansprüche» i.S.v. Art. 177 Abs. 1 IPRG, dies im Unterschied zu Klagen gemäss *Art. 28a Abs. 3 ZGB* und *Art. 29 Abs. 2 ZGB, 2. Teil*. Werden daher Klagen gestützt auf die letzteren beiden Bestimmungen *allein* erhoben, so sind sie i.S.v. Art. 177 Abs. 1 IPRG schiedsfähig, handelt es sich dagegen – wie das häufig der Fall ist – um Klagebegehren in Kombination mit solchen i.S.v. Art. 28a Abs. 1 und 2 ZGB bzw. Art. 29 Abs. 2 ZGB, 1. Teil (nicht in Frage kommt eine derartige Kombination bei Art. 28l ZGB), so wird man sagen müssen, das nichtvermögensrechtliche Element *überwiege* bzw. es sei – im Sinne der bundesgerichtlichen Praxis zu Art. 57 ZGB[20] – die Zusprechung der vermögensrechtlichen Ansprüche nur die Folge der Gutheissung der nichtvermögensrechtlichen Klagen, weshalb die Schiedsfähigkeit insgesamt ausgeschlossen ist.

---

[15] Vgl. BGE 84 II 366/367, 112 II 433, 113 II 165; BGE 108 II 47; BGE 120 II 35; vgl. zur genannten Differenzierung auch in meinem Buch «Personenrecht des ZGB», Bern 1995, N 318 ff.
[16] Vgl. BGE 93 II 290, 114 II 164.
[17] Vgl. BGE 44 II 81/82.
[18] Vgl. BGE 48 II 439.
[19] Vgl. BGE 80 II 137.
[20] Vgl. vorn Anm. 11.

B. Familienrecht

1a. Die familienrechtlichen Klagen des ZGB beinhalten sehr oft auch vermögensrechtliche Elemente. Indessen *überwiegt* bei den zentralen familienrechtlichen Klagen (Ehescheidung und -trennung, Art. 137 ff.; Eheschutz, Art. 172 ff.; Feststellung oder Anfechtung eines Kindesverhältnisses, einschliesslich Adoption, Art. 254; Kindesschutz, Art. 307 ff., 324/325; Vormundschaft, Art. 360 ff.) das *nichtvermögensrechtliche Element* (Entsprechendes gilt für die Ehenichtigkeits- und Eheanfechtungsklagen, Art. 120 ff.), sodass bei ihnen die Schiedsfähigkeit i.S.v. Art. 177 Abs. 1 IPRG nicht gegeben ist.

b. Die Regelung der güterrechtlichen Verhältnisse in Ehescheidungs- und Ehetrennungsprozessen kann allerdings ausnahmsweise (Ausnahme vom Grundsatz der Einheit entsprechender Urteile) *ad separatum* verwiesen werden[21]. Diesfalls gelten für solche Verfahren die gleichen Verfahrensvorschriften wie für den Hauptprozess[22], dh grundsätzlich die Dispositionsmaxime[23] (was zu einer Gleichbehandlung mit den Fällen gemäss der Kategorie nachfolgend Ziff. 2 führt), wobei aber eine allfällige Genehmigung i.S.v. Art. 158 Ziff. 5 ZGB u.a. dem Schutze der Parteien dient[24], sodass insofern – wie im Falle von Art. 287 Abs. 3 ZGB – die *Offizialmaxime* gilt[25] (weshalb dieser Fall in die Kategorie nachfolgend Ziff. 3 lit. a gehört). Andere Verfahren betr. wirtschaftliche Nebenfolgen einer Scheidung, die keiner Genehmigung i.S.v. Art. 158 Ziff. 5 ZGB bedürfen (wie z.B. Abänderungen i.S.v. Art. 153 Abs. 2 ZGB[26]), sind schiedsfähig i.S.v. Art. 177 Abs. 1 IPRG.

2. Bei anderen familienrechtlichen Klagen des ZGB als den vorstehend unter Ziff. 1 lit. a erwähnten geht es dagegen um «*vermögensrechtliche Ansprüche*» oder zumindest *überwiegen* diese, wie bei den Folgen des Verlöbnisbruchs (Art. 92 ff.), Klagen auf Gütertrennung (Art. 185/186), Klagen über die güterrechtliche Auseinandersetzung zwischen dem überlebenden Ehegatten und den übrigen Erben (vgl. Art. 194 Ziff. 1), Klagen aus Art. 295, Anspruch des mündigen Kindes nach dem Ende der elterlichen Vermögensverwaltung (Art. 326/327), Familienhauptshaftung (Art. 333), Lidlohnansprüche (Art. 334/334bis),

---

[21] Vgl. etwa BGE 113 II 98/99; die Einheit des Scheidungsurteils gilt bezüglich der Berufung ans Bundesgericht nicht (vgl. z.B. BGE 116 II 493 ff.).
[22] BÜHLER/SPÜHLER, Berner Kommentar, N 85 vor Art. 149–157 ZGB, HINDERLING/STECK, Das Schweizerische Ehescheidungsrecht, 4. Aufl., Zürich 1995, S. 582 Anm. 6b.
[23] Vgl. BÜHLER/SPÜHLER und SPÜHLER/FREI-MAURER, Berner Kommentar und Ergänzungsband, je N 44 zu Art. 158 ZGB.
[24] Vgl. BÜHLER/SPÜHLER N 158 zu Art. 158 ZGB.
[25] Vgl. OSCAR VOGEL, Grundriss des Zivilprozessrechts, 4. Aufl., Bern 1995 (SjL), 6. Kap. N 53.
[26] Vgl. im einzelnen meine Hinweise in der Festschrift Walder (zit. vorn Anm. 3) S. 380.

Streitigkeiten bei Gemeinderschaften (Art. 336 ff.). Es geht dabei um jene Gruppe von familienrechtlichen Klagen, welche zufolge freier Verfügbarkeit und Verhandlungsmaxime auch gemäss Art. 5 Schiedskonkordat schiedsfähig sind[27].

3a. Die Genehmigungspflicht i.S.v. Art. 158 Ziff. 5 ZGB (vgl. hiezu auch vorstehend Ziff. 1 lit. b) gehört gemäss bundesgerichtlicher Praxis zum schweizerischen *ordre public* und ist daher durch den Scheidungsrichter, nicht durch ein Schiedsgericht auszusprechen[28]; das ist auch für Genehmigungen i.S.v. Art. 287 Abs. 3/288 Abs. 2 ZGB (elterliche Unterhaltspflicht) anzunehmen.

b. Fraglich ist, ob Entsprechendes allein schon aufgrund der *Untersuchungsmaxime (Art. 280 Abs. 2 ZGB)* auch im übrigen für Unterhaltsklagen gegenüber Eltern i.S.v. Art. 279 ff. ZGB (einschliesslich solcher i.S.v. Art. 277 Abs. 2 ZGB) sowie für *Unterstützungsklagen aus Verwandtenunterstützungspflicht* i.S.v. Art. 328/329 ZGB (vgl. Art. 329 Abs. 3 i.V.m. Art. 280 Abs. 2 ZGB) gilt. Da es sich hiebei um eine gesetzliche Schutznorm zugunsten einer schwachen bzw. schwächeren Partei handelt, ist eine Bejahung naheliegend[29].

C. Erbrecht

1. Bei den erbrechtlichen Klagen des ZGB geht es letztlich fast immer um «vermögensrechtliche Ansprüche» (vgl. Art. 560 Abs. 2 ZGB)[30], sodass hier die Schiedsfähigkeit i.S.v. Art. 177 Abs. 1 IPRG grundsätzlich generell zu bejahen ist. Im Ganzen seltene Ausnahmen, wie u.U. im Zusammenhang mit erbrechtlichen Auflagen[31] – solche Auflagen können aber auch durchaus einen vermögensrechtlichen Inhalt haben[32] – sind nur bei Klagen relevant, in denen sie überwiegen.

2. Die im Zusammenhang mit dem Schiedskonkordat stark umstrittene Frage, ob der Erblasser seinen Erben oder Vermächtnisnehmern ein Schiedsgericht auch *testamentarisch* – und damit *einseitig – aufzwingen* könne[33], scheint aufgrund von Art. 178 IPRG («Schiedsvereinbarung») soweit ersichtlich bei

---

[27] Vgl. meine Hinweise in der Festschrift Walder (zit. vorn Anm. 3) S. 379 Ziff. 3 lit. b.
[28] BGE 87 I 293/294.
[29] So allgemein BUCHER N 98 – und offenbar ebenso DUTOIT, N 3 zu Art. 177 IPRG – betr. «Unterhaltsansprüche des Kindes»; *a.M.* WALTER/BOSCH/BRÖNNIMANN S. 60, VISCHER, N 17 zu Art. 177 IPRG.
[30] Und z.B. BGE 119 II 288 E. 5b betr. Art. 571 Abs. 2 ZGB.
[31] Vgl. MEIER S. 127 (bei und in Anm. 24a).
[32] Vgl. etwa BGE 87 II 356/357 (Gewinnanteilsrecht), 101 II 26 (Verschaffungsauflage).
[33] Vgl. meine Hinweise in der Festschrift Walder (zit. vorn Anm. 3) S. 381/382.

internationalen Schiedsgerichten kein Thema zu sein; es wird allgemein von einem Vertrag bzw. von einem zweiseitigen Rechtsgeschäft als Grundlage eines Schiedsgerichtes ausgegangen.

D. Sachenrecht

Bei den sachenrechtlichen Klagen des ZGB geht es ihrer Natur nach stets um «vermögensrechtliche Ansprüche»[34]. Dennoch ist die Schiedsfähigkeit i.S.v. Art. 177 Abs. 1 IPRG, im Hinblick auf Art. 97 IPRG («Für Klagen betreffend dingliche Rechte an Grundstücken in der Schweiz sind die Gerichte am Ort der gelegenen Sache ausschliesslich zuständig.»), bei «Klagen betreffend dingliche Rechte an Grundstücken in der Schweiz» umstritten[35] (dies im Unterschied zu den übrigen sachenrechtlichen Klagen). Die die Schiedsfähigkeit «betreffend dingliche Rechte an Grundstücken in der Schweiz» *bejahende* Auffassung verdient m.E. den Vorzug: So scheint der Gesetzgeber bezüglich der internationalen Schiedsfähigkeit keinen derartigen Vorbehalt beabsichtigt zu haben[36]. Es ist auch nicht einzusehen, warum unter «Gerichte am Ort der gelegenen Sache» (Art. 97 IPRG) nicht auch «Schiedsgerichte mit Sitz in der Schweiz» (Art. 176 Abs. 1 IPRG), dh Gerichte «im Lande der gelegenen Sache», sollten subsumiert werden können[37]; auch ein solches Gericht weist die nötige «Nähe» zur gelegenen Sache auf, wie denn ja bei der staatlichen Gerichtsbarkeit «Gericht am Ort der gelegenen Sache» durchaus «Gericht im Kanton der gelegenen Sache» bedeuten kann. Im übrigen wird auch bei Schiedsgerichten gemäss Schiedskonkordat die freie Sitzwahl ohne jede Einschränkung bezüglich Grundstücke bejaht[38], und hinsichtlich Art. 41 Abs. 1 lit. c OG, 2. Teil (Direktprozess am Bundesgericht) findet sich in Praxis und Literatur ebenfalls keine Einschränkung betr. dingliche Rechte an Grundstücken; in beiden Fällen begnügt man sich also auch mit einem Gericht «im Lande der gelegenen Sache».

---

[34] Vgl. etwa BGE 108 II 77 ff. (Anfechtung von Beschlüssen der Stockwerkeigentümergemeinschaft), bes. S. 79 E. 1b («Eigentum an einer Sache» als «typisches Vermögensrecht»), BGE 113 II 17 E. 1 (Ausschluss aus einer Stockwerkeigentümergemeinschaft «berührt ausser persönlichen und gesellschaftsrechtlichen Interessen vor allem auch erhebliche vermögenswerte Interessen des betroffenen Wohnungseigentümers»).

[35] *Für* Schiedsfähigkeit LALIVE/POUDRET/REYMOND, N 3 und BRINER, N 12 zu Art. 177 IPRG, WALTER/BOSCH/BRÖNNIMANN S. 60 f; *a.M.* VISCHER, N 10 und DUTOIT, N 6 zu Art. 177 IPRG, BUCHER N 94.

[36] Vgl. vorn bei Anm. 6.

[37] In diesem Sinne auch WALTER/BOSCH/BRÖNNIMANN S. 61.

[38] Vgl. BGE 108 Ia 310 E. 1a, a.E.; LALIVE/POUDRET/REYMOND, N 2.1 zu Art. 2 Schiedskonkordat (S. 35).

Literatur zur internationalen Schiedsgerichtsbarkeit
(Auswahl; weitere Hinweise in den angegebenen Werken)

BRINER ROBERT: Art. 177 IPRG, in: Kommentar zum schweizerischen Privatrecht, Internationales Privatrecht, Basel/Frankfurt a.M. 1996; BUCHER ANDREAS: Die neue internationale Schiedsgerichtsbarkeit in der Schweiz, Basel/Frankfurt a.M. 1989; DUTOIT BERNARD: Commentaire de la loi fédérale du 18 décembre 1987, Basel/Frankfurt a.M. 1996; LALIVE PIERRE/POUDRET JEAN-FRANÇOIS/REYMOND CLAUDE: Le droit de l'arbitrage interne et international en Suisse, Lausanne 1989; MEIER ISAAK: «Vermögensrechtliche Ansprüche» gemäss IPRG und OG – Vorschlag für eine funktionale Auslegung, in: Schweizerisches Jahrbuch für internationales Recht, Bd. 46 (1989), S. 119 ff.; VISCHER FRANK: Art. 176 und 177 IPRG, in: IPRG Kommentar, Zürich 1993; WALTER GERHARD/BOSCH WOLFGANG/BRÖNNIMANN JÜRGEN: Internationale Schiedsgerichtsbarkeit in der Schweiz, Bern 1991; WEBER ROLF H.: Einführung in die internationale Schiedsgerichtsbarkeit der Schweiz, in: recht 1/1996, S. 1 ff.

NIKLAUS SCHMID

Verfahrensfragen bei der Verwendung von Bussen, eingezogenen Vermögenswerten usw. zugunsten des Geschädigten nach StGB Art. 60

Inhalt

I. Einleitende Vorbemerkungen zur Verwendung zugunsten des Geschädigten nach StGB Art. 60
II. Zuständigkeit für die Zuwendung gemäss StGB Art. 60
    1. Zuwendung durch einen Richter
    2. Verschiedene Arten des Zuweisungsverfahrens sowie deren sachliche und örtliche Zuständigkeit
III. Voraussetzung des Antrages des Geschädigten
IV. Das richterliche Verfahren bei der Verwendung zugunsten des Geschädigten
V. Rechtsmittel
    1. Allgemeines
    2. Rechtsmittel auf kantonaler Ebene
    3. Bundesrechtsmittel
VI. Kosten des Zuwendungsverfahrens

I. Einleitende Vorbemerkungen zur Verwendung zugunsten des Geschädigten nach StGB Art. 60

1.1. Die Verwendung von Bussen, eingezogenen Vermögenswerten etc. zu Gunsten des Geschädigten war bereits nach StGB Art. 60 in der Fassung von 1942[1] möglich. Die Chancen des Geschädigten, über diese Bestimmung aus

---

[1] Bzw. Fassung gemäss BG vom 22.3.1974 (im Zusammenhang mit dem Erlass des VStrR revidiert, in Kraft seit 1.1.1975), vgl. dazu BGE 122 IV 368 = Pr 86 (1997) Nr. 45 S. 236. Im folgenden wird von alt StGB Art. 60 gesprochen, wenn auf die vor der jetzigen Version geltende Fassung verwiesen wird.

den vom Staate vereinnahmten Bussen etc. schadlos gehalten zu werden, waren allerdings praktisch eher gering[2]. An alt StGB Art. 60 wurde vor allem bemängelt, dass diese Norm eine Kann-Vorschrift war und bei der Zusprechung der Bussenbeträge an den Geschädigten weitere einschränkende Bestimmungen vorhanden waren[3]. Im Rahmen des Erlasses des BG über die Hilfe an Opfer von Straftaten vom 4. Oktober 1991 (Opferhilfegesetz; OHG) wurde deshalb eine Verbesserung dieser Regelung angestrebt. Die neue Fassung von StGB Art. 60 – welche anlässlich einer weiteren Gesetzesrevision vom 18.3.1994 im Zusammenhang mit der Revision des Einziehungsrechts nur redaktionell geändert wurde – sieht nunmehr zwingend die Zuweisung von Bussen, eingezogenen Gegenständen sowie Vermögenswerten, Ersatzforderungen und Beträgen aus Friedensbürgschaften an die Geschädigten vor. Ob die neue Fassung den Interessen des Geschädigten wirklich besser Rechnung trägt und in der Praxis eine grössere praktische Bedeutung erlangt, bleibe hier offen. Allzu optimistische Erwartungen dürften kaum am Platze sein. Dies nicht zuletzt deshalb, weil grössere Bussen und Einziehungsbeträge bei Delikten mit Geschädigten eher selten sind; vor allem die Vermögenseinziehung gemäss StGB Art. 59 erfolgt bekanntlich vor allem bei opferlosen Delikten wie bei jenen nach Betäubungsmittelgesetz. Eine grössere Bedeutung könnte der Mechanismus von StGB Art. 60 dann erlangen, falls im schweizerischen Strafrecht das System der Tagesbussen verwirklicht werden sollte[4] und demgemäss grössere, unter Zuhilfenahme von StGB Art. 60 den Geschädigten zuweisbare Bussenbeträge zur Verfügung stünden. Diese Problematik und allgemein die materiellen Voraussetzungen der Verwendung zugunsten des Geschädigten werden im folgenden indessen nicht näher dargestellt; im Zentrum stehen sollen einige Überlegungen zu den mit dieser Zuweisung verbundenen Verfahrensfragen.

1.2. Es ist davon auszugehen, dass die Verwendung nach StGB Art. 60 als eine Regelung des *materiellen Bundesstrafrechts* zu qualifizieren ist. Die Bestimmung verschafft den Geschädigten m.a.W. einen besonderen bundesrechtlichen Anspruch gegen den Kanton bzw. den Bund, welche die fraglichen Werte aus Bussen etc. vereinnahmten. Die Ansprüche des Geschädigten gemäss

---

[2] «Der Schutz der finanziellen Interessen des Opfers in Art. 60 ist *sehr schwach*», so STEFAN TRECHSEL, Schweizerisches Strafgesetzbuch, Kurzkommentar, Zürich 1989, Art. 60 N 8 (Hervorhebung durch Verfasser). Dazu und zum folgenden sodann NIKLAUS SCHMID, Das neue Einziehungsrecht nach StGB Art. 58 ff., ZStrR 113 (1995) 357 ff.

[3] BOTSCHAFT zum Opferhilfegesetz vom 25. April 1990 in BBl 1990 II 961 ff., 996.

[4] Vgl. Art. 29 ff. VORENTWURF DER EXPERTENKOMMISSION ZUM ALLGEMEINEN TEIL UND ZUM DRITTEN BUCH DES STRAFGESETZBUCHES UND ZU EINEM BUNDESGESETZ ÜBER DIE JUGENDSTRAFRECHTSPFLEGE, Bern 1993.

dieser Norm sind allerdings streng von allfälligen Schadenersatz- oder Genugtuungsansprüchen[5] nach OR Art. 41 ff. zu trennen.

Das Verfahren, welches bei der Durchsetzung dieser Bestimmung zu beachten ist, richtet sich hingegen grundsätzlich *nach kantonalem Strafverfahrensrecht*. Dieses muss die notwendigen prozessualen Vorkehren zur Verfügung stellen, um eine Umsetzung von StGB Art. 60 zu gewährleisten.

II. Zuständigkeit für die Zuwendung gemäss StGB Art. 60

1. Zuwendung durch einen Richter

Wie sich aus dem Wortlaut von StGB Art. 60 ergibt, ist *stets ein Richter* für ein solches Zusprechen zuständig, also nicht eine Untersuchungs- und auch nicht eine Strafvollzugsbehörde. Nicht erforderlich ist hier (naturgemäss mit Ausnahme bei der zuzusprechenden Busse) ein vorausgegangenes verurteilendes Erkenntnis[6]. Dies ist vor allem bei Gegenständen und Vermögenswerten, die im Rahmen eines *selbständigen Einziehungsverfahrens* eingezogen wurden[7], wesentlich. Denkbar ist freilich, dass z.B. im Rahmen eines *Strafbefehlsverfahrens oder bei Einstellung des Verfahrens die Zusprechung durch einen Untersuchungsrichter erfolgt* und gegen diesen Entscheid mit Einsprache oder einem ähnlichen Rechtsbehelf die Beurteilung durch einen Richter herbeigeführt werden kann; eine solche Kompetenzordnung wäre durchaus mit den Ansprüchen nach StGB Art. 60 wie auch BV bzw. EMRK auf Beurteilung durch einen Richter vereinbar. Dementsprechend ist denn etwa im Kanton Zürich bei Einstellung bzw. Erlass eines Strafbefehls der Bezirksanwalt nicht nur zur Einziehung[8], sondern auch zur Zusprechung i.S.v. StGB Art. 60 zuständig, welcher Entscheid mit einem Gesuch um gerichtliche Beurteilung bzw. Einsprache nach StPO § 44 bzw. 321 dem Einzelrichter unterbreitet werden kann.

---

[5] Zum Umfang der für StGB Art. 60 relevanten Ansprüche, die auch die Genugtuung einschliessen, vgl. SCHMID (Fn. 2) 360.
[6] ERNST HAFTER, Lehrbuch des Schweizerischen Strafrechts, Allg. Teil, 2. Aufl., Bern 1946, 423.
[7] Zu den Unterschieden zwischen akzessorischem und selbständigem Einziehungsverfahren vgl. NIKLAUS SCHMID, Strafprozessrecht, 3. Aufl., Zürich 1997, N 756 ff.; DERS. (Fn. 2) 360 f.
[8] Hiezu StPO § 106 bzw. 318 Ziff. 5. Wird ein *selbständiges Einziehungsverfahren* nach StPO § 106a geführt, so kann der Bezirksanwalt zusammen mit dem Einziehungsantrag dem Einzelrichter auch die Verwendung nach StGB Art. 60 beantragen. Da im Einziehungsverfahren nach StGB Art. 58 ff. das Anklageprinzip nicht gilt (vgl. SCHMID [Fn. 2] 360 f.), kann Einziehung und Zuweisung ohne solchen Antrag erfolgen; erforderlich ist allein der Antrag des Geschädigten, hiezu Ziff. III.

2. Verschiedene Arten des Zuweisungsverfahrens sowie deren sachliche und örtliche Zuständigkeit

2.1. *Örtlich und sachlich zuständig zum Entscheid nach StGB Art. 60 ist – falls es in der Strafsache zu einem Sachentscheid kommt – derjenige Richter, der den Entscheid bezüglich des Vermögenswertes fällt, der zugunsten des Geschädigten verwendet werden soll.* In diesen akzessorischen Zuweisungsfällen ist dies somit der Richter, der die Busse ausfällte, in einem selbständigen oder unselbständigen Einziehungsverfahren die Einziehung anordnete bzw. die Ersatzforderung nach StGB Art. 59 Ziff. 2 oder den Betrag der Friedensbürgschaft nach StGB Art. 57 festsetzte. Aus verfahrensökonomischen Gründen sollte dieser Entscheid wenn immer möglich *zusammen mit dem Entscheid, der Basis für die Verwendung zugunsten des Geschädigten bietet*, also z.B. mit dem Bussen-, Einziehungs- oder Ersatzforderungsentscheide getroffen werden. Dieser Entscheid ist allerdings grundsätzlich erst zu treffen, wenn der *zuzuwendende Betrag bei der zuständigen staatlichen Stelle eingegangen ist*, d.h. die Busse bezahlt oder die Ersatzforderung beglichen ist[9]. Zu wiederholen ist, dass Ansprüche aus StGB Art. 60 *nicht zivil-, sondern straf- und damit öffentlichrechtlicher Art* sind; sie können also nicht nach OG Art. 42 beim Bundesgericht geltend gemacht werden[10].

2.2. Ein *nachträglicher, selbständiger Zuweisungsentscheid* i.S.v. StGB Art. 60 ist zu fällen, wenn im *Zeitpunkt des Sachentscheides gegen den Täter bzw. weitere z.B. von der Einziehung betroffene Personen* noch nicht über die Verwendung zugunsten des Geschädigten entschieden wurde, so weil der Betrag (bezahlte Busse; Verwertungserlös; geleistete Ersatzforderung) noch nicht vereinnahmt werden konnte. Örtlich und sachlich zuständig für dieses *Nachverfahren* ist unter Vorbehalt abweichender kantonaler Vorschriften jener Richter, der über die der Anwendung von StGB Art. 60 zugrunde liegende Busse, Einziehung etc. als (kantonaler) Sachrichter letztinstanzlich entschied.

Notwendig ist ein nachträglicher, selbständiger Zuweisungsentscheid im soeben erwähnten Sinne sodann, wenn sich *ein Anspruchsberechtigter i.S.v. StGB Art. 60 erst nachträglich, d.h. in einem Zeitpunkt meldet*, indem z.B. bereits über die Verwendung eingezogener Gegenstände oder Vermögenswerte entschieden bzw. eine Busse vom berechtigten Gemeinwesen bereits vereinnahmt wurde. Eine solche nachträgliche Meldung ist etwa möglich, wenn Geschädig-

---

[9] Anderseits erscheint eine Zusprechung auch bereits *vor* der Verwertung als möglich; eventuell muss hier ein nachträglicher Entscheid ergehen.
[10] BGE 104 IV 71; 118 Ib 265 f.

te bislang nicht bekannt bzw. unauffindbar waren; es ist auch an die Variante zu denken, dass eingezogene Werte irrtümlicherweise andern Delikten bzw. Geschädigten zugerechnet wurden[11]. Ob und unter welchen näheren Voraussetzungen hier ein nachträglicher Entscheid i.S.v. StGB Art. 60 an Grenzen stösst, wenn die entsprechenden Beträge rechtskräftig bereits andern Geschädigten zugesprochen wurden, kann allerdings fraglich sein. Dies insbesondere im Fall, wenn solche Werte bereits (wirklich oder scheinbar) Anspruchsberechtigten i.S.v. StGB Art. 60 zugewiesen bzw. beispielsweise vom Staat selbst zur Kostendeckung verwendet worden waren[12]. Ohne hier auf Einzelheiten einzugehen, ist davon auszugehen, dass solche nachträgliche Zuweisungen nach StGB Art. 60 tendenziell nur noch in Frage kommen, falls der einziehende Staat noch über die betreffenden Werte verfügt bzw. im entsprechenden Betrag bereichert ist.

Ein solcher nachträglicher, selbständiger Zuweisungsentscheid ist weiter dann zu treffen, in dem den *schweizerischen Behörden rechtshilfeweise von ausländischen Gerichten dort eingezogene Vermögenswerte oder Bussenbeträge* zur Verwendung nach StGB Art. 60 übermittelt wurden[13]. Falls der fragliche Vermögenswert im Ausland eingezogen bzw. dort eine Busse ausgesprochen worden sein sollte, so sind in sinngemässer Anwendung von StGB Art. 348 für dieses selbständige Zuweisungsverfahren die *Behörden am Wohnsitz des Geschädigten* örtlich zuständig, die allenfalls auf Geheiss eines Geschädigten auch ein solches Verfahren einzuleiten und rechtshilfeweise eine Übermittlung entsprechender Vermögenswerte zu betreiben hätten.

2.3. Wird in den vorgenannten Fällen der Zuweisungsentscheid nach StGB Art. 60 nicht mit dem Bussen-, Einziehungsentscheid etc. getroffen, schreibt dessen Abs. 3 für dieses *selbständige Zuweisungsverfahren den Kantonen ein rasches und einfaches Verfahren vor.* Es ist dem Verfasser dieses Beitrages

---

[11] Vgl. den typischen Fall BJM 1987 83.
[12] Zu dieser Problematik BJM 1987 33, welcher Entscheid eine neue Berücksichtigung von StGB 60 nach rechtskräftigem Einziehungsentscheid auszuschliessen scheint. Das gleiche Urteil äussert sich auf S. 35 f. sodann zur Frage, ob in Fällen von nachträglich angemeldeten Geschädigtenforderungen gegen den Staat *Ansprüche aus Beamtenhaftung bzw. ungerechtfertigter Bereicherung* denkbar sind. – Zur Frage, ob in solchen Konstellationen eine *Revision* denkbar ist, nachfolgend Ziff. V.2.2.
[13] In umgekehrter Anwendung von IRSG Art. 59 I und 74a. Eine nachfolgende Zuweisung kommt naturgemäss weiter in Frage, wenn den schweizerischen Behörden auf dem Wege der Rechtshilfe Gegenstände oder Vermögenswerte zur Einziehung in der Schweiz überwiesen werden. – In all diesen, unter Beteiligung ausländischer Behörden vorgenommenen Einziehungen kommt eine Verteilung nach StGB Art. 60 auch beim sogenannten *Sharing* in Betracht, also bei der zwischen zwei oder mehreren Jurisdiktionen abgesprochenen Aufteilung von Einziehungserlösen; hiezu allgemein Jacques Antenen, Problématique nouvelle relative à la poursuite pénale du blanchissage d'argent à la confiscation et au sort des avoirs confisqués, ZStrR 114 (1996) 57 ff.

nicht bekannt, ob einzelne Kantone bereits solche besonderen Verfahrensvorschriften erlassen haben. Jedenfalls ist ein Richter zuständig[14]. Der übliche Ablauf dieser selbständigen Zuweisungsverfahren nach geltendem kantonalem Rechte dürfte indessen durchaus schon einem raschen und einfachen Verfahren gemäss den Intentionen des Bundesgesetzgebers entsprechen: Regelmässig ist ein solches selbständiges Zuweisungsverfahren durch schriftlichen Antrag beim zuständigen Richter – üblicherweise jener, der bereits den Bussen- oder Einziehungsentscheid etc. fällte – einzureichen. Der Richter wird sofort nach Einholung einer Vernehmlassung der zur Vertretung der Interessen der Öffentlichkeit berufenen Behörde, üblicherweise der Staatsanwaltschaft[15], zum Entscheid schreiten können.

III. Voraussetzung des Antrages des Geschädigten

1. Die Zuweisung i.S.v. StGB Art. 60 setzt einen Antrag des ansprechenden Geschädigten voraus. Daraus folgt, dass der Geschädigte durch Unterlassen eines solchen Antrags auf die Zuwendung nach StGB Art. 60 verzichten kann[16]. Sind mehrere Geschädigte und Anspruchsberechtigte vorhanden, so hat jeder Ansprecher seine Forderung selbst anzumelden; eine irgendwie geartete Solidarität zwischen den Geschädigten besteht nicht[17]. Bei diesen Regeln widerspiegelt sich der im Zivil- und Adhäsionsprozess wie auch im OHG zu findende Grundsatz, dass der Richter zugunsten des Geschädigten nicht von Amtes wegen, sondern nur auf dessen Begehren hin tätig wird[18]. Dies bedeutet auch, dass bei verschiedenen anspruchsberechtigten Geschädigten nur jene berücksichtigt werden, die Ansprüche geltend machen. Es steht dem Geschädigten naturgemäss frei, nicht nur einen Antrag i.S.v. StGB Art. 60 zu stellen, sondern jene vorgelagerten Verfahren einzuleiten, welche Voraussetzung für eine Zuweisung sind. Beispielsweise kann der Geschädigte eine Einziehung beantragen

---

[14] Vorne Ziff. II.1. Zuständig sind also nicht Vollzugs-, d.h. Verwaltungsbehörden, hiezu DENIS PIOTET, Les effets de la confiscation pénale, Bern 1996, N 435.
[15] Im Regelfalle nicht des Täters bzw. Dritten, bei dem z.B. die Einziehung erfolgte, da dieser im Verfahren nach StGB Art. 60 nicht beschwert ist, vgl. auch nachfolgend Ziff. V.1.
[16] Trotz der an sich zwingenden Natur dieser Norm; hiezu vorne Ziff. I.1.1. Vgl. hiezu schon BGE 117 IV 110.
[17] Vgl. BGE 122 IV 375 = Pr 86 (1997) Nr. 45 S. 243.
[18] Vgl. allgemein SCHMID (Fn. 7) N 518, 845 mit Hinweisen.

und damit auch sichernde Massnahmen, so etwa eine im Blick auf die Einziehung erforderliche Beschlagnahmung[19].

Müssen die für die Zusprechung *zuständigen Behörden die in Frage kommenden Geschädigten auf die Zusprechungsmöglichkeit gemäss StGB Art. 60 aufmerksam machen*? Soweit sich aus dem anwendbaren kantonalen Verfahrensrecht nicht eine entsprechende Pflicht ableiten lässt, besteht im Prinzip keine solche. Aus der *richterlichen Fürsorgepflicht*[20] dürfte sich allerdings die Verpflichtung ergeben, den rechtsungewohnten, nicht anwaltschaftlich vertretenen Geschädigten auf diese Möglichkeit aufmerksam zu machen. Eine Orientierungspflicht besteht, wenn ein nachträgliches bzw. selbständiges Einziehungsverfahren[21] durchgeführt wird, von dem der Geschädigte keine Kenntnis hat.

2. Ein Antrag auf Zusprechung i.S.v. StGB Art. 60 kann *bereits in der Untersuchung gestellt werden*[22]. Möglich ist ein solcher indessen bis zur *Gerichtsverhandlung*, bei welcher über die Busse, die Einziehung etc. beraten und entschieden wird. Was den letzten denkbaren Zeitpunkt betrifft, so fragt sich, ob dieser identisch mit jenem Zeitpunkt ist, welchen das kantonale Recht für das Stellen von Schadenersatz- und Genugtuungsbegehren der Zivilpartei vorsieht. Zur Vermeidung eines allenfalls negativ präjudizierenden Entscheides[23] wird sich der Geschädigte mit Vorteil spätestens bis zu diesem Zeitpunkt einschalten.

Der Schutzgedanke von StGB Art. 60 erfordert indessen, dass solche Anträge aber auch noch **nach** *dem entsprechenden Gerichtsentscheid*, mit dem z.B. die Busse verhängt wird, über Zivilansprüche entschieden wird, Vermögenswerte eingezogen werden usw., zulässig sein müssen. Dies gilt vor allem in jenen – wohl nicht seltenen – Fällen, in denen nicht im Rahmen des Bussen- bzw. Einziehungsentscheides, sondern erst in einem *nachträglichen Entscheid* über die Zuwendung entschieden werden kann[24]. Anträge erst in diesem Nachverfahren müssen vor allem zulässig sein, wenn z.B. ein Geschädigter keine Kenntnis von einem (vor allem selbständigen) Einziehungsverfahren hatte. Unter Vorbehalt rechtsmissbräuchlichen oder widersprüchlichen Verhaltens[25]

---

[19] So z.B. nach StGB Art. 59 Ziff. 2 III; hiezu PIOTET (Fn. 14) N 150 ff.
[20] Hiezu allgemein SCHMID (Fn. 7) N 245 f.
[21] Hiezu vorne Ziff. II.2.2.
[22] HANS SCHULTZ, Die Einziehung, der Verfall von Geschenken und anderen Zuwendungen sowie die Verwendung zugunsten des Geschädigten gemäss StrGB rev. Art. 58 f., ZBJV 114 (1978) 333.
[23] Etwa, dass der fragliche Betrag früher unter die damals am Verfahren beteiligten Geschädigten verteilt wird. Zur Frage, ob alsdann eine *Revision* möglich ist, nachstehend Ziff. V.2.2.
[24] Vorne Ziff. II.2.2.
[25] Allgemein SCHMID (Fn. 7) N 247 ff.

sind solche Anträge generell bis zur Verjährung der Ansprüche aus StGB Art. 60[26] zulässig.

Es widerspräche dem Bundesrecht, falls die Kantone in ihren Verfahrensvorschriften bzw. in ihrer Praxis Regeln in dem Sinne einführen sollten, dass eine Verwirkung solcher Ansprüche eintritt, wenn sie nicht im Rahmen des entsprechenden Gerichts- oder Einziehungsverfahrens bzw. innert gewisser Fristen geltend gemacht werden. Es erscheint indessen als zulässig, wenn Gerichte insbesondere bei mehreren bekannten Geschädigten eine Frist zur Anmeldung der Ansprüche ansetzen, um über die zu berücksichtigenden Ansprüche Klarheit zu schaffen. Dabei ist es zulässig, diese Fristansetzung mit der Androhung zu verbinden, dass die vorhandenen Mittel unter die antragstellenden Geschädigten aufgeteilt werden und sich später Meldende mit einem verbleibenden Überrest begnügen müssten.

3. Aus StGB Art. 60 sind für die Anmeldung des Geschädigtenanspruchs keine *Formvorschriften* abzuleiten; für die Form ist das *kantonale Recht* massgebend. Abweichende kantonale Vorschriften vorbehalten, genügt dafür eine zu Protokoll gegebene (mündliche) Erklärung oder aber eine schriftliche Eingabe des Geschädigten. Nicht ausreichend wäre die blosse Anmeldung von Schadenersatz- oder Genugtuungsbegehren bzw. das Stellen eines Einziehungsantrages[27].

4. Was den *Inhalt des Begehrens* betrifft, so genügt es, dass *der Geschädigte sinngemäss verlangt, dass ihm der Bussenbetrag, der eingezogene Vermögenswert etc. zugesprochen wird.* Abgesehen von der Nennung der geforderten Summe sind im Begehren selbst eine weitere Substantiierung, eine Begründung, ein Stellen von Beweisanträgen etc. nicht erforderlich[28]. Stellte der Geschädigte Antrag auf direkte Zuwendung nach StGB Art. 59 Ziff. 1 I letzter Satzteil, genügt dieser Antrag, auch wenn dem Begehren unter jenem Titel aus irgendwelchen Gründen nicht entsprochen wurde[29].

---

[26] Da StGB Art. 60 keine Verjährungsfrist enthält, fragt sich, wann solche Ansprüche verjähren. Vieles spricht dafür, hier die fünfjährige Frist von StGB Art. 59 Ziff. 1 IV anzuwenden. Sie beginnt in Anlehnung an OR Art. 130 I indessen erst mit dem *Eintritt der Voraussetzungen einer Zusprechung* nach StGB Art. 60 I zu laufen: Dies ist der Fall, wenn die für die Zusprechung zu verwendenden Bussen, Einziehungswerte etc. dem Staat zur Verfügung stehen sowie zusätzlich ein Vergleich bzw. ein rechtskräftiges Urteil vorliegt und folglich der Entscheid auf Verwendung gemäss StGB Art. 60 ergehen kann. – *A.M.* bei PIOTET (Fn. 14) N 145, wonach die Verjährung der Ansprüche nach StGB Art. 60 mit jener der Schadenersatzansprüche selbst kongruent ist.

[27] In dieser Richtung offenbar HAFTER (Fn. 6) 423 mit Hinweis auf abweichende Literatur.

[28] Zur hier geltenden Instruktionsmaxime nachfolgend Ziff. IV.1.

[29] Beiläufig sei erwähnt, dass die Ansprüche des Geschädigten gemäss dieser Bestimmung jenen aus StGB Art. 60 vorgehen.

IV. Das richterliche Verfahren bei der Verwendung zugunsten des Geschädigten

1. Ist der von StGB Art. 60 verlangte Antrag gestellt, so wird das Verfahren fortan von der *Offizial- und Instruktionsmaxime*[30] beherrscht, d.h. der Richter hat die Voraussetzungen dieser Verwendung von Amtes wegen und ohne entsprechende Anträge des Geschädigten festzustellen. Allenfalls sind von Amtes wegen die zum Entscheid notwendigen Beweise zu erheben. Den Ansprechern, die in diesem Verfahren die Rolle von *Verfahrensbeteiligten* innehaben[31], ist im Rahmen des Notwendigen das rechtliche Gehör zu gewähren. Betreffend der Voraussetzung der fehlenden Versicherungsdeckung für den fraglichen Schaden sind die Geschädigten verpflichtet, den zuständigen Behörden die notwendigen Aufschlüsse zu erteilen und Akten zur Verfügung zu stellen. Hingegen stehen dem Täter bzw. dem Dritten, gegen den die Busse ausgesprochen bzw. bei dem die Sache eingezogen wurde, keine Teilnahmerechte zu: Sie sind durch eine Zusprechung gemäss StGB Art. 60 nicht weiter betroffen und beschwert.

2. Im *akzessorischen Zuweisungsentscheid spricht der Richter dem Geschädigten den fraglichen Vermögenswert ganz oder teilweise zu oder aber er weist den Anspruch ab.* Wenn bei mehreren gesuchstellenden Geschädigten die zuzuweisenden Vermögenswerte nicht ausreichen, so sind diese den Geschädigten, die bis zum Zeitpunkt des Entscheides bzw. innert Frist[32] Antrag auf Zuweisung gestellt haben, im Verhältnis zu ihren angemeldeten Schadenersatzansprüchen zuzuweisen. Falls Geldbeträge zugesprochen werden – was die Regel bildet –, so sind diese nach Rechtskraft des Entscheides den Gläubigern auszuhändigen bzw. zu überweisen, und die Verfügungsmacht geht alsdann erst bei dieser Aushändigung bzw. Überweisung an den Geschädigten über. Werden Gegenstände zugesprochen, so gehen diese mit der Aushändigung an den Gläubiger nach Eintritt der Rechtskraft in dessen Eigentum über.

---

[30] Zu diesen Grundsätzen allgemein SCHMID (Fn. 7) N 81 f., 269.
[31] Allgemein SCHMID (Fn. 7) N 449 ff.
[32] Hiezu vorstehend Ziff. III.2.

V. Rechtsmittel

1. Allgemeines

Gegen den Zuweisungsentscheid i.S.v. StGB Art. 60 sind die *allgemeinen, gegen Entscheide der fraglichen Art zulässigen strafprozessualen Rechtsmittel möglich*[33]. Der fragliche Entscheid kann zunächst vom betroffenen *Geschädigten* angefochten werden. Vorausgesetzt ist, dass er durch den Entscheid beschwert ist. Eine Beschwer ist vor allem dann gegeben, wenn dem Geschädigten in Anwendung von StGB Art. 60 nicht jene Werte zugesprochen wurden, die er beantragte. Hingegen ist der *Täter bzw. Dritte*, dessen Bussenbeträge, eingezogenen Vermögenswerte etc. im Rahmen von StGB Art. 60 zugesprochen werden, nicht beschwert[34], da die Verwendung grundsätzlich zu Lasten des Staates geht. Da dem *Staatsanwalt* allgemein die richtige Durchsetzung des Rechts obliegt, ist ihm – wie im Strafverfahren allgemein[35] – die Rechtsmittellegitimation in jedem Fall auch in diesem Bereiche einzuräumen[36].

Hat die Rechtsmittelinstanz bei der Anwendung von StGB Art. 60 *das Verbot der reformatio in peius zu beachten*[37]? Die Zuweisung kann von der Rechtsmittelinstanz angeordnet werden, selbst wenn die Vorinstanz dem Zuweisungsantrag des Geschädigten nicht entsprach, ohne dass der Geschädigte den Entscheid diesbezüglich angefochten haben muss. Jedenfalls erscheint es als nicht zulässig, ohne entsprechende Anträge (z.B. des Staatsanwaltes oder eines beschwerten Mitgeschädigten) die von der Vorinstanz vorgenommene *Zusprechung an einen bestimmten Geschädigten zu reduzieren*.

2. Rechtsmittel auf kantonaler Ebene

2.1. Wird über die Verwendung im Rahmen des *Sachurteils gegen den Täter* entschieden[38], so sind – unter Vorbehalt von abweichendem Prozessrecht – die üblichen kantonalen Rechtsmittel möglich, die nach dem anwendbaren Verfahrensrecht zur Anfechtung von Kosten- und Entschädigungsfolgen eines

---

[33] Hiezu nachstehend Ziff. V.2.1.
[34] Siehe schon vorstehend Ziff. IV.1.
[35] Siehe SCHMID (Fn. 7) N 966.
[36] Im Ergebnis für die eidgenössische Nichtigkeitsbeschwerde BGE 117 IV 107.
[37] Zu diesem Grundsatz allgemein SCHMID (Fn. 7) N 984 ff.; DERS. in DONATSCH/SCHMID, Kommentar zur Strafprozessordnung des Kantons Zürich, Zürich 1996, § 399 N 1 ff.
[38] Falls z.B. gleichzeitig eine Busse ausgefällt bzw. über die Einziehung von Vermögenswerten i.S.v. StGB Art. 59 befunden wird; hiezu vorstehend Ziff. II.2.1.

Urteils zulässig sind³⁹. Dies gilt ebenfalls, wenn der Entscheid im Rahmen eines *selbständigen Einziehungsverfahrens* oder eines *selbständigen Verfahrens auf Zusprechung nach StGB Art. 60*⁴⁰ gefällt wird.

2.2. Fraglich ist, inwieweit eine *Revision (Wiederaufnahme)* möglich ist. Was eine *Revision zugunsten des von der Zuweisung nach StGB Art. 60 (im Regelfalle indirekt) Belasteten* betrifft, so sei daran erinnert, dass der davon indirekt Betroffene, vorab der Täter, im Verfahren nach StGB Art. 60 nicht beschwert und deshalb nicht als rechtsmittellegitimiert erscheint⁴¹. Er kann jedoch den der Zuweisung zugrunde liegenden Entscheid, vorab die Busse bzw. die Einziehung als solche, mittels Revision neu aufrollen, vor allem natürlich im Konnex mit einer Revision im Schuldpunkt⁴². Keine Folgeschwierigkeiten treten auf, wenn der Zuweisungsentscheid nach StGB Art. 60 noch nicht ergangen bzw. vollzogen ist: Werden Busse, Einziehung etc. nach erfolgter Revision nachträglich hinfällig, gilt dies auch für eine bereits angeordnete Verwendung nach dieser Bestimmung. Ein allfälliger separater Zuweisungsentscheid wird damit ebenfalls hinfällig und muss nicht selbst revidiert werden. Wurde die *Zuweisung an den Geschädigten jedoch bereits vollzogen*, kann eine Rückgabe an den Betroffenen, vor allem den Beschuldigten, ohne Rückgängigmachung des Zuweisungsentscheides nach StGB Art. 60 nicht erfolgen. Ist eine Rückerstattung durch den Geschädigten nach Aufhebung der Zuweisung nicht mehr möglich (z.B. hat er die Sache verbraucht, weiterveräussert etc.), muss eine Rückerstattung entfallen, es sei denn, man halte den Geschädigten dazu im Rahmen der unrechtmässigen Bereicherung (OR Art. 62) verpflichtet⁴³. Ist eine Rückerstattung rechtlich oder faktisch nicht möglich, ist der z.B. nun Freigesprochene im Rahmen der Schadenersatzpflicht des Staates bei Revisionen⁴⁴ schadlos zu halten.

Wurde die Sache bzw. der Vermögenswert bei *einem Dritten eingezogen und nach StGB Art. 60 dem Geschädigten zugewiesen*, ergibt sich die weitere Schwierigkeit, dass der Dritte nach den meisten Prozessgesetzen nicht aus-

---

[39] Falls das Sachurteil an sich nicht ebenfalls angefochten wird, also z.B. der Rekurs und nicht die Berufung, dazu und zum folgenden im Hinblick auf den Kanton Zürich SCHMID (Fn. 7) N 1225 ff.; DERS. in DONATSCH/SCHMID (Fn. 37) § 402 N 26, 32 ff.

[40] Hiezu vorne Ziff. II.2.2.

[41] Vgl. vorne Ziff. IV.1., V.1.

[42] Zur Möglichkeit der Revision bei Einziehungsentscheiden PIOTET (Fn. 14) N 144; SCHMID (Fn. 2) 366 f.; DERS. in DONATSCH/SCHMID (Fn. 37) § 439 N 9, vor allem Fn. 35.

[43] Vgl. PIOTET (Fn. 14) N 474. Tendenziell sollte eine Rückerstattung durchsetzbar sein, wenn der Geschädigte in vorwerfbarer, vor allem strafbarer Weise (falsche Zeugenaussagen etc.) auf das erste Verfahren eingewirkt und so die Zuwendungen nach StGB Art. 60 erschlichen hat; vgl. zu dieser Fragestellung in andern Konstellationen auch die nachfolgenden Darlegungen.

[44] Hiezu allgemein SCHMID (Fn. 7) N 1165; DERS. in DONATSCH/SCHMID (Fn. 35) § 455 N 1 ff.

drücklich zur Revision legitimiert ist. Es liegt hier eine echte Lücke (wie generell bezüglich der Rechtsmittellegitimation des Einziehungsbetroffenen[45]) vor. Dem betroffen Dritten ist *extra legem* die Revision des Einziehungsentscheides zu seinen Gunsten zu gewähren, nicht jedoch des Zuweisungsentscheides nach StGB Art. 60 allein, da der Täter und der Dritte wie gesehen dadurch selbst nicht beschwert sind[46]. Wird eine solche Revision zugunsten des Dritten gutgeheissen, so hat er Anspruch auf Rückerstattung z.B. des Eingezogenen im Rahmen der vorstehenden Ausführungen. Ist eine Rückerstattung nicht mehr möglich, ist der Dritte allenfalls durch den Staat zu entschädigen.

Will der *Geschädigte ein Revisionsgesuch zu seinen Gunsten* stellen, so fällt in Betracht, dass er hiezu nach vielen kantonalen Prozessordnungen nicht legitimiert ist[47]. Soweit in einem früheren Entscheid an sich StGB Art. 60 unterliegende Beträge aus Bussen etc. dem antragstellenden Geschädigten verweigert und/oder andern Geschädigten zugesprochen und bereits zugewiesen wurden, erscheint eine nachträgliche Änderung auf dem Revisionswege ohnehin als nicht mehr möglich. Ob dann eine Ausnahme zu machen ist, falls die bevorzugten Geschädigten täuschend oder gar in strafrechtlich relevanter Weise auf das frühere Zuweisungsverfahren einwirkten, bedürfte der näheren Prüfung. Ein anderes Vorgehen liegt nahe, wenn über diese Beträge bereits im Sinne von StGB Art. 60 entschieden, diese aber noch nicht den am Verfahren beteiligten Geschädigten zugewiesen wurden. Hier erscheint es als möglich, dass ein Geschädigter im Sinne eines (den meisten Strafverfahrensordnungen nicht, hingegen dem Verwaltungsrecht bekannten) *Wiedererwägungsgesuchs* verlangt, dass die Frage der Zuweisung nach StGB Art. 60 neu entschieden wird, es sei denn, der entsprechende Entscheid könne im Rahmen einer Revision des Entscheides über die Einziehung etc. (mit)angefochten werden.

Ob eine *Revision zuungunsten eines nach StGB Art. 60 begünstigten Geschädigten* möglich ist, erscheint als fraglich, zumal eine solche Konstellation soweit ersichtlich dem Verfahrensrecht unbekannt bzw. im Falle von Adhäsionsurteilen höchstens nach Massgabe der Revision im Zivilprozess zulässig sein kann. Wie vorne dargelegt, führt zunächst als Reflexwirkung die Revision des der Zuweisung nach StGB Art. 60 zugrunde liegenden Entscheides u.U. auch zum Wegfall dieser Zuweisung. Kann der *Zuweisungsentscheid nach StGB Art. 60 selbst revidiert werden*, z.B., wenn ein Geschädigter (mit an sich gegebenem Zivilanspruch) einen solchen Entscheid erschlichen hatte oder sich die Voraus-

---

[45] So BGE 122 IV 368 = Pr 86 (1997) Nr. 45 S. 238 für die Legitimation des Geschädigten im Blick auf StGB 60 bei der eidgenössischen Nichtigkeitsbeschwerde.
[46] Vorstehend Ziff. IV.1.
[47] Vgl. den Fall BJM 1987 34, der auf besondere Regeln im Kanton Basel-Stadt (Wiederaufnahme bei Entschädigungsklagen nach ZPO) hinweist.

setzungen von StGB Art. 60 nachträglich aus andern Gründen als nicht gegeben erweisen[48]? Eine Revision dieses Entscheides sollte hier, wenn nicht auf Begehren eines Verfahrensbeteiligten, so doch von Amtes wegen zulässig sein. Eine solche Revision könnte unter sinngemässer Anwendung verwaltungsrechtlicher Grundsätze, die bezüglich der Revision üblicherweise weiter gehen[49], erfolgen[50].

3. Bundesrechtsmittel

3.1. Nach der Praxis zu alt StGB Art. 60 wurde dem Geschädigten zur Durchsetzung seiner Rechte die eidgenössische Nichtigkeitsbeschwerde verweigert; das Bundesgericht verwies ihn auf die *staatsrechtliche Beschwerde*[51]. Da es sich hier um eine Vollzugsfrage handle, wurde anderseits zu alt StGB Art. 60 in der Literatur die *Verwaltungsgerichtsbeschwerde* als gegeben betrachtet[52]. Beide Ansichten sind fragwürdig: Es geht bei der Verwendung zugunsten des Geschädigten letztlich nicht um gewöhnliche Ansprüche gegen den Staat oder um Vollzugsfragen. Vielmehr regelt StGB Art. 60 materiell-rechtliche Ansprüche des Geschädigten gemäss Bundesrecht im Strafverfahren[53]. Wird hier die unrichtige Anwendung dieser Bestimmung behauptet, muss die *eidgenössische Nichtigkeitsbeschwerde* zulässig sein[54]. Es ist deshalb zu begrüssen, dass sich das Bundesgericht in seiner neuesten Praxis klar dafür ausgesprochen hat, dass

---

[48] Der Geschädigte verschwieg, dass er von einer Versicherung bzw. vom Täter schadlos gehalten wurde.
[49] Hiezu ULRICH HÄFELIN/GEORG MÜLLER, Grundriss des Allgemeinen Verwaltungsrechts, 2. Aufl., Zürich 1993, N 833 f., 1416 ff., 1553 ff.
[50] Vgl. dazu PIOTET (Fn. 14) N 471.
[51] BGE 89 IV 174, 104 IV 71; hiezu und zum folgenden mit Hinweisen YVONNE BERCHER, Le séquestre pénal. Approche critique des rapports entre procédure et droit de fond (Etude de procédure pénale vaudoise), Diss. Lausanne 1992, 181 ff.; JEAN GAUTHIER, Quelques aspects de la confiscation selon l'article 58 du Code pénal suisse, Festgabe für Hans Schultz, ZStrR 94 (1977) 373; TRECHSEL (Fn. 2) Art. 60 N 7. Da es keine Zivilsache ist, ebenfalls kein Vorgehen nach OG Art. 42, vgl. vorne Ziff. II.2.1.
[52] GAUTHIER (Fn. 51) 373 f.; SCHULTZ (Fn. 22) 335.
[53] Vorstehend Ziff. I.1.2.
[54] SCHMID (Fn. 2) 367 f.; im Ergebnis auch BERNARD CORBOZ, Le pourvoi en nullité interjeté par le lésé, SJ 117 (1995) 134 ff.; PIOTET (Fn. 14) N 120, der die Legitimation aus BStP 270 ableitet, wonach die eidgenössische Nichtigkeitsbeschwerde zulässig ist, wenn das kantonale Urteil «*Auswirkungen auf die Beurteilung der zivilrechtlichen Ansprüche*» haben kann; zu dieser Argumentation BGE 122 IV 370 ff. = Pr 86 (1997) Nr. 45 S. 238 ff.

bei Verletzung von StGB Art. 58, 59 und 60 nur ein einziges Rechtsmittel, nämlich die eidgenössische Nichtigkeitsbeschwerde gegeben sei[55].

VI. Kosten des Zuwendungsverfahrens

Das *kantonale Recht* entscheidet darüber, wer die Kosten des (akzessorischen oder selbständigen) Zuwendungsverfahrens nach StGB Art. 60 trägt; allerdings dürften in den wenigsten Kantonen Regelungen vorhanden sein, die sich explizit zur diesbezüglichen Kosten- und Entschädigungsfrage aussprechen. Grundsätzlich ist davon auszugehen, dass das Verfahren für den Geschädigten, der Ansprüche aus StGB Art. 60 geltend macht, *in jedem Falle kostenlos ist*[56].

Dies gilt auch, wenn der Geschädigte mit seinen *Ansprüchen unterliegt*. Zumeist dürfte in den kantonalen Prozessordnungen eine Norm fehlen, die selbst in einem solchen Falle eine Kostenauflage zulässt. Anderseits dürfte im Regelfall auch die gesetzliche Basis für die Zusprechung einer *Verfahrensentschädigung bei Obsiegen des den Zuweisungsantrag* nach StGB Art. 60 stellenden Geschädigten fehlen[57].

---

[55] BGE 122 IV 370 ff. = Pr 86 (1997) Nr. 45 S. 238 ff. Für eidgenössische Nichtigkeitsbeschwerde tendenziell jedoch bereits BGE 117 IV 107. Der Geschädigte ist zum Rechtsmittel legitimiert, wenn die Voraussetzungen von BStP 270 I (hiezu BGE 120 IV 44) erfüllt sind, wobei naturgemäss auf das Erfordernis, dass sich der Entscheid auf den Zivilpunkt auswirken kann, lückenfüllend zu verzichten ist, vgl. den vorne genannten BGE.

[56] So bereits Hans Schultz, Bericht und Vorentwurf zur Revision des Allgemeinen Teils des Schweizerischen Strafgesetzbuches, März 1985, 270.

[57] Es sei denn, man wende das Zivilprozessrecht und die dortigen Entschädigungsregelungen lückenfüllend an.

Karl Spühler

Das Zürcher Kassationsgericht und eine bundesgerichtliche Einheitsbeschwerde

Inhalt

I. Allgemeines
II. Lösungsmöglichkeiten
III. Möglichst starke Stellung des Kassationsgerichtes

I. Allgemeines

Das Rechtsmittelsystem auf Bundesebene ist ausgesprochen vielfältig. Neben der Berufung in Zivilsachen gibt es die staatsrechtliche Beschwerde, die Verwaltungsgerichtsbeschwerde, die Nichtigkeitsbeschwerde in Zivilsachen, die Beschwerde an die SchKG-Kammer des Bundesgerichtes, die Nichtigkeitsbeschwerde an dessen Kassationshof, die staatsrechtliche und die verwaltungsrechtliche Klage, eine ganze Anzahl von speziellen Rechtsmitteln an die Anklagekammer des Bundesgerichtes, die Revision sowie die Beschwerde an den Bundesrat und an die Bundesversammlung. Die Abgrenzung zwischen den einzelnen Rechtsmitteln schafft sowohl für die Rechtsuchenden und ihre Vertreter als auch für das Bundesgericht und die übrigen Bundesbehörden selbst erhebliche Probleme[1]. Sehr oft müssen zwei oder mehrere Rechtsmittel paral-

---

[1] Vgl. Zwischenbericht der Expertenkommission für die Totalrevision der Bundesrechtspflege vom 28. März 1995, S. 12 ff., 56; Reform der Bundesverfassung, Erläuterungen zum Verfassungsentwurf, Bern 1995, S. 257 f.; Heinrich Koller, Leitvorstellungen für die Totalrevision des OG, in: Reform der Bundesgerichtsbarkeit, Zürich 1995, S. 94, 98; Karl Spühler, Die Reform der Bundesgerichtsbarkeit: Schwerpunkte einer dringlichen Aufgabe, in: ZBl 97/1996, S. 209 ff.

lel in einer Prozesssache eingereicht werden. Dies ist insbesondere gegen Urteile im Kanton Zürich der Fall. In Zivilsachen ist oft gegen das Urteil des Obergerichtes eine Berufung ans Bundesgericht, sowie zeitlich etwas verzögert, in derselben Prozesssache auch eine staatsrechtliche Beschwerde gegen den Entscheid des kantonalen Kassationsgerichtes zu erheben. Analoges ergibt sich auch in Strafsachen mit Bezug auf die Nichtigkeitsbeschwerde an den Kassationshof des Bundesgerichtes gegen ein Urteil des Zürcher Obergerichtes und die staatsrechtliche Beschwerde in der gleichen Prozesssache gegen den Entscheid des Zürcher Kassationsgerichtes. Es wird von der Expertenkommission für die Revision der Bundesrechtspflege ein System verfolgt, mit dem im Rahmen einer sogenannten Einheitsbeschwerde an das Bundesgericht grundsätzlich alle Rügen vorgebracht werden können, die heute getrennt in den einzelnen Rechtsmitteln an das höchste Gericht erhoben werden müssen. Mit einer derartigen Einheitsbeschwerde könnten gleichzeitig die Verletzung von Bundesrecht mit Einschluss des Bundesverfassungsrechtes, die Verletzung von internationalem Recht, die Verletzung von verfassungsmässigen Rechten kantonaler Verfassungen und die Verletzung von Konkordaten geltend gemacht werden[2]. Die Idee einer derartigen Einheitsbeschwerde hat zweifelsohne etwas Bestechendes an sich. Sie würde für die Rechtsuchenden erhebliche Erleichterungen in prozessrechtlicher Hinsicht bringen, könnten sie sich doch auf ein einziges Rechtsmittel ans Bundesgericht konzentrieren.

Es stellt sich nun aber die Frage, welche Auswirkungen ein derartiges Einheitsrechtsmittel auf das Zürcher Kassationsgericht hätte. Müsste das letzte kantonale Urteil nämlich ein einheitlicher Entscheid über alle Rechts- und Tatfragen sein, hätte dies unweigerlich die Abschaffung des Zürcherischen Kassationsgerichtes zur Folge. Ähnliches würde auch für andere Kantone gelten, die ein vergleichbares Gericht kennen. Aber auch in Kantonen, die gegen den letztinstanzlichen Sachentscheid eine Nichtigkeitsbeschwerde an eine Kammer desselben Gerichtes oder an das Gesamtgericht kennen, hätte dies zur Folge, dass das entsprechende kantonale Rechtsmittel abgeschafft werden müsste. Geht man der Sache auf den Grund, so liegt dies alles nicht im Interesse der Bundesrechtspflege bzw. deren Entlastung.

Das Zürcher Kassationsgericht entlastet m.E. das Bundesgericht pro Jahr um rund 250 bis 300 Fälle, weil es verfahrensrechtliche Rügen und dergleichen, die sonst vor das Bundesgericht gebracht würden, selbst erledigt und entsprechende Urteile des Obergerichtes aufhebt oder korrigiert. Analoges gilt für Kantone mit ähnlichen Einrichtungen, sei es ein eigenständiges Kassationsgericht oder eine Nichtigkeitsbeschwerde an die funktionell bzw. hierar-

---

[2] Zwischenbericht (Anm. 1) S. 23 f., 57; Reform (Anm. 1) S. 258.

chisch gleiche Instanz. Gesamthaft dürften heute für die ganze Schweiz pro Jahr rund 500 bis 800 Fälle weniger anfallen für das Bundesgericht, weil die Urteile der kantonalen Obergerichte noch durch eine weitere innerkantonale Instanz überprüft werden können. Mit der Einführung einer bundesrechtlichen Einheitsbeschwerde, welche ohne ausdrückliche anderweitige Regelung ein einheitliches letztinstanzliches kantonales Urteil voraussetzt, wäre somit der Entlastung des Bundesgerichtes nicht gedient. Im Gegenteil würde dies im Vergleich zu heute zwangsläufig zu einer ganz erheblichen Mehrbelastung des obersten schweizerischen Gerichtes führen.

II. Lösungsmöglichkeiten

Lösungen können nur darin bestehen, dass die obersten kantonalen Gerichte die sich gegen Urteile des Obergerichtes gerichteten Rügen möglichst endgültig erledigen können. Es handelt sich dabei in der Regel um schwere prozessuale Verfahrensfehler, willkürliche Beweiswürdigung, offensichtlich verfehlte Tatsachenfeststellungen und allenfalls auch um die Einhaltung sogenannten klaren materiellen Rechtes[3]. Wenn hiefür über den obersten kantonalen Sachinstanzen noch ein Kassationsgericht wie in Zürich oder eine spezielle Kammer des obersten Sachgerichtes wie in einer ganzen Anzahl von anderen Kantonen zuständig ist, wird ein wesentlicher Pfeiler der Revision der Bundesrechtspflege, nämlich die Entlastung des Bundesgerichtes, positiv berücksichtigt. Die Lösung des Problems der bundesrechtlichen Rechtsmittel sollte keineswegs darin bestehen, damit derartige kantonale Instanzen wie das Zürcher Kassationsgericht zum Verschwinden zu bringen. Denn alle vorstehend erwähnten Rügen würden ansonsten mit der bundesrechtlichen Einheitsbeschwerde gegen Urteile der obersten kantonalen Sachinstanz direkt vor das Bundesgericht gebracht. Damit würde die Einheitsbeschwerde mit Prozessstoff belastet, den die erwähnten kantonalen Sonderinstanzen ohne weiteres ausgezeichnet bewältigen könnten. Dies zeigt vor allem die Rechtsprechung des Zürcher Kassationsgerichtes, welche lediglich bisweilen vom Obergericht bzw. einzelnen Oberrichtern kritisiert wird. Letzteres ist jedoch eine sowohl menschliche als auch institutionell zwangsläufige Folge; es ist auch eine immer wieder festzustellende Tatsache, dass Urteile aus Lausanne von der obersten kantonalen Sachinstanz eher akzeptiert werden als gleichartige Entscheide einer im betreffenden Kanton vorhandenen obersten Kassationsinstanz.

---

[3] Für Zürich vgl. die in § 281 ZPO aufgeführten Rügen.

Als erstes steht somit fest, dass eine Lösung zu finden ist, bei welcher das Zürcher Kassationsgericht und ähnliche Instanzen auch bei Einführung einer bundesrechtlichen Einheitsbeschwerde weiterhin Bestand haben können. Das bedingt aber, dass das Anfechtungsobjekt einer bundesrechtlichen Einheitsbeschwerde so umschrieben wird, dass die entsprechenden kantonalen Instanzen weiterhin existieren können. Einen Ansatzpunkt zur Lösung bildet dabei die sogenannte Dorénaz-Praxis des Bundesgerichtes. Darnach kann der Entscheid einer unteren kantonalen Sachinstanz bei zwei Konstellationen beim Bundesgericht mit staatsrechtlicher Beschwerde mitangefochten werden. Erstens dann, wenn die letzte kantonale Rechtsmittelinstanz (in Zürich das Kassationsgericht) nicht alle Fragen, die Gegenstand der betreffenden staatsrechtlichen Beschwerde bilden, beurteilen konnte. Zweitens auch, wenn die letzte kantonale Rechtsmittelinstanz die Rügen nur mit einer engeren Kognition als sie dem Bundesgericht im staatsrechtlichen Beschwerdeverfahren zukommt, zu überprüfen befugt war. Diese Praxis hat das Bundesgericht vor allem in den BGE 114 Ia 311, 115 Ia 414 f., 117 Ia 394 f., 118 Ia 169, 120 Ia 23 dargelegt. Sie findet auch Anwendung, wenn das vorausgegangene kantonale Sachurteil von der gleichen Instanz wie der Rechtsmittelentscheid gefällt worden war; dies ist der Fall, wenn die Nichtigkeitsbeschwerde eines kantonalen Obergerichtes an eine andere, z.B. besondere Kammer, desselben Gerichtes zu richten ist. In allen diesen Fällen kann somit mit der Einreichung einer staatsrechtlichen Beschwerde bis zum Ergang des letzten kantonalen Rechtsmittelentscheides – in Zürich des Entscheides des Kassationsgerichtes – zugewartet werden und damit auch das vorletzte kantonale Urteil innert 30 Tagen seit Zustellung des Urteils der kantonalen Kassationsinstanz beim Bundesgericht mitangefochten werden. Erhebt ein Beschwerdeführer schon gegen das vorletzte kantonale Urteil ein Rechtsmittel ans Bundesgericht und gleichzeitig ein kantonales Rechtsmittel (z.B. eine kantonale Nichtigkeitsbeschwerde), so wird das Rechtsmittelverfahren vor Bundesgericht während des kantonalen Rechtsmittelverfahrens bei der Kassationsinstanz sistiert. Das Bundesgericht tritt auf das Rechtsmittel nur ein, wenn in der Folge auch der letzte kantonale Rechtsmittelentscheid ebenfalls angefochten wird[4]. Diese Praxis des Bundesgerichtes sollte im Hinblick auf die Einheitsbeschwerde weiterentwickelt werden. Noch besser wäre es allerdings, wenn der Bundesgesetzgeber den hier skizzierten Vorschlag im Organisationsgesetz der Bundesrechtspflege verankern würde. Die Lösung hätte darin zu bestehen, dass Anfechtungsobjekt der bundesrechtlichen Einheitsbeschwerde nicht nur der kantonale Kassationsentscheid, sondern gleichzeitig auch der letzte kantonale Sachentscheid wäre. Mit anderen Worten, ein Rechtsmittelkläger

---

[4] Für die staatsrechtliche Beschwerde vgl. BGE 116 Ia 190; zum Ganzen KARL SPÜHLER, Die Praxis der staatsrechtlichen Beschwerde, Bern 1994, N 297–299.

könnte bis zum Entscheid des kantonalen Kassationsgerichtes oder einer vergleichbaren kantonalen Instanz zuwarten, ob er mit der Einheitsbeschwerde gleichzeitig auch das Obergerichtsurteil mitanfechten wolle. Dies käme nur dann in Frage, wenn das Kassationsgericht seine Beschwerde gegen das Obergerichtsurteil vollständig oder wenigstens teilweise abweisen würde. In allen anderen Fällen käme es nicht zur Einheitsbeschwerde an das Bundesgericht und dieses würde damit wesentlich von Verfahren entlastet, die es bei Einführung einer bundesrechtlichen Einheitsbeschwerde ohne die vorgeschlagene Regelung zu beurteilen hätte. Die Lösung des Problems würde somit darin bestehen, dass das Anfechtungsobjekt der bundesrechtlichen Einheitsbeschwerde nicht notwendigerweise ein einheitliches Urteil sein müsste. Anfechtungsobjekt wären eben gleichzeitig der letzte kantonale Sachentscheid und das übergeordnete kantonale Urteil über die Nichtigkeitsbeschwerde oder dergleichen. Analoges müsste für diejenigen Kantone gelten, welche eine derartige Nichtigkeitsklage gegen den obersten kantonalen Sachentscheid an den iudex a quo oder an eine spezielle Kammer des obersten kantonalen Sachgerichtes kennen.

Bei einer derartigen Lösung könnte das Zürcher Kassationsgericht mehr oder weniger in der heutigen Form fortbestehen. Neu geregelt werden müsste lediglich § 285 der Zürcher ZPO, welcher das Verhältnis zwischen der kantonalen Kassationsbeschwerde und den bundesgerichtlichen Zuständigkeiten regelt. Diese Regelung könnte sehr einfach gestaltet werden. Sie könnte etwa den Grundsatz enthalten, dass alle verfahrensrechtlichen Fragen, die Rüge der willkürlichen Beweiswürdigung sowie diejenige der offensichtlich unrichtigen Tatsachenfeststellung, allenfalls auch der Verletzung von klaren kantonalen Rechts[5] zuerst durch das kantonale Kassationsgericht beurteilt werden müssten. Da die Kognitionsbefugnis des Bundesgerichtes im Zusammenhang mit der Einheitsbeschwerde noch nicht feststeht und allenfalls erst in einer langen Praxis entwickelt werden muss, müsste das Zürcher Kassationsgericht allenfalls auch für diejenigen Fälle als zuständig erklärt werden, in denen das Bundesgericht freie Prüfung in tatsächlicher und rechtlicher Hinsicht hat. Nur mit einer solchen Regelung könnte einerseits das Zürcher Kassationsgericht seine jahrzehntelange Tradition weiterführen und andererseits das Bundesgericht entlastet werden.

Es ist nicht zu verschweigen, dass die durch die Schaffung einer Einheitsbeschwerde angestrebte Vereinfachung des Rechtsmittelweges mit dem obigen Vorschlag wieder etwas geschmälert würde. Auch müsste die Nichtigkeits-

---

[5] Allenfalls wäre es im Interesse der Eindeutigkeit der zu wählenden Rechtsmittel den Nichtigkeitsgrund von § 281 Ziff. 3 der Zürcher ZPO ganz fallen zu lassen. Im Vergleich zu den andern mit der Nichtkeitsbeschwerde zu erhebenen Rügen spielt er eine untergeordnete Rolle.

beschwerde an das Kassationsgericht[6] mit Suspensivwirkung versehen werden. Ein Obergerichtsentscheid dürfte nämlich nicht vor Ablauf der bundesrechtlichen Frist für die Einreichung der Einheitsbeschwerde in Rechtskraft erwachsen. Diese Nachteile wiegen aber nicht sehr schwer. Sie fallen insbesondere für den Hauptzweck der Revision, nämlich die Entlastung des Bundesgerichtes, nicht negativ ins Gewicht.

III. Möglichst starke Stellung des Kassationsgerichtes

Das Zürcher Kassationsgericht ist insofern etwas Einzigartiges, als es sich aus einer guten Mischung von Rechtsanwälten und Professoren zusammensetzt. Damit ist eine vollständige Unabhängigkeit von der obersten kantonalen Sachinstanz, dem Obergericht, gewährleistet. Diese Unabhängigkeit kann nicht hoch genug veranschlagt werden. Die Zusammensetzung des Zürcher Kassationsgerichtes ist auch vom beruflichen Herkommen der Richter her besonders vielfältig. Das bildet einen wichtigen Grundstein für eine möglichst hochstehende Rechtsprechung, weil das Gericht deshalb gesamthaft über einen selten grossen Erfahrungsschatz verfügt.

Für das Zürcher Kassationsgericht und für damit vergleichbare andere kantonale Instanzen einerseits und für das Ziel einer Entlastung des Bundesgerichtes andererseits wäre es am besten, wenn die staatsrechtliche Beschwerde aus der bundesrechtlichen Einheitsbeschwerde ausgeklammert und weiterhin als selbständiges Rechtsmittel Bestand haben würde. Damit würden die Urteile des Kassationsgerichtes nur mit staatsrechtlicher Beschwerde anfechtbar und ausschliesslich auf Verfassungsmässigkeit und EMRK-Konformität überprüft. Aus der Sicht des Weiterbestandes des Zürcher Kassationsgerichtes wäre dies die beste Lösung. Aber auch allgemein würde sich der Weiterbestand der staatsrechtlichen Beschwerde neben einer im übrigen einheitlichen Bundesrechtsbeschwerde rechtfertigen. Die staatsrechtliche Beschwerde ist nämlich etwas grundsätzlich anderes als die übrigen Rechtsmittel auf Bundesebene. Sie ist ein neuer Prozess nach Beendigung des kantonalen Verfahrens. Wenn die Verfassungsrügen künftig mit irgendeinem Einheitsrechtsmittel geltend gemacht werden könnten, verlören sie naturgemäss einiges an ihrem Gehalt. Mehr als heute dürfte in Zusammenhang mit Zivil- und Strafprozessen bei Einführung der Einheitsbeschwerde die Verletzung verfassungsmässiger Rechte geltend

---

[6] Nicht aber die Nichtigkeitsbeschwerde gegen Anordnungen der Friedensrichter an das Bezirksgericht und gegen den Einzelrichter und die Bezirksgerichte an das Obergericht.

gemacht werden[7]. Es ist zu befürchten, dass die Verfassungsrügen dadurch eine prozessuale Degradation erfahren würden. Einheitsbeschwerdeführer sind sich nämlich der Besonderheiten von Verfassungsrügen nicht mehr derart bewusst, wie derjenige, der eine staatsrechtliche Beschwerde erhebt. Auch muss das ideelle Opfer, der ganze Nymphus, welcher der staatsrechtlichen Beschwerde anhaftet, in die Waagschale geworfen werden. Nicht nur aus der Sicht des Zürcher Kassationsgerichtes wäre es deshalb wünschbar, wenn neben der bundesrechtlichen Einheitsbeschwerde die staatsrechtliche Beschwerde weiterbestehen könnte. Damit könnte auch die bisherige sinnvolle Abstufung der Kognition des Bundesgerichtes je nach Streitwert aufrecht erhalten werden. Sinnvoll wäre es deshalb, die Einheitsbeschwerde lediglich bei unschätzbaren Streitigkeiten oder 30'000.– bis 50'000.– Franken übersteigenden Streitwerten zuzulassen. Bei der Verletzung von kantonalem Recht und Streitigkeiten, die das Streitwerterfordernis der Einheitsbeschwerde nicht erfüllen würden, verbliebe weiterhin die staatsrechtliche Beschwerde, mit welcher nur eine Überprüfung auf Verfassungs-, EMRK- und Konkordatskonformität möglich ist. Bei einer Vereinheitlichung des ganzen kantonalen Zivil- und Strafprozessrechtes wäre so oder so die ganze kantonale und schweizerische Rechtsmittelordnung zu überprüfen. Vor der Einführung einer eidgenössischen Einheitsbeschwerde ans Bundesgericht gilt es, das hier Angeführte gründlich zu bedenken. Ansonsten könnte sich die anhängige Revision der Bundesrechtspflege für die Entlastung des Bundesgerichtes als Bumerang erweisen.

---

[7] Vgl. mit Bezug auf Strafprozesse HANS DUBS, Reform der Bundesgerichtsbarkeit, in: Reform der Bundesgerichtsbarkeit, Zürich 1995, S. 53; allgemein KARL SPÜHLER, Die Reform der Bundesgerichtsbarkeit: Schwerpunkte einer dringlichen Aufgabe, in: ZBl 97/1996, S. 219 f.

Alfred Temperli

Vom Verbot des Berichtens

Inhalt

1. Einleitung
2. Unparteilichkeit des Richters
3. Bedeutung der Unparteilichkeit
4. Die Einführung eines «Verbots des Berichtens»
5. Entwicklung des Verbots des Berichtens
6. Zur Bedeutung der Änderung von § 155 aGVG zu § 129 nGVG
7. Adressaten des Verbots
   a) Parteien
   b) Richter, Geschworene und Kanzleibeamte
8. Umfang des Verbots
9. Sanktionen bei der Missachung des Verbots

1. Einleitung

Wer ein Gericht anruft oder vor einem Gericht ins Recht gefasst wird, sei es in einem Zivil- oder Strafprozess, erwartet zunächst, dass das Gericht über die erforderlichen Rechtskenntnisse verfügt, um den Fall fachlich richtig zu behandeln. Ebensosehr geht man aber davon aus, dass die Richter die Sache nicht nur unabhängig, sondern auch unvoreingenommen, unparteiisch und unbefangen angehen und beurteilen. Ob dies der Fall ist, hängt meistens davon ab, wie sich die Beziehungen zwischen den Richtern und den Parteien gestalten. Wenn sich eine Partei durch das Urteil ungerecht behandelt fühlt, argwöhnt sie sehr rasch, es sei nicht alles mit rechten Dingen zugegangen, die Gegenpartei sei aus irgendwelchen Gründen bevorzugt und sie selbst schlechter gestellt worden. Nicht allzuweit weg liegt dann auch der Verdacht, die Gegenpartei habe sich auf irgend eine Weise das Vertrauen der Richter erschlichen und diese in ihrem Entscheid beeinflussen können.

2. Unparteilichkeit des Richters

Aus Art. 6 Ziff. 1 EMRK und Art. 58 Abs. 1 BV ergibt sich der Anspruch auf einen unparteiischen Richter. Damit soll garantiert werden, dass keine Umstände, welche ausserhalb des Prozesses liegen, in sachwidriger Weise zugunsten oder zulasten einer Partei auf das Urteil einwirken. Ein Richter, der unter solchen Einflüssen steht und deshalb kein rechter «Mittler» mehr sein kann, soll nicht tätig werden können. Dies bedeutet Unabhängigkeit des Richters nicht nur von den andern Staatsgewalten wie Exekutive und Legislative, sondern auch von den Parteien[1].

Unter Unparteilichkeit versteht der Europäische Gerichtshof für Menschenrechte das Fehlen von Voreingenommenheit und Parteinahme des Richters in den konkreten Umständen eines Falles im Hinblick auf eine Partei des Verfahrens[2].

Nach der bundesgerichtlichen Rechtsprechung ist Voreingenommenheit oder Befangenheit anzunehmen, wenn Umstände vorliegen, die geeignet sind, Misstrauen in die Unparteilichkeit des Richters zu erwecken. Entscheidend hiefür ist bei objektiver Betrachtungsweise bereits der Anschein oder die Gefahr von Voreingenommenheit oder Befangenheit[3].

Wie das Bundesgericht unterscheiden auch die Organe der EMRK bei der Beurteilung der richterlichen Unparteilichkeit zwischen einer subjektiven und einer objektiven Komponente. In subjektiver Hinsicht ist für die Voreingenommenheit oder Befangenheit des Richters sein persönliches Verhältnis zur betreffenden Partei im Gerichtsverfahren massgebend. Im Zivilprozess also das Verhältnis zwischen dem Richter und der betreffenden Zivilpartei, im Strafprozess das Verhältnis zwischen dem Richter und dem Angeklagten oder zwischen dem Richter und der Anklagebehörde. Die persönliche Unbefangenheit eines Richters wird bis zum Beweis des Gegenteils vermutet. Ob ein Richter gegenüber einer Partei voreingenommen oder befangen ist, hängt aber nicht allein vom subjektiven Eindruck einer Partei ab; für das Misstrauen gegenüber einem Richter braucht es vielmehr objektive Anhaltspunkte. So stellt nicht schon jede Ablehnung eines Antrags durch den Richter dessen Unbefangenheit in Frage[4].

---

[1] BGE 112 Ia 292 ff.; 114 Ia 54; 115 Ia 36/37; EuGRZ 1986 S. 671 Erw. 3a; Mark E. Villiger, Handbuch der Europäischen Menschenrechtskonvention (EMRK), Zürich 1993, S. 243, Rz. 411 mit weiteren Hinweisen.
[2] Urteil i.S. Piersack. c. Belgien vom 1.10.82, EuGRZ 1985 S. 301 ff. (303); Villiger (Fussnote 1), S. 22, Rz. 414.
[3] BGE 114 Ia 54/55; 115 Ia 37; 119 Ia 57.
[4] Villiger (Fussnote 1), S. 245, Rz. 414/415.

Bei der Beurteilung der Unparteilichkeit unter objektivem Gesichtspunkt spielen vor allem äussere Umstände, eine Rolle. Das sind solche, die von aussen auf des Verfahren oder auf den Richter einwirken, und ebenfalls solche, die in der Organisation und der Funktion des Verfahrens begründet sind[5].

3. Bedeutung der Unparteilichkeit

Zur Bedeutung der Unparteilichkeit führte das Bundesgericht aus, dass Art. 58 Abs. 1 BV und Art. 6 Ziff. 1 EMRK zu der für einen gerechten und fairen Prozess notwendigen Offenheit eines Verfahrens beitragen und damit letztlich ein gerechtes Urteil ermöglichen sollen. Offenheit des Verfahrens und Möglichkeit eines gerechten Urteils würden aber gefährdet, wenn ausserhalb des Prozesses liegende Umstände in sachwidriger Weise auf das Verfahren einwirkten; so könne tatsächliche Befangenheit (bzw. subjektive Befangenheit in der Terminologie der Strassburger Organe) unmittelbar zu einer sachfremden Beeinflussung der Richter, zu einem unfairen Prozess für die Parteien und damit zu einem dem Gleichbehandlungsgrundsatz und dem Willkürverbot widersprechenden Urteil führen. Neben dem Schutz der Prozessparteien diene das Postulat der Unparteilichkeit des Richters dem Vertrauen der Betroffenen in das rechtsstaatliche Justizverfahren und ermögliche ihnen die innere Anerkennung des Gerichtsurteils. Aus der Sicht der Rechtsgemeinschaft gehe es schliesslich um das Vertrauen in das gerichtliche Verfahren und letztlich um die Legitimation von Gerichten in einem demokratischen Rechtsstaat überhaupt[6].

4. Die Einführung eines «Verbots des Berichtens»

Dass es für einen korrekten und fairen Prozess der Offenheit des Verfahrens bedarf und dass ein gerechtes Urteil gefährdet werden kann, wenn von aussen auf den Prozess eingewirkt wird, sind Einsichten, die nicht seit jeher galten. So war die Rechtsprechung im Gebiet des heutigen Kantons Zürich bis etwa 1830 noch als eine Art Gnadensache, die dem Bürger durch die obrigkeitlichen Gerichte gewährt wurde, betrachtet worden. Es entsprach dem Brauch, dass die Parteien in einem hängigen Rechtshandel sich einzeln bei diesem oder je-

---

[5] BGE 114 Ia 55; 115 Ia 37; VILLIGER (Fussnote 1), S. 245/246, Rz. 416.
[6] BGE 114 Ia 55/56 mit zahlreichen Hinweisen.

nem Richter einfanden, ihm die streitige Angelegenheit aus ihrer Sicht darlegten und dabei vom Richter Ratschläge für ihr weiteres Vorgehen oder für einen – in der damaligen Zeit überaus häufig vorkommenden – gütlichen Vergleich entgegennahmen. Parteien, die sich solcher Richterbesuche enthielten, sollen die Erfahrung gemacht haben, dass sie deswegen «verkürzt», mit anderen Worten im Prozess schlechter gestellt wurden. Die hergebrachte Sitte wurde von ihren Anhängern damit gerechtfertigt, dass es dem Rechtsbedürftigen in verwickelten Fällen daran liege, dass der Richter ihm einige Zeit schenke, um seine Sache anzuhören; die Praxis des Berichtens habe schon viele Prozesse verhütet und die Parteien zu Abstandserklärungen veranlasst[7].

Der wohl berühmteste Schweizer Jurist und Rechtslehrer der damaligen Zeit, der in Zürich wirkende Friedrich Ludwig Keller (1799–1860), wandte sich 1828 in einer Streitschrift gegen diese Art der Rechtsprechung: «Es ist eines der schönsten Rechte des freien Bürgers, dass er seine ökonomischen Angelegenheiten, wenn sie streitig gemacht werden, dem Richter nicht wie Sklaven ihrem Herrn in den Schoss werfen und seine Gnade erbetteln muss, sondern dass er sie vor demselben in Gegenwart seines Gegners verteidigen und dafür einen Sachverständigen, den Advokaten, beiziehen kann. – Der Richter soll nicht als geheimer Vogt dastehen, sondern als Mann, welchem die Ehre zuteil wird, über streitig gewordene Rechtsverhältnisse zwischen freien Bürgern zu entscheiden. Das alte patriarchalische Band zwischen Richter und Partei wird scharf zerschnitten: Der Richter hat keinen sogenannten väterlichen Rat zu erteilen. Wenn er es doch tut, wird er ablehnbar. Der Advokat soll die sogenannten väterlichen Räte erteilen; tut dies der Richter, so verletzt er dadurch seine Pflichten[8]».

Mit der Kritik Kellers hing das 1831 erst nach langer Debatte im Grossen Rat zur Erhaltung der Unparteilichkeit der Richter ins Gesetz aufgenommene «Verbot des Berichtens» zusammen: «Das sogenannte Berichten der Parteien in Zivilprozessen oder die Privatbesuche bei den Richtern, um sich ihrer Gunst zu empfehlen, ist als des freien Bürgers unwürdig und der Gerechtigkeit nachteilig untersagt» (OG von 1831[9], § 86 für die Bezirksgerichte und § 99 für das Obergericht). Die Meinungen über dieses Verbot gingen im Grossen Rat stark auseinander, doch Friedrich Ludwig Keller gab in der Gesetzesberatung den Ausschlag für das Verbot, indem er darauf hinwies, dass der Richter durch seine Räte befangen werde und dass auch die Gefahr bestehe, dass er den Par-

---

[7] SCHURTER/FRITZSCHE, Zivilprozessrecht der Schweiz, Bd. II/1, Zürich 1931, S. 144/145.
[8] FRITZSCHE, Begründung und Ausbau der neuzeitlichen Rechtspflege des Kantons Zürich, Zürich 1931, S. 47/48; SCHURTER/FRITZSCHE (Fussnote 7), S. 144.
[9] Organisches Gesetz über das Gerichtswesen im Allgemeinen und die bürgerliche Rechtspflege ins Besondere vom 7. Brachmonat 1831 (OS 1 S. 165).

teivorträgen nicht mehr die richtige Aufmerksamkeit schenke, sondern manchmal schlafe und schwatze[10].

Als zulässiger Ersatz für das nun nicht mehr erlaubte Privatgespräch zwischen einzelnen Parteien und dem Referenten oder anderen Richtern wurde vor Bezirksgericht die Referentenaudienz eingeführt: «Dagegen ist der Referent berechtigt, vor den gerichtlichen Verhandlungen beide Parteien zugleich vor sich zu bescheiden und ihre Sache vorläufig anzuhören» (OG von 1831[9], § 86). Die Referentenaudienz hatte zum Zweck, dem Referenten Kenntnis vom Prozess und Gelegenheit zur Präparation desselben vor Gericht zu geben. Dieser Verhandlung durfte aber kein formeller Wert beigelegt werden, und namentlich durften keiner Partei dadurch Vorteile oder Nachteile erwachsen[11]. Es ging dabei also um ein vorbereitendes Verhandeln des Richters in Anwesenheit beider Parteien, wodurch aller heimliche Einfluss ausgeschaltet werden sollte[12].

5. Entwicklung des Verbots des Berichtens

Inhaltlich erlebte die Verbotsnorm des Berichtens im Verlaufe der Jahrzehnte keine grossen Änderungen. Im Rechtspflegegesetz vom 2. Christmonat 1874 verschwand zwar der Begriff des «Berichtens» im eigentlichen Text des Verbots (§ 208), tauchte indessen bei der Sanktionsmöglichkeit bei einem Verstoss gegen das Verbot in § 127 Ziff. 5 wieder auf. Ein Richter, der «Bericht angenommen» hatte, konnte danach von den Parteien abgelehnt werden. Nach wie vor waren aber Privatbesuche der Parteien bei den Richtern, um sich ihrer Gunst zu empfehlen, als des freien Bürgers unwürdig und der Gerechtigkeit nachteilig untersagt.

Auch im Gesetz betreffend das Gerichtswesen im Allgemeinen vom 29.1. 1911[13, 14] fehlte im eigentlichen Verbotstext von § 155 der Ausdruck «Berichten»; gleich wie im Rechtspflegegesetz von 1874 fand er sich hingegen in der Ablehnungsbestimmung von § 113 Ziff. 5. Die Norm war aber gestrafft worden: Den Parteien wurde untersagt, Privatbesuche bei den Richtern zu machen, um sie von ihrer Sache zu unterrichten und sich ihrer Gunst zu empfehlen.

---

[10] SCHURTER/FRITZSCHE (Fussnote 7), S. 144/145; FRITZSCHE (Fussnote 8), S. 48.
[11] SCHURTER/FRITZSCHE (Fussnote 7), S. 145.
[12] FRITZSCHE (Fussnote 8), S. 48.
[13] OS 29 S. 72 ff.
[14] Dieses Gesetz wurde 1935 in «Gerichtsverfassungsgesetz» umbenannt (Gesetz vom 7.4.35, OS 35 S. 448 ff.).

Nach einem Entscheid der Aufsichtskommission über die Rechtsanwälte vom 1.4.53[15] hatte damit das Verbot des Berichtens nach einer Rechtsentwicklung von mehr als einem Jahrhundert seine praktische Tragweite geändert. So sehr unsachliche oder geheime Einflüsse auf die Rechtsprechung heute wie ehedem von der Justiz fernzuhalten seien, liege doch das Schwergewicht des Verbots nicht mehr darin, die persönliche Fühlungnahme zwischen Richter und Partei oder Anwalt «als des freien Bürgers unwürdig und der Gerechtigkeit nachteilig» (wie noch im Gesetzestext von 1874 beigefügt war) zu verhindern, um die Ersetzung patriarchalischer Einrichtungen durch die Grundsätze des Rechtsstaates zu gewährleisten. Die Bedeutung von § 155 GVG sei vielmehr darin zu erblicken, dass Privatbesuche mit dem unlauteren Zwecke, sich oder seine Sache dem Wohlwollen des Richters zu empfehlen, verboten seien. Es sei somit nicht zu übersehen, dass § 155 GVG nur jene Privatbesuche bei Richtern untersage, die kumulativ, nicht etwa bloss alternativ, das (doppelte) Ziel verfolgten, die Richter von der Sache zu unterrichten *und* sich ihrer Gunst zu empfehlen.

Zu Recht hielt die Aufsichtskommission in ihrem erwähnten Beschluss vom 1.4.53 fest, dass die Vorschrift selbstverständlich nicht nur für die Prozessparteien, sondern auch für deren Rechtsanwälte als Vertreter der Parteien gelte. Wie die Parteien selber solle sich auch der Anwalt zur Verfolgung der Interessen seines Klienten nur erlaubter Mittel bedienen. Keiner besonderen Erörterung bedürfe ferner, dass unter das Verbot des Berichtens nicht nur Privatbesuche, sondern auch private Zuschriften fallen würden, die den vom Gesetz verpönten Zweck verfolgten.

Im vorstehend zitierten Fall vertrat in einem beim Handelsgericht anhängigen Rechtsstreit ein Anwalt die beklagte Partei. Nachdem im Prozess die Schlussverhandlung durchgeführt, die Urteilsberatung des Gerichts aber noch nicht zu Ende geführt worden war, stattete dieser Anwalt dem kaufmännischen Referenten des Handelsgerichtes auf dessen privaten Geschäftsbüro einen Besuch ab, bei welchem über den Prozess gesprochen wurde. Nach der Aussage des Handelsrichters, der als Zeuge einvernommen worden war, erfolgte der Besuch des Parteivertreters bei ihm in erster Linie wegen eines in der gleichen Angelegenheit bei der Bankiervereinigung hängigen Verfahrens. Die Aufsichtskommission fand nichts dabei, dass ein solches Gespräch zwischen dem Prozessreferenten und einem Parteivertreter ausserhalb des handelsgerichtlichen Verfahrens stattgefunden hatte. Im Gegenteil, sie meinte, es sei verständlich, dass anlässlich dieses Besuches der Anwalt des Beklagten mit dem Handelsrichter auch auf den laufenden Prozess beim Handelsgericht zu sprechen gekommen sei. Eine Verletzung des Verbots des Berichtens nach dem damals geltenden § 155 GVG trete erst ein, wenn sich die besuchende Partei zusätzlich noch

---

[15] ZR 53 Nr. 167.

der Gunst des Richters empfehle. Da dieses weitere Element hier aber dem Rechtsanwalt nicht nachgewiesen werden konnte, erblickte die Aufsichtskommission keine Übertretung des Verbots[14].

Eine derartige Auffassung über die Kontakte zwischen Richtern und Parteien musste aber unbefriedigend bleiben. Wie sollte denn die beim Privatbesuch nicht anwesende Gegenpartei die allenfalls vorhandene unkorrekte Nebenabsicht der besuchenden Partei, nämlich sich der Gunst des besuchten Richters zu empfehlen, überhaupt nachweisen können, und wie sollte sie überhaupt davon Kenntnis erlangen, dass der Prozessgegner einen solchen Besuch bei einem Richter abgestattet hatte? Das Verbot des Berichtens von § 155 GVG war zwar gut gemeint, konnte aber unter solchen Umständen seine Wirkung nie richtig entfalten. Es fristete ein trauriges Mauerblümchendasein im Gesetz und wurde kaum je angerufen. Entscheide dazu gibt es praktisch nicht. Eine Änderung der Vorschrift liess indessen noch geraume Weile auf sich warten.

Mit Gesetz vom 2.7.67[17] wurde zunächst einmal nur der Kreis derjenigen, bei denen die Parteien keine Besuche machen durften, über die Richter hinaus auch auf die Geschworenen und Kanzleibeamten ausgedehnt. Doch ein einseitiger Besuch einer Partei mit einem Gespräch über das hängige Verfahren genügte zur Annahme einer Beeinflussung des besuchten Richters, Geschworenen oder Kanzleibeamten immer noch nicht. Nur wenn sich der Besucher anlässlich des Gesprächs auch noch der Gunst des Besuchten empfohlen hatte, galt der Tatbestand des Berichtens als erfüllt.

Erst mit dem neuen Gerichtsverfassungsgesetz vom 13.6.76[18] trat eine Änderung ein. Unter § 129 wurde mit dem Randtitel «Verbot des Berichtens» der alte § 155 wie folgt neu gefasst: «Den Parteien ist untersagt, Richter, Geschworene und Kanzleibeamte ausserhalb des Prozessverfahrens von ihrer Sache zu unterrichten oder sie in anderer Weise zu beeinflussen». Dieser Gesetzeswortlaut hat sich bis heute erhalten.

Anders als im GVG von 1911, wo unter den Ablehnungsgründen in Ziff. 5 von § 113 ausdrücklich noch das Annehmen von Bericht aufgeführt war, wurde im GVG von 1976 auf die Erwähnung dieses Sonderfalls als Ablehnungsgrund verzichtet. An der bisherigen Regelung, wonach eine Justizperson abgelehnt werden konnte, wenn sie verbotenen Bericht angenommen hatte, wollte man aber nichts ändern. Dieser Sachverhalt wurde durch die in § 96 Ziff. 4 GVG enthaltene Generalklausel der Befangenheit[19] als gedeckt betrachtet. Bei der Beratung dieser Bestimmung wurde im Rahmen der Expertenkommission

---

[16] Ähnlich ZR 60 Nr. 33 (S. 57), Entscheid des Gesamtobergerichts vom 11.5.60, wo es um Telefonanrufe einer Partei an einen Oberrichter ging, der als Referent einen Prozess bearbeitete.
[17] OS 42 S. 728.
[18] OS 46 S. 209, in Kraft ab 1.1.77.
[19] § 96 Ziff. 4 GVG: «..., wenn andere Umstände vorliegen, die ihn als befangen erscheinen lassen».

die Auffassung vertreten, auch die neue Formulierung werde es erlauben, die nicht immer eindeutigen Grenzen im unformellen Verkehr mit den Parteien zu finden[20].

6. Zur Bedeutung der Änderung von § 155 aGVG zu § 129 nGVG

Bereits auf den ersten Blick wird deutlich, dass es sich nicht erneut um eine blosse Straffung des Gesetzestextes handelte. Eine Beeinflussung eines Richters, Geschworenen oder Kanzleibeamten und somit ein Verstoss gegen das Verbot des Berichtens wird nun schon allein dann angenommen, wenn eine Partei eine dieser Personen ausserhalb des Prozessverfahrens von ihrer Sache unterrichtet. Nicht mehr vorausgesetzt sind Privatbesuche, worunter nach der früheren Auslegung offenbar nur Besuche bei den genannten Justizpersonen zuhause oder (beispielsweise bei nebenamtlichen Richtern oder bei Geschworenen) an ihrem privaten Arbeitsort gemeint waren; allerdings hätten bei richtigem Verständnis auch schon damals Besuche bei Richtern und Kanzleibeamten in deren Büros am Gericht darunter fallen müssen. Verboten sind also alle Gespräche über den Prozess, die eine Partei ausserhalb des Verfahrens, das heisst ausserhalb von Verhandlungen, Referentenaudienzen, Augenscheinen usw. mit den erwähnten Personen anknüpft, und zwar an welchem Ort auch immer. Selbstverständlich werden damit – wie schon unter dem vorherigen Gesetzestext von der Rechtsprechung angenommen – auch Telefongespräche erfasst[21].

Wesentlich ist vor allem, dass die bisher verlangte, zum verpönten Gespräch über das Prozessverfahren kumulativ erforderliche Voraussetzung, dass sich der Besucher der Gunst des Besuchten empfehlen müsse, fallen gelassen wurde.

Ganz generell wurde überdies nun jede andere Beeinflussung der Richter, Geschworenen oder Kanzleibeamten durch die Parteien untersagt.

---

[20] Votum Messmer, Prot. EK S. 571/572, zitiert in SJZ 1986 S. 392.
[21] ZR 60 Nr. 33 (S. 57).

7. Adressaten des Verbots

a) Parteien

Nach § 129 GVG sind es die Parteien, denen verboten ist, Richter, Geschworene und Kanzleibeamte ausserhalb des Prozessverfahrens von ihrer Sache zu unterrichten oder sie in anderer Weise zu beeinflussen. Wie schon bisher[22] gilt die Vorschrift, ohne dass dies im Gesetz ausdrücklich gesagt wird, selbstverständlich auch für den Rechtsanwalt als Vertreter einer Prozesspartei und, wo erlaubt[23], auch für jeden anderen Vertreter einer Partei; ebenso für einen Vormund, Beirat oder Beistand der für die Partei handelt. Der Tatbestand kann aber auch durch irgendwelche Dritte erfüllt werden, die von einer Prozesspartei beauftragt werden, zu ihren Gunsten die erwähnten Justizpersonen zu beeinflussen. Das Verhalten der Dritten ist in diesem Fall der betreffenden Prozesspartei anzurechnen.

Zu den Parteien im Zivilprozess gehören natürlich auch die Haupt- und Nebenintervenienten sowie die Litisdenunziaten[24]. Bei Streitgenossenschaften[25] trifft das Verbot des Berichtens jeden Streitgenossen. Handelt es sich bei einer Partei um eine juristische Person, so haben sich ihre Organe daran zu halten. Aber auch hier kann es durchaus vorkommen, dass zum Beispiel ein Prokurist oder der in der Firma zuständige Sachbearbeiter oder sonst ein Angestellter mit verbotenem Berichten den Richter zu beeinflussen versucht. Handelt diese Person mit Billigung der Organe, dann ist ihr Verhalten ebenfalls der juristischen Person als Prozesspartei anzurechnen.

Am Zivilprozess zwischen den Parteien nicht beteiligte Drittpersonen, wie Zeugen, Sachverständige, Besitzer von Urkunden und ausgeschlossene Nebenintervenienten, werden vom Verbot des Berichtens nicht betroffen. Anders verhält es sich hingegen, wenn sie von ihrer Befugnis im Sinne von § 273 ZPO Gebrauch machen und gegen einen Entscheid, der in ihre Rechte eingreift, Rekurs erheben. Dann werden sie in diesem Rekursverfahren zu selbständigen Parteien.

Im Strafverfahren ist der Begriff der Parteien weniger ausgeprägt[26]. Er sollte eigentlich nur dort verwendet werden, wo – wie im Zivilprozess – die Möglichkeit besteht, auf gleicher Ebene wie der Verfahrensgegner mit diesem zu

---

[22] Vgl. Ziff. 5 vorn.
[23] Gesetz über den Rechtsanwaltsberuf (Anwaltsgesetz), LS 215.1, § 1.
[24] Vgl. §§ 43–48 ZPO.
[25] §§ 39/40 ZPO.
[26] Zur Fragwürdigkeit des Begriffs vgl. SCHMID, Strafprozessrecht, 2. Aufl., Zürich 1993, N 450/451.

streiten, wo also eine weitgehende Gleichstellung von Ankläger und Angeklagtem besteht. Das trifft vor allem im gerichtlichen Hauptverfahren und im Verfahren vor Geschworenengericht zu und ferner auch im Privatstrafklageverfahren (Ehrverletzungsprozess)[27].

Als Parteien kommen hier demnach Ankläger, Angeklagter sowie Geschädigte und Opfer im Sinne des Opferhilfegesetzes[28] in Betracht.

Wie im Zivilverfahren werden weitere Personen wie Zeugen, Auskunftspersonen, Sachverständige, Besitzer von Urkunden oder von Gegenständen oder Vermögenswerten, die für eine Beschlagnahme in Frage kommen, vom Verbot des Berichtens nicht erfasst, es sei denn, sie würden durch Rekurserhebung im Sinne von § 395 Abs. 2 StPO zu Parteien in diesem Rekursverfahren.

b) Richter, Geschworene und Kanzleibeamte

Das Verbot von § 129 GVG richtet sich dem Wortlaute nach allein gegen die Parteien. Nur ihnen ist es untersagt, die aufgeführten Justizpersonen ausserhalb des Prozesses zu beeinflussen.

Auch wenn sich das Verbot somit nicht an die Justizpersonen selbst richtet und ihnen im Gesetz nur eine passive Rolle zugewiesen wird, stellt sich doch die Frage, ob sie aus § 129 GVG nicht doch die Pflicht trifft, von den Parteien keinen Bericht anzunehmen. Das Kassationsgericht hat sich dazu in einem Entscheid vom 14.11.85[29] geäussert und festgestellt, dass sich eine solche Pflicht aus § 129 GVG zwar nicht unmittelbar, auf jeden Fall aber doch *mittelbar* ergebe. Es erscheine indessen fraglich, ob die Verletzung dieser Pflicht als Nichtigkeitsgrund gerügt werden könne. Hingegen stelle sich in derartigen Fällen die Frage nach dem Vorliegen eines Ausstandsgrundes für die betreffende Justizperson.

8. Umfang des Verbots

In einem weiteren Fall befand das Kassationsgericht[30], das Verbot des Berichtens bezwecke nur, eine unlautere Beeinflussung des Richters zu verhindern,

---

[27] SCHMID (Fussnote 26), N 452.
[28] Bundesgesetz über die Hilfe an Opfer von Straftaten (OHG) vom 4.10.91, in Kraft seit 1.1.93 (SR 312.5), Art. 2.
[29] SJZ 1986 Nr. 63, S. 392.
[30] Entscheid vom 24.4.80, publ. in SJZ 1986 Nr. 21, S. 98.

nicht aber jede persönliche Fühlungnahme zwischen einer Partei bzw. ihrem Vertreter und dem Gericht vor der Hauptverhandlung zu unterbinden. So könne in einem grossen und komplexen Wirtschaftsstraffall die Hauptverhandlung nur sinnvoll gestaltet werden, wenn dem Gericht die Stellungnahme des Angeklagten zur Anklage einigermassen bekannt sei. Offen gelassen wurde erstaunlicherweise, ob der Gegenpartei Gelegenheit gegeben werden müsse, an einer solchen Besprechung teilzunehmen.

Im bereits erwähnten Kassationsgerichtsentscheid von 1985[31] wurde gesagt, eine telefonische Kontaktnahme des richterlichen Referenten mit dem zuständigen Staatsanwalt vor der Berufungsverhandlung, insbesondere zur Klärung organisatorischer Fragen, vermöge den Anschein der Befangenheit des Richters noch nicht zu erwecken, doch sei darüber jeweils eine Aktennotiz zu erstellen.

Es wäre wohl eine zu rigorose Beschränkung, wenn man sowohl den Parteien als auch dem Gericht jede Kontaktaufnahme ausserhalb des eigentlichen Verfahrens, sei es telefonisch oder auf andere Weise, grundsätzlich untersagte. Besonders wenn es um die Klärung von verfahrensorganisatorischen Fragen geht, drängen sich solche informellen Kontakte häufig geradezu auf. Damit sind aber die Grenzen eines Gesprächs zwischen einer Partei und dem Gericht auch schon weitgehend abgesteckt. Die Gefahr, dass bei einer zunächst auf organisatorische Fragen beschränkten Unterhaltung plötzlich auch Themen zur Sprache kommen, welche die Streitsache selbst berühren, ist nämlich nicht von der Hand zu weisen.

Selbstverständlich hat die betreffende Justizperson, ob sie nun von einer Partei angerufen wird oder selbst den Kontakt mit einer Partei aufnimmt, mit einer Aktennotiz den Vorgang und den Inhalt des Gesprächs aktenkundig zu machen[32]. Dies darf nur etwa dann unterbleiben, wenn die Justizperson einer anrufenden Partei, ohne sich überhaupt mit ihr in ein Gespräch einzulassen, sofort und abschliessend erklärt, sie solle sich – was immer ihr Anliegen sei – auf dem üblichen Weg einer Eingabe an das Gericht wenden.

Auch wenn von einem Gespräch eine Aktennotiz erstellt wird, so kann – allein schon wegen der in der Regel eher zusammenfassenden Natur derartiger Notizen – nicht ganz ausgeschlossen werden, dass sich die Besprechung auf rein verfahrenstechnische und für den Ausgang der Sache völlig unerhebliche Punkte beschränkte. Es ist der am Gespräch nicht beteiligten Partei deshalb nicht ganz zu verübeln, wenn sie hinsichtlich der Einhaltung von § 129 GVG Bedenken hegt, weil sie ja nicht wissen kann, welche Themen, wenn allenfalls auch nur am Rande, besprochen wurden. Für GULDENER[33] ist es daher dem Rich-

---

[31] Fussnote 29.
[32] NOLL, Strafprozessrecht, Zürich 1977, S. 18.
[33] GULDENER, Schweizerisches Zivilprozessrecht, 3. Aufl., Zürich 1979, S. 16.

ter, und zwar auch ohne ausdrückliches Verbot im Gesetz, nicht erlaubt, mit einer Partei oder mit ihrem Vertreter in Abwesenheit des Prozessgegners ausserhalb des Verfahrens zu verhandeln, um sich nicht einmal dem Verdacht auszusetzen, er könnte beeinflusst worden sein. Die einseitige Kontaktierung einer Partei durch das Gericht ist demnach schon im allgemeinen geeignet, Zweifel an der Gleichbehandlung der Parteien zu erwecken. Sie ist deshalb nur mit äusserster Zurückhaltung zuzulassen[34].

Daraus folgt, dass der Richter, der in einer Referentenaudienz in Anwendung von § 118 Abs. 3 ZPO mit den Parteien über einen Vergleich sprechen will, ebenfalls § 129 GVG zu beachten hat, und solche Gespräche nicht je einzeln mit einer Partei allein, sondern nur in Anwesenheit beider Parteien geführt werden dürfen[35]. Tatsächlich setzt jedes unter Ausschluss der einen Seite geführte Gespräch den Richter dem Verdacht aus, er könnte der anderen Seite entweder Zusicherungen gemacht oder Hinweise erteilt haben oder er habe sich von jener Seite beeinflussen lassen; beides untergräbt aber das Vertrauen der Gegenseite in die Objektivität und Unparteilichkeit des Richters[36].

Das Kassationsgericht vertrat in jenem Entscheid vom 11.9.95 denn auch mit gutem Recht die Auffassung, es sei – falls man die einseitige Kontaktnahme des Gerichts mit einer Partei nicht generell verbieten wolle – immer dann ein strenger Massstab in dem Sinne anzulegen, dass auch schon ein geringfügiger Anlass, der geeignet sei, das Vertrauen in die Unvoreingenommenheit und Unparteilichkeit der betreffenden Justizperson zu erschüttern, zu deren Ausstand führen müsse. In jenem Fall hatte ein Einzelrichter im summarischen Verfahren dem Vertreter einer Partei, welche eine superprovisorische Massnahme erwirken wollte, telefonisch mitgeteilt, er könne dem Antrag in dieser Form nicht stattgeben. Noch am gleichen Tage reichte daraufhin der Kläger dem Einzelrichter ein «konkretisiertes» Rechtsbegehren mit einer «ergänzenden Begründung» ein, worauf der Einzelrichter das anbegehrte Verbot aussprach. Dies liess bei objektiver Betrachtungsweise zumindest den Anschein entstehen, die nachträgliche Eingabe des Klägers stehe mit dem Telefon des Einzelrichters im Zusammenhang. Das Kassationsgericht hob deshalb den Beschluss der Verwaltungskommission des Obergerichts auf, mit welchem die Befangenheit des Einzelrichters (§ 96 Ziff. 4 GVG) verneint worden war. Es erwog zudem, dass auch die besondere Natur des Verfahrens für vorsorgliche Massnahmen ohne (einstweilige) Anhörung der Gegenpartei daran nichts ändern könne. Gerade in solchen Fällen, in denen der Anspruch auf das rechtliche Gehör des Gesuchsgegners ohnehin eingeschränkt sei, müsse der Richter jede

---

[34] So auch Kass.-Nr. 254/88 vom 3.4.89.
[35] Vgl. auch HAUSER/HAUSER, Erläuterungen zum Gerichtsverfassungsgesetz des Kantons Zürich, Zürich 1978, S. 527, Ziff. 1 am Ende.
[36] Kass.-Nr. 95/166 Z vom 11.9.95 (ZR 96 Nr. 8) unter Hinweis auf RB 1991 Nr. 28.

Handlung vermeiden, welche ihn dem Anschein der Befangenheit aussetzen könnte.

Bei zufälligem Zusammentreffen zwischen einer Prozesspartei und einer Justizperson ist besondere Vorsicht hinsichtlich der Beachtung das Verbots des Berichtens geboten. Wie rasch kann sich doch das Gespräch auf das hängige Verfahren ausweiten, an dem beide, wenn auch in ganz verschiedener Weise, beteiligt sind. So etwa in jenem Fall, in welchem der obergerichtliche Referent in einem Strafprozess gegen den Angeklagten X, als er seinen Arbeitsraum verliess, auf den Verteidiger des Angeklagten X stiess, der in einem ganz anderen Verfahren vor der Türe des Gerichtssaals darauf wartete, zum Vortrag hineingerufen zu werden. Beide waren Kollegen aus einer früheren gemeinsamen Tätigkeit. Nur zu schnell kam das Gespräch auch auf jenen Straffall, den beide beschäftigte, und in welchem die Berufungsverhandlung in rund einem Monat bevorstand. Dabei liess der Oberrichter unter anderem durchblicken, dass die Berufung des Angeklagten keinen Erfolg haben werde. Das Kassationsgericht, welches sich später mit der Nichtigkeitsbeschwerde gegen das Obergerichtsurteil zu befassen hatte, bejahte den Anschein der Befangenheit beim betreffenden obergerichtlichen Referenten, weil der Eindruck entstehen konnte, er sei in seiner Meinung bereits festgelegt gewesen, so dass die Berufungsverhandlung an dieser kaum mehr etwas hätte verändern können[37]. Das Gespräch im Korridor des Gerichtsgebäudes zwischen den beiden stellte aber auch eine klare Verletzung von § 129 GVG dar.

Keineswegs soll damit jedoch gesagt sein, ein Richter dürfe nicht vor dem Abschluss des Prozesses zur rechtlichen und tatsächlichen Beurteilung des Falles Stellung nehmen, und dabei auch seine persönliche Meinung, die er sich aufgrund des bisherigen Verfahrensstandes vorläufig gebildet hat, offenlegen. Im Rahmen von Vergleichsverhandlungen in einer Referentenaudienz, also in Anwesenheit beider Parteien, kann dies für den Abschluss eines Vergleichs häufig sogar eine unumgängliche Notwendigkeit bilden[38]. Die vorläufige Meinungsäusserung des Gerichts gegenüber den Parteien ist unter diesen Umständen aus der Sicht von § 129 GVG nicht zu beanstanden[39].

---

[37] Kass.-Nr. 89/057 vom 12.12.90.
[38] ZR 86 Nr. 42; ZR 89 Nr. 116.
[39] Kass.-Nr. 254/88 vom 3.4.89.

9. Sanktionen bei der Missachtung des Verbots

Setzen sich die Parteien oder ihre Vertreter über das Verbot des Berichtens hinweg, hat dies disziplinarische Ahndung zur Folge[40]. Der Gerichtspräsident kann ihnen in Ausübung seiner Befugnisse zur Leitung des Verfahrens eine Ordnungsbusse[41] auferlegen. Auch wenn es sich bei den Parteivertretern um Rechtsanwälte handelt, dürfen sie mit Ordnungsbusse bestraft werden, denn Rechtsanwälte unterstehen ebenfalls der Disziplinargewalt der Gerichte, vor denen sie als Parteivertreter oder Rechtsbeistände auftreten. Gegenstand eines Disziplinarverfahrens bei der Aufsichtskommission[42] könnte eine Verfehlung nur bilden, wenn die sitzungs- oder verfahrenspolizeilichen Massnahmen zu einer gebührenden Ahndung nicht ausreichen[43].

Nicht ausgeschlossen ist ferner, dass das Gericht die Missachtung des Verbots des Berichtens bei der Beweiswürdigung nach § 148 ZPO berücksichtigen kann. Gerade dann, wenn eine Partei im Hinblick auf einen bestimmten Beweis mit dem Gericht Verbindung aufnimmt und es auf eine unerlaubte Weise zu beeinflussen versucht, soll dieses Verhalten zulasten der betreffenden Partei bei der Würdigung des Beweises ins Gewicht fallen.

Auf Seiten der Richter, Geschworenen und Kanzleibeamten zieht die Verletzung des Verbots – wie bereits verschiedentlich erwähnt – die Ausstandspflicht wegen Befangenheit, nach sich, auch wenn das Annehmen von Bericht heute in § 96 Ziff. 4 GVG nicht mehr ausdrücklich angeführt wird[44].

---

[40] HAUSER/HAUSER (Fussnote 35), S. 527, Ziff. 3.
[41] Im Rahmen des Gesetzes über die Ordnungsbussen vom 30.10.1866 (LS 312).
[42] Anwaltsgesetz (Fussnote 24), § 21.
[43] HAUSER/HAUSER (Fussnote 35), S. 180 und S. 491, Ziff. 7.
[44] Vgl. vorn Ziff. 5, letzter Absatz.

OSCAR VOGEL

Zivilprozessrecht quo vadis?*

Inhalt

Zuerst: Ein Blick zurück
Fall 1
Fall 2
Die Leistung des Bundesgesetzgebers
Die Leistung des Bundesgerichts: Licht und Schatten
    Die Gerichtsstandsgarantie, Art. 59 BV
    Materielle Rechtskraft
    Vorsorgliche Massnahmen
Und nun: Der Blick nach vorn
Der schweizerische Aspekt: Mit Volldampf voraus!
    Eine Oase: der Vorentwurf Gerichtsstandsgesetz
    Auf zur Vereinheitlichung des Prozessrechts!
Der europäische Aspekt: Der «freie Prozessverkehr»?
Der globale Aspekt: Krieg der Systeme
Schluss

Zuerst: Ein Blick zurück

Wenn wir uns fragen, wie sich das Zivilprozessrecht entwickeln wird, ist es nützlich, zuerst einen Blick zurück zu tun, um zu sehen, wie es sich in den letzten Jahren entwickelt hat. Ich nehme dabei – aus gegebenem Anlass – die letzten 20 Jahre und will zunächst an einigen Beispielen zeigen, mit welchen Riesenschritten sich das schweizerische Prozessrecht in einem Fünfteljahrhundert entwickelt hat.

---

* Abschiedsvorlesung, gehalten an der Universität Freiburg (Schweiz) am 19. Juni 1997.

Fall 1

Nehmen wir den Band 103 der Bundesgerichtsentscheide mit den Entscheiden aus dem Jahre 1977: Gleich der erste Entscheid betrifft eine Frage, zu welcher seinerzeit Bibliotheken geschrieben worden sind: Die Frage nämlich: Können die güterrechtlichen Ansprüche der Frau im Scheidungsprozess gegen Verfügungen des Mannes, die sie zunichtemachen, gesichert werden? Die Verfügungsbeschränkung gemäss Art. 960 Abs. 1 Ziff. 1 ZGB stand nicht zur Verfügung, wie das Bundesgericht hier erneut feststellte, und das Bundesrecht kannte auch kein anderes Sicherungsmittel. Ein auf der Hand liegendes Sicherungsinteresse lag auf der Ebene des Bundesrechts brach. Die kantonalen Gerichte – namentlich die zürcherischen wie in jenem Fall – versuchten mit der kantonalrechtlichen Grundbuchsperre zu helfen. Und das Bundesgericht erkannte diese wenigstens als nicht bundesrechtswidrig (BGE 103 II 5). Sie war aber ein stumpfes Schwert, wie gerade dieser Fall zeigte: Sie wurde nämlich durch das zürcherische Bezirksgericht über ein im Kanton Aargau gelegenes Grundstück verhängt und deshalb vom Zürcher Obergericht wieder aufgehoben, weil sie als kantonal-zürcherisches Institut ausserhalb des Kantons Zürich nicht verhängt werden könne (BGE 103 II 1 ff.).

Diese Zeit der Schutzlosigkeit der Ehefrau für ihre güterrechtlichen Ansprüche ist gottseidank vorbei und die bereits erwähnten Bibliotheken verstauben und könnten verbrannt werden: Der Bundesgesetzgeber schuf im Rahmen der Eherechtsrevision von 1984 Abhilfe. Die Grundbuchsperre zur Sicherung der «Erfüllung einer vermögensrechtlichen Verpflichtung aus der ehelichen Gemeinschaft» (Art. 178 Abs. 1 ZGB) wurde zum bundesrechtlichen, vom Richter – wenn Grundstücke auf den Namen des Mannes vorhanden sind und ihm die Verfügung darüber verboten wird – von Amtes wegen anzuordnenden Sicherungsmittel: Art. 178 Abs. 3 ZGB.

Fall 2

Im Jahre 1977 galt noch die Rechtsprechung des Bundesgerichts, wonach die Feststellungsklage zwar von Bundesrechts wegen überall da gegeben ist, wo es ihrer zur Verwirklichung des Bundesrechts bedarf, wonach die Kantone sie jedoch zusätzlich unter geringeren Anforderungen zulassen dürfen (BGE 84 II 495. 92 II 108, 101 II 187, 107 II 60). Von diesem Vorbehalt zu Gunsten der Kantone nahm es im Jahre 1984 Abstand, und erklärte:

«Wie das Bundesrecht dem Kläger, der ein berechtigtes Interesse hat, eine Feststellungsklage gewährt, muss es auch den Beklagten vor einer solchen Klage schützen, wenn dieses Interesse fehlt.»

Auf die Klage des Gartenbauunternehmers Z., der wegen möglicher Schäden von der Wohnungseigentümerin X. (zwecks Unterbrechung der Verjährung) auf Fr. 500'000.– betrieben worden war und auf Feststellung des Nichtbestehens dieser Schuld geklagt hatte, war daher nicht eingetreten worden. Der Entscheid ist heute – soweit er die negative Feststellungsklage gegen eine in Betreibung gesetzte Forderung betrifft – durch Art. 85a SchKG überholt. Er belegt aber die Bedeutung der bundesgerichtlichen Rechtsprechung in der Entwicklung des Zivilprozessrechts. (Auf eine neuere Problematik der Feststellungsklage werde ich später zurückkommen).

Es sind also sowohl der Bundesgesetzgeber als auch das Bundesgericht, welche in den letzten 20 Jahren (und natürlich auch schon früher) die Entwicklung des Zivilprozessrechts in der Schweiz massgeblich bestimmt haben. Die Beiträge der Kantone halten sich demgegenüber erstaunlicherweise in bescheidenem Rahmen – erstaunlich deshalb, weil ihnen ja nach Art. 64 Abs. 3 BV die Gesetzgebungshoheit im Bereich des Prozessrechts zufällt.

Nehmen wir die Leistungen der beiden Entwicklungsträger etwas näher unter die Lupe, so wird es vieles anzuerkennen und zu loben, aber vielleicht auch einiges zu bekritteln geben. Und solche Kritik kann uns wohl zum Wegweiser bei der Frage «Quo vadis?» werden.

Die Leistung des Bundesgesetzgebers

Der Bundesgesetzgeber war wahrhaftig nicht faul in der Schaffung von Bundesprozessrecht. Fast alle neueren Gesetzesvorlagen zur Revision oder Schaffung materiellen Bundesrechts enthalten prozessrechtliche Normen.

Bereits erwähnt wurde die Abänderung des ZGB bezüglich der Wirkungen der Ehe vom 5. Oktober 1984, die wesentliche Neuerungen für das *Eheschutzverfahren* brachte, welche über Art. 145 ZGB generell *im eherechtlichen Massnahmeverfahren* wirksam sind. Und heute steht uns die Revision des Scheidungsrechts ins Haus, die das *Scheidungsverfahren* fast so autonom bundesrechtlich regeln wird, wie es das neue *Mietrecht* vom 15. Dezember 1989 getan hat, das eine fast vollständige Organisations- und Verfahrensordnung für Mietprozesse brachte.

Die neuen *arbeitsrechtlichen* Erlasse – das Arbeitsvermittlungsgesetz (AVG) vom 6. Oktober 1989, das Mitwirkungsgesetz vom 17. Dezember 1993 und das Gleichstellungsgesetz (GlG) vom 24. März 1995 enthalten prozessrechtliche Normen verschiedensten Inhalts: Gerichtsstandsnormen, Verfahrensart, Untersuchungsmaxime, freie Beweiswürdigung, Klagelegitimation und Verbandsklagerecht, Beweislastumkehrung und vorsorgliche Massnahmen.

Bei der Revision der *immaterialgüter- und wettbewerbsrechtlichen Gesetze* der letzten Jahre wurden durchwegs die dort bereits vorhandenen prozessualen Normen überprüft und zum Teil abgeändert.

Weiter enthalten das neue *Aktienrecht* und das Gesetz über das *bäuerliche Bodenrecht,* beide vom 4. Oktober 1991, prozessrechtliche Normen mit sozialer Ausrichtung.

Für *internationale Fälle* brachte zunächst das *IPRG* vom 18. Dezember 1987 eine vollständige eidgenössische Gerichtsstandsordnung und eine strenge Regelung der richterlichen Rechtsanwendung. Sodann schuf der Beitritt der Schweiz zum *Lugano-Übereinkommen* eine besondere Gerichtsstands- und Rechtshängigkeitsordnung für eurointernationale Fälle.

Was ist nun das Wesentliche an diesen Interventionen des Bundesgesetzgebers ins an sich kantonale Prozessrecht? Ich möchte drei Punkte hervorheben:

– *Erster Punkt: Ausbau des sozialen Zivilprozesses:* «It is thanks to civil procedure that the protection of the weak can be organised», sagte neulich Marcel Storme, der Präsident der International Association of Civil Procedure. Das gilt aber nur dann, wenn die Prozessordnung auf den Schutz des Schwachen auch besonders Bedacht nimmt. Das kann etwa geschehen durch die Schaffung von Gerichtsständen am oder nahe beim Wohnsitz des Klägers, durch die Ersetzung der Verhandlungs- durch die Untersuchungsmaxime, durch die Beschleunigung des Verfahrens, durch Kostenregelungen, welche den Kläger nicht von vornherein das Fürchten lehren, usw. Hier hat der Bundesgesetzgeber Bahnbrechendes geleistet, dies im Gegensatz zu den kantonalen Prozessrechtsgesetzgebern, die in dieser Zielrichtung kaum tätig wurden, dies allerdings zum Teil – z.B. hinsichtlich klägerfreundlicher Gerichtsstände – auch nicht tun konnten.

– *Zweiter Punkt: Zutodereiten von Steckenpferden:* Diese neuere Gesetzgebung zeigt eine Tendenz des Bundesgesetzgebers, gewisse neue prozessuale Ideen bis zum Gehtnichtmehr zu strapazieren. Das gilt vor allem für das *«einfache und rasche Verfahren»,* das den Kantonen bald in jedem neuen Gesetz vorgeschrieben wird, so natürlich in allen arbeitsrechtlichen Verfahren, im mietrechtlichen Prozess, im Konsumentenschutz- und Wettbewerbsstreit (immerhin mit tiefer Streitwertlimite), im Unterhaltsprozess und bei der fürsorgerischen Freiheitsentziehung. Dazu sind zwei Dinge zu bemerken: (1) Es gibt Rezepte dafür, wie ein Verfahren «rascher» gestaltet werden kann (Auslassen des Sühnverfahrens, mündliches Verfahren, verkürzte

Fristen). Wie es aber «einfacher» gestaltet werden soll, darüber hat sich auch der Bundesgesetzgeber noch keine Gedanken gemacht. Um ein vollständiges Hauptverfahren unter Wahrung des rechtlichen Gehörs und um ein vollständiges Beweisverfahren kommt man jedenfalls im nur beschleunigten, aber nicht summarischen Verfahren nicht herum. (2) Je häufiger das Gebot des raschen Verfahrens erlassen wird, desto weniger können die Gerichte es einhalten. Davon abgesehen bedeutet die Vorziehung der «raschen Verfahren» gleichzeitig eine Zurückstellung der «gewöhnlichen» Verfahren, was der Rechtsprechung insgesamt abträglich ist. Ähnliches gilt für die *Untersuchungsmaxime,* welche in der Gerichtspraxis nicht gelebt wird und welche selbst durch das Bundesgericht nicht zum Nennwert genommen wird.

- *Dritter Punkt: Europäisierung bzw. Globalisierung des Prozessrechts:* Unser Prozessrecht hat nicht nur durch den Beitritt der Schweiz zum Lugano-Übereinkommen eine Ausrichtung auf Europa erfahren, sondern auch durch verschiedene fast unscheinbare, aber gewichtige Neuerungen: Im Hinblick auf die Harmonisierung mit dem europäischen Recht musste die Schweiz entsprechend der Richtlinie 84/450 die *Beweislastumkehrung* ins Recht der unlauteren Werbung aufnehmen (Art. 13a UWG; BBl 1992 V 181 f.). Auch die Beweislastumkehrung (euphemistisch «Beweislasterleichterung» genannt) im Gleichstellungsgesetz Art. 6 ist auf europäische Einflüsse zurückzuführen (BBl 1993 I 1301). Die Unterzeichnung des GATT/WTO-Übereinkommens führte in Nachachtung des Abkommens über handelsbezogene Aspekte der Rechte des geistigen Eigentums (des sog. TRIPS-Abkommens) zu Änderungen der Vorschriften über vorsorgliche Massnahmen im Patent- und Muster- und Modellrecht (BBl 1994 IV 974 und 990, MMG 28 und 28a, PatG 77 Abs. 3 und 4). Unter den Titel der Globalisierung des Prozessrechts fallen auch die Haager Übereinkommen über die Zustellung von Schriftstücken im Ausland, über die Beweisaufnahme im Ausland und über den internationalen Zugang zur Rechtspflege, gehören doch mindestens den ersteren auch zahlreiche aussereuropäische Staaten an.

Die Leistung des Bundesgerichts: Licht und Schatten

Das Bundesgericht leistet oft gewichtige Beiträge zum Prozessrecht und zu dessen Fortbildung. Dabei befindet es sich stets im Spannungsfeld zwischen dem Bundesrecht und dem kantonalen Recht, dem das Prozessrecht von Verfassungs wegen angehören würde (Art. 64 Abs. 3 BV). Das sei wiederum an einigen Beispielen gezeigt.

Die Gerichtsstandsgarantie, Art. 59 BV

Sie ist durch den Bundesgesetzgeber – wie auch im Bericht zum VE zur Verfassungsrevision 95 offengelegt wurde – mannigfach verletzt worden, zuletzt durch Art. 82 BGBB, der für Klagen auf Übertragung des Eigentums an landwirtschaftlichen Gewerben und Grundstücken – also klar obligatorische Klagen – den Gerichtsstand am Ort der gelegenen Sache gibt. Unverständlich ist unter diesen Umständen, wie das Bundesgericht sich geradezu pingelig an die Gerichtsstandsgarantie klammert, deren Tage in der heutigen Form ohnehin gezählt sind, und sich vernünftigen Lösungen gegenüber verschlossen zeigt.

So kann man den Entscheid BGE 120 Ia 240 nicht anders denn als ärgerlich bezeichnen. Die jurassische Bürgergemeinde C. hatte einer in Moutier (Bern) ansässigen Gesellschaft eine Liegenschaft im jurassischen C. verkauft und sich ein Rückkaufsrecht einräumen lassen. Als sie dieses gegen den Widerstand der Käuferin durchsetzen wollte und zu diesem Zweck bei den jurassischen Gerichten – d.h. am Ort des Grundstücks – eine Verfügungsbeschränkung im Sinne von Art. 960 Abs. 1 Ziff. 1 ZGB erlangte, hob das Bundesgericht sie unter Berufung auf Art. 59 BV auf und schickte die jurassische Gemeinde in die Wüste (bzw. nach Moutier). Und es störte sich explizit nicht daran, dass damit die Zuständigkeit zweier Richter in verschiedenen Kantonen in derselben Sache sanktioniert wurde: einerseits diejenige eines bernischen Richters für die Vormerkung der Verfügungsbeschränkung und anderseits – ist die Vormerkung einmal vollzogen und der Rückkaufsanspruch dadurch «verdinglicht» – diejenige eines jurassischen Richters für den Hauptprozess (BGE 120 Ia 245).

Man staunt ob solchem Absehen von Sachvernunft, die doch das Bundesgericht in vielen anderen Fragen auszeichnet.

Materielle Rechtskraft

Wie in vielen Fragen des ungeschriebenen Bundesprozessrechts hat sich die bundesgerichtliche Rechtsprechung auch bezüglich der materiellen Rechtskraft den zutreffenden Lösungen in einer Jahrzehnte dauernden Entwicklung nur zögernd genähert und den Olymp der Klarheit noch nicht erreicht.

Immerhin: Das Bundesgericht hat in zwei neusten Entscheiden die Eckpunkte der heutigen Rechtskraftlehre im wesentlichen abgesteckt: (1) Die materielle Rechtskraft ist «eine Frage des Bundesrechts, sofern der zu beurteilende Anspruch darauf beruht» (BGE 121 III 476 f.). (2) Die materielle Rechtskraft (in der Diktion des Bundesgerichts: «Die Einrede der abgeurteilten Sache») betrifft eine Prozessvoraussetzung; auf die zweite Klage ist daher nicht einzutreten. (3) Eine abgeurteilte Sache liegt vor, «wenn der Anspruch dem Richter aus demselben Rechtsgrund und gestützt auf denselben Sachverhalt erneut zur Beurteilung unterbreitet wird» (BGE 121 III 477; ferner: BGE 123 III 19). (4) In materielle Rechtskraft erwächst allein das Sachurteil, das den geltend gemachten Anspruch materiell beurteilt. (5) Der Entscheid erwächst zwar in der Form des Urteilsdispositivs in Rechtskraft, «doch ergibt sich dessen Tragweite vielfach erst aus dem Beizug der Urteilserwägungen» (BGE 121 III 478).

Das Bundesgericht hat damit die materielle Rechtskraft in fast schon vollkommener Weise erfasst. In drei Punkten ist seine Lehre aber immer noch nicht «perfect» (bekanntlich ist ja «nobody perfect»!):

1. Es spricht immer noch – wie es die Art kantonaler Prozessordnungen war oder noch ist – von der *«Einrede» der abgeurteilten Sache* (so auch BGE 121 III 477). Eine solche ist den Parteien natürlich nicht versagt. Indessen bedarf es ihrer nicht: Weil (a) die materielle Rechtskraft – d.h. das Fehlen eines Urteils über einen identischen Anspruch – eine Prozessvoraussetzung ist – und zwar, da die materielle Rechtskraft eine Frage des Bundesrechts ist, eine bundesrechtliche Prozessvoraussetzung und weil (b) Prozessvoraussetzungen von Amtes wegen zu prüfen sind, untersteht die materielle Rechtskraft der *Amtsprüfung*. [Das Bundesgericht hat dies zwar in BGE 112 II 272 für das bundesgerichtliche Verfahren mit richtiger Begründung anerkannt, die nötige Generalisierung aber bisher unterlassen.]

2. Sodann bringt das Bundesgericht noch den folgenden Vorbehalt an:

    «Allerdings *untersagt das Bundesrecht den Kantonen nicht,* auch *im Falle des Vorliegens einer abgeurteilten Sache auf eine neue Klage einzutreten,* sofern sie darüber gleich wie das rechtskräftige Urteil entscheiden» (BGE 121 III 477).

«Da lachen ja die Hühner», ist man versucht zu sagen, wenn man für einen Moment den nötigen Respekt vergisst, der einer immerhin mit hehren (aber älteren) Zitaten begründeten Aussage unseres höchsten Gerichtes gebührt. Aber im Ernst: Einen ähnlichen Vorbehalt zu Gunsten des kantonalen Rechts [immerhin mit etwas mehr Gehalt] hatte das Bundesgericht wie gesehen (vorn Fall 2) ja in seiner früheren Rechtsprechung zur Zulässigkeit der Feststellungsklage angebracht gehabt, den Vorbehalt nämlich, dass die Kantone sie unter geringeren Voraussetzungen zulassen dürfen, als sie das Bundesrecht kennt. Und es hat diesen Vorbehalt dann im erwähnten Entscheid BGE 110 II 355 fallen gelassen und die Zulässigkeit der Feststellungsklage als ausschliesslich durch Bundesrecht geregelt erklärt. Ganz ebenso und mit derselben Begründung muss sich auch ausschliesslich aus Bundesrecht ergeben, ob materielle Rechtskraft vorliegt und auf die zweite Klage von Amtes wegen nicht einzutreten ist.

3. Und ein zweiter «Vorbehalt», den das Bundesgericht zu Gunsten des kantonalen Rechts anbringt, ist ebenso unbegründet: Es geht nämlich davon aus, dass sich die materielle Rechtskraft von *Summarentscheiden* nach kantonalem Recht bestimme und weigert sich daher, diese Frage im Berufungsverfahren zu prüfen (BGE 119 II 89).

Unrichtig ist diese Auffassung, wenn man dabei bleibt, dass das Rechtsschutzinteresse eine bundesrechtliche Prozessvoraussetzung ist. Daran fehlt es auch einem im summarischen Verfahren gestellten Begehren, wenn über dieses bereits in einem Verfahren mit gleicher Kognition, also ebenfalls in einem summarischen Verfahren entschieden wurde; umgekehrt besteht es natürlich fort, wenn das gleiche Rechtsbegehren darnach im ordentlichen Verfahren mit voller Kognition gestellt wird.

Die Sache hätte wegen dieser Fehlleistung des Bundesgerichts für den Kläger ins Auge gehen können, weil zunächst das St. Galler Obergericht die materielle Rechtskraft des Summarentscheides für den nachfolgenden ordentlichen Prozess bejaht hatte. Der Kläger wäre also um die Verfolgung seines Rechts in einem Verfahren mit voller Kognition gebracht worden, weil das Bundesgericht lieber wegschaute. «Wäre» ..., wenn eben nicht das St. Galler Kassationsgericht die Sache wieder ins Lot gerückt und die materielle Rechtskraft zu Recht verneint hätte. Man sieht: Gelegentlich sind auch Kassationsgerichte für etwas gut!

Aber man sieht auch, dass es natürlich ein unhaltbarer Rechtszustand ist, wenn der Rechtsuchende (und sein Anwalt) sich nicht darauf verlassen können, dass die mit der materiellen Rechtskraft verbundenen Fragen einer einheitlichen bundesrechtlichen Regelung unterstehen.

Vorsorgliche Massnahmen

Eine alte Schwäre am Körper des schweizerischen Zivilprozessrechts ist die Frage, ob die *vorsorglichen Massnahmen* dem Bundes- oder dem kantonalen Recht unterstehen. Die Lehre ist sich richtigerweise praktisch darüber einig, dass sie natürlich dem Bundesrecht angehören, weil dieses den Umfang des Rechtsschutzanspruches bestimmen muss. Dazu konnte sich das Bundesgericht bisher noch nicht verstehen, sondern es geht immer noch von der «dualistischen» Auffassung aus, dass Massnahmen, welche für die Prozessdauer subjektive Privatrechte zu- oder aberkennen, einer (gemeint ist: expliziten)

Grundlage im Bundesrecht bedürfen und dass anderseits Massnahmen, welche nur der Aufrechterhaltung des bisherigen Zustandes dienen, Sache des kantonalen Prozessrechts sind (BGE 103 II 5). Hier hat sich also in den 20 Jahren seit 1977 keine Weiterentwicklung ergeben.

Wohl aber ein Rückschritt: Denn in einem illucidum Intervallum fiel es dem Bundesgericht bei, die einheitlich auf Art. 77 Abs. 1 PatG gestützten vorsorglichen Massnahmen zweizuteilen: in solche zu Gunsten von Defensivansprüchen während der Schutzrechtsdauer, die dem Bundesrecht unterstehen, und in solche zu Gunsten blosser Wiedergutmachungsansprüche nach Ablauf der Schutzdauer, welche dem kantonalen Recht angehören sollen (BGE 114 II 435). [Dieser Logik würde es entsprechen, vorsorgliche Massnahmen im Abänderungsprozess – nach Ablauf der «Schutzdauer» der Ehe – nicht mehr Art. 145 ZGB, sondern dem kantonalen Recht zu unterstellen!]. Es ist doch wohl grotesk, dass das Bundesgericht sogar die Geltung explizit vorgesehener bundesrechtlicher vorsorglicher Massnahmen – von denen es selbst sagt, dass Art. 77 Abs. 1 PatG keine Unterscheidung nach der Art der zu sichernden Ansprüche trifft (BGE 114 II 437) – einschränkt und für einen unbequemen «Rest» das kantonale Recht gelten lässt.

Und nun: Der Blick nach vorn

Daran anknüpfend könnte man versucht sein, hier zu resignieren und mit Shakespeares Hamlet zu sagen: «The rest is silence». Damit würde die Prozessrechtswissenschaft aber ihre Aufgabe verraten. [Und Schweigen passt auch schlecht zu einer Vorlesung!].

Der Blick in die Zukunft hat einen dreifachen Aspekt, nämlich einen schweizerischen, einen europäischen und einen globalen.

Der schweizerische Aspekt: Mit Volldampf voraus!

Wer mich kennt, weiss schon, welche Rezeptur ich für alle Blessuren des schweizerischen Zivilprozessrechts verschreibe. Ich habe sozusagen als Rufer in der Wüste seit je für die *Vereinheitlichung des Zivilprozessrechts in der Schweiz* plädiert. Und es haben sich mir noch ein paar andere Steppenwölfe in der Einsamkeit zugestellt. Aber wir waren bisher auf verlorenem Posten, eben in der Wüste.

Eine Oase: der Vorentwurf Gerichtsstandsgesetz

Allein: Die Wüste beginnt zu leben. Eine erste Oase hat sich dadurch aufgetan, dass das Bundesamt für Justiz die Arbeiten einer Kommission des Schweizerischen Anwaltsverbandes an einem eidgenössischen *Gerichtsstandsgesetz* wohlwollend begleitet und den daraus entstandenen Vorentwurf in die Vernehmlassung geschickt hat. Mit diesem Gerichtsstandsgesetz würde wenigstens ein Teil der schweizerischen Prozessrechtsmisere – die Gerichtsstandsmisere – beseitigt. Grundzüge des Vorentwurfs sind: die Ersetzung vom 26 kantonalen Gerichtsstandsordnungen durch einheitliches Bundesrecht und die Zusammenfassung der gleich den den Hühnern im Hühnerhof hingeworfenen Körnern übers ganze materielle Bundesrecht verstreuten Gerichtsstandsnormen in einem einzigen Bundesgesetz. Damit würden die heute kaum mehr einfühlbaren und diffizilen Verschiedenheiten in den kantonalen Gerichtsstandsregelungen beseitigt und gleichzeitig bliebe das Auffinden der in einem bestimmten Fall zutreffenden eidgenössischen Gerichtsstandsnorm weniger dem Zufall überlassen. Inhaltlich würde durch das Gerichtsstandsgesetz versucht, Inländerdiskriminierungen, wie sie seit dem Inkrafttreten des Lugano-Übereinkommens bestehen – man denke an die Gerichtsstände des Erfüllungsortes, der unerlaubten Handlung, der Streitgenossen und andere – zu beseitigen.

Auf zur Vereinheitlichung des Prozessrechts!

Es «taget» also «vor dem Walde», wie's im Volkslied heisst. Aber es taget noch viel mehr! Die integrale Vereinheitlichung des Zivilverfahrensrechts – nicht des Organisationsrechts, das den Kantonen verbleiben *muss* – steht nun doch schon wie die Morgenröte am Himmel. Derweil nämlich der Verfassungsentwurf 95 in den Vorschlägen zur Justizreform lediglich die Konsakrierung des status quo vorsah – die Befugnis des Bundes, harmonisierende Rahmenbestimmungen aufzustellen und in einzelnen Bundesgesetzen punktuelle Verfahrensbestimmungen zu erlassen – sieht der Entwurf eines «Bundesbeschlusses über die Reform der Justiz» nun in Art. 113 Abs. 1 EBV vor:

> «Die Gesetzgebung auf dem Gebiet des Zivilrechts *und des Zivilprozessrechts* ist Sache des Bundes» (BBl 1997 I 640).

Und diese epochale Neuorientierung scheint nicht so geringe Chancen zu haben, wenn man berücksichtigt, dass im Vernehmlassungsverfahren 17 Kantone, 68 Organisationen und 84% der Privaten der damals allein vorgeschlagenen Harmonisierungskompetenz des Bundes im Zivilverfahren zugestimmt und mehrere Vernehmlasser (so u.a. 5 Kantone und die FDP!) darüber hinausgehend eine weiterreichende Vereinheitlichung des Zivilprozessrechts gefordert haben (BBl 1997 I 89 ff.). Voraussetzung für die Vereinheitlichung des Gerichtsstandsrechts ist die Revision von Art. 59 BV und für die Vereinheitlichung des Zivilprozessrechts überhaupt die Revision von Art. 64 Abs. 3 BV, die beide im Verfassungsentwurf bzw. im Reformpaket Justiz vorgesehen sind.

Es gibt also neue Perspektiven, und das Bundesamt für Justiz könnte ja – um Kosten zu sparen – erste Vorbereitungsarbeiten wiederum ausserhalb des Departementes «vergeben». Eine schweizerische Zivilprozessordnng würde das Bundesgericht von der marternden Frage entbinden, was im Verfahrensrecht dem Bundes- und was dem kantonalen Recht angehört, und würde weitere Zufallsentscheide in dieser Frage verhindern. Sie würde aber auch den Anwalt von einer ihn fast täglich marternden Frage erlösen, von der Frage nämlich, ob für eine bestimmte Rechtsmittelrüge die bundesrechtliche Berufung zur Verfügung steht oder ob sie – weil kantonales Recht betreffend – mit dem kantonalen Nichtigkeitsrechtsmittel und mit staatsrechtlicher Beschwerde anzubringen ist. Sie würde allerdings auch all die emsigen Kräfte in 26 Kantonen freistellen, welche mit den unablässigen Total- und Partialrevisionen der Prozessgesetze befasst sind; eine weitere Zunahme der Arbeitslosigkeit wäre darob aber wohl nicht zu befürchten. Und ich würde es sogar hinnehmen, dass die Invention meines Lehrbuches, alle 26 kantonalen Prozessordnungen zu berücksichtigen, flachfiele. In einer der künftigen Auflagen könnten deshalb meine «Kantonsrechen» wegfallen und einer Vertiefung der Einzelprobleme weichen!

Inhaltlich werden bei denjenigen Instituten, für welche die Kantone – meistens zwei Gruppen von Kantonen – unterschiedliche Lösungen kennen, einheitliche Lösungen gefunden werden müssen. Ein Sonderbundskrieg ist darob nicht zu befürchten, weil die bereits erwähnten häufigen Revisionen in den Kantonen – die ja zum grossen Teil im Auswählen und Abschreiben von Lösungen aus den neueren Prozessordnungen anderer Kantone bestehen – schon eine starke Annäherung gebracht haben. So könnte die Arbeit in das Aha-Erlebnis münden, dass alles viel einfacher ist als gedacht, ein Aha-Erlebnis, das schon der Vorentwurf Gerichtsstandsgesetz auslöst.

Der europäische Aspekt: Der «freie Prozessverkehr»?

Gesellt sich den vier Freiheiten des Römervertrages eine fünfte bei: der freie Prozessverkehr? Das Brüsseler und das Lugano-Übereinkommen haben zur Vergewisserung und Vereinfachung des Verfahrens in Zivil- und Handelssachen schon viel beigetragen. Und die Schweiz hat vor der bilateralen Lösung der Probleme im Land- und im Personenverkehr wenigstens am «freien Prozessverkehr» teil.

Die EFTA-Staaten wollten mit der Schaffung des Lugano-Übereinkommens ihre Justiz-Souveränität wahren und nicht einer supranationalen Gerichtsbarkeit unterstellt werden. Sind wir ihr wirklich entronnen? Wir sollen ja bei der Anwendung des Lugano-Übereinkommens die Rechtsprechung des EuGH und der Gerichte der EU-Staaten zum Brüsseler Übereinkommen berücksichtigen. Und diese Regel droht unsere Rechtsprechungsautonomie vorläufig in *einem* Punkt zu gefährden. Die deutsche Lehre und Rechtsprechung leitet aus der Rechtshängigkeitsregel von Art. 21 EuGVÜ und der Rechtssprechung des EuGH zur Identitätsfrage (insbesondere aus den Entscheiden Gubisch/Palumbo (8.12.1987, Slg.1987–11, 4877) und Tatry/Maciej Rataj (6.12.1994, Slg.1994– 11/12, I–5439 ff.) ab, dass die (negative) Feststellungsklage – im Wettbewerb mit einer identischen Leistungsklage – nicht von einem im nationalen Recht geforderten Feststellungsinteresse abhängig gemacht werden kann (BGH 11.12.1996, ZIP 1997, 5519 ff.). Dem *forum running* wird dabei bewusst und freudig ein Freipass gegeben (so z.B. *Kropholler,* Europäisches Zivilprozessrecht, 5.A., 278 f.). Damit droht dem Grundsatz des schweizerischen Rechts – aber auch vieler anderer nationaler Rechte –, dass jeder Rechtsbehelf durch ein rechtserhebliches Interesse legitimiert sein muss, das Ende. Was wären die Konsequenzen, wenn an *einem* Ort – in der durch das Brüsseler- und das Lugano-Übereinkommen geregelten Rechtshängigkeitsfrage – eine Bresche in den Zaun des Rechtsschutzinteresses geschlagen würde? Lassen wir die Frage so stehen und hoffen wir, dass das Bundesgericht, das sich zur Zeit – nach dem «Umfallen» des Zürcher Obergerichts – mit dem Problem zu beschäftigen hat, an einem der Grundprinzipien unseres Prozessrechts festhält.

Europa schaut aber weiter: So hat eine von der Europäischen Kommission beauftragte Kommission von Prozessrechtlern den Entwurf einer Richtlinie zur *Annäherung der nationalen Prozessrechte* ausgearbeitet. Ich habe schon einmal gesagt: es wäre kein Wunder, wenn die europäischen Vereinheitlichungsbemühungen die intern schweizerischen überholen würden!

Der globale Aspekt: Krieg der Systeme

Der globale Aspekt, den ich hier behandle, ist nicht eigentlich «global», sondern beschränkt sich auf den Gegensatz zwischen europäischen und amerikanischen prozessrechtlichen Auffassungen.

Man weiss es: Zwischen der europäischen Auffassung darüber, wie Beweise abzunehmen sind, und den amerikanischen *pretrial-discovery-Regeln,* die nach unserer Auffassung einem bei uns verpönten Ausforschungsbeweis gleichkommen können, liegt nicht nur der Atlantik, sondern liegen Welten. Das bereits erwähnte *Haager Übereinkommen über die Beweisaufnahme* im Ausland in Zivil- und Handelssachen versucht, Mittel und Wege zu schaffen, welche insbesondere den amerikanischen Bedürfnissen entgegenkommen, sie aber – wie man inzwischen weiss – keineswegs befriedigen. Ähnliches gilt für das Zustellungsübereinkommen. Also: Die Arbeit ist auch hier nicht getan, sondern noch zu tun.

Schluss

Was soll ein Rufer in der Wüste ohne Wüste? Er freut sich natürlich, dass er weniger laut rufen muss, wenn die Welt zusammenrückt. Und er würde sich wahrhaftig und herzlich darüber freuen, wenn sein Rufen vielleicht zur Belebung der Wüste auch etwas beigetragen haben sollte.

HANS ULRICH WALDER

Rechtsschutz im Schuldbetreibungs- und Konkursrecht

I.

Nach Art. 17 Abs. 1 SchKG kann mit Ausnahme der Fälle, in denen das Gesetz den Weg der gerichtlichen Klage vorschreibt, gegen jede Verfügung eines Betreibungs- oder eines Konkursamtes bei der Aufsichtsbehörde wegen Gesetzesverletzung oder Unangemessenheit Beschwerde erhoben werden. Bei Betrachtung dieses Satzes tauchen zwei Fragen auf, denen hier nachgegangen werden soll:

1. Gibt es eine thematische Abgrenzung der Fälle, in denen der gerichtliche Weg zu beschreiben ist, gegenüber denen, die der Tätigkeit der Aufsichtsbehörden überlassen bleiben?

2. Ist der «Weg der gerichtlichen Klage» mit der Möglichkeit ausgestattet, gegen den richterlichen Entscheid ein Rechtsmittel zu ergreifen, das im Ergebnis denjenigen von Art. 17–19 SchKG entspricht, und welche Rechtsordnung (kantonales Zivilprozessrecht oder eidgenössisches Betreibungs- und Konkursrecht) entscheidet darüber?

II.

Die erste Thematik war im Schuldbetreibungs- und Konkursgesetz unter dem bis 31. Dezember 1996 geltenden Wortlaut mit gewissen Auslassungen ziemlich klar ersichtlich, dennoch musste das Bundesgericht in zahlreichen Fällen die Abgrenzung in Einzelfragen vornehmen. Mit der Revision vom 16. Dezember 1994 hat die Materie zusätzliche Impulse erhalten. Unverändert blieb dabei die Grundregel, die dahin geht, dass Fragen, welche das Vollstreckungsrecht beteffen, den Aufsichtsbehörden, solche, welche den Anspruch materiellrechtlich angehen, den Gerichten zugewiesen sind. Die Regel ist indessen nicht konsequent durchgehalten und konnte es auch nicht sein:

Die rein vollstreckungsrechtlichen Fragen, ob eine Betreibung nach ergangenem Rechtsvorschlag weitergeführt werden könne (definitive bezw. provisorische Rechtsöffnung) und ob über eine Person der Konkurs zu eröffnen sei, sind nichtsdestoweniger dem gerichtlichen Urteil vorbehalten. Umgekehrt gibt es Themen des materiellen Rechts, deren Bearbeitung auf dem Beschwerdeweg erfolgen muss, wie etwa die Frage, ob der betreibende Gläubiger handlungsfähig und demzufolge überhaupt zur Einleitung des Verfahrens befugt sei oder ob der Schuldner gegenüber einem gewöhnlichen Zahlungsbefehl das Recht beanspruchen könne, die Betreibung auf Pfandverwertung zu verlangen.

III.

1. Knecht hatte in einem dem Picard gehörenden Haus eine Wohnung gemietet und einen Teil derselben zwei Untermietern namens Oschwald und Moser überlassen, die eigenen Hausrat in die von ihnen benützten Räume brachten. Da Knecht dem Picard Miete schuldig blieb, liess dieser durch das Betreibungsamt eine Retentionsurkunde aufnehmen (was heute gemäss Art. 268 Abs. 1 OR und 283 SchKG nur noch für Geschäftsraum-Mietzinsen möglich wäre). Dieses Retentionsverzeichnis umfasste sämtliches Wohnungsmobiliar, auch das von den Untermietern eingebrachte. Darauf erhoben Oschwald und Moser Beschwerde auf Freigabe der von ihnen eingebrachten Objekte, wobei sie mit Urkunden nachwiesen, dass sie ihre vertraglichen Verpflichtungen gegenüber Knecht «bis auf den letzten Tag» erfüllt hätten.

2. Die untere kantonale Aufsichtsbehörde wies die Beschwerde ab. Mit dem erwähnten Nachweis, – so argumentierte sie – sei es noch nicht getan. Vielmehr hafte das «eingebrachte Gut» dem Obervermieter vorbehältlich Art. 92 SchKG stets dann, wenn der Untermieter nicht nachweise, dass sein Eigentumsrecht an den betreffenden «Illaten» jenem hätte bekannt sein müssen.

Nach dem heute geltenden Art. 268 Abs, 2 OR wären die Untermieter im Recht gewesen, umfasst doch das Retentionsrecht des Vermieters die vom Untermieter eingebrachten Gegenstände insoweit, als dieser seinen Mietzins nicht bezahlt hat. Aber schon Art. 295 OR in seiner ursprünglichen Fassung vom 14. Brachmonat 1881 sagte ähnliches :

> «Das Retentionsrecht des Vermiethers erstreckt sich auch auf die von dem Untermiether eingebrachten Gegenstände, so weit diesem gegenüber das Recht des Untervermiethers reicht».

In der Fassung vom 30. März 1911 wurde (im nunmehrigen Art. 272) die Haftungsbedingung mit den Worten «jedoch nur insoweit» verstärkt, im übrigen blieb die Bestimmung unverändert. Die geltende, auf die Revision vom 15. Dezember 1989 zurückgehende Norm des Art. 268 Abs. 2 ist einschränkender, indem sie mit der Formulierung «...als dieser seinen Mietzins nicht bezahlt hat...» nicht alle Fälle umfasst, in denen das Retentionsrecht des Untervermieters – und damit das des Hauptvermieters – begrenzt wird bzw. nicht oder nur teilweise entstehen kann, worauf *Peter Higi* im Zürcher Kommentar N 46 zu Art. 268 bis 268b hingewiesen hat.

3. Oschwald und Moser zogen ihre Beschwerde weiter an die kantonale obere Aufsichtsbehörde welche den erstinstanzlichen Entscheid bestätigte und bemerkte, dass über die streitige Frage nach § 72 Ziff. 2 des (zürcherischen) kantonalen Einführungsgesetzes der Richter im beschleunigten Verfahren zu entscheiden habe.

4. Auf den Weiterzug dieses Entscheides an das Bundesgericht hin entschied die Schuldbetreibungs- und Konkurskammer in BGE 28 I 228 wie folgt:

> «Die Retentionsurkunde wurde aufgenommen gegen den Mieter Knecht als Schuldner einer von ihm eingeforderten Mietzinsrate. Die Rekurrenten als Aftermieter stehen somit diesem Akte provisorischer Beschlagnahme, der sich lediglich gegen ihren Vermieter richtet, in der Stellung von Drittpersonen gegenüber. Ihr Begehren, die fraglichen Objekte aus der Retention zu entlassen, gründet sich nicht darauf, dass es an den gesetzlichen Voraussetzungen für die Aufnahme einer Retentionsurkunde fehle, sondern darauf, dass genannte Objekte, weil ihr Eigentum, nicht in die Urkunde einbezogen werden können. Es handelt sich um Drittansprüche in dem gegen Knecht eröffneten Exekutionsverfahren, über welche Ansprüche das Gericht und nicht die Aufsichtsbehörden zu entscheiden befugt sind (Art. 106-109 und 155 des Betreibungsgesetzes). Erstere werden also gegebenen Falls darüber zu entscheiden haben, ob die streitigen Illaten Eigentum der Rekurrenten seien, und wenn ja, ob nicht dennoch ein entgegenstehendes Retentionsrecht des Obervermieters Picard diesem gegenüber die Vindikation ausschliesse».

Diese Betrachtungsweise erscheint alles andere als selbstverständlich. Art. 268 Abs. 3 OR behandelt (wie vor ihm die Art. 294 Abs. 2 Satz 2 und später 272 Abs. 3) den Ausschluss des Retentionsrechts an Sachen, die durch den Vermieter nicht gepfändet werden können. Dass dies eine Frage ist, über welche Betreibungsamt und Aufsichtsbehörden zu entscheiden haben, müsste eigentlich zu keinen Diskussionen Anlass geben. Der bereits zitierte Abs. 2 wiederum (wie vor ihm Art. 295 und später 272 Abs. 2) schliesst das Retentionsrecht im Hinblick auf bereits bezahlten Mietzins aus. Ob noch Mietzins geschuldet sei, ist aber seinerseits ein Thema, mit dem sich das Betreibungsamt bei seinem Entscheid über die Aufnahme der Retentionsurkunde zu befassen hat. Die Besonderheit liegt allein darin, dass es sich um Mietzins handelt, den nicht der gesuchstellende Hauptvermieter, sondern der Hauptmieter und Untervermieter erhalten haben soll.

5. Ebenso bedeutsam wie das soeben Dargelegte ist die – das Retentionsrecht einschränkende – Regel bezüglich des Eigentums von Drittpersonen an Retentionsobjekten. Art., 294 Abs. 2 Satz 1 OR bestimmte in der ursprünglichen Fassung:

> «Vorbehalten bleiben im Sinne des Artikels 227 die Eigentumsansprüche Dritter an verlorenen oder gestohlenen Sachen, von denen der Vermiether wusste oder wissen musste, dass sie nicht dem Miether gehören».

Art. 273 Abs. 1 der Fassung von 1911 wiederholte diese Aussage in allgemeiner Form, und sie ist heute wieder in Art. 268a Abs. 1 OR enthalten.

Im hier beschriebenen Fall handelte es sich aber gar nicht um Drittansprachen mit dem Ziel des Entzuges aus dem Vollstreckungssubstrat, vielmehr ging es darum, ob (noch) ein Retentionsrecht des Vermieters Picard bestand, das die Untermieter gestützt auf Art, 295 aOR ausgeschlossen sehen wollten. Die beiden Untermieter machten also nichts anderes geltend als dass sie ihren mietvertraglichen Pflichten (wenn auch gegenüber dem Untervermieter) nachgekommen waren, nicht anders als wenn dieser behauptet hätte, es bestünden keine Mietzinsrückstände mehr, welche den Hauptvermieter zur Veranlassung des Retentionsverzeichnisses berechtigten. Das Gesetz behandelt (und behandelte schon immer) in dieser Frage den Untermieter nicht als Dritten (*Higi*, a.a.O. N 47), was die Verweisung auf Art. 106-109 SchKG ausschliesst. Eine andere Frage ist die, ob der Mieter das Nichtbestehen einer Mietzinsschuld schon im betreibungsamtlichen Verfahren zwecks Abwendung des Retentionsverzeichnisses geltend machen kann oder ob er damit auf das Prosequierungsverfahren vor Gericht (Art. 283 Abs. 3 SchKG) warten muss, und die Frage stellt sich verstärkt für den Untermieter, demgegenüber der Hauptvermieter gar keinen eigenen Mietzinsanspruch besitzt.

6. Hier steht die Frage nach der Kompetenz gerichtlicher Instanzen und Betreibungsbehörden in anderer Dimension vor uns. Wie beim Arrest geht es darum, dass die Forderung (auch wenn es in Art. 283 SchKG nicht ausdrücklich gesagt ist) glaubhaft gemacht werden muss. Ist sie es nicht, so darf das Retentionsverzeichnis durch das Betreibungsamt so wenig aufgenommen werden, wie der Arrestrichter einen Arrest bewilligen darf. In concreto – nachdem die Untermieter die Erfüllung ihrer Schuldpflicht und damit den Untergang des Retentionrechtes «ihres» Untervermieters dargetan hatten – durfte es nicht auf ihre

eingebrachten Gegenstände ausgedehnt werden, ein betreibungsrechtlicher Entscheid, den die Aufsichtsbehörden (in Ermangelung eines «Retentionsrichters») hätten fällen dürfen und müssen, den sie aber zu Unrecht den Gerichten übertrugen.

IV.

1. In einem Nichtigkeitsbeschwerdefall, der vor Inkrafttreten des auf den 1. Januar 1997 revidierten SchKG vor dem Kassationsgericht des Kantons Zürich pendent war, war ein Ablehnungsbegehren gegen ein Mitglied der unteren kantonalen Aufsichtsbehörde, somit eines Bezirksgerichts, ergangen. Da damals die Ausstandspflicht solcher Behördemitglieder noch nicht im SchKG geregelt war, das sie heute in Art. 10 Abs. 1 ausdrücklich erwähnt, ging die Aufsichtsbehörde von analoger Anwendung der Regeln des zürcherischen Gerichtsverfassungsgesetzes aus und überwies die Frage gemäss dessen § 101 Abs. 1 GVG, nachdem der Betroffene dem Ablehnungsbegehren nicht nachzukommen sich anschickte, der gerichtlichen Aufsichtsbehörde, d.h. der Verwaltungskommission des Obergerichts. Diese wies das Ablehnungsbegehren ab, worauf sich die betreffende Partei mit Nichtigkeitsbeschwerde an das Kassationsgericht wandte.

2. Damit war nun eine Auseinandersetzung, die allein in den Bereich der Betreibungsbehörden gehörte, in den gerichtlichen Ablauf geraten. Richtigerweise hätte – obgleich die SchKG-Aufsichtsbehörde ein Gericht war – die Ablehnungsfrage im Ausstand der abgelehnten Person von ihr selbst entschieden werden sollen und wäre deren Entscheid nach Art. 18 und 19 SchKG weiterziehbar gewesen. Das Kassationsgericht war somit aus zwei Gründen nicht berechtigt über die Frage zu entscheiden: einmal weil sie nicht das Verfahren vor den Gerichten, sondern jenes vor den SchKG-Aufsichtsbehörden betraf, dann aber auch, weil es die Ausstandsfrage nicht nach dem seiner Beurteilung unterliegenden kantonalen Verfahrensrecht behandeln durfte.

V.

1. Ein Thema, das mit der Revision des SchKG vom 16. Dezember 1994 einen zusätzlichen Impuls im Sinne von Ziff. II hiervor für die behandelte Abgrenzungsfrage gebracht hat, ist der Rechtsvorschlag wegen fehlenden neuen Vermögens gemäss Art. 265 und 265a SchKG. Es geht um die Frage, wie ein solcher Rechtsvorschlag zu behandeln sei, wenn der Schuldner – etwa weil es sich nicht um eine Konkursforderung handelt, wenn er gar nie im Konkurs sich befunden oder wenn derselbe nicht inder Schweiz stattgefunden hat – zu dessen Erhebung gar nicht berechtigt ist. Die wohl herrschende Ansicht ging bisher davon aus, der Rechtsvorschlag beziehe sich implizit auch auf die Forderung; werde diesbezüglich Rechtsöffnung verlangt, so stehe dem Schuldner einfach die Einwendung nicht zur Verfügung, es könne keine Rechtsöffnung erteilt werden, solange der Rechtsvorschlag wegen fehlenden neuen Vermögens nicht beseitigt sei. Dieser Weg ist jedoch dort nicht gangbar, wo der Gläubiger keinen Rechtsöffnungstitel besitzt; der Konkursverlustschein kommt ja in diesen Fällen als Rechtsöffnungstitel gerade nicht in Frage. Es erscheint alsdann denkbar, dass die Zulassung des Rechtsvorschlages mangels neuen Vermögens durch Beschwerde bei der Aufsichtsbehörde sollte angefochten werden können, um dem Gläubiger eine gerichtliche Auseinandersetzung, die letztlich im ordentlichen Verfahren mit entsprechendem zeitlichem und finanziellem Aufwand geführt werden müsste, zu ersparen.

2. Es kann indessen keinem Zweifel unterliegen, dass die Frage für ein Beschwerdeverfahren nicht geeignet ist, obwohl sie von ihrer vollstreckungsrechtlichen Dimension her dafür durchaus prädestiniert wäre.

Im Hinblick darauf, dass der Rechtsvorschlag mangels neuen Vermögens nicht mehr einfach nur erklärt werden kann, sondern gerichtlich genehmigt werden muss, hat sich von selbst eine Instanz aufgetan, welche auch die Frage untersuchen kann, ob der Schuldner überhaupt als Konkursschuldner zur Erhebung dieses Rechtsvorschlages berechtigt ist. Falls dies nicht der Fall ist, so ist auf den Rechtsvorschlag «nicht einzutreten» und erübrigt sich die vorläufige Negierung oder Festsetzung neuen Vermögens je unter dem Vorbehalt des ordentlichen Prozesses. Dass es über die Zulässigkeit des Rechtsvorschlages keinen ordentlichen Prozess geben kann, dürfte ohne weiteres einleuchten. Umso eher stellt sich aber dann die Frage nach einem Rechtsmittel gegen den Entscheid des summarischen Richters.

VI.

Damit sind wir bei der zweiten uns beschäftigenden Thematik angelangt. Im SchKG ist die Frage der Zulässigkeit von Rechtsmitteln gegen gerichtliche Entscheidungen nach drei Richtungen beantwortet:

- Das Gesetz schreibt die Möglichkeit eines solchen Rechtsmittels vor (etwa in Art. 174 SchKG für das Konkurserkenntnis oder in Art. 278 Abs. 3 für den Weiterzug des Einspracheentscheids gegen den Arrestbefehl), wobei es (gerade in den beiden genannten Fällen) auch Fragen des Weiterzugsverfahrens ordnet.
- Das Gesetz schliesst den Weiterzug aus (etwa in Art. 265a Abs. 1 bezüglich des summarischen Entscheides über den Bestand neuen Vermögens).
- Das Gesetz äussert sich zur betreffenden Frage nicht.

Die erste Variante ist unproblematisch, abgesehen davon, dass es sich um Eingriffe in das kantonale Verfahrensrecht handelt, die aber um unterschiedliche Behandlung von Beteiligten zur verhindern, unumgänglich waren. Bereits schwieriger umzugehen ist mit der zweiten Variante, etwa bei der Formulierung in Art. 265a Abs. 1 SchKG, wonach der Richter endgültig entscheide, stellt sich doch die Frage nach der Zulässigkeit eines ausserordentlichen Rechtsmittels. Kann z.B. der Gläubiger, der sich mit der Bestätigung des Rechtsvorschlages abgefunden hat, wegen späterer ihm zuteil gewordener Erkenntnisse die Revision dieses summarischen Entscheides verlangen oder kann eine Partei den ihr nach ergangenem Entscheid bekanntgewordenen Ausstandsgrund mit der staatsrechtlichen Beschwerde oder einem entsprechenden kantonalen Rechtsmittel geltend machen? Dies auszuschliessen dürfte nicht angängig sein, wohl aber kann nicht eine kantonale Nichtigkeitsbeschwerde wegen Verletzung klaren materiellen Rechts zugelassen werden. Die Überprüfung des summarischen Entscheides soll ohne zusätzliche Weiterungen im dafür vorgesehenen beschleunigten Verfahren mit der dannzumaligen Möglichkeit des kantonalrechtlichen Weiterzuges erfolgen.

Die schwierigste Kategorie stellen jene Fälle dar, und es sind die häufigsten, in denen das Bundesgesetz sich überhaupt nicht dazu äussert, ob Weiterzug statthaft sei oder nicht. Bei den selbstverständlichen Fällen, in denen von der Sache her und schon wegen der Berufungsfähigkeit vor Bundesgericht ein ordentliches Rechtsmittel gegeben sein muss, gibt es zahlreiche andere, bei denen die Möglichkeit des Weiterzuges stillschweigend vorausgesetzt wird, so etwa in den Verfahren nach SchKG Art. 77, 80 bis 82 oder 85, wogegen die Nichterwähnung des Art. 174 in Art. 189 Abs. 2 SchKG die Unzulässigkeit des Weiterzuges einer Konkurseröffnung in der Wechselbetreibung zur Genüge dartut.

Ein neues Beispiel ist die vorsorgliche Massnahme nach Art. 85a Abs. 2 SchKG. Vorsorgliche Massnahmen sind an sich im kantonalen Recht «rechtsmittelfreundlich» und können im Kanton Zürich unter gewissen Voraussetzungen bis an das Kassationsgericht weitergezogen werden. Soll nun das kantonale Prozessrecht sich auch dieser neuen vollstreckungsrechtlichen Massnahme annehmen und gemäss seinen Bedürfnissen den Rechtsmittelweg gestalten dürfen? Die Frage stellen heisst sie beantworten. Ist – im Unterschied zu Art. 279 Abs. 3 SchKG, wo ja auch eine solche Massnahme zur Diskussion steht – ein derartiger Weiterzug nicht vorgesehen, so heisst dies nichts anderes, als dass man die Massnahme nur vor einer Instanz bewilligt oder abgelehnt sehen will. Kehren wir zum Fall des nicht bewilligten Rechtsvorschlages nach Art. 75 Abs. 2 in Verbindung mit Art. 265a Abs. 1 zurück, so spricht das Gesagte gegen einen kantonalen Rechtsmittelzug. Weil aber sowohl die Möglichkeit der Behandlung durch die Aufsichtsbehörden als auch jene durch den in einzelnen Kantonen dem ordentlichen Rechtsmittelweg zugänglichen Rechtsöffnungsrichter auf diese Weise ersetzt worden sind, wird der Weiterzug nicht plötzlich und ohne ausdrückliche Bestimmung von Bundesrechts wegen verschlossen bleiben dürfen.

VII.

Die vorstehenden Streiflichter aus dem Grenzgebiet von Vollstreckungs-und Verfahrensrecht sind einem Jubilar gewidmet, der sich stets auch mit subtilsten Fragen gewissenhaft auseinandergesetzt hat und der in seiner richterlichen Tätigkeit ein Hauptgewicht auf die Respektierung von Bundesrecht einerseits und die Aktivierung von kantonalem Verfahrensrecht andererseits gelegt hat. Dafür kann ihm nicht genug gedankt werden.

PAUL WEGMANN

Gedanken zur Bedeutung der aufschiebenden Wirkung in Zivilsachen

Inhalt

1. Fragestellung
2. Zur Bedeutung des Problems im Kassationsverfahren
3. Wegfall der Wirkungen des angefochtenen Entscheids
4. Eingriffsmöglichkeiten
   4.1 Beispiele
   4.2 Tabellen zu den Eingriffsmöglichkeiten
   4.2.1 Anwendungsbereich der Tabellen
   4.2.2 Aufbau der Tabellen
   4.2.3 Vergleich der Tabellen I und II
   4.3 Zwecke der vorsorglichen Massnahmen
   4.4 Abwägung
5. Tritt die aufschiebende Wirkung automatisch ein? Bedeutung für das Thema des Aufsatzes?
   5.1 Hemmung der Wirkungen des angefochtenen Entscheids
   5.2 Rechtssicherheit und Gefahr von Unklarheiten
   5.3 Unmöglichkeit der Durchsetzung
   5.4 Keine Fortsetzung des Verfahrens
   5.5 Zuständigkeit für vorsorgliche Massnahmen während des Kassationsverfahrens
6. Weitere Gesichtspunkte
   6.1 Abhängigkeit von Anordnungen der Vorinstanz. Missbrauchsgefahr
   6.2 Geltungsdauer der aufschiebenden Wirkung
   6.3 Geltungsdauer superprovisorischer Anordnungen
   6.4 Rückwirkung der aufschiebenden Wirkung
   6.5 Wiederaufleben der aufschiebenden Wirkung nach Rückweisung durch die obere Rechtsmittelinstanz

1. Fragestellung

Wird eine Klage gutgeheissen, so werden bestimmte Anordnungen getroffen. Der Beklagte wird zum Beispiel verpflichtet, einen Geldbetrag zu bezahlen, einen Gegenstand herauszugeben oder eine andere Handlung vorzunehmen oder zu unterlassen. Zudem werden in den Erledigungsentscheiden bei Gutheissung und bei Abweisung der Klage die Kosten- und Entschädigungsfolgen geregelt, d.h. es wird festgelegt, wer die Gerichtskosten in welchem Umfang zu tragen hat und wer wem eine Prozessentschädigung zu bezahlen hat und in welcher Höhe. Wird einem Rechtsmittel aufschiebende Wirkung erteilt oder kommt ihm diese automatisch zu, so bedeutet dies, dass die vorgenannten Anordnungen einstweilen nicht gelten.

Neben den vorgenannten Wirkungen von Erledigungsentscheiden können auch indirekte Folgen eintreten, welche im allgemeinen nicht ausdrücklich genannt werden. So können insbesondere vorsorgliche Massnahmen für die Dauer des Verfahrens mit dem Erlass des Endentscheids wegfallen. So kann zum Beispiel das vorsorgliche Verbot, während der Dauer des Verfahrens über einen Gegenstand zu verfügen, von dem umstritten ist, wer Eigentümer ist, mit dem Erledigungsentscheid untergehen.

Im vorliegenden Aufsatz wird der Frage nachgegangen, ob die Erteilung der aufschiebenden Wirkung zur Folge hat, dass der Zustand vor dem Erlass des angefochtenen Entscheids wiederauflebt, bzw. gar nie untergeht, oder ob durch die Erteilung der aufschiebenden Wirkung der Zustand vor Einleitung des Verfahrens gilt. Im ersten Fall können vorsorgliche Massnahmen für die Dauer des Verfahrens im Rechtsmittelverfahren wiederaufleben, im zweiten Fall nicht.

2. Zur Bedeutung des Problems im Kassationsverfahren

Über die Anordnung oder Änderung vorsorglicher Massnahmen während der Dauer des Kassationsverfahrens entscheidet das Gericht, welches den beim Kassationsgericht angefochtenen Entscheid gefällt hat.[1]

Das Kassationsgericht kann deshalb den Zustand während der Dauer des Kassationsverfahrens nur über die ganze oder teilweise Erteilung, bzw. Nicht-

---

[1] § 286 Abs. 2 ZPO.

erteilung der aufschiebenden Wirkung beeinflussen. Die in Ziffer 1 erwähnte Fragestellung ist deshalb für das Kassationsverfahren von grosser Bedeutung. Im kantonalen Berufungsverfahren kann demgegenüber die Berufungsinstanz vorsorgliche Massnahmen erlassen.[2] Auch im Verfahren betreffend staatsrechtliche Beschwerde vor dem Bundesgericht kommt der Frage, was mit der aufschiebenden Wirkung genau erreicht werden kann, nur geringe Bedeutung zu, da der Präsident des Bundesgerichts nach Eingang der Beschwerdeschrift auf Ansuchen einer Partei diejenigen vorsorglichen Verfügungen treffen kann, die erforderlich sind, um den bestehenden Zustand zu erhalten oder bedrohte rechtliche Interessen einstweilen sicherzustellen.[3] Er kann somit nicht nur über die aufschiebende Wirkung während der Dauer des Verfahrens einen Einfluss ausüben. Bei der zivilrechtlichen Berufung an das Bundesgericht kommt dagegen der Frage, welche Konsequenzen die aufschiebende Wirkung hat, grosse Bedeutung zu, weil zum Erlass einstweiliger Verfügungen auch während der Anhängigkeit der Streitsache beim Bundesgericht die kantonalen Behörden nach Massgabe der kantonalen Gesetzgebung ausschliesslich zuständig bleiben.[4]

3. Wegfall der Wirkungen des angefochtenen Entscheids

Die Nichtigkeitsbeschwerde hemmt Rechtskraft und Vollstreckbarkeit des angefochtenen Entscheids nicht, sofern die Kassationsinstanz nichts anderes anordnet.[5] Erteilt die Kassationsinstanz aufschiebende Wirkung, so wird dadurch nicht nur die Vollstreckbarkeit, sondern auch der Eintritt der Rechtskraft aufgeschoben, jedoch nur im Umfang der Anfechtung.[6] GULDENER führt allgemein aus, aufschiebende Wirkung eines Rechtsmittels bedeute Hemmung der Rechtskraft und der Vollstreckbarkeit der angefochtenen Entscheidung.[7] PETER VON SALIS spricht noch umfassender davon, der Suspensiveffekt sei eine Eigenschaft, die Rechtsmitteln im materiellen Sinne vom Gesetz beigelegt werden könne und die darin bestehe, dass durch die Einlegung des Rechtsmittels der Eintritt

---

[2] HANS STRÄULI/GEORG MESSMER, Kommentar zur Zürcherischen ZPO, 2. Auflage, Zürich 1982, § 110 ZPO N 33.
[3] Art. 94 des Bundesgesetzes über die Organisation der Bundesrechtspflege (OG).
[4] Art. 58 OG.
[5] § 286 Abs.1 Satz 1 ZPO.
[6] STRÄULI/MESSMER, a.a.O., § 286 ZPO N 2; vgl. in diesem Zusammenhang auch § 260 Abs. 1 und § 275 Abs. 1 Satz 1 ZPO.
[7] MAX GULDENER, Schweizerisches Zivilprozessrecht, 3. Auflage, Zürich 1979, S. 486.

der Wirkungen des angefochtenen Entscheids gehemmt werde.[8] Von der Formulierung, dass «der Eintritt der Wirkungen des angefochtenen Entscheids gehemmt werde», ist im folgenden auszugehen.

Hemmt die aufschiebende Wirkung den Eintritt der Wirkungen des angefochtenen Entscheids, so erscheint es als naheliegend, dass diese Hemmung alle Folgen des angefochtenen Entscheids erfasst und nicht nur einzelne davon. Dies schliesst natürlich nicht zum vornherein aus, dass aus wichtigen Gründen einzelne Wirkungen der angefochtenen Entscheide trotz uneingeschränkter Erteilung der aufschiebenden Wirkung nicht von der Hemmung des Eintritts der Wirkungen des angefochtenen Entscheids erfasst werden. Eine solche Beschränkung der Hemmung des Eintritts der Wirkungen des angefochtenen Entscheids wäre aber nicht eine gleichsam natürlicherweise zum Wesen der aufschiebenden Wirkung gehörende Erscheinung, sondern es würde sich eher um eine Durchbrechung des allgemeinen Grundsatzes, dass durch die aufschiebende Wirkung der Eintritt der Wirkungen des angefochtenen Entscheids gehemmt wird, handeln, die durch besondere Gründe gerechtfertigt sein müsste.

4. Eingriffsmöglichkeiten

4.1 Beispiele

4.1.1 Wird über einen Schuldner der Konkurs eröffnet und wird dagegen vom Schuldner Rekurs erhoben und im Rekursverfahren die Erteilung der aufschiebenden Wirkung abgelehnt und der Rekurs in der Folge abgewiesen, der Rekursentscheid mit der Nichtigkeitsbeschwerde angefochten und aufschiebende Wirkung verlangt, so kann mit der Erteilung der aufschiebenden Wirkung etwas erreicht werden, wenn man davon ausgeht, die Erteilung der aufschiebenden Wirkung lasse den Zustand vor dem Beginn des Konkurseröffnungsverfahrens wiederaufleben. Die Erteilung der aufschiebenden Wirkung hätte dann zur Folge, dass der Konkurs während des Kassationsverfahrens nicht als eröffnet gelten würde. Würde mit der aufschiebenden Wirkung die Situation vor dem Rekursentscheid wiederhergestellt, würde mit der Erteilung der aufschiebenden Wirkung im Kassationsverfahren dagegen nichts geändert, weil der

---

[8] PETER VON SALIS, Probleme des Suspensiveffektes von Rechtsmitteln im Zivilprozess – und Schuldbetreibungs – und Konkursrecht, Diss., Zürich 1980, S. 3, vgl. auch S.88 ff. und 149.

Konkurs während des Rekursverfahrens und nach dem Rekursentscheid als eröffnet galt.

4.1.2 Wird in einem Verfahren betreffend vorsorgliche Massnahmen superprovisorisch ein Verbot erlassen und dieses Verbot von der ersten Instanz und auf Rekurs hin vom Obergericht als vorsorgliche Massnahme bestätigt und wird der Rekursentscheid mit Nichtigkeitsbeschwerde beim Kassationsgericht angefochten, so kann das Kassationsgericht den Zustand für die Dauer des Kassationsverfahrens verändern, wenn man annimmt, durch die Erteilung der aufschiebenden Wirkung gelte wieder der Zustand vor Anhebung des ganzen Verfahrens betreffend vorsorgliche Massnahmen. Stellt die aufschiebende Wirkung dagegen den Zustand vor Erlass des angefochtenen Entscheids wieder her, so kann durch die aufschiebende Wirkung nichts verändert werden, weil das Verbot auf jeden Fall gilt, bei Verweigerung der aufschiebenden Wirkung aufgrund des Rekursentscheids, bei Erteilung der aufschiebenden Wirkung durch das Wiederaufleben der superprovisorischen Anordnung.

4.1.3 Wird in einem Verfahren betreffend vorsorgliche Massnahmen superprovisorisch ein Verbot erlassen, in der Folge aber das Begehren um Erlass dieses Verbots als vorsorgliche Massnahme von der ersten Instanz und auf Rekurs hin auch vom Obergericht abgewiesen und der Rekursentscheid mit der Nichtigkeitsbeschwerde angefochten, so kann das Kassationsgericht den Zustand während des Kassationsverfahrens nicht beeinflussen, wenn man annimmt, die aufschiebende Wirkung lasse den Zustand vor Anhebung des ganzen Verfahrens betreffend vorsorgliche Massnahmen wiederaufleben. Bei Erteilung der aufschiebenden Wirkung würde kein Verbot gelten, weil vor der Anhebung des Verfahrens betreffend vorsorgliche Massnahmen kein Verbot bestand, bei Verweigerung der aufschiebenden Wirkung, weil dann der Rekursentscheid gelten würde. Geht man dagegen davon aus, die aufschiebende Wirkung lasse den Zustand vor dem Erlass des angefochtenen Entscheids wiederaufleben, so besteht eine Eingriffsmöglichkeit, weil alsdann durch die aufschiebende Wirkung im Rekurs und im Kassationsverfahren das superprovisorische Verbot wiederauflebt.

4.1.4 Wird in einem Verfahren betreffend Herausgabe eines Gegenstandes dem Beklagten von der ersten Instanz durch vorsorgliche Maßnahme verboten, während der Dauer des Verfahrens über den Gegenstand zu verfügen, und wird das Herausgabebegehren von der ersten Instanz und vom Obergericht abgewiesen und der Entscheid des Obergerichts mit der Nichtigkeitsbeschwerde angefochten, so kann das Verfügungsverbot für die Dauer des Kassationsverfahrens nicht durch das Kassationsgericht wieder in Kraft gesetzt werden, wenn die aufschiebende Wirkung den Zustand vor der Einleitung des Herausgabeverfahrens herbeiführt. Bewirkt die aufschiebende Wirkung dagegen, dass der Zustand vor dem Erlass des angefochtenen Entscheids wiederauflebt, so kann durch die aufschiebende Wirkung erreicht werden, dass das Verfügungsverbot vor dem Obergericht und dem Kassationsgericht wieder gilt.

4.1.5 Diese Beispiele zeigen, dass nicht generell gesagt werden kann, die eine oder die andere Auffassung bezüglich der Bedeutung der aufschiebenden Wirkung bringe grössere Eingriffsmöglichkeiten. Es kommt vielmehr auf die konkrete Konstellation an.

4.2 Tabellen zu den Eingriffsmöglichkeiten

In den folgenden Tabellen I und II wird zusammengestellt, in welchen Konstellationen Eingriffsmöglichkeiten bestehen, wenn man davon ausgeht, durch die aufschiebende Wirkung lebe der Zustand vor dem Erlass des angefochtenen Entscheids wieder auf (Tabelle I), und wenn man annimmt, durch die aufschiebende Wirkung gelte wieder der Zustand vor der Einleitung des Verfahrens (Tabelle II).

AUFSCHIEBENDE WIRKUNG

I. Bedeutung der aufschiebenden Wirkung, wenn man davon ausgeht, der Zustand vor dem Erlass des angefochtenen Entscheids lebe wieder auf

A	Begehren um superprovisorische Anordnung	*1* G V															*2* A kV																
B	Begehren um vorsorgliche Massnahme	*1* G V															*3* G V								*4* A kV							
C	Rekurs aufschiebende Wirkung?	*1* J V							*2* N V								*5* J kV								*6* N V				*7* J kV		*8* N kV
D	Rekursentscheid	*1* G kV	*2* A V	*3* G kV	*4* A V	*5* G V	*6* A kV	*7* G V	*8* A kV	*9* G kV	*10* A V	*11* G V	*12* A kV	*13* G V	*14* A V	*15* G kV	*16* A kV	*9* G kV	*10* A V	*11* G kV	*12* A V	*13* G V	*14* A V	*15* G kV	*16* A kV									
E	NB aufschiebende Wirkung?	*1* G V kV	*2* N J kV V	*3* J V	*4* N J V V	*5* J V	*6* N J V kV	*7* J V	*8* N J V kV	*9* J V	*10* N J V kV	*11* J V	*12* N J kV V	*13* J V	*14* N J kV V	*15* J V	*16* N J kV kV	*17* J kV	*18* N J kV kV	*19* J kV	*20* N J kV kV	*21* J kV	*22* N J V kV	*23* J kV	*24* N J V kV	*25* J kV	*26* N J V kV	*27* J kV	*28* N J kV kV	*29* J kV	*30* N J V kV	*31* J kV	*32* N J kV kV

G = Gutheissung
A = Abweisung

V = Verbot
kV = kein Verbot

J = Ja
N = Nein

II. Bedeutung der aufschiebenden Wirkung, wenn man davon ausgeht, es gelte wieder der Zustand vor der Einleitung des Verfahrens

A Begehren um superprovisorische Anordnung	*1* G V																*2* A kV															
B Begehren um vorsorgliche Massnahme	*1* G V								*2* A kV								*3* G V								*4* A kV							
C Rekurs aufschiebende Wirkung?	*1* J kV				*2* N V				*3* J kV				*4* N kV				*5* J kV				*6* N V				*7* J kV				*8* N kV			
D Rekursentscheid	*1* G kV		*2* A V		*3* G kV		*4* A V		*5* G V		*6* A kV		*7* G V		*8* A kV		*9* G kV		*10* A V		*11* G kV		*12* A V		*13* G V		*14* A kV		*15* G V		*16* A kV	
E NB aufschiebende Wirkung?	*1* J kV	*2* N kV	*3* J kV	*4* N V	*5* J kV	*6* N kV	*7* J kV	*8* N V	*9* J kV	*10* N V	*11* J kV	*12* N kV	*13* J kV	*14* N V	*15* J kV	*16* N kV	*17* J kV	*18* N kV	*19* J kV	*20* N V	*21* J kV	*22* N kV	*23* J kV	*24* N V	*25* J kV	*26* N V	*27* J kV	*28* N kV	*29* J kV	*30* N V	*31* J kV	*32* N kV

G = Gutheissung
A = Abweisung

V = Verbot
kV = kein Verbot

J = Ja
N = Nein

4.2.1 Anwendungsbereich der Tabellen

Die Tabellen basieren auf einem Beispiel, in welchem ein Verbot als superprovisorische Anordnung und als anschliessende gewöhnliche vorsorgliche Massnahme verlangt wird und in dem gegen den Entscheid betreffend vorsorgliche Massnahmen Rekurs und gegen den Rekursentscheid Nichtigkeitsbeschwerde an das Kassationsgericht erhoben wird. Es wird für jede Situation geprüft, ob ein Verbot besteht oder nicht.

Das Schema gilt aber auch für andere Arten von Begehren, wie z.B. solche auf Herausgabe von Gegenständen, Bezahlung eines Geldbetrages, Verpflichtung zu einer sonstigen Handlung etc. Es kann auch angewendet werden, wenn keine superprovisorische Anordnung getroffen wurde. Die Verhältnisse sind dann unter Umständen einfacher, indem dann überhaupt keine superprovisorische Anordnung vorliegt, für die es sich fragt, ob sie durch die aufschiebende Wirkung wiederaufleben kann. In diesem Fall ist es z.B. möglich, dass die erste Rechtsmittelinstanz keine aufschiebende Wirkung erteilt, bzw. sie entzieht (soweit dies rechtlich möglich ist) und damit der Entscheid der ersten Instanz auch während der Dauer des ersten Rechtsmittelverfahrens gilt. Wenn dann die erste Rechtsmittelinstanz den Entscheid der ersten Instanz bestätigt, so stellt sich im Kassationsverfahren die Frage, ob die aufschiebende Wirkung für die Nichtigkeitsbeschwerde den Zustand vor dem Erlass des ersten Rechtsmittelentscheids wiederherstellt, womit die aufschiebende Wirkung ohne Bedeutung wäre, oder ob sie den Zustand vor Einleitung des ganzen Verfahrens herbeiführt. Ferner gilt das Schema auch im Verhältnis von vorsorglichen Massnahmen, Entscheid in der Hauptsache und Rechtsmittelentscheiden zur Hauptsache.

4.2.2 Aufbau der Tabellen

Die Tabellen gliedern sich in die 5 Zeilen A–E, in denen es nacheinander um die Frage geht, ob eine superprovisorische Anordnung getroffen wurde (A), ob eine vorsorgliche Massnahme erlassen wurde (B), ob dem Rekurs aufschiebende Wirkung verliehen wurde (C), wie der Rekursentscheid ausgefallen ist (D) und schliesslich, ob der Nichtigkeitsbeschwerde aufschiebende Wirkung verliehen wurde (E).

In jeder Zeile bestehen zwei Alternativen. In den Zeilen A, B und D geht es darum, ob das Begehren um eine superprovisorische Anordnung (A) oder um eine vorsorgliche Massnahme (B) oder der Rekurs (D) gutgeheissen (G) oder abgewiesen (A) wurde. In den Zeilen C und E wird unterschieden, ob dem jeweiligen Rechtsmittel aufschiebende Wirkung verliehen wurde (Ja) oder nicht (Nein).

In jeder Zeile werden die neuen beiden Alternativen bezüglich aller Varianten der nächstfrüheren Zeile geprüft. So ergibt sich von Zeile zu Zeile eine Verdoppelung der Felder, wobei aber in jedem Feld immer nur die Möglichkeit besteht, dass ein Verbot gilt (V) oder dass kein Verbot besteht (kV). So umfasst die Zeile E 32 Felder. Vernachlässigt wird in diesem Schema, dass aufschiebende Wirkung auch teilweise gewährt werden kann, da sich dadurch an den Grundsätzen nichts ändert.

4.2.3 Vergleich der Tabellen I und II

In der Tabelle I wird dargestellt, welche Verhältnisse sich ergeben, wenn man davon ausgeht, durch die Erteilung der aufschiebenden Wirkung lebe der Zustand wieder auf, der vor dem Erlass des angefochtenen Entscheids bestanden hat. Der Tabelle II liegt die Annahme zugrunde, nach der Erteilung der aufschiebenden Wirkung gelte wieder der Zustand vor der Einleitung des ganzen Verfahrens.

Bezüglich der Teile A und B unterscheiden sich die beiden Tabellen nicht. In der Zeile B spielt es in beiden Tabellen keine Rolle, ob vorerst eine superprovisorische Anordnung ergangen ist oder nicht.

In der Zeile C ergeben sich bezüglich der Positionen C 1 und C 3 Unterschiede. Wurde von der ersten Instanz superprovisorisch und vorsorglich ein Verbot erlassen (C 1), so kann bei Tabelle I durch die aufschiebende Wirkung nichts geändert werden. Es bleibt auf jeden Fall beim Verbot. Tabelle II erlaubt dagegen, durch die aufschiebende Wirkung das Verbot in Wegfall zu bringen. Umgekehrt kann aber gemäss Tabelle I dann, wenn von der ersten Instanz eine superprovisorische Anordnung erlassen und in der Folge eine vorsorgliche Massnahme abgelehnt wurde (C 3), durch aufschiebende Wirkung ein Verbot bestehen, während gemäss Tabelle II in diesem Fall durch Erteilung aufschiebender Wirkung nichts daran geändert werden kann, dass kein Verbot besteht.

In der Zeile D bestehen keine Unterschiede zwischen den beiden Tabellen.

In der Zeile E ergeben sich Unterschiede bezüglich der Positionen E 1, E 3, E 5, E 7, E 9, E 11, E 21 und E 23.

In den Fällen E 1, E 5, E 11 und E 21 besteht gemäss Tabelle I nach dem Rekursentscheid kein Verbot, während des Rekursverfahrens hatte aber ein Verbot bestanden. In all diesen Fällen kann deshalb bei Tabelle I durch die aufschiebende Wirkung ein Eingriff erfolgen, weil durch die aufschiebende Wirkung der Zustand vor dem Erlass des Rekursentscheids (Verbot) wiederauflebt. Gemäss Tabelle II ist in diesen Fällen kein Eingreifen möglich, weil nach dieser Auffassung bei Erteilung der aufschiebenden Wirkung der Zustand vor Anhebung des ganzen Verfahrens wiederauflebt und vor dem Beginn des ganzen Verfahrens keine vorsorgliche Massnahme bestand, also der gleiche Zustand galt, wie nach dem Rekursentscheid.

Bei den Pos. E 3, E 7, E 9 und E 23 besteht nach Tabelle I nach dem Rekursentscheid ein Verbot und es bestand schon während des Rekursverfahrens ein Verbot. In dieser Situation bringt deshalb die aufschiebende Wirkung im Sinn von Tabelle I keine Änderung, weil der aufzuhebende und der wiederauflebende Zustand identisch sind. Im Rahmen von Tabelle II besteht dagegen die Möglichkeit, durch die Erteilung der aufschiebenden Wirkung etwas zu ändern, da in diesen Fällen nach dem Rekursentscheid ein Verbot besteht und die Erteilung der aufschiebenden Wirkung im Sinn von Tabelle II dazu führt, dass der Zustand vor Anhebung des ganzen Verfahrens (kein Verbot) gilt.

4.3 Zwecke der vorsorglichen Massnahmen

Da die im vorliegenden Aufsatz zu behandelnde Frage vor allem im Zusammenhang mit vorsorglichen Massnahmen vor der Vorinstanz von Bedeutung ist, rechtfertigt es sich, einen Blick auf die mit vorsorglichen Massnahmen verfolgten Zwecke zu richten.

Vorsorgliche Massnahmen können der Sicherung eines behaupteten Rechts dienen. Insbesondere können sie zur Sicherung der künftigen Zwangsvollstreckung erlassen werden. So kann dem Besitzer einer Sache einstweilen verboten werden, über die Sache zu verfügen, sofern ein anderer einen dinglichen oder obligatorischen Anspruch auf die Sache geltend machen will. Der Besitzer kann sogar verhalten werden, das streitige Objekt bis zum Abschluss des Prozesses beim Gericht zu deponieren. Gegenstand eines Verfügungsverbots können nicht nur Sachen sondern auch Rechte sein. So kann dem Gläubiger durch einstweilige Verfügung die Zession seiner Forderung untersagt werden. Ist ein Wertpapier abhanden gekommen, so kann ein Zahlungsverbot an den Verpflichteten erlassen werden.Der Sicherung der künftigen Vollstreckung können auch die Hinterlegung der Unterhaltsbeiträge im Unterhaltsprozess und die Anordnung der Hinterlegung im Prätendentenstreit dienen.

Unter Umständen kann die vorläufige Vollstreckung behaupteter Ansprüche angeordnet werden. Das gilt insbesondere für Unterlassungsansprüche. Ist jemand von einer schädigenden Handlung bedroht, die als unrechtmässig erscheint, so kann zu seinem Schutz der Unterlassungsanspruch einstweilen vollstreckt werden. Wird dem Beklagten in einem Prozess gemäss Art. 28 ZGB vorläufig verboten, eine bestimmte Behauptung über den Kläger weiterzuverbreiten, so kann er das, wenn die Klage abgewiesen werden sollte, später nachholen. Er erleidet also keinen besonderen Rechtsverlust. Bliebe es ihm während des Prozesses weiter erlaubt, so wäre ein späteres obsiegendes Urteil für den Kläger nicht viel wert. Mithin ist ein vorläufiges Verbot zulässig. Es geht jeweils darum, dass ein bestehender, präsumtiv rechtmässiger Zustand nicht eigenmächtig soll gestört werden dürfen. Die Möglichkeit vorläufiger Vollstreckung muss auch gegeben sein, wenn der eingeklagte Anspruch durch die Prozessdauer untergeht. Das kann z.B. beim zeitlich begrenzten Anspruch auf Unterlassung der verbotenen Konkurrenztätigkeit der Fall sein.

Bei Gestaltungsklagen kann es notwendig werden, für die Dauer des Prozesses eine vorläufige Ordnung durch einstweilige Verfügung herzustellen. Das gilt namentlich im Scheidungsprozess, in welchem der Richter Anordnungen betreffend die Obhutszuteilung bezüglich der Kinder, das Besuchsrecht, die Unterhaltsbeiträge und die einstweilige Zuteilung der Wohnung zu treffen hat.[9]

4.4 Abwägung

Bei der Prüfung, ob aufschiebende Wirkung zu gewähren ist, kommt es insbesondere auf die Chancen des Rechtsmittels und auf eine Abwägung der Nachteile an, die sich ergeben, wenn einerseits aufschiebende Wirkung gewährt, das Rechtsmittel aber nachher abgewiesen wird, und anderseits die aufschiebende Wirkung verweigert, das Rechtsmittel aber nachher gutgeheissen wird. In ähnlicher Weise kann beim vorliegenden Thema geprüft werden, welche Eingriffsmöglichkeiten wichtiger sind, bzw. welches Fehlen von Eingriffsmöglichkeiten die grösseren Nachteile bringt.

Der Erhaltung von sichernden vorsorglichen Massnahmen kommt grosse Bedeutung zu. Wenn wegen fehlender vorsorglicher Massnahmen der Streitgegenstand verändert wird, lässt sich unter Umständen der Endentscheid gar nicht mehr vollstrecken. Dies sollte unbedingt vermieden werden.

Auch bei den Regelungsmassnahmen ist es wichtig, dass der Zustand vor dem Erlass des angefochtenen Entscheids wiederaufleben kann. Solche Regelungsmassnahmen sind im allgemeinen dringend nötig. Da für den Entscheid in der Sache und die vorsorglichen Massnahmen unter Umständen verschiedene Voraussetzungen gelten, auch wenn es im Ergebnis um die gleichen Anordnungen geht (z.B. bezüglich Unterhaltsbeiträgen in Ehesachen als vorsorgliche

---

[9] Vgl. zu den Zwecken der vorsorglichen Massnahmen MAX GULDENER, a.a.O., S. 574–576; HANS ULRICH WALDER, Zivilprozessrecht nach den Gesetzen des Bundes und des Kantons Zürich unter Berücksichtigung anderer Zivilprozessordnungen, 4. Auflage, Zürich 1996, S. 357–361; OSCAR VOGEL, Grundriss des Zivilprozessrechts, 4. Auflage, Bern 1995, S. 325–327; ISAAK MEIER, Grundlagen des einstweiligen Rechtsschutzes im Schweizerischen Privatrecht und Zivilverfahrensrecht, Zürich 1983, S. 113 f.

Massnahme bzw. im Scheidungsurteil[10]), kann die fehlende Eingriffsmöglichkeit bezüglich der vorsorglichen Massnahme nicht dadurch ausgeglichen werden, dass bezüglich des Entscheids in der Sache die Erteilung der aufschiebenden Wirkung möglich ist. Diese unterschiedlichen Voraussetzungen führen oft dazu, dass die Ergebnisse (z.B. die Höhe der Unterhaltsbeiträge in Ehesachen im Entscheid betr. die vorsorglichen Massnahmen und im Sachentscheid) verschieden sind. Zudem sind Konstellationen denkbar, in denen der Sachentscheid keine Regelungen enthält, die den Regelungsmassnahmen entsprechen. Wird z.B. die Scheidungsklage abgewiesen, so werden in diesem Entscheid keine Regelungen betreffend Kinderzuteilung, Besuchsrecht, Zuteilung der Wohnung, Unterhaltsbeiträge etc. getroffen. Würde in dieser Situation bei einem Weiterzug und Erteilung aufschiebender Wirkung einfach der Zustand vor Anhebung des ganzen Verfahrens gelten, dann würde es an Regelungsmassnahmen fehlen. Das Kassationsgericht könnte somit in einer solchen Situation überhaupt nicht eingreifen, und es müssten wieder vor der Vorinstanz neue Regelungsmassnahmen verlangt werden.

Das Wiederaufleben des Zustands vor dem Erlass des angefochtenen Entscheids bewirkt unter Umständen, dass vorsorgliche Massnahmen und allgemein der Zustand vor dem Erlass des beim Kassationsgericht angefochtenen Entscheids nicht in Wegfall gebracht werden können. Dies dürfte im allgemeinen weniger einschneidend sein, als wenn vorsorgliche Massnahmen nicht wiederaufleben können, vor allem weil es bei den vorsorglichen Massnahmen sehr häufig um Sicherungsfunktionen geht. Es ist auch einschneidend, wenn ein Endentscheid vorläufig vollstreckt werden kann, weil mit der aufschiebenden Wirkung nicht eingegriffen werden kann, wenn die aufschiebende Wirkung den Zustand vor dem Erlass des angefochtenen Entscheids wiederaufleben lässt. Immerhin ist anzunehmen, dass die Vorinstanzen nur in eindeutigen Fällen die Erteilung der aufschiebenden Wirkung verweigern, bzw. die aufschiebende Wirkung entziehen, jedenfalls wenn bei der Verweigerung der aufschiebenden Wirkung die Gefahr eines schwer wiedergutzumachenden Nachteils besteht. Zudem dürften die Änderungen im allgemeinen ohnehin eingetreten sein, wenn die Vorinstanz keine aufschiebende Wirkung gewährt, bzw. diese entzogen hat.

Gegen das Wiederaufleben von vorsorglichen Massnahmen etc. könnte vorgebracht werden, dass die Möglichkeit besteht, beim Gericht, welches den beim Kassationsgericht angefochtenen Entscheid gefällt hat, die Anordnung oder

---

[10] BÜHLER/SPÜHLER, Art. 151 ZGB N 13 und Art. 145 ZGB N 131 und BÜHLER/SPÜHLER, Ergänzungsband, Art. 145 ZGB N 131.

Änderung vorsorglicher Massnahmen zu verlangen.[11] Diese Lösung hat aber erhebliche Nachteile.[12]

5. Tritt die aufschiebende Wirkung automatisch ein? Bedeutung für das Thema des Aufsatzes?

Es gibt Rechtsmittel, welche automatisch aufschiebende Wirkung haben, so z.B. in der Regel die kantonale Berufung in Zivilsachen[13], der kantonale Rekurs in Zivilsachen[14] und die Berufung an das Bundesgericht in Zivilsachen.[15] Demgegenüber hemmt die kantonale Nichtigkeitsbeschwerde in Zivilsachen Rechtskraft und Vollstreckbarkeit des angefochtenen Entscheids nicht, sofern die Kassationsinstanz nichts anderes anordnet.[16]

PETER VON SALIS vertritt die Ansicht, bei Rechtsmitteln, welche automatisch aufschiebende Wirkung hätten, blieben vorsorgliche Massnahmen bestehen. Bei Rechtsmitteln, welche nicht automatisch aufschiebende Wirkung hätten, falle die vorsorgliche Massnahme im Zeitpunkt der Fällung des angefochtenen Entscheids dahin. Sie lebe alsdann durch die Erteilung der aufschiebenden Wirkung nicht wieder auf.[17]

5.1 Hemmung der Wirkungen des angefochtenen Entscheids

Zur Begründung dieser Unterscheidung führt PETER VON SALIS aus, bewirke der Eintritt der Rechtskraft automatisch das Dahinfallen der vorsorglichen Massnahme, so existiere sie alsdann nicht mehr. Die durch sie dem Beklagten autoritativ auferlegte Pflicht erlösche. Die Pflicht des Beklagten beruhe auf einem richterlichen Befehl. Sei dieser Befehl weggefallen, so könne die Pflicht nicht quasi von selbst wieder entstehen. Dazu bedürfe es eines neuen richterlichen Befehls. Wenn eine vorsorgliche Massnahme wegen des Eintritts der Rechtskraft erloschen sei, so könne nur noch eine neue angeordnet werden und zwar

---

[11] § 286 Abs. 2 ZPO.
[12] Vgl. dazu Ziff. 5.5 und dortige Hinweise.
[13] § 260 ZPO.
[14] § 275 ZPO.
[15] Art. 54 OG.
[16] § 286 Abs. 1 Satz 1 ZPO.
[17] PETER VON SALIS, a.a.O., S. 99 – 111.

durch eine neue richterliche Entscheidung, die sich ausdrücklich auf diese Frage beziehe. Eine solche liege aber nicht in der alleinigen Erteilung des Suspensiveffekts.[18]

Es wurde bereits darauf hingewiesen, dass durch die aufschiebende Wirkung der Eintritt der Wirkungen des angefochtenen Entscheids gehemmt wird.[19] Dies gilt unabhängig davon, ob die aufschiebende Wirkung sofort automatisch eintritt, oder ob sie erst nach Einlegung des Rechtsmittels speziell gewährt wird. Es ist nicht einzusehen, wieso dies zum vornherein nur bezüglich der speziellen Anordnungen im angefochtenen Entscheid (z.B. Verpflichtung zur Herausgabe eines Gegenstands, zur Bezahlung eines Geldbetrags, zu einem andern Tun oder Unterlassen) gelten soll, nicht aber bezüglich Fortbestand bzw. Wiederaufleben des Zustands vor dem Erlass des angefochtenen Entscheids, insbesondere von vorsorglichen Massnahmen. In den folgenden Ziffern wird zu einzelnen weiteren Argumenten von PETER VON SALIS Stellung genommen.

5.2 Rechtssicherheit und Gefahr von Unklarheiten

PETER VON SALIS führt aus, die Lösung, welche zur grösseren Rechtssicherheit führe, sei vorzuziehen. Demnach habe man sich gegen das Wiederaufleben der vorsorglichen Massnahmen zu entscheiden.[20] Werde dem Beklagten bei Strafe vorsorglich verboten, eine bestimmte Handlung vorzunehmen, so falle das Verbot mit dem Eintritt der Rechtskraft des Endentscheids dahin.[21] Für den Beklagten bedeute dies, dass er die Handlung wieder vornehmen dürfe, sofern das Urteil selber nichts anderes anordne. Würde die vorsorgliche Massnahme mit der Erteilung der aufschiebenden Wirkung automatisch wieder in Kraft treten, so wäre die Widerhandlung gegen das Verbot plötzlich wieder strafbar, ohne dass das Gericht das Verbot ausdrücklich wieder in Kraft gesetzt habe. Man könne etwas überspitzt von einem «heimlichen» Verbot sprechen, dessen Verletzung Straffolgen nach sich ziehe. Es bestünde also die Gefahr von Unklarheiten.[22]

Immer wenn ein Rechtsmittel nicht automatisch aufschiebende Wirkung hat, entsteht eine Phase der Unsicherheit, weil bei Einlegung des Rechtsmittels nicht sofort klar ist, ob aufschiebende Wirkung erteilt wird. Eine unsichere Situation ist zudem schon dann gegeben, wenn nicht schon während der Rechts-

---

[18] PETER VON SALIS, a.a.O., S. 101.
[19] Vgl. vorn Ziff. 3.
[20] PETER VON SALIS, a.a.O., S. 106.
[21] Vgl. § 110 Abs. 3 ZPO.
[22] PETER VON SALIS, a.a.O., S. 102.

mittelfrist aufschiebende Wirkung besteht, weil vorerst nicht klar ist, ob ein Rechtsmittel ergriffen wird. Diese Unsicherheit betrifft alle Anordnungen im angefochtenen Endentscheid. Es ist also z.B. unklar, ob eine Sache herauszugeben, ein bestimmter Betrag zu bezahlen oder eine Handlung zu unterlassen ist. Besteht somit auch bezüglich der Anordnungen im Endentscheid eine Phase der Unsicherheit, so ist nicht ersichtlich, wieso die gleiche Erscheinung bezüglich vorsorglicher Massnahmen zum vornherein dazu führen soll, dass die aufschiebende Wirkung die vorsorglichen Massnahmen nicht wiederaufleben lassen kann.

Dass nach der Erteilung der aufschiebenden Wirkung bezüglich der Geltung der vorsorglichen Massnahmen Unklarheiten bestanden, habe ich in der Praxis bisher nicht erlebt. Selbst wenn aber bei blosser Erteilung der aufschiebenden Wirkung die Gefahr von Unklarheiten bestände, würde dies keinen Grund bilden, den Zustand vor dem Erlass des angefochtenen Entscheids nicht wiederaufleben zu lassen. Es könnte der Erteilung der aufschiebenden Wirkung beigefügt werden, damit gelte wieder der Zustand während des vorinstanzlichen Verfahrens. Nötigenfalls könnte die Folge der aufschiebenden Wirkung noch näher umschrieben werden, z.B. mit dem Hinweis, damit sei dem Beklagten zurzeit verboten, über einen bestimmten Gegenstand zu verfügen.

5.3 Unmöglichkeit der Durchsetzung

PETER VON SALIS ist der Ansicht, das Nichtwiederaufleben der vorsorglichen Massnahme erscheine z.B. als angemessener, wenn ein Bild während eines Vindikationsprozesses beschlagnahmt werde. Nach Eintritt der Vollstreckbarkeit des angefochtenen Entscheids falle nämlich die Beschlagnahme jedenfalls zumindest vorläufig dahin. Das Bild sei also herauszugeben. Dies führe faktisch zu einer Behinderung oder Verunmöglichung des einfachen Wiederauflebens der Beschlagnahme.[23]

Es kann tatsächlich passieren, dass sich eine bestimmte rechtliche Konsequenz der aufschiebenden Wirkung nicht mehr verwirklichen lässt, weil der Zustand vor der Erteilung der aufschiebenden Wirkung verändert wurde, z.B. wenn über einen vorübergehend nicht mehr beschlagnahmten Gegenstand verfügt wurde. Dies bedeutet aber nicht, dass auf das Wiederaufleben vorsorglicher Massnahmen generell verzichtet werden soll. Die Durchsetzung einer Anordnung kann auch in andern Situationen unmöglich werden. Wird eine Partei in einem Endentscheid ermächtigt, in bestimmter Weise zu handeln, so ist es

---

[23] PETER VON SALIS, a.a.O., S. 105 f.

denkbar, dass die betreffende Partei die entsprechende Handlung vornimmt, bevor aufschiebende Wirkung erteilt wurde, und dass die dadurch eingetretenen Wirkungen nicht mehr rückgängig zu machen sind. Dies bildet aber keinen Grund, generell auf die Erteilung aufschiebender Wirkung zu verzichten. Ebensowenig ist der Umstand, dass vorsorgliche Massnahmen manchmal zu spät kommen, Anlass, generell keine vorsorglichen Massnahmen zu erlassen.

5.4 Keine Fortsetzung des Verfahrens

Gegen das Wiederaufleben vorsorglicher Massnahmen im Kassationsverfahren bringt PETER VON SALIS vor, vor dem Kassationsgericht finde nur noch eine Überprüfung auf bestimmte Mängel (Nichtigkeitsgründe) statt, d.h. das Kassationsverfahren stelle keine Fortsetzung des Prozesses dar. Im Berufungs- und im Rekursverfahren werde der Prozess demgegenüber fortgesetzt.[24]

Dieses formale Argument ändert aber nichts daran, dass die aufschiebende Wirkung auch im Kassationsverfahren die Wirkungen des angefochtenen Entscheids in Wegfall bringt. Zudem kann der angefochtene Entscheid nicht nur im Berufungs- und Rekursverfahren, sondern auch im Kassationsverfahren aufgehoben werden. Deshalb besteht auch im Kassationsverfahren ein Interesse am Bestand von vorsorglichen Massnahmen, z.B. daran, dass in einem Vindikationsprozess ein Verfügungsverbot auch während des Kassationsverfahrens gilt. Der Umfang der Überprüfungsbefugnis im Kassationsverfahren ändert daran nichts.

5.5 Zuständigkeit für vorsorgliche Massnahmen während des Kassationsverfahrens

Über die Anordnung oder Änderung vorsorglicher Massnahmen entscheidet das Gericht, welches den angefochtenen Entscheid gefällt hat.[25] PETER VON SALIS kommt zu Recht zum Schluss, dass aus dem Wort «Anordnung» nicht gefolgert werden kann, vorsorgliche Massnahmen könnten nicht wiederaufleben. Auch wenn vorsorgliche Massnahmen wiederaufleben, kann die Anordnung vorsorglicher Massnahmen für die Dauer des Kassationsverfahrens nötig sein, wenn vor dem Kassationsverfahren gar keine vorsorglichen Massnahmen erlassen wurden.[26]

---

[24] PETER VON SALIS, a.a.O., S. 103 f. und 105.
[25] § 286 Abs. 2 ZPO.
[26] PETER VON SALIS, a.a.O., S. 104 f.

GUIDO VON CASTELBERG weist zu Recht darauf hin, dass es problematisch ist, wenn die Instanz, welche den beim Kassationsgericht angefochtenen Entscheid erlassen hat, über die Aussprechung einer vorsorglichen Massnahme mit meist praktisch gleichem Inhalt zu entscheiden hat, obwohl sie beim Entscheid in der Sache, der die frühere vorsorgliche Massnahme aufgehoben hat, zu einer Auffassung gelangt ist, welche eigentlich eine solche vorsorgliche Massnahme nicht mehr zulässt. GUIDO VON CASTELBERG verweist in diesem Zusammenhang ferner auf die zusätzlichen Umtriebe und Verzögerungen und die damit verbundene Gefahr hin, dass der Zustand vor dem Erlass der neuen vorsorglichen Massnahme verändert wird.[27] Zudem ist die Vorinstanz nicht verpflichtet, auf ein Gesuch nach § 286 Abs. 2 ZPO einzutreten, wenn dies dazu führt, dass sie aufgrund der selben Tatsachen ihren eigenen Sachentscheid überprüfen müsste.[28]

Auch unter diesem Gesichtspunkt erscheint es als sinnvoll, davon auszugehen, dass der Zustand vor dem Erlass des angefochtenen Entscheids (und insbesondere vorsorgliche Massnahmen im vorinstanzlichen Verfahren) durch die Erteilung der aufschiebenden Wirkung auch im Kassationsverfahren wiederauflebt.

6. Weitere Gesichtspunkte

6.1 Abhängigkeit von Anordnungen der Vorinstanz. Missbrauchsgefahr

Das Wiederaufleben der vorsorglichen Massnahmen führt – wie erwähnt [29] – dazu, dass nicht eingegriffen werden kann, wenn die Anordnung gemäss dem Endentscheid der Vorinstanz und die Regelung für die Dauer des Verfahrens vor der Vorinstanz identisch sind. Die Eingriffsmöglichkeit des Kassationsgerichts ist damit davon abhängig, welche Regelung die Vorinstanz für die Dauer ihres Verfahrens getroffen hat. Theoretisch besteht auch die Möglichkeit, dass die Vorinstanz kurz vor der Fällung ihres Endentscheids die Ordnung für die Dauer ihres Verfahrens in dem Sinn ändert, dass diese provisorische Ordnung

---

[27] GUIDO VON CASTELBERG, Zur aufschiebenden Wirkung bei der Zürcher Kassationsbeschwerde, in Festschrift für HANS ULRICH WALDER zum 65. Geburtstag zum Thema «Recht und Rechtsdurchsetzung», Zürich 1994, S. 298 f.
[28] Entscheid des Kassationsgerichts vom 11. Juni 1996 im Verfahren 95/534 Z, Erwägung II. 4.
[29] Vgl. Ziff. 4.2.3.

mit dem Endentscheid der Vorinstanz übereinstimmt, und so ein Eingreifen über die aufschiebende Wirkung verhindert.

Es ist tatsächlich unbefriedigend, wenn die Möglichkeiten des Kassationsgerichts zum Eingreifen davon abhängig sind, welche provisorischen Regelungen die Vorinstanz erlassen hat. Ein zwingender Grund gegen das Wiederaufleben des Zustands vor dem Erlass des angefochtenen Entscheids scheint mir aber darin nicht zu liegen. Diesem Gesichtspunkt kommt meines Erachtens geringere Bedeutung zu als dem Ziel, nach Möglichkeit zu verhindern, dass das Kassationsgericht nichts zur Sicherung des bestehenden Zustands während der Dauer seines Verfahrens tun kann.[30]

Eine rechtsmissbräuchliche Abänderung des Zustands vor dem Erlass des beim Kassationsgericht angefochtenen Endentscheids der Vorinstanz zur Verhinderung eines Eingreifens des Kassationsgerichts ist mir in der Praxis bisher nicht begegnet. Eine allfällige Abänderung von vorsorglichen Massnahmen könnte im übrigen mit der Nichtigkeitsbeschwerde angefochten werden. Würde der Nichtigkeitsbeschwerde gegen die Abänderung der vorsorglichen Massnahme sodann aufschiebende Wirkung verliehen, so würde dadurch die Abänderung der vorsorglichen Massnahme wegfallen und damit wieder der Zustand vor der Abänderung der vorsorglichen Massnahme für das vorinstanzliche Verfahren gelten.

6.2 Geltungsdauer der aufschiebenden Wirkung

Es stellt sich die Frage, ob die Regelung der aufschiebenden Wirkung nur für das jeweilige Rechtsmittelverfahren gilt und mit dessen Abschluss endgültig entfällt. Eine solche Argumentation scheint mir zwar möglich, aber nicht zwingend. Es lässt sich auch die Auffassung vertreten, die aufschiebende Wirkung gelte, bis ein anderer Entscheid der betreffenden Rechtsmittelinstanz in Rechtskraft sei, sofern nicht etwas anderes angeordnet wurde. Alsdann wäre es unter dem Gesichtspunkt der Geltungsdauer der aufschiebenden Wirkung folgerichtig, den durch die aufschiebende Wirkung im obergerichtlichen Verfahren geschaffenen Zustand wiederaufleben zu lassen, wenn der Nichtigkeitsbeschwerde an das Kassationsgericht aufschiebende Wirkung erteilt wird.

Dazu würde passen, dass vorsorgliche Massnahmen mit der Rechtskraft des Endentscheids dahinfallen, wenn das Gericht nichts Abweichendes anordnet.[31] Es ist auch darauf hinzuweisen, dass das Kassationsgericht in einem Entscheid

---

[30] Vgl. Ziff. 4.4.
[31] § 110 Abs. 3 ZPO; vgl. dazu auch GUIDO VON CASTELBERG, a.a.O., S. 300.

angeordnet hat, die der Nichtigkeitsbeschwerde verliehene aufschiebende Wirkung falle erst mit Ablauf von 30 Tagen nach der Zustellung des Erledigungsbeschlusses, mit dem die Nichtigkeitsbeschwerde abgewiesen wurde, soweit darauf eingetreten werden konnte, an die Beschwerdeführer dahin. Im betreffenden Fall ging es um eine Anweisung des Einzelrichters im summarischen Verfahren an das Grundbuchamt, bezüglich einer bestimmten Liegenschaft eine Verfügungsbeschränkung im Sinne von Art. 960 Abs. 1 Ziff. 1 ZGB im Grundbuch vorzumerken. Zur Begründung wurde ausgeführt, es solle damit erreicht werden, für eine allfällige bundesgerichtliche Überprüfung des Entscheids eine unveränderte Situation zu gewährleisten.[32] Damit wurde der Sicherung des bestehenden Zustands hohe Bedeutung zugemessen.

6.3 Geltungsdauer superprovisorischer Anordnungen

Die superprovisorische Anordnung verliert ihre Bedeutung, sobald über das Massnahmebegehren entschieden ist.[33] Dies besagt aber noch nichts darüber, ob dies unabhängig davon gilt, ob der Entscheid über das Massnahmebegehren in der Folge weitergezogen wird oder nicht. Im Hinblick auf die Sicherungsfunktion superprovisorischer Anordnungen wäre es sinnvoll, dass die superprovisorische Anordnung nur wegfällt, wenn der Entscheid über das Massnahmebegehren definitiv ist, bzw. soweit er jedenfalls nicht durch die aufschiebende Wirkung provisorisch in Wegfall kommt.

6.4 Rückwirkung der aufschiebenden Wirkung

PETER VON SALIS ist der Ansicht, von der Geltung vorsorglicher Massnahmen auch im Rechtsmittelverfahren wäre auszugehen, wenn der erst nachträglich erteilte Suspensiveffekt ex tunc wirken würde. Alsdann werde die Rechtskraft und Vollstreckbarkeit des angefochtenen Entscheids rückwirkend gehemmt, gelte also als nie eingetreten. Das habe zur Folge, dass die im Prozess vor der Vorinstanz bestehende vorsorgliche Massnahme als nie weggefallen betrachtet werden müsse.[34]

---

[32] Entscheid des Kassationsgerichts vom 2. Februar 1995 im Verfahren 94/379 Z, Erwägung II. 4; vgl. auch GUIDO VON CASTELBERG, a.a.O., S. 300.
[33] Vgl. dazu § 110 Abs. 2 ZPO.
[34] PETER VON SALIS, a.a.O., S. 105.

Das Kassationsgericht hat in einem Entscheid vom 11. März 1997 eine Rückwirkung der aufschiebenden Wirkung verneint.[35] GUIDO VON CASTELBERG kommt demgegenüber zum Ergebnis, selbst wenn Härtefälle entstehen könnten, dürfe für die grosse Mehrzahl der Fälle die Rückwirkung des Suspensiveffekts auf den Zeitpunkt des angefochtenen Entscheids ohne Bedenken bejaht werden. Es kann auf die eingehende Begründung von GUIDO VON CASTELBERG verwiesen werden. Hervorzuheben ist m.E. aus der Begründung von GUIDO VON CASTELBERG, dass Härtefälle namentlich entstehen können, weil eine Partei glaubt, in einem bestimmten Zeitpunkt zu einem Handeln berechtigt zu sein, das sich wegen Rückwirkung der aufschiebenden Wirkung dann aber nachträglich als unerlaubt erweist. GUIDO VON CASTELBERG führt aber zu Recht aus, dass den Parteien in der Regel bekannt ist, dass noch ein Rechtsmittel erhoben werden kann und der Bestand des Entscheids deshalb noch unsicher ist. Vor allem aber zeigt GUIDO VON CASTELBERG auf, dass für eine Rückwirkung spricht, dass der Suspensiveffekt eine Einrichtung darstellt, die darauf ausgerichtet ist, die Verwirklichung des materiellen Rechts zu gewährleisten. Ohne Not einen Zeitraum entstehen zu lassen, wo mangels Rückwirkung der Suspensiveffekt nicht gelte, widerspreche dem Sinn dieser Einrichtung.[36] Im Entscheid des Kassationsgerichts vom 11. März 1997 ging es darum, dass eine Kautionsauflage in einem Berufungsverfahren beim Kassationsgericht angefochten wurde und der gegen die Kautionsauflage erhobenen Nichtigkeitsbeschwerde erst aufschiebende Wirkung erteilt wurde, als die Vorinstanz bereits wegen Unterlassung der Kautionsleistung auf die Berufung nicht eingetreten war. Das Kassationsgericht kam zum Ergebnis, dass die Vorinstanz zu Recht nicht auf die Berufung eingetreten sei; es verneinte also eine Rückwirkung der aufschiebenden Wirkung. Ob dies in dieser besonderen Situation richtig war, braucht nicht weiter untersucht zu werden. Jedenfalls aber scheinen mir die Argumente von GUIDO VON CASTELBERG überzeugend.

Im übrigen ist m.E. die Frage der Rückwirkung der aufschiebenden Wirkung für das Problem, ob durch die aufschiebende Wirkung der Zustand vor dem Erlass des beim Kassationsgericht angefochtenen Entscheids gilt, auch nicht entscheidend. Es besteht nicht nur die Möglichkeit, dass der Zustand vor dem Erlass des beim Kassationsgericht angefochtenen Entscheids lückenlos weiterbesteht, sondern auch diejenige, dass dieser Zustand nach einem Unterbruch wiederauflebt.

---

[35] Entscheid des Kassationsgerichts vom 11.3.1997, im Verfahren 96/263 Z, Erw. IV.
[36] GUIDO VON CASTELBERG, a.a.O., S. 291–295.

6.5 Wiederaufleben der aufschiebenden Wirkung nach Rückweisung durch die obere Rechtsmittelinstanz

Hebt das Bundesgericht einen Erledigungsentscheid des Kassationsgerichts auf, so lebt die im vorausgehenden Kassationsverfahren verliehene aufschiebende Wirkung wieder auf.[37]

Die Verleihung des Suspensiveffekts durch die zweite Rechtsmittelinstanz und die Gutheissung des zweiten Rechtsmittels durch die obere Rechtsmittelinstanz haben in zwei Richtungen die gleiche Wirkung. In beiden Situationen gilt der Endentscheid der ersten Rechtsmittelinstanz einstweilen nicht. In beiden Fällen ist zudem unsicher, ob der erste Endentscheid der unteren Rechtsmittelinstanz im Ergebnis später nicht doch wieder gilt.

Zwischen den beiden Fällen besteht folgender Unterschied: Bei der aufschiebenden Wirkung hängt es vom Endentscheid der oberen Rechtsmittelinstanz (bei Rückweisung vom Entscheid der oberen und dem neuen Entscheid der unteren Rechtsmittelinstanz) ab, ob der ursprüngliche Entscheid der ersten Rechtsmittelinstanz im Ergebnis später wieder gilt. Nach einer Rückweisung durch die obere Rechtsmittelinstanz hängt es vorerst vom neuen Entscheid der unteren Rechtsmittelinstanz ab, ob wieder gleich entschieden wird wie im ersten Entscheid der unteren Rechtsmittelinstanz. Da dieser neue Entscheid der ersten Rechtsmittelinstanz wieder angefochten werden kann, ist aber auch in dieser Situation unter Umständen zusätzlich ein weiterer Entscheid der zweiten Rechtsmittelinstanz von Bedeutung.

Aus den angeführten Gründen spricht das Wiederaufleben der aufschiebenden Wirkung bei der Rückweisung durch die obere Rechtsmittelinstanz dafür, bei der Erteilung der aufschiebenden Wirkung durch die obere Rechtsmittelinstanz den Zustand vor dem ersten Entscheid der unteren Rechtsmittelinstanz wiederaufleben zu lassen.

---

[37] GUIDO VON CASTELBERG, a.a.O., S. 300; ZR 83 Nr. 30.

Dieter Zobl

Zum Verhältnis Besitzesschutz und Rechtsschutz*, 1

Inhalt

I. Gesetzliche Grundlagen
   1. Vindikation, Besitzesentziehungs- und Fahrnisklage
   2. Negatorienklage und Besitzesstörungsklage
II. Aktivlegitimation
   1. Bei der Vindikation, Besitzesentziehungs- und Fahrnisklage
   2. Bei der Negatorien- und Besitzesstörungsklage
III. Passivlegitimation
   1. Bei der Vindikation, Besitzesentziehungs- und Fahrnisklage
   2. Bei der Negatorien- und Besitzesstörungsklage
IV. Die Einreden und Einwendungen des Beklagten
   1. Bei der Vindikation, Besitzesentziehungs- und Fahrnisklage
   2. Bei der Negatorien- und Besitzesstörungsklage
V. Verfahrensrechtliches
   1. Rechtsnatur der verschiedenen Klagen
   2. Verfahren
   3. Gerichtsstand
VI. Schlussfolgerungen

---

* Meinem Assistenten, Herrn lic.iur. Jurij Benn, spreche ich für die Kontrolle des wissenschaftlichen Apparates meinen besten Dank aus.
[1] Literatur: Stark E. W., Berner Kommentar; Sachenrecht, Der Besitz, Art. 919–941 ZGB, (2. A., Bern 1984); Homberger A., Zürcher Kommentar; Besitz und Grundbuch (2. A., Zürich 1938); Liver P., Zürcher Kommentar; Die Dienstbarkeiten und Grundlasten (Art. 730–792 ZGB), Bd. 1: Die Grunddienstbarkeiten (2. A., Zürich 1980); derselbe, Das Eigentum, in: Schweizerisches Privatrecht, Bd. V/1 (Basel/Stuttgart 1977), 1 ff.; Hinderling H., Der Besitz, in: Schweiz. Privatrecht, Bd. V/1 (Basel/Stuttgart 1977), 403 ff.; Tuor P./Schnyder B./Schmid J., Das Schweizerische Zivilgesetzbuch (11. A., Zürich 1995), 597 ff.; Rey H., Die Grundlagen des Sachenrechts und das Eigentum; Grundriss des schweizerischen Sachenrechts, Bd. I (Bern 1991); Simonius P./Sutter T., Schweizerisches Immobiliarsachenrecht, Bd. I.: Grundlagen, Grundbuch und Grundeigentum (Basel 1995); Zobl D., Berner Kommentar; Das Fahrnispfand, Systematischer Teil und Art. 884–887 ZGB (2. A., Bern 1982); MünchKomm/Joost D., Münchener Kommentar zum Bürgerlichen Gesetzbuch, Bd. 4, Sachenrecht (3. A., München 1997), Bem. zu §§

303

Je länger man sich mit dem Besitzesrecht befasst, desto mehr wird einem bewusst, wie viele Unebenheiten in diesem Rechtsgebiet zu verzeichnen sind. Nicht nur der Besitzesbegriff ist Gegenstand zahlreicher Kontroversen[2]; auch die Abgrenzung des petitoriums vom possessorium ist bei näherer Betrachtung alles andere als klar. Da es ein stetes Anliegen des Jubilars ist, die Nachvollziehbarkeit der Rechtsprechung sicherzustellen, soll mit dem vorliegenden Beitrag versucht werden, in die zum Teil schwierigen Abgrenzungsfragen zwischen possessorium und petitorium Licht zu bringen. Vor allem geht es darum, die wesentlichen Merkmale dieser verschiedenen Klagen nach systematischen Kriterien herauszukristallisieren und sie einander gegenüber zu stellen. Die Fragestellung ist auch darauf ausgerichtet, ob es bei den possessorischen Klagen gemäss weit verbreiteter Ansicht wirklich nur darum geht, besitzesrechtliche Gesichtspunkte zu berücksichtigen oder ob auch petitorische Momente Beachtung finden.

So wird in der Literatur z.T. apodiktisch festgehalten, es handle sich bei der Besitzesstörungsklage um eine solche rein possessorischer Natur; die Trennung von Rechtsstreit und Besitzesstreit sei hier streng durchgeführt; so könne der Beklagte ein liquides Recht, z.B. den vertraglichen Anspruch auf Befahren des nachbarlichen Grundstückes, nicht einredeweise geltend machen[3]. Dagegen könne der Beklagte einwenden, es liege keine verbotene Eigenmacht vor, weil er vertraglich zum Befahren des nachbarlichen Grundstückes ermächtigt sei[4]. Zeigt dies nun nicht, dass trotz des angeblich rein possessorischen Charakters der Klage gleichwohl petitorische Elemente einbezogen werden können und dass damit von einer rein possessorischen Auseinandersetzung nicht gesprochen werden kann[5]? Diesen Fragen soll im folgenden nachgegangen werden.

---

854 ff. BGB; SOERGEL/MÜHL O., Kommentar zum Bürgerlichen Gesetzbuch, Bd. 6, Sachenrecht, (12. A., Stuttgart/Berlin/Köln 1989), Bem. zu §§ 854 ff. BGB; STAUDINGER/BUND E., Kommentar zum Bürgerlichen Gesetzbuch, Drittes Buch, Sachenrecht (13. A., Berlin 1995). Bem. zu §§ 854 ff. BGB; HEDINGER M. P., System des Besitzrechts, ASR Nr. 493 (Bern 1985); derselbe, Über Publizitätsdenken im Sachenrecht, ASR Nr. 507 (Bern 1987); MEIER I., Grundlagen des einstweiligen Rechtsschutzes (Habil. Zürich 1983), insb. 115 ff.; NIGGLI W., Der Besitz – ein ungeklärter Grundbegriff des schweizerischen Sachenrechts (Diss. Zürich 1992, Basel/Frankfurt a.M. 1993); SCHÖBI F., Der Besitzesschutz (Art. 926–929 ZGB) (Diss. Bern 1986, Bern 1987); WEBER F., Die Besitzesschutzklagen, insbesondere ihre Abgrenzung von den petitorischen Klagen (Diss. Freiburg i. Ue. 1975). – Rechtsvergleichend zur Besitzesrechtsklage vgl. HÖRER B., Die Besitzrechtsklage, Klagegrundlage und Praktikabilität; eine Untersuchung zum deutschen und schweizerischen Recht, Schriften zum Bürgerlichen Recht (Bd. 11, Berlin 1974).

[2] Vgl. statt vieler die Abhandlung von NIGGLI (zit. Anm. 1) passim mit zahlreichen Hinweisen.
[3] STARK (zit. Anm. 1), Art. 928 N. 2.
[4] STARK (zit. Anm. 1), Art. 928 N. 3.
[5] Kritisch auch SCHÖBI (zit. Anm. 1), 29 f.

I. Gesetzliche Grundlagen

1. Vindikation, Besitzesentziehungs- und Fahrnisklage

a) Gemäss Art. 641 II ZGB hat der *Eigentümer* das Recht, die Sache von jedem, der sie ihm vorenthält, herauszuverlangen (Vindikation). Der praktische Anwendungsbereich der Vindikationsklage bezieht sich namentlich auf bewegliche Sachen; allerdings spielt dort die Fahrnisklage die weit grössere Rolle[6]. Bei Grundstücken steht dagegen die Grundbuchberichtigungsklage (Art. 975 ZGB) im Vordergrund[7].

b) Wer einem andern eine Sache durch verbotene Eigenmacht entzogen hat, ist verpflichtet, sie dem klagenden *Besitzer* zurückzugeben, auch wenn er ein besseres Recht auf die Sache behauptet (Klage aus Besitzesentziehung, Art. 927 I ZGB)[8]. Wenn aber der Beklagte sofort sein besseres Recht nachweist und auf Grund desselben dem Kläger die Sache wieder abverlangen könnte, so kann er die Rückgabe verweigern (Art. 927 II ZGB)[9]. Im übrigen geht die Klage auf Rückgabe der Sache und Schadenersatz (Art. 927 III ZGB)[10]. Sodann steht die *Besitzesentziehungsklage* unter dem Vorbehalt von Art. 929 ZGB; darnach ist die Klage vom sofortigen Handeln des Verletzten abhängig und unterliegt zudem einer Verwirkungsfrist[11] von einem Jahr, die mit der Entziehung der Sache zu laufen beginnt.

c) Sodann ist die in Art. 934 und Art. 936 ZGB geregelte *Fahrnisklage* zu beachten. Darnach kann der *Besitzer* einer unfreiwillig abhanden gekommenen Sache diese während fünf Jahren jedem Empfänger abfordern (Art. 934 ZGB); von einem bösgläubigen Erwerber kann der frühere gutgläubige Besitzer die Sache jederzeit herausverlangen (Art. 936 I/II ZGB)[12].

---

[6] MEIER-HAYOZ A., Berner Kommentar; Das Eigentum, Systematischer Teil und Allgemeine Bestimmungen, Art. 641–654 ZGB (5. A., Bern 1981), Art. 641 N. 55; REY (zit. Anm. 1), N. 2035.

[7] MEIER-HAYOZ (zit. Anm. 6), Art. 641 N. 55; REY (zit. Anm. 1), N. 2036; SIMONIUS/SUTTER (zit. Anm. 1), § 7 N. 48.

[8] STARK (zit. Anm. 1) und HOMBERGER (zit. Anm. 1), je zu Art. 927.

[9] STARK (zit. Anm. 1), Art. 927 N. 18; HOMBERGER (zit. Anm. 1), Art. 927 N. 14.

[10] STARK (zit. Anm. 1), Art. 927 N. 26 ff; HOMBERGER (zit. Anm. 1), Art. 927 N. 24.

[11] So die h.L.; STARK (zit. Anm. 1), Art. 929 N. 10; HOMBERGER (zit. Anm. 1), Art. 929 N. 2; a.M. VON TUHR A./ESCHER A., Allgemeiner Teil des Schweizerischen Obligationenrechts, Band II (3. A. Zürich 1974), 213. Vgl. auch SIMONIUS/SUTTER (zit. Anm. 1) § 9 Anm. 72 mit Hinweisen.

[12] STARK (zit. Anm. 1), Vorbem. zu Art. 930–937 N. 35 ff; HOMBERGER (zit. Anm. 1), Art. 934 N. 1 ff., Art. 936 N. 1 ff. Zur Besitzesrechtsklage im einzelnen vgl. SCHMIDLIN B., Zur Bedeutung des Besitzes in der Besitzrechtsklage, ZSR 1968 I 141 ff.; RUSCONI B., L'action pétitoire fondée sur la possession (Diss. Lausanne 1958); HINDERLING H., Der Anwendungsbereich der Besitzrechtsklage (Basel 1966).

2. Negatorienklage und Besitzesstörungsklage

a) Der *Eigentümer* einer Sache hat gemäss Art. 641 II ZGB das Recht, jede ungerechtfertigte Einwirkung auf die Sache abzuwehren (actio negatoria, Eigentumsfreiheitsklage)[13]. Die *Negatorienklage* dient dem Schutz des Eigentümers gegen jede Beeinträchtigung seines Rechts, die nicht in der Vorenthaltung des Besitzes besteht[14].

b) Nach Art. 928 I ZGB kann der *Besitzer*, dessen Besitz durch verbotene Eigenmacht gestört wird, gegen den Störenden Klage erheben, auch wenn dieser ein Recht zu haben behauptet[15]. Die *Besitzesstörungsklage* geht auf Beseitigung der Störung, Unterlassung fernerer Störung und Schadenersatz (Art. 928 II ZGB)[16]. Gleich wie bei der Besitzesentziehungsklage sind auch hier die Schranken von Art. 929 ZGB (sofortiges Handeln, einjährige Verwirkungsfrist[17]) zu beachten.

II. Aktivlegitimation

1. Bei der Vindikation, Besitzesentziehungs- und Fahrnisklage

a) Aktivlegitimiert zur Geltendmachung der *Eigentumsklage* (Vindikation) ist der nicht (mehr) unmittelbar besitzende *Eigentümer*[18]. *Klagefundament bildet somit das Eigentum*[19]. Beschränkt dinglich Berechtigte, wie etwa der Pfandgläubiger oder der Nutzniesser, machen der Vindikation entsprechende dingliche Herausgabeansprüche geltend[20].

---

[13] MEIER-HAYOZ (zit. Anm. 6), Art. 641 N. 89; REY (zit. Anm. 1), N. 2043.
[14] Zur praktischen Bedeutung vgl. REY (zit. Anm. 1), N. 2048 ff.
[15] STARK (zit. Anm. 1), Art. 928 N. 1 ff.; HOMBERGER (zit. Anm. 1), Art. 928 N. 1.
[16] STARK (zit. Anm. 1), Art. 928 N. 38 ff.; HOMBERGER (zit. Anm. 1), Art. 928 N. 17.
[17] Vgl. oben Anm. 11.
[18] MEIER-HAYOZ (zit. Anm. 6), Art. 641 N. 54; HAAB R./SIMONIUS A./SCHERRER W./ZOBL D., Zürcher Kommentar; Das Eigentum, Art. 641–729 ZGB (2. A., Zürich 1977), Art. 641 N. 34; REY (zit. Anm. 1), N. 2032.
[19] HAAB/SIMONIUS/SCHERRER/ZOBL (zit. Anm. 18), Art. 641 N. 35.
[20] MEIER-HAYOZ (zit. Anm. 18), Art. 641 N. 57; ZOBL (zit. Anm. 1), Syst. Teil N. 840 ff. je m.w.B.

b) Zur *Besitzesentziehungsklage* ist der *bisherige Besitzer*, dem der Besitz entzogen wurde, aktivlegitimiert. *Klagefundament bildet damit der durch verbotene Eigenmacht entzogene Besitz des Klägers*[21].

c) Bei der *Fahrnisklage* (Art. 934 und 936 ZGB) ist ebenfalls der bisherige nicht bösgläubige *Besitzer*, dessen Recht aufgrund seines früheren Besitzes vermutet wird, aktivlegitimiert[22]. Klagefundament ist entweder der *unfreiwillige Besitzverlust* des Klägers (Art. 934 ZGB) oder der *bösgläubige Erwerb* des Beklagten (Art. 936 ZGB)[23]. Umstritten ist die Frage, ob die Besitzesrechtsklage auch dann zum Ziel führt, wenn der Kläger zwar selbst gutgläubig ist, aber selber kein Recht auf Besitz erworben hat[24].

2. Bei der Negatorien- und Besitzesstörungsklage

a) Aktivlegitimiert zur Geltendmachung der *Negatorienklage* ist der Eigentümer; die Aktivlegitimation hängt somit vom Nachweis des Eigentums des Klägers ab; Klagefundament bildet eine ungerechtfertigte Einwirkung auf dessen Eigentum[25]. Bei beschränkten dinglichen Rechten steht dem Berechtigten ein der actio negatoria analoges dingliches Abwehrrecht zu[26].

---

[21] Art. 927 I ZGB; STAUDINGER/BUND (zit. Anm. 1), § 861 BGB N. 2; SOERGEL/MÜHL (zit. Anm. 1), § 861 BGB N. 2. – Der Besitzdiener ist nicht aktivlegitimiert (HINDERLING [zit. Anm. 1] 452; z.T. a.M. STARK [zit. Anm. 1], Art. 919 N. 39).

[22] ZR 1992/1993 Nr.75, 270. – Vgl. hiezu SCHMIDLIN (zit. Anm. 12), 144 ff.; RUSCONI (zit. Anm. 12), 121 ff., 160 ff. – Dabei spielt es keine Rolle, ob der bisherige Besitzer über selbständigen oder unselbständigen Besitz verfügte (BGE 109 II 206; REY [zit. Anm. 1], N. 2032).

[23] STARK (zit. Anm. 1), Vorbem. zu Art. 930–937 N. 39 a.E. Zu Art. 936 ZGB vgl. etwa BGE 122 III 2 f., 109 II 202 ff.

[24] Zu denken ist etwa an den Fall, dass der Kläger die Sache gefunden hat, die Ersitzungsfrist aber noch nicht abgelaufen ist (für weitere Beispiele vgl. SCHMIDLIN [zit. Anm. 12], 143, 144 ff.). – Da die Frage durch das Gesetz nicht expressis verbis beantwortet wird, eine Antwort aber notwendig erscheint, ist vom Vorliegen einer echten Gesetzeslücke auszugehen, die modo legislatoris zu füllen ist (Art. 1 II/III ZGB, vgl. generell zur Lückenfüllung MEIER-HAYOZ A., Berner Kommentar; Einleitung, Art. 1–10 ZGB [Bern 1962], Art. 1 N. 311 ff., sowie neuestens und mit teilweise a.M. ZGB-MAYER-MALY T. Art. 1 N. 37 ff., in: Kommentar zum Schweizerischen Privatrecht; Zivilgesetzbuch I, Art. 1–359 ZGB, hg. von HONSELL H./VOGT N. P./GEISER T. [Basel 1996]). Dabei ist auf die Interessenlage abzustellen. Massgebend ist in diesem Zusammenhang die Schutzwürdigkeit der Parteien. Je nachdem, ob gestützt auf eine umfassende Interessenabwägung der Kläger oder der Beklagte schutzwürdiger ist, ist die Klage gutzuheissen oder abzuweisen; ähnlich HINDERLING (zit. Anm. 12), 22 f., 26 f., 30; dazu auch SCHMIDLIN (zit. Anm. 12), 158 f.

[25] MEIER-HAYOZ (zit. Anm. 6), Art. 641 N. 89; REY (zit. Anm. 1), N. 2043.

[26] MEIER-HAYOZ (zit. Anm.6), Art. 641 N. 93; LIVER (zit. Anm. 1), Einleitung zum Dienstbarkeitskommentar N. 74 ff., Art. 737 N. 180 ff., 190 f.; REY (zit. Anm. 1), N. 2057; ZOBL (zit. Anm. 1), Syst. Teil N. 840 ff.

b) Für die Aktivlegitimation bezüglich der *Besitzesstörungsklage* genügt der Nachweis der Störung der tatsächlichen Herrschaft mittels verbotener Eigenmacht durch den Beklagten, was gleichzeitig auch das Klagefundament bildet[27]. Die Besitzesstörungsklage steht somit dem Besitzer schlechthin offen, gleichgültig, auf welchem Rechtsgrund sein Besitz beruht. Der Kreis der potentiellen Kläger ist somit entschieden grösser als bei der Negatorienklage.

III. Passivlegitimation

1. Bei der Vindikation, Besitzesentziehungs- und Fahrnisklage

a) Die *Vindikationsklage* richtet sich gegen den im Verhältnis zum Kläger (Eigentümer) im Zeitpunkt der Klageanhebung unselbständigen Besitzer, wobei es keine Rolle spielt, ob dieser über unmittelbaren oder bloss mittelbaren Besitz verfügt[28]. Der Besitzdiener ist nach vorherrschender Ansicht nicht passivlegitimiert[29].

b) Bei der *Besitzesentziehungsklage* ist in erster Linie der Täter der verbotenen Eigenmacht passivlegitimiert[30]. Passivlegitimiert sind sodann die Universalsukzessoren des Täters der verbotenen Eigenmacht sowie allfällige bösgläubige Singularsukzessoren[31].

c) Die *Fahrnisklage* richtet sich gegen diejenigen Personen, die im Zeitpunkt der Klageanhebung im Besitz der Sache sind[32]. Ob die Klage auch gegen den

---

[27] Art. 928 I ZGB; MEIER-HAYOZ (zit. Anm. 6), Art. 641 N. 89; STARK (zit. Anm. 1), Vorbem. zu Art. 926–929 N. 6 ff. zur tatsächlichen Herrschaft.

[28] MEIER-HAYOZ (zit. Anm. 6), Art. 641 N. 60; REY (zit. Anm. 1), N. 2041.

[29] MEIER-HAYOZ (zit. Anm. 6), Art. 641 N. 60; offen gelassen bei HAAB/SIMONIUS/SCHERRER/ZOBL (zit. Anm. 18), Art. 641 N. 34.

[30] STARK (zit. Anm. 1), Art. 927 N. 3; HOMBERGER (zit. Anm. 1), Art. 927 N. 6.

[31] § 858 II BGB analog; so STARK (zit. Anm. 1), Art. 927 N. 4 und 5 m.w.B.; HINDERLING (zit. Anm. 1), 454; a.M. HOMBERGER (zit. Anm. 1), Art. 927 N. 8, der angesichts des Gesetzeswortlauts bösgläubige Singularsukzessoren von der Passivlegitimation ausschliesst und eine Analogie zu § 858 II BGB entschieden ablehnt. Zu § 858 II BGB im einzelnen vgl. STAUDINGER/BUND (zit. Anm. 1), § 858 BGB N. 58 ff.; SOERGEL/MÜHL (zit. Anm. 1), § 858 BGB N. 27 ff.; MÜNCHKOMM/ JOOST (zit. Anm. 1), § 858 BGB N. 14 ff.

[32] STARK (zit. Anm. 1), Art. 934 N. 10; HOMBERGER (zit. Anm. 1), Art. 934 N. 12.

blossen Besitzdiener angehoben werden kann, ist umstritten; die Frage wird von STARK bejaht[33], von HINDERLING dagegen verneint[34].

2. Bei der Negatorien- und Besitzesstörungsklage

a) Passivlegitimiert bei der *Negatorienklage* ist der Störer; ein Verschulden wird nicht vorausgesetzt[35].

b) Bei der *Besitzesstörungsklage* ist der Störer bzw. dessen Universalsukzessor – nicht aber der Singularsukzessor – passivlegitimiert[36].

IV. Die Einreden und Einwendungen des Beklagten

Ob es sich bei den vom Beklagten vorgebrachten Verteidigungsmitteln (Einreden im weiteren Sinne)[37] um Einreden im technischen Sinne oder um Einwendungen handelt, bedarf der Beurteilung im Einzelfall[38]. Eine Einwendung liegt dann vor, wenn der Beklagte die vom Kläger zur Begründung seines Standpunktes vorgebrachten Tatsachen bestreitet oder wenn er Tatsachen vorbringt, aus denen sich ergibt, dass das Recht des Klägers nicht entstanden (rechtshindernde Einwendungen)[39] oder erloschen ist (rechtsaufhebende Einwendungen)[40,41]. Bei den Einreden handelt es sich demgegenüber um subjektive Rechte, welche es dem Beklagten gestatten, die an sich geschuldete Leistung zu verweigern[42,43].

---

[33] STARK (zit. Anm. 1), Art. 934 N. 10.
[34] HINDERLING (zit. Anm. 1), 503.
[35] BGE 111 II 24, 101 II 249, 100 II 309, 40 II 29; zum Begriff des Störers vgl. MEIER-HAYOZ (zit. Anm. 6), Art. 641 N. 96; REY (zit. Anm. 1), N. 2058.
[36] STARK (zit. Anm. 1), Art. 928 N. 10 ff m.w.B.
[37] Wenn im folgenden von Einreden gesprochen wird, kann es sich dabei um Einreden im technischen Sinne oder um Einwendungen handeln.
[38] Zu den Begriffen Einrede im technischen Sinn und Einwendung vgl. statt vieler: VON TUHR A./ PETER H., Allgemeiner Teil des Schweizerischen Obligationenrechts, Bd. I (3. A. Zürich 1974/79), 27 ff.
[39] Der Beklagte macht geltend, dass der Kläger gar nie Eigentümer der Sache war.
[40] Der Beklagte behauptet, dass der Kläger das Eigentum bereits auf den Beklagten (ev. an einen Dritten) übertragen habe.
[41] VON TUHR/PETER (zit. Anm. 38), 27.
[42] VON TUHR/PETER (zit. Anm. 38), 27 f.
[43] Der Beklagte beruft sich z.B. auf ein Retentionsrecht, welches ihm die Zurückbehaltung der Sache erlaubt und dem Herausgabeanspruch des Klägers entgegensteht.

1. Bei der Vindikation, Besitzesentziehungs- und Fahrnisklage

a) Bei der rei vindicatio hat der Beklagte die Möglichkeit, *sämtliche Einreden und Einwendungen* zu erheben, die dem Herausgabeanspruch entgegenstehen[44]. Diese können dinglicher oder obligatorischer Natur sein. Dinglicher Natur ist etwa die Einrede, dem Beklagten stehe an der vindizierten Sache ein Faustpfand- oder Retentionsrecht zu oder er sei zur Nutzniessung an der vindizierten Sache berechtigt[45]. Als obligatorische Einrede kommt etwa jene der Miete in Betracht. Dies z.B. dann, wenn der Mieter sein Mietrecht vom vindizierenden Eigentümer direkt ableitet. Besteht der Mietvertrag aber nicht zwischen dem unmittelbaren Besitzer und dem Eigentümer, sondern zwischen jenem und einem Dritten, so hängt der Erfolg der Vindikationsklage davon ab, ob der mit dem Eigentümer nicht identische Vermieter gegenüber diesem zur Vermietung und damit zur Überlassung des Besitzes an Dritte befugt ist[46].

Ist der Beklagte Käufer der in Frage stehenden Sache und hat er diese dem Verkäufer (Eigentümer) ohne dessen Zustimmung eigenmächtig entzogen, so liegt kein gültiger Eigentumsübergang vor. Es fehlt an einem wirksamen Verfügungsgeschäft. Trotz des obligatorischen Anspruches des Beklagten auf Eigentumsübertragung ist dieser nicht Eigentümer geworden. Der Verkäufer kann die Sache somit beim Käufer vindizieren. Diesem steht an der Sache weder ein dingliches noch ein obligatorisches Recht zu, das ihm rechtmässigen Besitz vermittelt. Der Käufer ist folglich unrechtmässiger Besitzer; der Verkäufer als Eigentümer verfügt dagegen über ein besseres Recht zum Besitz[47].

b) Bei der *Besitzesentziehungsklage* (Art. 927 ZGB) ist die Rechtslage differenziert zu betrachten. Das Gesetz geht in Abs. 1 von Art. 927 ZGB grundsätzlich davon aus, dass der Beklagte die Sache auch dann zurückzugeben habe, wenn er «ein besseres Recht auf die Sache behauptet.» Aus dem Gesetzeswortlaut könnte man zunächst den Schluss ziehen, dass somit jegliche petitorischen Einreden und Einwendungen ausgeschlossen wären, dies mit der weiteren Argumentation, dass eben eine possessorische Streitigkeit vorliege. Eine solche Auffassung erscheint indessen zu eng. Vielmehr gilt folgendes:

---

[44] HAAB/SIMONIUS/SCHERRER/ZOBL (zit. Anm. 18), Art. 641 N. 35; MEIER-HAYOZ (zit. Anm. 6), Art. 641 N. 62 ff.

[45] MEIER-HAYOZ (zit. Anm. 6), Art. 641 N. 63; HAAB/SIMONIUS/SCHERRER/ZOBL (zit. Anm. 18), Art. 641 N. 35.

[46] Vgl. MEIER-HAYOZ (zit. Anm. 6), Art. 641 N. 64. Vgl. in diesem Sinne § 986 I BGB. Dazu etwa SOERGEL/MÜHL (zit. Anm. 1), § 986 BGB N. 4 f., mit Beispielen.

[47] Vgl. BGE 40 II 564; STARK (zit. Anm. 1), Vorbem. zu Art. 926–929 N. 36; HOMBERGER (zit. Anm. 1), Art. 926 N. 11.

α) *Der Beklagte hat nach allgemeinen Grundsätzen vorab die Möglichkeit, das Vorliegen des Tatbestandes einer Besitzesentziehung zu bestreiten.* Er kann somit geltend machen, dass einzelne Voraussetzungen einer Besitzesentziehung nicht erfüllt sind[48]. Dem Beklagten steht namentlich der Nachweis offen, dass *keine verbotene Eigenmacht* vorliegt[49]. Diese Einwendungsmöglichkeit ist im deutschen Recht in § 863 BGB ausdrücklich vorgesehen[50], wird aber auch im schweizerischen Recht anerkannt[51]. So kann der Beklagte einwenden, dass die Entziehung mit Einwilligung des Besitzers erfolgt oder kraft Gesetzes zulässig gewesen sei[52]. Die Zustimmung kann dabei ausdrücklich oder stillschweigend erteilt worden sein[53]. Gesetzliche Rechtfertigungsgründe stellen etwa Notwehr, Notstand, Nothilfe oder erlaubte Selbsthilfe dar[54]. In allen diesen Fällen fehlt es an der Voraussetzung der verbotenen Eigenmacht und damit am Tatbestand einer rechtlich relevanten Besitzesentziehung, weshalb der Besitzesentzug unter diesem Gesichtspunkt rechtens ist.

Daneben steht es dem Beklagten freilich auch offen, den Nachweis dafür zu erbringen, dass der Kläger bei Verübung der verbotenen Eigenmacht gar nicht Besitzer der entzogenen Sache gewesen ist, weshalb ihm die Aktivlegitimation fehlt[55]. Ferner kann sich der Beklagte auf den Standpunkt stellen, dass der Kläger, nachdem ihm der Besitzesentzug bekannt wurde, die Sache nicht sofort zurückgefordert habe oder dass die Klage verwirkt sei[56]. Damit wird eine andere Tatbestandsvoraussetzung der Besitzesentziehungsklage in Abrede gestellt. Schliesslich hat der Beklagte auch die Möglichkeit, seine Passivlegitimation zu bestreiten[57].

Aus diesen Beispielen wird ersichtlich, dass der Beklagte im geschilderten Rahmen befugt ist, u.a. auch petitorische Einreden zu erheben.

---

[48] SOERGEL/MÜHL (zit. Anm. 1), § 863 BGB N. 1, 3; MÜNCHKOMM/JOOST (zit. Anm. 1), § 863 BGB N. 2.
[49] So ausdrücklich § 863 BGB; STARK (zit. Anm. 1), Vorbem. zu Art. 926–929 N. 21 ff.; SOERGEL/MÜHL (zit. Anm. 1), § 863 BGB N. 3; STAUDINGER/BUND (zit. Anm. 1), § 863 BGB N. 5. Einzelheiten zum Begriff der verbotenen Eigenmacht bei WEBER (zit. Anm. 1), 39 ff.; MÜNCHKOMM/JOOST (zit. Anm. 1), § 858 BGB N. 2.
[50] Dazu SOERGEL/MÜHL (zit. Anm. 1) und STAUDINGER/BUND (zit. Anm. 1), je Bem. zu § 863 BGB.
[51] Vgl. etwa STARK (zit. Anm. 1), Vorbem. zu Art. 926–929 N. 21 ff; HOMBERGER (zit. Anm. 1), Art. 927 N. 12; WEBER (zit. Anm. 1), 52 ff., 39 ff.
[52] Vgl. generell SOERGEL/MÜHL (zit. Anm. 1), § 863 BGB N. 3; STAUDINGER/BUND (zit. Anm. 1), § 863 BGB N. 5; MÜNCHKOMM/JOOST (zit. Anm. 1), § 863 BGB N. 4.
[53] STARK (zit. Anm. 1), Vorbem. zu Art. 926–929 N. 26.
[54] STARK (zit. Anm. 1), Vorbem. zu Art. 926–929 N. 43 m.w.B.
[55] SOERGEL/MÜHL (zit. Anm. 1), § 863 BGB N. 3; MÜNCHKOMM/JOOST (zit. Anm. 1), § 863 BGB N. 3.
[56] Art. 929 I und II ZGB. Vgl. dazu auch oben S. 305.
[57] Dazu oben S. 308.

β) Weiter ist zu beachten, dass der Beklagte gemäss ausdrücklicher gesetzlicher Anordnung in Art. 927 II ZGB die Rückgabe der Sache auch dann verweigern kann, wenn er «sofort sein *besseres Recht nachweist* und auf Grund desselben dem Kläger die Sache wieder abverlangen könnte». Das deutsche Recht ist in diesem Zusammenhang etwas strenger. Gemäss § 864 II BGB erlöscht der Besitzesschutzanspruch nur dann, «wenn nach der Verübung der verbotenen Eigenmacht durch rechtskräftiges Urteil festgestellt wird, dass dem Täter ein Recht an der Sache zusteht, vermöge dessen er die Herstellung eines seine Handlungsweise entsprechenden Besitzstandes verlangen kann»[58]. Sowohl die schweizerische als auch die deutsche Lösung werden als Durchbrechungen des Grundsatzes, wonach petitorische Einwendungen im Besitzprozess ausgeschlossen sind, angesehen[59]; diese Ausnahmeregelung wird aber unter dem Gesichtspunkt der Prozessökonomie im allgemeinen begrüsst[60].

Beim besseren Recht des Beklagten auf Besitz kann es sich um ein dingliches oder obligatorisches Recht handeln[61]. Es kommen etwa folgende Fälle in Betracht:

Der Pfandgläubiger weigert sich, dem Verpfänder die Pfandsache zurückzugeben, obwohl das Pfandrecht erloschen ist. Deshalb bemächtigt sich der Verpfänder als Eigentümer der Sache eigenmächtig beim Pfandgläubiger. Da dieser die Sache dem Verpfänder ohnehin sofort wieder zurückgeben müsste, kann der letztere die Rückgabe verweigern.

Der Mieter gibt dem Vermieter die Mietsache zur Vornahme einer kleineren Reparatur zurück; dieser weigert sich anschliessend, die Mietsache dem Mieter erneut zur Verfügung zu stellen, obwohl der Mietvertrag gültig ist. Der Mieter bemächtigt sich der Sache beim Vermieter. Da der Mieter gegenüber dem Vermieter ein besseres Recht auf den unmittelbaren Besitz an der Sache hat, kann er diesem gegenüber die Rückgabe verweigern[62].

Anders zu beurteilen ist die Rechtslage dann, wenn sich der Käufer eigenmächtig in den Besitz der Kaufsache setzt, weil der Verkäufer dem Käufer den Kaufgegenstand vertragswidrig vorenthält[63]. Der Kaufvertrag räumt dem Käufer lediglich einen obligatorischen Anspruch auf Besitzübertragung ein, nicht aber einen solchen auf Wegnahme der Sache[64]. Da der Käufer in diesem Fall

---

[58] Dazu SOERGEL/MÜHL (zit. Anm. 1), § 864 BGB N. 1 ff.; STAUDINGER/BUND (zit. Anm. 1), § 864 BGB N. 6 ff.
[59] Vgl. STARK (zit. Anm. 1), Art. 927 N. 18 f.; SOERGEL/MÜHL (zit. Anm. 1), § 864 BGB N. 5.
[60] STARK (zit. Anm. 1), Art. 927 N. 19; SOERGEL/MÜHL (zit. Anm. 1), § 864 BGB N. 5; kritisch HINDERLING (zit. Anm. 1) 455; zweifelnd auch STAUDINGER/BUND (zit. Anm. 1), § 864 BGB N. 7.
[61] STARK (zit. Anm. 1), Art. 927 N. 20; HINDERLING (zit. Anm. 1), 455.
[62] STARK (zit. Anm. 1), Art. 934 N. 22.
[63] Vgl. dazu HINDERLING (zit. Anm. 1), 470, 455 Anm. 38; vgl. dazu auch oben Anm. 47.
[64] STARK (zit. Anm. 1), Vorbem. zu Art. 926–929 N. 36.

nicht Eigentümer der Sache geworden ist – es mangelt an einem gültigen Verfügungsgeschäft -, das Eigentum somit nach wie vor beim Verkäufer liegt, steht diesem folglich ein besseres Recht zum Besitz an der Sache zu. Gleich wie im Falle der Vindikation muss der Käufer auch hier die Sache dem Verkäufer zurückgeben. Eine Berufung auf Art. 2 II ZGB scheitert, weil das Faustrecht im schweizerischen Recht ausgeschlossen und die Zwangsvollstreckung staatlichen Organen vorbehalten ist.

Ferner ist darauf hinzuweisen, dass sich der Beklagte gemäss Art. 927 II ZGB nur dann auf sein besseres Recht berufen kann, wenn er in der Lage ist, dieses sofort nachzuweisen. Daraus wird eine Beschränkung in der Produktion, nicht aber in der Art der Beweismittel abgeleitet[65]. Diese Beschränkung ist bundesrechtlicher Art und gilt unabhängig davon, ob der Besitzesentziehungsprozess in einem summarischen oder ordentlichen Verfahren[66] durchgeführt wird. Auch im zuletzt genannten Fall darf das kantonale Recht für die petitorische Einrede des Beklagten die Beschränkung in der Produktion der Beweismittel nicht aufheben. Soweit das kantonale Zivilprozessrecht nichts Gegenteiliges anordnet, können aber die Parteien im gegenseitigen Einverständnis verlangen, dass auch über das Recht, welches der Beklagte geltend macht, definitiv – unter Zulassung sämtlicher Beweismittel – entschieden wird[67].

γ) Zusammenfassend ergibt sich somit, dass bei der Besitzesentziehungsklage die Klagebegründung rein possessorischer Natur ist, während es dem Beklagten offen steht, in recht umfassendem Rahmen petitorische Einreden zu erheben.

c) Die *Besitzesrechts- oder Fahrnisklage* kann dann erhoben werden, wenn die in Frage stehende bewegliche Sache[68] unfreiwillig abhanden gekommen oder wenn der Beklagte bösgläubiger Besitzer ist[69]. Während die Fahrnisklage gemäss Art. 934 I ZGB an eine fünfjährige Verwirkungsfrist[70] gebunden ist, kann die auf Art. 936 I ZGB gestützte Herausgabeklage jederzeit[71] erhoben werden. Die Fahrnisklage gehört nicht zum Besitzes-, sondern zum *Rechts-*

---

[65] STARK (zit. Anm. 1), Art. 927 N. 21 f.
[66] Zu den möglichen Verfahren vgl. MEIER (zit. Anm. 1), 117 ff.
[67] STARK (zit. Anm. 1), Art. 927 N. 24; vgl. auch HOMBERGER (zit. Anm. 1), Art. 927 N. 16. Nach kantonalem Recht ist auch die Frage zu beurteilen, ob das durch den Beklagten behauptete Recht *widerklageweise* geltend gemacht werden kann (STARK [zit. Anm. 1], Vorbem. zu Art. 926–929 N. 110).
[68] Nicht anwendbar ist die Besitzesrechtsklage bei Grundstücken; STARK (zit. Anm. 1), Vorbem. zu Art. 930–937 N. 37; TUOR/SCHNYDER/SCHMID (zit. Anm. 1), 613 a.E.
[69] Art. 934 und 936 ZGB.
[70] STARK (zit. Anm. 1), Art. 934 N. 28; HOMBERGER (zit. Anm. 1), Art. 934 N. 15.
[71] STARK (zit. Anm. 1), Art. 934 N. 28; HOMBERGER (zit. Anm. 1), Art. 934 N. 16, Art. 936 N. 4; TUOR/SCHNYDER/SCHMID (zit. Anm. 1) 618 f.

*schutz*⁷². Das Besitzesrecht wird hier in den Dienst des Rechtsschutzes gestellt; es bezweckt in diesem Zusammenhang den Schutz des subjektiven Rechtes, welches dem Besitz zugrunde liegt. Die Fahrnisklage soll letztlich dem besser Berechtigten zum Sieg verhelfen⁷³. Die Rechtsverfolgung soll mittels des Institutes der Fahrnisklage erleichtert werden⁷⁴. Welche Einreden stehen nun dem Beklagten zu? Dazu folgendes:

α) Der Beklagte kann zunächst geltend machen, dass

keine unfreiwillig abhanden gekommene Sache vorliegt (Art. 934 I ZGB);

die Rückgabe der Sache nur gegen Erlegung des bezahlten Preises verlangt werden könne, weil der Beklagte die Sache auf einer öffentlichen Versteigerung, auf dem Markt oder bei einem Kaufmann, der mit Waren der gleichen Art handelt, erworben habe (Art. 934 II ZGB)⁷⁵;

die Fünfjahresfrist von Art. 934 I ZGB abgelaufen und der Rückgabeanspruch damit verwirkt sei;

es sich bei den abhanden gekommenen Sachen um Geld oder Inhaberpapiere handle, die durch den Beklagten gutgläubig erworben worden seien (Art. 935 ZGB);

es sich beim zurückgeforderten Gegenstand um eine anvertraute Sache im Sinne von Art. 933 ZGB handle und der Beklagte beim Erwerb gutgläubig gewesen sei (Art. 936 I ZGB);

der Kläger die Sache selber bösgläubig erworben habe (Art. 936 II ZGB).

β) Weiter kann der Beklagte u.a. folgende Einreden erheben⁷⁶:

der Kläger sei im Zeitpunkt des Abhandenkommens nicht Besitzer der Sache gewesen;

der selbständige Besitzer, der dem Beklagten den Besitz übertragen hat, sei vom Eigentümer dazu ermächtigt gewesen⁷⁷;

der Beklagte sei an der in Frage stehenden Sache infolge originären Rechtserwerbs⁷⁸ Eigentümer geworden.

γ) Nicht zum Erfolg führt die Fahrnisklage auch dann, wenn der gutgläubige Beklagte infolge eines ungültigen Grundgeschäftes nicht Eigentümer der Sa-

---

[72] Vgl. die Marginalie zu Art. 930: «II. Rechtsschutz».
[73] So SCHMIDLIN (zit. Anm. 12), 143; TUOR/SCHNYDER/SCHMID (zit. Anm. 1), 621.
[74] STARK (zit. Anm. 1), Vorbem. zu Art. 930–937 N. 44.
[75] Näheres zum sog. Lösungsrecht: STARK (zit. Anm. 1), Art. 934 N. 35 ff.; HOMBERGER (zit. Anm. 1), Art. 934 N. 23 ff.; TUOR/SCHNYDER/SCHMID (zit. Anm. 1), 618.
[76] Vgl. auch STARK (zit. Anm. 1), Art. 934 N. 16 ff.
[77] STARK (zit. Anm. 1), Art. 934 N. 23.
[78] Z.B. Verarbeitung, Verbindung oder Vermischung, Art. 726/727 ZGB; STARK (zit. Anm. 1), Art. 934 N. 24.

che wurde[79]. In einem solchen Fall muss der Kläger von der Vindikationsklage Gebrauch machen; dies ist deshalb notwendig, weil die Voraussetzungen für die Fahrnisklage nicht gegeben sind: der Beklagte ist nicht bösgläubig, und es liegt keine unfreiwillig abhanden gekommene Sache vor[80]. Nach Ablauf der Fünfjahresfrist gemäss Art. 934 I ZGB ist aber auch die an sich unverjährbare Vindikationsklage nicht mehr zulässig; mit der Verwirkung der Fahrnisklage erwirbt der gutgläubige Erwerber an der unfreiwillig abhanden gekommenen Sache das Recht ex lege; dem früheren Berechtigten stehen keine Rechte aus früherem Besitz mehr zu[81].

δ) Zusammenfassend ergibt sich folgendes Bild: Während der Kläger schwergewichtig den unfreiwilligen Besitzesverlust bzw. die Bösgläubigkeit des Beklagten zu beweisen hat, steht diesem die Möglichkeit offen, die verschiedensten possessorischen und petitorischen Einreden und Einwendungen zu erheben, mit welchen er letztlich sein gegenüber dem Kläger «besseres Recht» verteidigen kann[82]. Es besteht hier keine Beschränkung in der Zulassung bzw. Produktion von Beweismitteln.

2. Bei der Negatorien- und Besitzesstörungsklage

a) Bei der *Negatorienklage* stehen dem Beklagten Einreden dinglicher oder obligatorischer Natur zu[83]. So kann sich dieser etwa auf den Standpunkt stellen, der von ihm vorgenommene Eingriff sei kraft einer Dienstbarkeit oder einer obligatorischen Berechtigung gestattet. Im übrigen deckt sich die Einredesituation sinngemäss mit derjenigen bei der Vindikationsklage[84].

b) Für die *Besitzesstörungsklage* bildet Art. 928 I ZGB den Ausgangspunkt. «Wird der Besitz durch verbotene Eigenmacht gestört, so kann der Besitzer gegen den Störenden Klage erheben, auch wenn dieser ein Recht zu haben behauptet.» Aus dieser Formulierung wird nun m.E. allzu schnell der Schluss gezogen, die Besitzesstörungsklage sei «rein possessorischer Natur»; die Trennung von Rechtsstreit und Besitzesstreit sei hier streng durchgeführt; Art. 928 enthalte die in Art. 927 II vorgesehene Möglichkeit des Beklagten, ein liquides

---

[79] Dies als Ausfluss des Kausalitätsprinzips; MEIER-HAYOZ (zit. Anm. 6), Syst. Teil, N. 88 ff.
[80] STARK (zit. Anm. 1), Vorbem. zu Art. 930–937 N. 47 m.w.B.
[81] BGE 120 II 195; STARK (zit. Anm. 1), Art. 934 N. 29 f., Vorbem. zu Art. 930–937 N. 47; SCHMIDLIN (zit. Anm. 12), 154 Anm. 29 mit zahlreichen weiteren Belegen.
[82] Vgl. hiezu auch SCHMIDLIN (zit. Anm. 12), 142 f. sowie passim.
[83] MEIER-HAYOZ (zit. Anm. 6), Art. 641 N. 110.
[84] Vgl. dazu oben S. 310.

Recht (z.B. den vertraglichen Anspruch auf Befahren des nachbarlichen Grundstückes) einredeweise geltend zu machen, nicht[85]. M.E. ist diese apodiktische Aussage über die Rechtsnatur der Besitzesstörungsklage stark zu relativieren. Darnach gilt vielmehr folgendes:

α) Voraussetzung zur Geltendmachung der Besitzesstörungsklage ist – gleich wie bei der Besitzesentziehungsklage – *verbotene Eigenmacht des Störenden*. Ist diese Voraussetzung nicht erfüllt, fehlt es an einer Klagegrundlage. Demzufolge muss es dem Beklagten nach allgemeinen Grundsätzen möglich sein, im Besitzesstörungsprozess die Einrede zu erheben, es liege keine verbotene Eigenmacht vor[86]. In diesem Zusammenhang kann der Beklagte z.B. geltend machen, das Überschreiten des nachbarlichen Grundstückes sei ihm aufgrund einer obligatorischen oder dinglichen Berechtigung (Dienstbarkeit)[87] gestattet; in einem solchen Fall liegt eine antizipierte Einwilligung des Beklagten in die Störung vor[88]. Trifft dies zu, entfällt die Voraussetzung der verbotenen Eigenmacht[89]. Die herrschende Lehre, insb. STARK, HOMBERGER und WEBER[90], vertritt die Auffassung, dass, wenn der Kläger dem Beklagten – entgegen der obligatorischen Gestattung – den Durchgang nachträglich verbietet und damit die ursprünglich erteilte Einwilligung[91] widerruft, verbotene Eigenmacht vorliege, sofern der vertraglich Berechtigte den Widerruf nicht beachte[92]. Diese Folgerung leiten die erwähnten Autoren daraus ab, dass die Einwilligung stets widerruflich sei[93]. Demgegenüber ist darauf hinzuweisen, dass die Literatur die Widerrufbarkeit der Einwilligung dann ausschliesst, wenn «es sich um einen Eingriff in eine Sacshe handelt und die Sache dem Eingriffsberechtigten übergeben ist»[94]. Überträgt man diesen zwar in erster Linie auf Fahrnis bezogenen Grundsatz sinngemäss auf ein obligatorisches Benutzungsrecht an einem

---

[85] So fast wörtlich STARK (zit. Anm. 1), Art. 928 N. 2; vgl. auch HOMBERGER (zit. Anm. 1), Art. 928 N. 13: Der Streit nach Art. 928 bleibe *grundsätzlich* immer Besitzesschutzprozess.
[86] So dann aber auch STARK (zit. Anm. 1), Art. 928 N. 3; ZR 1985 Nr. 95.
[87] Einzelheiten dazu bei LIVER (zit. Anm. 1), Art. 737 N. 146 ff.
[88] Vgl. ZR 1985 Nr. 95; WEBER (zit. Anm. 1), 44 f. – Der Dienstbarkeitsberechtigte, der in der Ausübung seines Rechtes durch den belasteten Grundeigentümer beeinträchtigt wird, kann sich seinerseits auf Besitzesschutz berufen (Einzelheiten dazu bei LIVER [zit. Anm. 1], Art. 737 N. 126 ff., 146 ff.).
[89] In diese Richtung tendiert auch BGE 83 II 141 ff, 146.
[90] STARK (zit. Anm. 1), Art. 928 N. 3; HOMBERGER (zit. Anm. 1), Art. 928 N. 13; WEBER (zit. Anm. 1), 44 f.
[91] Zur Rechtsnatur der Einwilligung vgl. statt vieler VON TUHR/PETER (zit. Anm. 38), 419, darnach wird die Einwilligung als einseitiges Rechtsgeschäft aufgefasst; a.M. HINDERLING (zit. Anm. 1), 450, der den rechtsgeschäftlichen Charakter der Einwilligung ablehnt.
[92] In der deutschen Doktrin gilt der Grundsatz, dass der Fortbestand einer einmal erteilten Zustimmung vermutet wird (MÜNCHKOMM/JOOST [zit. Anm. 1], § 858 BGB N. 7).
[93] Vgl. VON TUHR/PETER (zit. Anm. 38), 419.
[94] So VON TUHR/PETER (zit. Anm. 38), 419.

Grundstück, so ist die Sache dem Berechtigten dann übergeben, wenn dieser von seinem Recht mit Einwilligung des Belasteten erstmals tatsächlich Gebrauch gemacht hat[95]. Ab diesem Zeitpunkt verfügt auch der bloss obligatorisch Berechtigte über Besitz am belasteten Grundstück[96]. Ein nachträglicher einseitiger Widerruf der Einwilligung ist daher in solchen Fällen unzulässig und damit unwirksam[97]. Aus diesen Überlegungen folgt, dass es auch im Rahmen des Besitzesstörungsprozesses zulässig ist, im Zusammenhang mit der Thematik der verbotenen Eigenmacht petitorische Elemente in den Prozess einzuführen. Daneben kann der Beklagte aber auch das Vorhandensein weiterer Voraussetzungen der verbotenen Eigenmacht bzw. des Besitzesschutzes bestreiten[98].

β) Während somit petitorische Einreden und Einwendungen dann zulässig sind, wenn sie im Zusammenhang mit der verbotenen Eigenmacht vorgebracht werden, sind sie gemäss dem Wortlaut von Art. 928 ZGB in allen andern Fällen nicht zu hören. Besteht also z.B. ein gültiger Vertrag auf Bestellung eines Wohnrechtes[99], ist dieses aber im Grundbuch noch nicht eingetragen, so steht dem aus dem Vertrag Berechtigten noch kein Benutzungsrecht an der Wohnung zu; das Wohnrecht ist sachenrechtlich betrachtet noch nicht konstituiert[100]. Benutzt er diese dennoch, liegt eine Besitzesstörung vor. Der Störer kann hier nicht einredeweise geltend machen, es stehe ihm ein Anspruch auf Benützung der Wohnung zu. Der vertragliche Anspruch des Störers richtet sich vielmehr auf die Vornahme des Verfügungsgeschäftes, also auf Eintragung des Wohnrechtes als Dienstbarkeit im Grundbuch[101].

γ) *Beweispflichtig* für den Ausschluss der verbotenen Eigenmacht ist nach allgemeinen Grundsätzen der Beklagte (Störer)[102].

---

[95] Ähnlich ist die Rechtslage bei den Grunddienstbarkeiten, dazu LIVER (zit. Anm. 1), Art. 737 N. 126 ff., insb. 139 m.w.B.; auch STARK (zit. Anm. 1), Art. 928 N. 5; BGE 94 II 348 ff.
[96] Vgl. LIVER (zit. Anm. 1), Art. 737 N. 139. – Der Dienstbarkeitsberechtigte verfügt je nachdem, ob eine positive oder negative Dienstbarkeit vorliegt, am belasteten Grundstück über Sach- bzw. Rechtsbesitz (Art. 919 II ZGB, vgl. LIVER [zit. Anm. 1], Art. 737 N. 126 ff., insb. 129 und 130).
[97] In einem solchen Fall kann sich der obligatorisch Berechtigte gegenüber dem klagenden Eigentümer auch auf Besitzesschutz berufen (vgl. dazu etwa LIVER [zit. Anm. 1], Art. 737 N. 127).
[98] Vgl. zur analogen Rechtslage bei der Besitzesentziehungsklage oben S. 310 ff.
[99] Art. 776 ff. ZGB.
[100] Art. 776 III ZGB i.V.m. Art. 746 I ZGB.
[101] Art. 776 III ZGB i.V.m. Art. 746 II ZGB und 665 II ZGB.
[102] ZR 1985 Nr. 95; STARK (zit. Anm. 1), Vorbem. zu Art. 926-929 N. 26; MÜNCHKOMM/JOOST (zit. Anm. 1), § 858 BGB N. 18; a.M. STAUDINGER/BUND (zit. Anm. 1), § 858 BGB N. 66.

V. Verfahrensrechtliches

1. Rechtsnatur der verschiedenen Klagen

Alle vorn besprochenen actiones stellen *Leistungsklagen* dar[103]. Bei der Vindikations-, Besitzesentziehungs- und Fahrnisklage zielt das Rechtsbegehren hauptsächlich darauf ab, den Beklagten zur Herausgabe der beanspruchten Sache an den Kläger zu verpflichten, während bei der Negatorien- und Besitzesstörungsklage der Beklagte zur Beseitigung bzw. Unterlassung einer Eigentums- bzw. Besitzesstörung verpflichtet werden soll.

2. Verfahren

a) Da das Bundesrecht weder für die petitorischen noch für die possessorischen Klagen ein bestimmtes Verfahren vorschreibt, ist es Sache der Kantone, die entsprechende Materie zu regeln[104]. Diese können den ordentlichen Prozessweg vorsehen oder, wie es die Mehrzahl der Kantone getan hat, ein summarisches Verfahren, insb. ein Befehlsverfahren zur Verfügung stellen. Im Kanton Zürich können alle hier besprochenen Klagen im Befehlsverfahren durchgesetzt werden, soweit klares Recht vorliegt und die tatsächlichen Verhältnisse nicht streitig oder sofort beweisbar sind[105]. Sind diese Voraussetzungen nicht erfüllt, so tritt der Richter auf das Begehren nicht ein; dem Kläger steht die Klage im ordentlichen Verfahren offen[106]. Dies ist namentlich dann der Fall, wenn der Beklagte Einreden und Einwendungen erhebt, die vom Kläger nicht sofort als unzulässig oder unzutreffend widerlegt werden können[107].

b) Kantonale Entscheide, die über das *Recht* als solches ergangen sind (Vindikations- und Negatorienklage), stellen Endentscheide im Sinne von Art. 48 OG dar und unterliegen damit der Berufung an das Bundesgericht. Dies trifft auch dann zu, wenn sie im Befehlsverfahren erlassen wurden[108].

---

[103] Vgl. WEBER (zit. Anm. 1), 58 m.w.H. bzgl. den Besitzesschutzklagen.
[104] Vgl. BGE 94 II 351.
[105] Vgl. § 222 Ziff. 2 ZPO/ZH. Dazu STRÄULI H./MESSMER G., Kommentar zur Zürcherischen Zivilprozessordnung (2. A., Zürich 1982), § 222 ZPO/ZH N. 14.
[106] § 226 ZPO/ZH.
[107] ZR 1985 Nr. 95.
[108] POUDRET J.-F./SANDOZ-MONOD S., Commentaire de la loi fédérale d'organisation judiciaire, Vol. II, Art. 41 ff. (Bern 1990), Art. 48 N. 1.1.5 f. m.w.B.; BGE 100 II 285, 94 II 105 u.a.m.

Anders gestaltet sich die Rechtslage mit Bezug auf *Besitzesschutzklagen* (Besitzesentziehungs- und -störungsklage): das Bundesgericht qualifiziert entsprechende kantonale Urteile, gleichgültig, ob sie im ordentlichen oder im Befehlsverfahren ergangen sind, nicht als Endentscheide im Sinne von Art. 48 OG[109]. Diese Auffassung begründet das Bundesgericht damit, dass dem Entscheid über das possessorium bloss provisorischer Charakter zukomme[110]; erst der Entscheid über das Recht selber (petitorium) ordne die Rechtslage definitiv[111]. Diese an sich konsolidierte Rechtsprechung wurde von KUMMER[112] und LIVER[113] kritisiert. Beide Autoren gehen davon aus, dass zwischen possessorium und petitorium klar zu unterscheiden sei. Wenn auch der Entscheid über das petitorium demjenigen über das possessorium vorgehe, handle es sich beim Besitzesschutz als solchem dennoch um ein selbständiges Institut des Bundesrechtes, und es sei nicht einzusehen, weshalb daraus resultierende Ansprüche nicht der Berufung an das Bundesgericht unterliegen sollten[114]. Dieser Kritik ist zuzustimmen, handelt es sich doch beim Besitzesschutz nicht um provisorischen Rechtsschutz, sondern um die Geltendmachung materiellrechtlicher Ansprüche des Bundesprivatrechtes[115]. Über den Anspruch auf Wiederherstellung des Zustandes vor der eigenmächtigen Störung wird nämlich definitiv entschieden[116].

3. Gerichtsstand

Bezüglich der Frage des Gerichtsstandes sei auf die Spezialliteratur verwiesen[117].

---

[109] BGE 113 II 243, 94 II 353 f, 85 II 279, 78 II 88; dazu auch POUDRET/SANDOZ-MONOD (zit. Anm.108), Art. 48 N. 1.1.6.8. m.w.B.
[110] Vgl. auch ZR 1985 Nr. 95: «provisorische Regelung – ähnlich einer vorsorglichen Massnahme –».
[111] Vgl. BGE 113 II 243 ff m.w.B.; Besprechung dazu von REY, ZBJV 1989, 163 ff.
[112] ZBJV 1970, 130 f.
[113] ZBJV 1970, 67 f.
[114] Kritisch auch VOGEL, ZBJV 1989, 275 f.
[115] Zu Recht weist REY (zit. Anm. 111), 164 f. darauf hin, dass Schadenersatzansprüche, die gemäss Art. 927 III und 928 II ZGB im Rahmen des Besitzesschutzes geltend gemacht werden können, zweifellos nicht Gegenstand des provisorischen Rechtsschutzes bilden, sondern materiellrechtlicher Art sind und damit der Berufung an das Bundesgericht zugänglich sein müssen. Es wäre somit widersprüchlich, die auf der gleichen Norm basierenden Schadenersatzansprüche anders zu behandeln als die Ansprüche rein possessorischer Art.
[116] ZR 1985 Nr. 95.
[117] Vgl. bezüglich Besitzesrechts- und Besitzesschutzklagen STARK (zit. Anm. 1), Vorbem. zu Art. 938–940 N. 30 und Vorbem. zu Art. 926–929 N. 112 ff.; bezüglich Vindikation und Negatorienklage vgl. MEIER-HAYOZ (zit. Anm. 6), Art. 641 N. 76 ff., 119 f.

VI. Schlussfolgerungen

1. *Vindikation und Negatorienklage* sind reine petitorische Rechtsbehelfe. Die Aktivlegitimation hängt vom Eigentum an der in Frage stehenden Sache ab, während der unselbständige Besitzer bzw. Störer passivlegitimiert ist. Der Beklagte kann bei beiden Klagearten sämtliche Einreden und Einwendungen erheben, die dem Herausgabeanspruch entgegenstehen bzw. die Eigentumsstörung als rechtmässig erscheinen lassen.

2. Bei den *Besitzesschutzklagen* (Besitzesentziehungs- und Besitzesstörungsklage) folgt die Aktivlegitimation aus dem entzogenen bzw. gestörten Besitz des Klägers, während derjenige passivlegitimiert ist, welcher die Sache mit verbotener Eigenmacht entzogen bzw. den Besitz daran gestört hat. Bei beiden Arten der Besitzesschutzklage kann der Beklagte die für eine rechtlich relevante Besitzesverletzung massgebenden Tatbestandsmerkmale bestreiten. Insbesondere ist er befugt, das Vorliegen verbotener Eigenmacht in Abrede zu stellen. In diesem Zusammenhang kann er sich insbesondere auf ein dingliches oder obligatorisches Recht berufen, welches den vorgenommenen Eingriff als rechtmässig legitimiert. Damit wird aber bereits die rein possessorische Ebene verlassen, indem petitorische Elemente in das Verfahren eingeschleust werden. Bei der Besitzesentziehungsklage kann sich der Beklagte im Rahmen von Art. 927 II ZGB auch dann auf sein besseres materielles Recht berufen, wenn er mit verbotener Eigenmacht die Sache dem Kläger entzogen hat. Diese Feststellungen zeigen eindrücklich, dass es nicht richtig ist, wenn man die beiden Besitzesschutzklagen als solche rein possessorischer Natur bezeichnet. Vielmehr hat man zu beachten, dass verschiedene «Einfallstore» bestehen, welche die Implizierung petitorischer Elemente zulassen.

3. Bei der *Besitzesrechtsklage* bestimmt sich die Aktivlegitimation zunächst nach possessorischen Kriterien, während für die Passivlegitimation neben dem Besitz des Beklagten lediglich der unfreiwillige Besitzesverlust des Klägers oder der bösgläubige Besitz des Beklagten massgebend ist. Dabei spielt sich der Prozess in einer ersten Phase auf rein possessorischer Ebene ab; in einer weiteren Stufe können aber auch petitorische Elemente eingebracht werden. Insbesondere kann der Beklagte ein eigenes Recht zum Besitz behaupten, welches der Kläger replicando wiederum bestreiten kann. Die in solchen Fällen letztlich zu entscheidende Frage ist diejenige nach dem besseren (materiellen) Recht. Damit wandelt sich der ursprünglich auf possessorischer Ebene geführte Rechtsstreit zu einem solchen über das materielle Recht. Von einer reinen besitzesrechtlichen Streitigkeit kann daher auch hier nicht mehr gesprochen werden.